高等学校金融科技专业主要课程教材

智 能 金 融

主　编　张宁
副主编　赵亮　崔丽欣　白璐

高等教育出版社·北京

内容简介

本书是为适应金融科技专业建设及金融计算机交叉学科发展需要而编写的。本书突出了智能金融的理论性、专业学习的适用性、教学实践的可用性以及行业发展的同步性。在智能金融的理论性方面，本书介绍了智能金融的基本原理以及场景价值，并深入讲解了相关智能方法的理论基础；在专业学习的适用性方面，本书介绍了有足够适用性的机器学习和人工智能的各类方法；在教学实践的可用性方面，本书详细列举了实践场景或代码案例；在行业发展的同步性方面，本书介绍了行业的发展现状和趋势及智能方法的最新进展，并对智能金融相关问题和焦点问题进行了分析解读。

本书可以作为金融科技、金融学、金融工程、数字经济、大数据与人工智能等相关专业的本科或研究生教学用书；用作本科教学用书时，教材内容可以适当取舍。同时，本书也可以作为其他层次或其他专业教学的参考教材或阅读材料。

图书在版编目（ＣＩＰ）数据

智能金融 / 张宁主编 ；赵亮，崔丽欣，白璐副主编
. --北京：高等教育出版社，2024.8
ISBN 978-7-04-061832-7

Ⅰ. ①智… Ⅱ. ①张… ②赵… ③崔… ④白… Ⅲ.
①智能技术－应用－金融 Ⅳ. ①F830.49

中国国家版本馆CIP数据核字(2024)第043753号

Zhineng Jinrong

| 策划编辑 | 赵 鹏 | 责任编辑 | 奚 玮 | 封面设计 | 张 楠 | 版式设计 | 马 云 |
| 责任绘图 | 李沛蓉 | 责任校对 | 张 薇 | 责任印制 | 刘弘远 | | |

出版发行	高等教育出版社	网　址	http://www.hep.edu.cn
社　址	北京市西城区德外大街 4 号		http://www.hep.com.cn
邮政编码	100120	网上订购	http://www.hepmall.com.cn
印　刷	唐山市润丰印务有限公司		http://www.hepmall.com
开　本	787 mm×1092 mm　1/16		http://www.hepmall.cn
印　张	23		
字　数	530千字	版　次	2024 年 8 月第 1 版
购书热线	010-58581118	印　次	2024 年 8 月第 1 次印刷
咨询电话	400-810-0598	定　价	45.00 元

序言

从古代开始,人类就对智能充满了期待,希望智能能够从劳动力这种基本要素中分离出来,融入社会经济生活当中,推动社会进步、促进经济发展、满足人们美好生活需求。深度学习让这种期待成为可能,人工智能逐渐成为引领新一轮科技革命和产业革命的核心技术,深刻影响包括金融在内的诸多行业。党的二十大报告把人工智能明确为经济增长引擎,指出:"加快发展数字经济,促进数字经济和实体经济深度融合","推动战略性新兴产业融合集群发展,构建新一代信息技术、人工智能、生物技术、新能源、新材料、高端装备、绿色环保等一批新的增长引擎"。那么,当这个增长引擎融入金融中会发生什么? 答案就是智能金融。

智能金融属于金融科技,金融科技本质定义来源于《中国金融科技创新发展指数报告(2018)》(张宁,2019),即"金融中核心要素的科技化及其表现",从而智能金融可以定义为"金融中核心要素的智能化及其表现"。该定义可以深刻揭示智能金融的内涵以及方向:诸多智能化的方法与金融中要素融合最终呈现了智能金融的形态,同时智能化过程可以推理出智能金融的方向,金融本身的价值也在该过程中得到重塑。《智能金融》就是围绕该定义进行介绍和讲解,阐述智能金融的方法、场景以及价值。

本书是配合国家交叉学科人才培养需求、教育部"四新"专业建设需求以及金融科技专业建设与人才培养需要编写的。不同于"人工智能方法金融应用",本书侧重于智能金融的价值创造,并阐述了相关逻辑和理论框架,聚焦于相关方法应用呈现为金融价值的过程;同时本书尽量涵盖了最新智能技术,如大模型(LLM)技术、人工智能生成内容(AIGC)、通用人工智能(AGI)、隐私计算、强化学习、图数据分析等,它们在金融中的应用本身就是金融要素智能化过程;本书还针对教学场景,提供了丰富的场景案例、实践代码和价值模式,力求理论与实践相结合,并构建科技方法、金融场景以及融合价值的闭环认知。

本书的作者包括:主编张宁,副主编赵亮、崔丽欣、白璐,以及彭俞超、戴鞾、张欣然、丁娜、曹阳、匡芳君。具体分工如下:张宁负责总体框架设计并统筹组织,负责第一章、第七章、第十一章以及第十三章的编写,并对全书内容进行了修改审定;彭俞超负责第二章、第三章的编写;匡芳君参与了第二章的编写;崔丽欣、白璐共同负责第四章、第五章、第十二章的编写,并参与第九章的编写;曹阳负责第九章的编写;张欣然负责第十四章和第十五章的编写;丁娜参与了第十五章的编写;赵亮负责第八章、第九章以及第十章的编写;戴鞾负责第六章的编写;赵亮、崔丽欣、白璐在各自专业领域对全书内容进行了修改审定。

在本书的编写过程中,黄文武对代码进行了梳理验证,迟耀明提供了专业人工智能算力环境优化建议,陈浩、李子璇、郭姝江、郑亦超、陈梦圆、刘纪兰、周霖、李杨、张淳奕、吴伊凡、李扬、冯墨涵、朱泉颖、马涵、苏继影、陈子杨、袁小颖、刘星雨、关宏鹏、马龙、王南萱、汪凡智、吴琬婷、张大为、马琛、李欣雨、田倩、叶容吉、陆远航、焦宇航、许兆悦、张钊、鲁文博、翁国平、朱文超、张琪玥、刘明华、张峰、职红霞、张惠钧、陈泽龙、饶丰、童荣琼、杨晓文、张小筱、耿海璐、代麓熙、王子俊、陈箐杨等在资料搜集、文字校对、代码整理、案例规范等方面做了许多工作，在此表示感谢！

本书是教育部首批新文科研究与改革实践项目"新文科背景下金融科技专业建设研究"（项目编号：2021060011）和中央财经大学重大教育教学改革课题"金融科技专业虚拟教研室建设机制与实践研究"的成果，也是学堂在线开放课程"机器学习与智能金融"课程的配套教材。

本书还要感谢中央财经大学副校长李建军教授的支持，感谢中国人工智能学会和相关金融机构专业人士的建议，高等教育出版社赵鹏、奚玮等编辑老师为本书出版付出了大量时间和精力，在此一并致谢！

回想 2001 年，出于对智能科学的向往，笔者被保送到中国科学院数学与系统科学研究院硕博连读，非常荣幸加入了著名数学家、首届国家最高科技奖获得者、我国智能科学开创者和奠基人吴文俊院士的数学机械化中心，尽管毕业后从事金融保险精算的教学和研究工作，但是一直努力将智能科学与金融融合起来，并执着地相信智能科学的融入能够更好地推动金融业高质量发展，形成数智金融的新场景。本书付梓是这样心愿的阶段性达成，衷心希望本书能够帮助读者构建融合思维以"道达无界"！

限于编者的水平，书中难免有不当和疏漏之处，敬请广大读者见谅，并欢迎批评指正。意见反馈：zhang-ning@vip.163.com。

张宁

2023 年 12 月 10 日

目录

第一章
智能金融的基本原理

章前导读

　　由古至今,人类始终追求实现人工智能。自从深度学习诞生后,人工智能进入了快速发展时期,同时开始深刻影响其他行业,其中也包括金融。金融中不断引入人工智能,从而实现效率的大幅度提升。在此过程中,金融与人工智能的融合越来越深入,并呈现出智能金融的新场景。

本章学习目标

　　本章介绍人工智能概述和简史、中国的人工智能,以及智能金融的概念、场景与价值。通过本章的学习,可以了解人工智能的产生和发展历程,人工神经网络在人工智能中的重要地位,智能金融的概念、在不同行业的应用场景以及智能金融的价值体现。

第一节　人工智能概述

一、人工智能的概念

　　事实上,人工智能的概念在不同的时期有不同的表述,其内涵也随着学科的发展而变化。例如,1956 年,人工智能先驱约翰·麦卡锡(John McCarthy)在达特茅斯会议(Dartmouth Conference)上提出:人工智能就是要让机器的行为看起来像人所表现出的智能行为一样。著名的人工智能教材《人工智能——一种现代方法》将已有的人工智能分为了四类:像人一样思考的系统、像人一样行动的系统、理性思考的系统、理性行动的系统。这些定义都是从人工智能的目标出发的,即构建像人一样的机器或者系统。之所以直接避免定义"智能",也是因为人类对"智能"含义的理解同时受到哲学中的思考概念、数学中的推理、神经科学中的脑功能等多方影响,从而会随着这些学科时代变化而变化。

　　我国《人工智能标准化白皮书(2018 版)》也给出了人工智能的定义:"人工智能是利用数

字计算机或者由数字计算机控制的机器,模拟、延伸和扩展人类的智能,感知环境、获取知识并使用知识获得最佳结果的理论、方法、技术和应用系统。"

本书以该定义为基础,并进行了适当修改,形成如下定义:人工智能(Artificial Intelligence, AI)是将智能以及依靠人的能力实现智能作为研究对象,研究、开发用于模拟、延伸和扩展人的智能的理论、方法、技术及应用系统等的一门学科。

定义中的应用系统包括了程序软件、机器人、智能机器等多种系统形式。

从定义上看,人工智能的目的是使计算机、计算机控制的机器人或软件等应用系统智能地思考,像人一样思考以及决策。通常情况下,人工智能是通过研究人类大脑如何思考以及人类在尝试解决问题时如何学习、决定和工作,然后将研究结果用作开发智能软件和系统的基础来实现的。

从定义也可以看到,因为涉及极富哲学含义的"智能",所以人工智能是一门极富挑战性的科学,从事这项工作的人必须懂得计算机、心理学和哲学知识。也就是说,人工智能是内容十分广泛的科学,它由不同的领域组成,如机器学习、计算机视觉等。总的说来,人工智能研究的一个主要目标是使机器能够胜任一些通常需要人类智能才能完成的复杂工作。当然,在不同的时代不同的人对这种"复杂工作"的理解是不同的。

二、人工智能的实现路径与方向

为了达成这个主要目标,人工智能孕育了多条路线,它们形成了人工智能的不同"派系"或者"主义"。

(1)符号主义(Symbolism)。符号主义是伴随着人工智能的诞生而诞生的,是一种基于逻辑推理进行智能模拟实现人工智能主要目标的方法,又被称为逻辑主义(Logicism)、心理学派(Psychologism)或计算机学派(Computerism)。其原理主要为物理符号系统(符号操作系统)假设和有限合理性原理。早期人工智能的奠基人大多属于符号主义。

(2)结构主义。这是另一个人工智能的主流学派。因为人类智能来源于大脑,所以结构主义基于仿生学思想试图构建大脑结构,也就是神经元连接的模型,从而实现人工智能的主要目标,所以它又被称为连接主义,或者在大多数场合也等同于神经网络。结构主义最典型的成就就是深度学习。

(3)行为主义。行为主义的根源在于控制论,其思想可以追溯到控制论的创始人诺伯特·维纳。他模拟环境中的人在控制过程中的智能行为和作用,通过构造模型采用优化方法来实现人工智能的主要目标,实现了对自寻优、自适应、自镇定、自组织和自学习等控制论系统的研究,进而形成了智能控制和智能机器人等成果。当前热门的强化学习也与行为主义有很深的关联。

(4)统计主义。统计主义是另外一个常被提及的人工智能实现路径,其思想是利用统计方法来实现某些方面的智能,如特定分类或者预测。其数学基础完善,且在20世纪90年代产生了诸如支持向量机这样简洁、数学推演完善的高效算法。在深度学习产生之前,许多工业中人工智能的工程应用都来自类似支持向量机这样的统计学习方法。

(5)仿真主义。仿真主义是一个较少被关注的人工智能实现路径,其思想是构建可能的"人类大脑",目前相关进展不明。

以上这些途径统统促使人工智能不断发展,相互之间也存在影响或者竞争。

基于实现主要目标达成程度的大小,人工智能又可以分为弱人工智能、强人工智能以及超人工智能。

(1) 弱人工智能(Artificial Narrow Intelligence,ANI)。弱人工智能是擅长单个方面的人工智能。当前大多数人工智能应用都属于弱人工智能,金融中应用的人工智能也属于弱人工智能。

(2) 强人工智能(Artificial General Intelligence,AGI)。强人工智能已经实现了人工智能的目标,即实现了人类级别的人工智能。它是在各方面都能和人类比肩的人工智能,能够进行思考、计划、解决问题、抽象思维、理解复杂理念、快速学习和从经验中学习等操作。强人工智能存在一定的伦理问题,如人类的意识与智能的关系——"达到人类水平的智能会产生自己的意识吗?"

(3) 超人工智能(Artificial Super Intelligence,ASI)。科学家把超人工智能定义为在几乎所有领域都比最聪明的人类大脑聪明很多,包括科学创新、通识和社交技能。它也存在着伦理疑问,例如:"这时候的人类社会还能称为人类社会吗?"

目前来看,通过以上途径实现强人工智能或者超人工智能的路还很长,甚至还不能确定是否能够实现。

三、人工智能方法的分类

上述这些路径都有一些共性的特征,如包含了对"人的行为的模拟",特别是对人的"学习能力"的学习,至少现在看来是机器达到人类智能的可行手段,而这就是机器学习,所以机器学习实际上是人工智能的一部分。

具体来说,机器学习专门研究计算机怎样模拟或实现人类的学习行为,以获取新的知识或技能,重新组织已有的知识结构使之不断改善自身的性能。

从机器学习定义上可以看到,它实际上与连接主义、符号主义、统计主义甚至行为主义都有一些关联,但当前机器学习的主要方法大多来自统计主义,所以有时候机器学习常常等同于统计学习。

本书中的人工智能方法主要以机器学习框架为基础,并在考虑金融应用和实践的基础上进行了适当扩充,主要涉及连接主义、统计主义和行为主义。人工智能中的大多数符号方法则限于篇幅或者应用场景不明确没有提及,但读者应该明晰,人工智能所涉及范围极广,其与金融结合形成的智能金融也会不断扩大边界,不应以本书内容限制更广阔的拓展空间。

人工智能所涉及的方法除了按照上述"实现路径"进行划分外,还可以从不同视角进行具体分类:

(1) 基于学习的数据是否有标注进行分类:所学习的数据带有标注,即除了 X 还有 Y,则称为监督学习方法;所学的数据没有标注,即只有 X,则称为无监督学习方法;所学习的数据部分带有标注,则为半监督学习方法;所学习的数据虽然没有标注,但是可能构造标注或内在规则或能够延迟标注的,则称为自监督学习方法,其中带有规则及延迟标注的即强化学习。

(2) 基于方法构建的逻辑进行分类:基于距离构建的方法,如线性方法、主成分分析、支持向量机等;基于(样本或特征)关联关系构建的方法,如关联分析、Kmeans 聚类、图机器学习等;基于结构构建的方法,如神经网络方法等;基于启发式的方法,如蚁群方法、模拟退火等。

(3) 基于方法的可解释性进行分类:具有强可解释性的方法,如线性模型、广义线性模型以及广义线性可加模型;具有半强可解释性的方法,如决策树、随机森林等方法;具有非可解释性特征的方法,如深度学习等。

特别需要说明的是,金融行业关系国家经济命脉,是重点监管的行业,模型或者方法在金融行业应用,可解释性是一个重要参考。

第二节　人工智能简史

一、古代智能思想起源

在人类文明的历史进程里,对人工智能的追求始终贯穿其中,虽然并不像现在这样称呼这种技术,但是某种形式的人工智能一直是人们希望实现的梦想。人类先民对人工智能的渴望最初体现在诸多神话传说和预言之中。公元前 8 世纪,古希腊诗人荷马的史诗《伊利亚特》中塑造了锻造之神赫菲斯托斯的形象,希腊神话中的很多著名武器和工艺品,像宙斯的闪电长矛、波塞冬的三叉戟、太阳神赫利俄斯的太阳马车都是他制造的。他还制作了一组金质的女机器人,这些机器人能完成高难度的铸造工作,甚至能开口说话。希腊神话中还有将意识赋予无生命物质的故事。在罗马诗人奥维德公元 8 年所著《变形记》中描述了希腊神话中的雕刻家皮格马利翁,爱上了自己所刻的雕像加拉忒亚,爱神维纳斯为之感动,赋予了雕像生命。19 世纪的幻想小说中,出现了很多人造人和会思考的机器之类的题材,如玛丽·雪莱的《弗兰肯斯坦》和卡雷尔·恰佩克的《罗素姆万能机器人》。人工智能一直是人类的美好愿景,时至今日,依然是科幻小说中经常出现的重要元素。

随着技术的进步和制造水平的提高,人们开始制造具有一定行动能力的自动机械。16世纪到 18 世纪之间,能工巧匠制造的"自动机"(Automata)在欧洲上流阶层风行。1738 年法国纺织技师雅克·沃康松在巴黎科学学会中展示了"吹笛小童""击鼓少年""机械鸭"等作品,其中机械鸭模仿鸭子的生理构造,可以行走、转向甚至消化排泄。1773 年,瑞士钟表工匠皮埃尔·雅克·德罗和亨利·路易斯·雅克·德罗父子发明的自动人偶可以模仿人类写字、画画、弹风琴等动作。同一时期,日本的武士贵族阶层和一般庶民社会里也出现了大量的活动机关人偶。1796 年半藏赖直所著的《机巧图汇》(见图 1-1)记载了包括"端茶人偶"在内的9 种活动机关人偶的详细设计说明。江户时期田中久重所制造的"拉弓童子"能够利用人偶射击时的身体动作和角度差异表现出人偶神情的变化。

在中国古代,涉及人工智能的文献记载也屡有出现。《列子·汤问》记载,西周技师偃师制造了能歌善舞的人偶,周穆王以为是偃师的随行,拆解后才发现是由皮革、木头和胶漆制成的。《三国志·魏书》记载,魏国工匠马钧在公元 235 年制造了指南车,车上小人手指方向始终保持南向。中国古代不仅出现过很多机械人和人造人的形象,三国时期诸葛亮制造木牛流马的故事更是广为流传。《三国志·后主传》记载:"九年,亮复出祁山,以木牛运,粮尽退军……十二年春,亮悉大众由斜谷出,以流马运,据武功五丈原,与司马宣王对于渭南。"

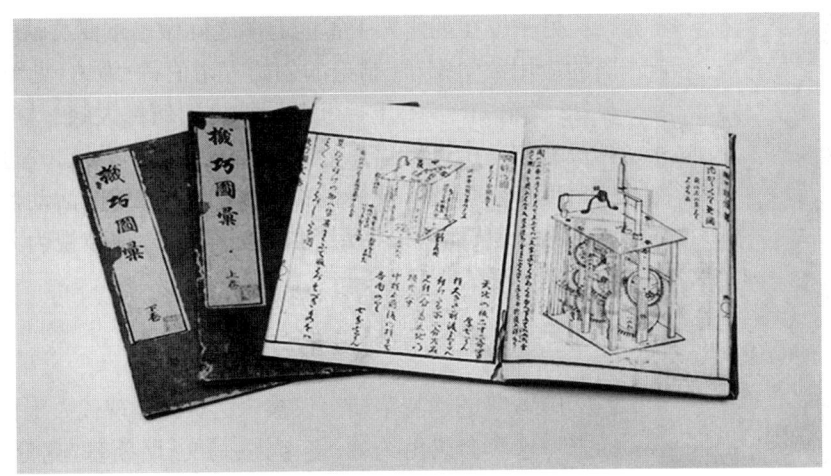

图 1-1　《机巧图汇》

　　无论是古代的西方世界还是古代的中国,文献记载的人工智能多数是以木材、金属等作为原材料,以弹拨力或水力所驱动的机械,程式简单,在心智上与人类依然有着天壤之别。

二、近代智能科学的探索

　　现代人工智能的发展首先得益于思想层面的进步,由形似进化到思考如何完成神似的目标。关于形式推理的研究是这种进化的基础,中国、印度以及希腊等著名的哲学家在 1 000多年以前就已经开始了这方面的思考,古希腊伟大的哲学家亚里士多德提出的三段论演绎法至今仍是形式推理的基础,欧几里得的《几何原本》也是早期形式推理的典范作品。德国数学家莱布尼茨认为人类的思想可以通过机械计算的方式实现,他从理论上研究了形式符号系统,并且实际制造了可以计算 16 位乘法的手摇计算机。从这个意义上讲,他堪称现代计算机的先驱。

　　进入 20 世纪后,随着电子计算机技术的发展,人工智能进入快速发展的时期。在人工智能领域对后世产生极大影响的一位人物是英国的计算机科学家、数学家、逻辑学家和理论生物学家,计算机科学和人工智能先驱艾伦·麦席森·图灵(见图 1-2)。他在 1936 年的论文《论数字计算在决断难题中的应用》中,提出了"图灵机"的设想,这奠定了电子计算机的理论基础。当今的计算机和人工智能,都是基于这个设想。1950 年,他发表了论文《计算机器与智能》,在其中提出了判断机器是否具有智能的试验方法,即著名的图灵测试。图灵关于机器智能的思想是人工智能的直接起源之一,至今仍是人工智能中的重要理论和方法。图灵的计算理论还证明了二进制的数字信号可以描述任何形式的数学推理。值得一提的是,为了纪念图灵的巨大贡献,美国计算机协会于 1966 年设立了"图灵奖",以表彰在计算机科学领域做出突出贡献的研究工作者。这个奖项被誉为"计算机界的诺贝尔奖"。

图 1-2　艾伦·麦席森·图灵

图1-3 诺伯特·维纳

另一位在现代人工智能起源之际做出重要贡献的人物是美国的应用数学家、控制论的创始人诺伯特·维纳(见图1-3)。他在20世纪40年代开始思考计算机如何像大脑一样工作,把计算机看作一个进行信息处理和信息转换的系统,并且从控制论的角度特别强调了反馈的作用,认为所有智能活动都是反馈机制的结果,从而可以使用机器进行模拟。他被视为人工智能行动主义学派的奠基人。

三、人工智能的诞生与发展

1956年的达特茅斯会议被广泛认为是现代人工智能诞生的标志。这次会议由约翰·麦卡锡、马文·明斯基、克劳德·香农以及内森·罗切斯特共同发起,邀请志同道合的专家在达特茅斯学院共同探讨人工智能(见图1-4)。这次会议被看作现代人工智能的开端。一是因为正是在这次会议,约翰·麦卡锡说服了参会者使用"人工智能"这一术语。二是这次会议从学术角度对人工智能进行了严肃而深入的探讨,持续时间长达一个月之久。会议并非以报告研究成果的方式开展,而是探讨当时尚未解决甚至尚未开展研究的问题,包括自动计算机、神经网络、机器学习等经典的人工智能问题。三是会议的组织者与参加者在人工智能的第一个10年热潮中都是举足轻重的人物。这次会议的正式成员有10人,其中有4人获得了图灵奖,或者在学界或者在业界为人工智能的发展做出了巨大的贡献。例如,会议的发起人约翰·麦卡锡是第二次人工智能热潮中重要的LISP语言的主要发明者。塞弗里奇是维纳的学生,他写出了第一个可工作的人工智能程序,他在麻省理工学院所领导的MAC项目即麻省理工学院人工智能实验室的前身。克劳德·香农是信息论的创始人,信息论现在已经成为信息传输领域的基础性理论,日常使用的手机通信、邮件发送都是基于此理论。而内森·罗切斯特是IBM第一代通用机701的主设计师。

图1-4 达特茅斯会议期间合影

达特茅斯会议之后,人工智能的发展进入第一个黄金时期,这个人工智能大发现的时代一直持续到 1974 年。其间,现在使用的主流人工智能技术连接主义、专家系统、推理系统等都出现了雏形,计算机可以解决代数应用题、证明几何定理、进行比较初级的人机对话,研究者对人工智能展现出乐观的情绪:

1958 年,赫伯特·亚历山大·西蒙(H.A.Simon)和艾伦·纽厄尔(Allen Newell)认为:"10 年之内,数字计算机将成为国际象棋世界冠军。""10 年之内,数字计算机将发现并证明一个重要的数学定理。"

1965 年,赫伯特·亚历山大·西蒙认为:"20 年内,机器将能完成人能做到的一切工作。"

1967 年,马文·明斯基(Marvin Minsky)认为:"一代之内……创造'人工智能'的问题将获得实质上的解决。"

1970 年,马文·明斯基认为:"在三到八年的时间里我们将得到一台具有人类平均智能的机器。"

以上预期展现了第一代学者对技术发展的预测能力,也显示出对人工智能难度的评估不足。上述预言并未在短期内实现,这种乐观的期望遭到了严重的打击,1974 年到 1980 年,人工智能的发展进入第一次低谷。低谷的含义是多方面的,一方面,由于研究思路的局限性、算法的缺陷、计算能力的不足,人工智能的研究遇到了瓶颈。人们发现即使是最杰出的人工智能程序,也只能解决非常简单的问题;依据当时的计算机处理速度和内存,很多算法的实现几乎需要无限长的时间;对人类来说非常简单的任务,如人脸识别,实现起来极其困难,几乎没有取得实质性的进展。另一方面,对人工智能提供资助的机构,如英国政府、美国国防部高级研究计划局(DARPA)、美国国家科学委员会(NRC)等,由于各种原因,逐渐停止了对人工智能项目的资助。值得一提的是,当时为模拟人类神经元结构提出的感知器被发现有严重的缺陷而受到强烈批评,连接主义作为人工智能的实现方法之一受到了忽视。

20 世纪 80 年代,人工智能又回到人们的视线。1980 年卡内基梅隆大学(CMU)为数字设备公司(DEC)设计的名为 XCON 的专家系统,在 1986 年以前每年可为该公司节省 4 000 万美元,专家系统的商用价值被广泛接受,人工智能的研究又开始复苏。1981 年,日本经济产业省拨款 8.5 亿美元支持第五代计算机项目,目标是造出能与人对话、翻译语言、解释图像,并像人一样进行推理的机器。受到日本的刺激,其他国家也纷纷做出响应。英国开始了耗资 3.5 亿英镑的 Alvey 工程,美国微电子与计算机技术集团(MCC)开始向人工智能和信息技术的大规模项目提供资助,DARPA 也增加了向人工智能的投资,人工智能重回大发展的轨道。专家系统通过从专门的知识中推演出的逻辑规则在特定领域回答或解决问题,仅限于一个很小的知识领域,从而避免了常识问题,其简单的设计又使它能够较为容易地被编程实现或进行修改。这是 20 世纪 70 年代以来人工智能研究的一个新方向,知识库系统和知识工程成为 80 年代 AI 研究的主要方向。

这一时期连接主义也取得了重要的进展。1982 年,美国物理学家约翰·霍普菲尔德(John Hopfield)证明,一种新型的神经网络(现被称为"Hopfield 网络")能够用一种全新的方式学习和处理信息。几乎在同一时期,大卫·鲁姆哈特(David Rumelhart)推广神经网络的反向传播算法。90 年代神经网络被应用于字符识别和语音识别,获得了商业上的成功。这些理论和应用上的进步使得 20 世纪 70 年代以来一直遭人遗弃的连接主义重获新生。

1987 年到 1993 年,人工智能的研究和行业应用又陷入了第二次低谷。这一方面是由于当时专家系统技术的局限性。帕梅拉·麦科多克(Pamela McCorduck)在书中写道:"不情愿的 AI 研究者们开始怀疑,因为它违背了科学研究中对最简化的追求。智能可能需要建立在对分门别类的大量知识的多种处理方法之上。"第一个试图解决常识问题的程序 Cyc 在 80 年代出现,其方法是建立一个容纳普通人知道的所有常识的巨型数据库。发起和领导这一项目的道格拉斯·莱纳特(Douglas Lenat)认为让机器理解人类概念的唯一方法是一个一个地教会它们,其规则和数据库的规模可想而知,最终这一工程几十年也没有完成。事实上,按照当时的技术路线所制定的一些目标,如与人展开交谈,直到 2010 年也没有实现。

另一方面,更直接的一个因素是市场驱动了对人工智能由狂热追捧转向失望。苹果公司(Apple)和国际商务机器公司(IBM)在 1987 年生产的台式机性能已超过了 Symbolics 等厂家生产的智能计算机,价格也远远低于昂贵的智能机。XCON 等最初大获成功的专家系统维护费用居高不下,并且使用过程中有难以升级、出现莫名其妙的错误等问题。这些导致政府机构减少了对人工智能的资助,转而资助更容易出成果的其他项目。

进入 20 世纪 90 年代,人们逐渐建立了对人工智能客观理性的认识,人工智能进入理性和平稳的发展期。随着计算能力的提升、算法的进步以及数据的积累,各项人工智能技术也慢慢渗透进各个行业应用。人工智能的发展脚步比以往任何一个时期都更加谨慎,却也更加成功。

在这期间,1997 年,IBM 的超级计算机"深蓝"战胜了国际象棋的世界冠军卡斯帕罗夫(见图 1-5)。这是人工智能重回大众视野的一个标志性事件,当时引发了现象级的讨论。

图 1-5　超级计算机"深蓝"对战卡斯帕罗夫

从科学的角度来看,随着理论进步和数据量的增加,人工智能研究者开始使用复杂的数学工具,使得研究结果更易于评估和证明。2006 年,杰弗里·辛顿(Geoffrey Hinton)在神经网络的深度学习领域取得突破,此后大力推进深度学习的研究和应用。2016 年,AlphaGo 击败韩国围棋棋手李世石,无论在学术界、公众领域还是商业领域,都掀起了人工智能研究和应用的新一轮热潮。起源于感知器理论的深度学习逐渐成为人工智能的主流技术,并引领了新一代人工智能的变革。

四、神经网络与深度学习

（一）神经网络的定义

人工神经网络（Artificial Neural Network，ANN），简称神经网络（NN），是对人脑或自然神经网络若干基本特征的抽象和模拟。国际著名神经网络研究专家、第一家神经计算机公司创立者与领导人赫克特－尼尔森（Hecht-Nielsen）给出的定义是"人工神经网络是由人工建立的，以有向图为拓扑结构的动态系统，它通过对连续或断续的输入做状态相应而进行信息处理"。这一定义是恰当的，作为一种非程序化、适应性、大脑风格的信息处理，神经网络的本质是通过网络变换和动力学行为得到一种并行分布式的信息处理功能，并在不同程度和层次上模仿人脑神经系统的信息处理能力。

神经网络由大量的节点（或称"神经元"）相互连接构成。每个节点代表一种特定的输出函数，称为激活函数（Activation Function）。每两个节点间的连接都代表一个对于通过该连接信号的加权值，称为权重（Weight），神经网络通过这种方式来模拟人类记忆。网络的输出依赖于网络结构、网络连接方式、权重和激活函数，而网络自身通常都是对自然界某种算法或函数的逼近，也可能是一种逻辑策略的表达。

在神经网络中，神经元处理单元可表示不同对象，如特征、字母、概念，或一些有意义的抽象模式。网络中处理单元的类型分为三类：输入单元、输出单元和隐单元。输入单元接收外部世界的信号与数据；输出单元实现系统处理结果的输出；隐单元处在输入和输出单元之间，是不能由系统外部观察的单元，负责对信息进行处理，不断调整神经元间的连接属性，如权值、反馈等。其中，权值反映了单元间的连接强度；反馈反映了单元间的正负相关性，在单元间的连接关系中，通过这些信息反映信息的处理过程。

神经网络以并行分布的处理能力、高容错性、智能化和自学习等能力为特征，将信息的加工和存储结合在一起，以其独特的知识表示方式和智能化的自学习能力，引起了各学科领域的关注。目前该技术已在生产、娱乐、医疗、教育、金融、国防等多个领域得到应用，与我们的关系日益紧密。

（二）神经网络的发展阶段

神经网络的发展三起三伏，但最终通过深度学习确立了在人工智能领域的地位。

1. 第一阶段——启蒙时期

20 世纪 40 年代，人们就开始了对神经网络的研究。1943 年，美国心理学家麦克洛奇（McCulloch）和数学家皮茨（Pitts）提出了第一个人工神经元数学模型（MP 神经元模型），其权重值是预先设置的，不具备学习能力。此模型虽然比较简单，但是意义重大。在模型中，通过把神经元看作功能逻辑器件来实现算法，从此开创了神经网络模型的理论研究。

1949 年，加拿大心理学家赫布（Hebb）出版了《行为组织学》（*The Organization of Behavior*），在书中提出了突触连接强度可变假设。这个假设认为学习过程最终发生在神经元之间的突触部位，突触连接强度随着突触前后神经元的活动而变化。这一假设发展成为后来神经网络非常著名的赫布法则。这一法则告诉人们，神经元之间突触连接强度是可变的，这种可变性是学习和记忆的基础。赫布法则为构造有学习能力的神经网络奠定了基础。

虽然神经元数学模型和赫布学习假设早已提出,但限于当时计算机的学习能力,直到十几年后才诞生出第一个真正意义上的人工神经网络。

1957 年,美国心理学家罗森布拉特(Rosenblatt)以 MP 模型为基础,提出了感知器(Perceptron)模型。该模型的结构非常符合神经生理学,是一个具有连续可调权值矢量的 MP 神经网络模型,经过训练可以达到对一定的输入矢量模式进行分类和识别的目的。它虽然比较简单,但却是第一个真正意义上的神经网络,其现场学习识别简单图像的过程在当时引起了巨大轰动。通过这一模型,罗森布拉特证明了两层感知器能够对输入进行分类,同时提出了带隐层处理元件的三层感知器这一重要的研究方向,取得了神经网络方法和技术的重大突破。

1959 年,美国著名工程师威德罗(Widrow)和霍夫(Hoff)等人提出了自适应线性元件(Adaptive Linear Element,Adaline)和 Widrow-Hoff 学习规则(又称最小均方差算法,或称 δ 规则)的神经网络训练方法,并将其应用于实际工程,成为第一个用于解决实际问题的人工神经网络,促进了神经网络的研究应用和发展。Adaline 网络模型是一种连续取值的自适应线性神经元网络模型,可以用于自适应系统。

2. 第二阶段——低潮时期

1969 年,人工智能的创始人之一明斯基和派珀特(Papert)对以感知器为代表的网络系统的功能及局限性,从数学上做了深入研究,于 1969 年出版了轰动一时的 *Perceptrons* 一书,指出简单的线性感知器的功能有限,无法解决线性不可分的两类样本分类问题,如简单的线性感知器不可能实现"异或"的逻辑关系等。明斯基还认为感知器的计算层增加到两层后,计算量过大,同时缺乏有效的学习算法,更深层的网络研究将毫无意义。由于他们的悲观态度,加之当时人工智能取得的成就有限,许多学者和实验室纷纷放弃了研究,人工神经网络研究受到重创,开启了其发展史上长达 10 年的低潮期。

这一阶段,芬兰的 Kohonen 教授在 1972 年提出了自组织神经网络(Self-Organizing Feature Map,SOM)。该网络是一类无监督学习网络,主要用于模式识别、语音识别及分类问题,采用一种"胜者为王"的竞争学习算法。与先前提出的感知器有很大不同,它往往是在不知道有哪些分类类型存在时,用作提取分类信息的一种训练,是无监督、自组织的,成为后来神经网络的主要实现依据。1976 年,美国的 Grossberg 教授提出了著名的自适应共振理论(Adaptive Resonance Theory,ART),其学习过程也具有自组织和自稳定的特征。

3. 第三阶段——复兴时期

1982 年,美国物理学家霍普菲尔德提出了一种离散神经网络,即离散 Hopfield 网络,有力地推动了神经网络的研究。在网络中,它首次将李雅普诺夫(Lyapunov)函数引入其中,后来的学者将该函数称为能量函数,这一引入证明了网络的稳定性。1984 年,霍普菲尔德又提出了一种连续神经网络,将网络中神经元的激活函数由离散型改为连续型。1985 年,霍普菲尔德和 Tank 利用 Hopfield 神经网络解决了著名的旅行推销商问题(Travelling Salesman Problem)。该神经网络是一组非线性微分方程,不仅对人工神经网络信息存储和提取功能进行了非线性数学概括,提出了动力方程和学习方程,还为网络算法提供了重要公式和参数,使人工神经网络的构造和学习有了理论指导。在 Hopfield 模型的影响下,大量学者又产生了研究神经网络的热情,积极投身于这一学术领域中。

1986 年,儒默哈特(Rumelhart)等人在多层神经网络模型的基础上,提出了多层神经网络权值修正的反向传播学习算法——BP 算法(Error Back-Propagation),成功解决了两层神经网络过大的计算问题,也轻松解决了 10 年前困扰神经网络领域的"异或"问题,有力地回答了 60 年代明斯基对神经网络的责难,证明了多层神经网络具备很强的学习能力,可以完成许多学习任务,解决许多实际问题。自此,人工神经网络开始进入语音识别、图像识别、自动驾驶等领域,带动了业界神经网络研究热潮。同年,由 Rumelhart 和 McCkekkand 主编的 *Parallel Distributed Processing:Exploration in the Microstructures of Cognition* 出版。在该书中,他们建立了并行分布处理理论,致力于认知的微观研究,同时对 BP 算法进行了详尽的分析,解决了长期以来没有权值调整有效算法的难题。而后细胞神经网络模型(CNN)、Darwinism 模型及更一般的时滞细胞神经网络(DCNN)、Hopfield 神经网络(HNN)、双向联想记忆网络(BAM)模型相继被提出。但是,20 世纪 90 年代中期,俄罗斯统计学家、数学家万普尼克(Vapnik)等人推出了支持向量机(Support Vector Machines,SVM)算法,有效地避免了神经网络算法需要调参、耗时低效和局部最优解的问题,很快打败了神经网络算法成为当时主流。

4. 第四阶段——高潮时期

2006 年,辛顿首次提出了深度信念网络(Deep Belief Network,DBN)及限制性波尔兹曼机(RBM)训练算法,并将该方法应用于手写字符的识别,取得了很好的效果。辛顿在训练过程中增加了"预训练"(Pre-training)过程,通过"预训练"可以找到一个接近最优解的权值,再采用"微调"(Fine-tuning)技术优化训练整个网络。上述技术的运用将神经网络放在一个较好的初始值上,容易收敛到较好的局部极值,大幅度减少了多层神经网络的训练时间,成功解决了深度神经网络结构优化问题。

之后的几年中,深度神经网络蓬勃发展,并被一般化为"深度学习",许多深度学习的训练技巧被提出,如参数的初始化方法、新型激活函数、Dropout(舍弃)训练方法等,这些技巧较好地解决了当结构复杂时传统神经网络存在的过拟合、训练难的问题。与此同时,计算机和互联网的发展也使得在诸如图像识别这样的问题中积累前所未有的大量数据对神经网络进行训练。2012 年的 ImageNet 竞赛中,Krizhevsky 等使用卷积神经网络使准确率提升了10%,其第一次显著地超过了手工设计特征加浅层模型进行学习的模式,在业界掀起了深度学习的热潮。

深度学习现在已经用来泛指各种基于多层网络结构的机器学习模型,通过多层模型可以实现更复杂的函数关系。与浅层模型相比,深度学习直接把原始观测数据作为输入,通过多层模型进行逐级特征提取与变换,实现更有效的特征表示。在此基础上,往往在最后一级连接一个浅层模型,如 Softmax 分类器、MLP 神经网络、SVM 等,实现更好的分类性能。在这个意义上,深度学习方法不能简单地被看作取代了以往的浅层学习方法,而是在原有各种方法基础上的集成与发展。

第三节 中国的人工智能

20 世纪 50—60 年代,人工智能在西方国家得到重视和发展。但在当时的苏联,人工智能却受到批判,被斥为"资产阶级的反动伪科学"。当时,受苏联批判人工智能和控制论 ① 的影响,中国在 20 世纪 50 年代几乎没有人工智能研究。20 世纪 60 年代后期和 70 年代,虽然苏联解禁了控制论和人工智能的研究,但因中苏关系恶化,中国学术界将苏联的这种解禁斥为"修正主义",人工智能研究继续停滞。那时,人工智能在中国要么受到质疑,要么与"特异功能"一起受到批判,被认为是伪科学和修正主义 ②,受此影响,当时欧美迅速发展并创造经济效益的知识工程和专家系统也没有引起国内重视,相关人工智能的研究多以特定技术名称进行。例如,在 1978 年召开的中国自动化学会年会上,相关研究人员报告了光学文字识别系统、手写体数字识别、生物控制论和模糊集合等研究成果,表明中国人工智能在生物控制和模式识别等方向的研究已起步;同年,"智能模拟"被纳入国家研究计划。这些研究实际上都与人工智能关系密切,但当时都未直接提到"人工智能"概念。

一、我国人工智能发展简史

1978 年 3 月,全国科学大会在北京召开。在大会开幕式上,邓小平发表重要讲话,指出"四个现代化的关键是科学技术现代化",大会提出"向科学技术现代化进军"的战略决策。吴文俊院士(见图 1-6)提出的利用机器证明与发现几何定理的新方法——几何定理机器证明也获得全国科学大会重大科技成果奖,而定理自动证明被认为与人工智能的符号主义关系密切,这些都意味着人工智能的研究将翻开新的一页。

图 1-6　吴文俊及其著作《几何定理机器证明的基本原理》

1980 年,中国电子学会计算机学会(中国计算机学会的前身)在吉林大学组织召开"计算机科学暑期讨论会",王湘浩院士负责组织。在此次会议中,人工智能成为主要讨论方向。全体会议中的 4 名演讲者分别是吴文俊、陆汝钤、吴允增、张鸣华,他们演讲的主题都与人工智

---

① 诺伯特·维纳在 1948 年将控制论定义为"对动物和机器中的控制与通信的科学研究"。换句话说,这是关于人、动物和机器如何相互控制和通信的科学研究。

② 例如,《摘译:外国自然科学哲学》月刊 1976 年第 3 期刊文称:"在批判'图像识别'和'人工智能'研究领域各种反动思潮的斗争中,走自己的道路。"这足见中国人工智能研究迷雾重重的艰难处境。

能有关。其中吴文俊院士讲的是几何定理机器证明，他提出的"吴方法"是国际自动推理界先驱性的工作 [1]，后来在 2001 年与袁隆平院士共同获得首届国家最高科技奖，并在新中国成立 70 周年时获得"人民科学家"荣誉称号，我国人工智能最高奖——"吴文俊人工智能科学技术奖"就以他的名字命名。陆汝钤在大会上演讲的主题是计算机语言的文本和文法，他是中国早期专家系统研究的集大成者，后来完成了大型专家系统开发环境"天马"的设计，是专家系统开发的代表性作品，并获得人工智能最高奖——吴文俊人工智能最高成就奖。吴允增讲的是机器智能与人的智能的逻辑关系，他是著名数理逻辑专家，也是中国科学院计算机学组长。张鸣华讲的是数据流的主题，他来自清华大学应用数学系，也是相关数据流领域的专家。

　　正因为这次会议中人工智能成为重要关注点，并随后激发了众多学者开启人工智能的研究，所以它又被称为"中国的达特茅斯"，以表明它在中国人工智能研究中的重要地位。

　　随后，自 1980 年开始，为了进一步系统提升研究水平，中国大批派遣留学生赴西方发达国家研究现代科技、学习科技新成果，其中包括人工智能和模式识别等学科领域。这些人工智能"海归"专家，许多已成为当前中国人工智能研究与开发应用的学术带头人和中坚力量，为发展中国人工智能做出了举足轻重的贡献。

　　人工智能的学术组织也迅速建立，中国计算机学会成为国内最早系统组织和开展人工智能研究的学术组织。1980 年，王湘浩在中国计算机学会下建立了人工智能学组并担任组长，这个学组后来升级为中国计算机学会人工智能与模式识别专委会。

　　1981 年 9 月，中国人工智能学会（CAAI）在长沙成立，秦元勋当选第一任理事长。1982 年，中国人工智能学会刊物《人工智能学报》在长沙创刊，成为国内首份人工智能学术刊物。

　　1984 年 1 月和 2 月，邓小平分别在深圳和上海观看儿童与计算机下棋时，指示"计算机普及要从娃娃抓起"。此后，中国人工智能研究开始迅速扩大，《人民日报》等主流媒体关于人工智能的报道也渐渐多了起来。

　　1984 年下半年，当时的国防科工委召开了全国智能计算机及其系统学术讨论会，重点研讨人工智能相关主题；1985 年，全国首届第五代计算机学术研讨会召开；1986 年起，智能计算机系统、智能机器人和智能信息处理等重大项目列入国家高技术研究发展计划，即著名的863 计划。

　　在人工智能研究迅速扩大的同时，我国自己的人工智能教育也同步启动。1987 年 7 月，《人工智能及其应用》由清华大学出版社出版，成为国内首部具有自主知识产权的人工智能专著，并改变了人工智能人才培养依靠国外教材的历史。接着，中国首部人工智能、机器人学和智能控制著作分别于 1987 年、1988 年和 1990 年问世。

　　1989 年，新的人工智能期刊《模式识别与人工智能》创刊。同年，我国首次召开了中国人工智能联合会议（CJCAI）。

　　1993 年 7 月，宋健应邀为中国人工智能学会智能机器人分会成立题词"人智能则国智，科技强则国强"，向分会成立表示祝贺。该题词很好地阐明了人工智能与提高民族素质、增强

---

　　① 其学术思想由高小山、张景中等人继承和发扬光大。搜狗创始人王小川走上人工智能的道路，也是从高中时学习"吴方法"开始的。

科技实力和建设现代化强国的辩证关系,也是国家科技领域领导人对中国人工智能事业的有力支持,以及对全国人工智能工作者的殷切期望。

进入 21 世纪后,更多的人工智能与智能系统研究课题获得国家自然科学基金重点和重大项目、国家高技术研究发展计划(863 计划)和国家重点基础研究发展计划(973 计划)项目、科技部科技攻关项目、工信部重大项目等各种国家基金计划支持,并与中国国民经济和科技发展的重大需求相结合,力求为国家做出更大贡献。这方面的研究项目很多,代表性的研究有视觉与听觉的认知计算、面向 Agent 的智能计算机系统、中文智能搜索引擎关键技术、智能化农业专家系统、虹膜识别、语音识别、人工心理与人工情感、基于仿人机器人的人机交互与合作、工程建设中的智能辅助决策系统、未知环境中移动机器人导航与控制等。

2006 年 8 月,中国人工智能学会联合其他学会和有关部门,在北京举办了"庆祝人工智能学科诞生 50 周年"大型庆祝活动。除了人工智能国际会议外,纪念活动还包括由中国人工智能学会主办的首届中国象棋计算机博弈锦标赛暨首届中国象棋人机大战。东北大学的"棋天大圣"象棋软件获得机器博弈冠军,"浪潮天梭"超级计算机以 11∶9 的成绩战胜了中国象棋大师。这些赛事的成功举办,彰显了中国人工智能科技的长足进步,也向广大公众进行了一次深刻的人工智能基本知识普及教育。

深度学习出现之后,中国人工智能发展也同步进入了一个新阶段。科技企业开始加大力度转向深度学习的研发和应用,不同行业也在快速引入深度学习构建人工智能时代的企业战略。

2009 年,中国人工智能学会牵头组织,向国家学位委员会和教育部提出设置"智能科学与技术"学位授权一级学科的建议。

2011 年 1 月 6 日,由中国人工智能学会发起、以吴文俊先生名字命名、依托社会力量捐资的"吴文俊人工智能科学技术奖"得到了吴文俊先生的大力支持,并经科学技术部核准、国家科学技术奖励工作办公室公告正式设立。"吴文俊人工智能科学技术奖"被誉为"中国智能科学技术最高奖",代表人工智能领域的最高荣誉象征。

二、人工智能发展的政策

人工智能的进一步发展离不开政策的支持,当前中国的人工智能已发展成为国家战略。习近平多次对发展中国人工智能和机器人学给予高屋建瓴的指示与支持,中共中央、国务院及相关部委也多次出台相关政策。

2014 年 6 月 9 日,习近平在中国科学院第十七次院士大会、中国工程院第十二次院士大会开幕式上发表重要讲话,强调:"由于大数据、云计算、移动互联网等新一代信息技术同机器人技术相互融合步伐加快,3D 打印、人工智能迅猛发展,制造机器人的软硬件技术日趋成熟,成本不断降低,性能不断提升,军用无人机、自动驾驶汽车、家政服务机器人已经成为现实,有的人工智能机器人已具有相当程度的自主思维和学习能力。……我们要审时度势、全盘考虑、抓紧谋划、扎实推进。"这是党和国家最高领导人首次对人工智能和相关智能技术的高度评价,是对开展人工智能和智能机器人技术开发的庄严号召和大力推动。

2017 年 7 月,为抢抓人工智能发展的重大战略机遇,构筑我国人工智能发展的先发优势,加快建设创新型国家和世界科技强国,国务院印发了《新一代人工智能发展规划》。规划指出:"人工智能成为经济发展的新引擎。人工智能作为新一轮产业变革的核心驱动力,将进一步释放历次科技革命和产业变革积蓄的巨大能量,并创造新的强大引擎,重构生产、分配、交换、消费等经济活动各环节,形成从宏观到微观各领域的智能化新需求,催生新技术、新产品、新产业、新业态、新模式,引发经济结构重大变革,深刻改变人类生产生活方式和思维模式,实现社会生产力的整体跃升。我国经济发展进入新常态,深化供给侧结构性改革任务非常艰巨,必须加快人工智能深度应用,培育壮大人工智能产业,为我国经济发展注入新动能。"

该规划还描绘了未来十几年我国人工智能发展的宏伟蓝图,确立了"三步走"目标:到2020年人工智能总体技术和应用与世界先进水平同步;到2025年人工智能基础理论实现重大突破,部分技术与应用达到世界领先水平;到2030年人工智能理论、技术与应用总体达到世界领先水平,成为世界主要人工智能创新中心。

2018年9月17日,习近平在致2018世界人工智能大会的贺信中指出:新一代人工智能正在全球范围内蓬勃兴起,为经济社会发展注入了新动能,正在深刻改变人们的生产生活方式。……中国正致力于实现高质量发展,人工智能发展应用将有力提高经济社会发展智能化水平,有效增强公共服务和城市管理能力。

2018年10月31日,中共中央政治局就人工智能发展现状和趋势举行第九次集体学习。习近平在主持学习时强调,人工智能是新一轮科技革命和产业变革的重要驱动力量,加快发展新一代人工智能是事关我国能否抓住新一轮科技革命和产业变革机遇的战略问题。要深刻认识加快发展新一代人工智能的重大意义,加强领导,做好规划,明确任务,夯实基础,促进其同经济社会发展深度融合,推动我国新一代人工智能健康发展。

2019年5月16日,习近平向国际人工智能与教育大会致贺信,指出:把握全球人工智能发展态势,找准突破口和主攻方向,培养大批具有创新能力和合作精神的人工智能高端人才,是教育的重要使命。中国高度重视人工智能对教育的深刻影响,积极推动人工智能和教育深度融合,促进教育变革创新,充分发挥人工智能优势,加快发展伴随每个人一生的教育、平等面向每个人的教育、适合每个人的教育、更加开放灵活的教育。

2019年10月,党的十九届四中全会通过的《中共中央关于坚持和完善中国特色社会主义制度　推进国家治理体系和治理能力现代化若干重大问题的决定》中提到:建立健全运用互联网、大数据、人工智能等技术手段进行行政管理的制度规则。

三、中国人工智能现状

在国家大力推动人工智能发展的大背景下,当前中国人工智能的研究和应用与欧美发达国家同频共振:论文发表数量在世界人工智能顶级会议中名列前茅;科技巨头和互联网企业人工智能平台研发和投入规模仅次于美国;相关人工智能创新以及专利数量与美国平分秋色。如图1-7、图1-8及表1-1所示。需要注意的是,我国在高精尖零部件、技术工业、工业设计、大型智能系统、大规模应用系统以及基础平台等方面还与美国有一定的差距,同时我国人工智能技术发展还面临着体制机制、创新人才、基础设施等方面的挑战。

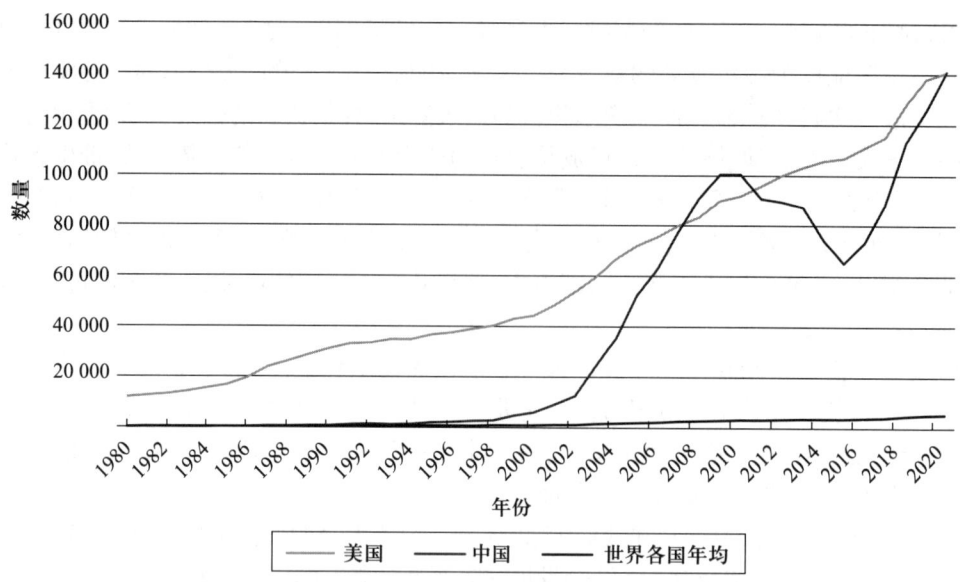

图 1-7 中国、美国、世界人工智能领域论文发表数量对比

资料来源:经济合作与发展组织网站。

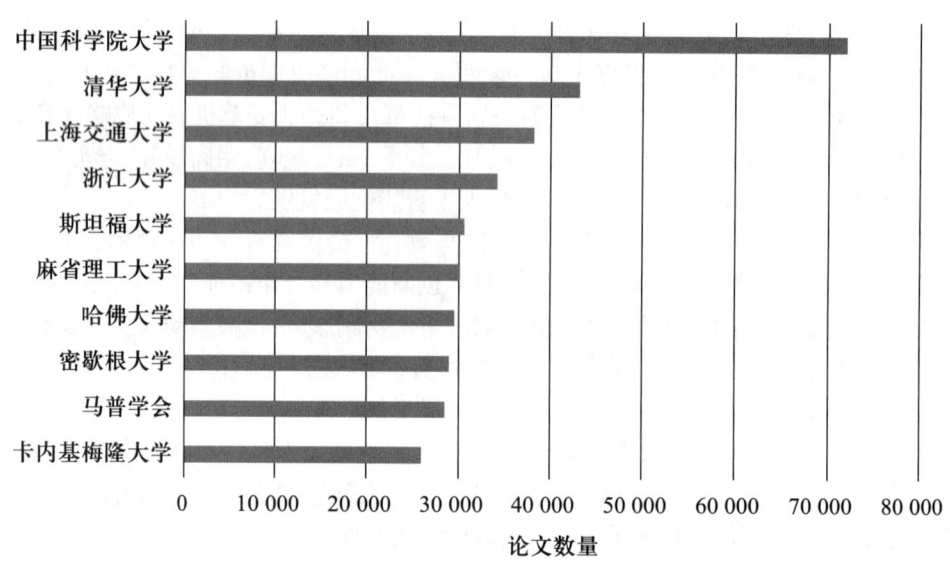

图 1-8 2000—2021 年全球高质量论文机构发表情况

资料来源:经济合作与发展组织网站。

表 1-1 中美人工智能开发的指标及数量

年份	指标	美国	中国
2019	人工智能公司的数量 *	1 727	224
2019	风险投资和私募股权融资额(亿美元)	143.45	56.41

续表

年份	指标	美国	中国
2019	风险资本和私募股权融资交易的数量	786	264
2019	企业的收购数量	130	4
2019	获得 100 万美元以上资金的活跃人工智能公司数量	2 130	398
2019	研发支出排名前 100 位的软件和计算机服务企业的数量	58	15
2019	前 2 500 名的软件和计算机服务企业的研发支出(亿美元)	1 244.80	236.59

* 该指标跟踪 Crunchbase 上人工智能类别组中获得至少 100 万美元综合融资的公司数量。

第四节　智能金融的概念、场景与价值

人工智能的发展为不同的行业提供了源源不断的动力,在可以预见的未来,许多行业都将过渡到智能化阶段,如果结合大数据的发展,可以综合称为"数智化"(Digintelligence)。金融行业也不例外,融入人工智能技术的金融就逐渐成为新的子领域——智能金融。

一、智能金融的概念

智能金融的概念来源于金融科技,它可以看作金融科技的一个分支,类似的,也可以将其与行业结合产生智能保险、智能信托等。

金融科技英文是 Financial Technology,可以简单理解成为 Finance(金融)＋Technology(科技),直观上的含义是通过利用各类科技手段创新传统金融行业所提供的产品和服务,提升效率并有效降低运营成本。

金融稳定委员会(FSB)是最早给出金融科技定义的:金融科技是指技术带来的金融创新,它能创造新的模式、业务、流程与产品,既可以包括前端产业也可以包含后台技术。该定义是对金融科技的一种现象描述。

中国人民银行的金融科技发展三年规划也对金融科技进行了定义,其定义延续金融稳定委员会的定义,并可以综合为:金融科技主要是指由大数据、区块链、云计算、人工智能等新兴前沿技术带动,对金融市场以及金融服务业务供给产生重大影响的新兴业务模式、新技术应用、新产品服务等。这仍然是描述性定义。对于人才培养、学术研究以及行业发展来说,它不足以反映金融科技的本质,也不能够建构智能金融的定义。

本书采用《中国金融科技创新发展指数报告(2018)》中金融科技的定义,即金融科技为"金融中核心要素的科技化及其表现"。对应于该定义,智能金融定义为"金融中核心要素的智能化及其表现"。

该定义不仅仅在技术层面定义了智能技术的应用,同时将智能化与金融的发展结合起来,其目标是金融中核心要素的智能化,使得金融行业成为一个智能化行业。

智能金融的定义与大数据金融密切相关。根据《中国金融科技创新发展指数报告(2018)》,大数据被定义为:大数据是数据积累到一定阶段并成为知识经济体系中核心资源过程中的一系列技术层面、资源层面以及思想层面的变革的总称,在技术层面体现为数据存储、分析以及管理的创新和变革。对应的大数据金融定义为:数据积累到一定阶段并成为金融体系中核心资源过程中的一系列技术层面、资源层面以及思想层面的变革的总称,在技术层面体现为数据存储、分析以及管理的创新和变革。所以,智能金融实际上是通过金融中核心要素的智能化,真正实现数据资源化,创造数据价值,数据是智能金融的重要前提。

智能金融所能够发挥的作用可以从中国人民银行的两份央行"金融科技发展规划"体现出来。《金融科技(FinTech)发展规划(2019—2021 年)》提到:深入把握新一代人工智能发展的特点,统筹优化数据资源、算法模型、算力支持等人工智能核心资产,稳妥推动人工智能技术与金融业务深度融合。根据不同场景的业务特征创新智能金融产品与服务,探索相对成熟的人工智能技术在资产管理、授信融资、客户服务、精准营销、身份识别、风险防控等领域的应用路径和方法,构建全流程智能金融服务模式,推动金融服务向主动化、个性化、智慧化发展,助力构建数据驱动、人机协同、跨界融合、共创分享的智能经济形态。加强金融领域人工智能应用潜在风险研判和防范,完善人工智能金融应用的政策评估、风险防控、应急处置等配套措施,健全人工智能金融应用安全监测预警机制,研究制定人工智能金融应用监管规则,强化智能化金融工具安全认证,确保把人工智能金融应用规制在安全可控范围内。围绕运用人工智能开展金融业务的复杂性、风险性、不确定性等特点,研究提出基础性、前瞻性管理要求,整合多学科力量加强人工智能金融应用相关法律、伦理、社会问题研究,推动建立人工智能金融应用法律法规、伦理规范和政策体系。

《金融科技发展规划(2022—2025 年)》进一步拓展了上述内容,直接提出"智慧为民",确定了智能金融的作用和价值,并具体为:抓住全球人工智能发展新机遇,以人为本全面推进智能技术在金融领域深化应用,强化科技伦理治理,着力打造场景感知、人机协同、跨界融合的智慧金融新业态,实现金融服务全生命周期智能化,切实增强人民群众获得感、安全感和幸福感。

智能金融产生价值方式最直接的就是场景应用,这也是目前智能金融的主要体现形式。

二、智能金融的场景

智能金融的场景可以从技术视角出发、从定义视角出发,还可以按照通常的习惯从金融视角出发进行划分。

(一)从技术视角出发进行划分

从技术视角出发进行划分,人工智能的具体技术依据《人工智能安全标准化白皮书(2019版)》可分为七类,分别是:用于数据分析的机器学习、用于关系分析以及推理的知识图谱、自然语言处理及自然语言理解、人机交互、计算机视觉、生物特征识别、增强现实与虚拟现实(AR 与 VR)。实际上,随着人工智能的发展,其具体的技术类型会越来越多,这些技术一方面可以与不同金融业务结合,另一方面不断完善构建了可以面向所有金融企业服务的信息服务基础。例如,知识图谱已经用于金融领域不同行业的欺诈识别和信用评价,自然语言理解已经用于智能客服等。

（二）从定义视角出发进行划分

从定义视角出发进行划分,智能金融可以分为信息或数据的智能化、信用的智能化以及风险的智能化。这些智能化是金融行业普遍存在的智能金融场景,可以与任何具体的金融业务结合。例如,数据中使用智能技术进行精准客户识别可以用于银行业也可以用于信托业;信用评价使用智能技术可以用于银行业也可以用于保险业;风险管理使用智能技术既可以用于所有金融行业也可以用于监管。

（三）从金融视角出发进行划分

从金融视角出发进行划分,金融行业通常包括银行、保险、信托、基金、证券、（金融）融资租赁等,还包括保理等规模较小的细分行业。这些行业中,人工智能技术都有融合的实践,更有融合的方向,它们都是智能金融场景。同时,金融监管也可以考虑人工智能技术,从而形成智能金融监管。

1. 银行业

在银行业,诸多业务都可以直接或间接应用人工智能技术。其中,最常见的智能金融场景可分为三类:

（1）预测性分析（Predictive Analytics）。预测性分析主要用在把大量客户数据与市场数据消化后,对销售的成功率、贷款时的坏账率或各种市场产品的风险指标等做出预测。预测性分析其实早已被普遍应用在零售银行业务中,零售银行根据积累的大量数据,可以将客户的行为归纳成不同的画像,进行交叉销售或事件触发的营销（Event-Triggered Marketing）。目前,随着各种大数据平台的出现与云技术的普及,加上区块链在贸易金融里的兴起,银行对公业务亦开始越来越多地运用预测性分析。

（2）自然语言理解（Natural Language Understanding）。自然语言理解是自然语言处理的高级阶段,也是通过不断分析人与人之间的对话,从而学习不同语言背后的结构,以及不同词语的意义。聊天机器人就是金融自然语言处理的应用之一。除了用在聊天机器人上,自然语言处理经常被用在分析"非结构性数据"（Unstructured Data）,即我们所说的"自由文本"（Free Text）的处理中。除此之外,自然语言处理用在非结构性文件的自动审查,甚至自动生成时,将会极大地提高工作效率,在合规工作中得到的效率提升尤为突出。

（3）计算机视觉（Computer Vision）。刷脸开户或刷脸支付等都是对计算机视觉的应用。

2. 保险业

在保险业,核保、产品开发、定价、理赔定损、信息变更等都可以应用人工智能技术,甚至在某些时候,人工智能可以完全替代人类工作。例如,一些轻微碰撞的事故定损,事故双方只需要上传现场视频或照片,后台人工智能就可以完成媲美查勘人员精度的定损结果。一般来说,其具体智能金融场景有如下几类:

（1）理赔与反欺诈。一般寿险理赔的步骤很烦琐,理赔中的大部分时间都用在了严谨的审核上面,应用智能技术后可以将时间大大缩短。应用到的技术主要有:① 人脸识别（见图1-9）和语音识别技术。理赔肯定是要确认身份的,通过人脸识别技术和语音识别技术可以准确地识别被保险人的面部特征,从而确认是不是被保险人。② 光学字符识别技术。目前许多保险公司已经成功运用了这项技术,当接收到用户提交的理赔申请资料时,可以快速精准地抓取到证件上的数据信息,用户个人信息识别轻而易举地完成。③ 智能风控模型。保险公司运用大数据模型和智能风控模型,可以生成风控规则,并查询客户以前的征信数据和出险数据进行筛选排查。如果排查到哪个案件有问题,那么就将这个欺诈性的案件交由人工审核。这提高了风控水平,也提高了服务意识。图1-10为2016年弘康人寿发布的互联网保险新标准。

人脸验证通过　　　　　　　　　　　　　　人脸验证未通过

图1-9　人脸验证

资料来源:华为云页面。

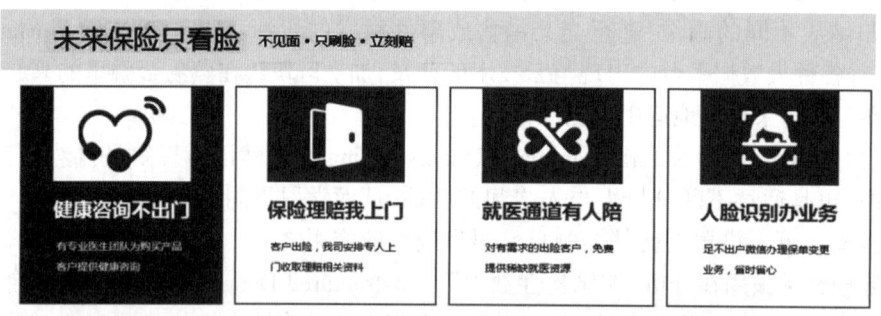

图1-10　2016年弘康人寿发布的互联网保险新标准

(2) 智能核保项目。部分保险公司都已经在核保中引入了人工智能,例如,当用户不完全符合健康告知的时候,不用一票否决,而是可以具体情况具体分析,让公司可以根据问卷流程了解用户目前的身体健康状况,从而得出核保结论,确认是否可以投保。当然,有的保险公司会根据核保结论选择是否保费加价,是否理赔时不承担此项责任。此项目也是对客户人性化处理的体现。

(3) 智能客服。智能客服在保险业应用很广泛,例如,平安保险和弘康人寿等目前都有智能客服的系统,减轻客服工作量,提高效率,实时承保,实时咨询。

(4) 智能定损。保险公司往往自己都拥有大量的理赔案例,结合以往的理赔案件,保险公司可以利用人工智能技术挖掘出一套动态的定损模型。当客户提出报销修理费用或为客户定损时,保险公司可以参考算法模型给出的结果,对于那些明显高于算法结果的,再加入人为核查。

3. 信托业

在信托业,智能金融可以提高金融效率,丰富金融生态,给金融投资者和消费者带来更多的福利。这个福利体现在便捷的渠道、可理解的数据、精准的业务。具体的智能金融场景如下:

(1) 在资金端实现财富管理智能化。智能金融有助于精准人群营销和服务生态圈建设,加快推动资金端由产品销售向财富管理转型。例如,精准营销借助人工智能等科技手段,多渠道、多场景、多维度了解客户基本情况、潜在投资需求、风险偏好等,搭建完整的用户行为及特征分析体系,对客户进行精准画像,根据客户特征挖掘其实际需求,以提供相应的产品和服务,实现有效的用户触达;人群画像驱动采取定向技术,从资产规模、投资者年龄、职业特点、家庭特征和风险承受能力等多维度梳理,建立和完善目标群体的个性标签,进而形成客群画像,实现"因群施策",为针对不同客群提供差异化、精细化、智能化的财富管理服务奠定坚实基础。

(2) 在资产端拓展覆盖范围。智能金融有助于加快形成个人画像、企业画像和产业画像的数据基础和建模能力,推动依托"数据 + 科技"的大类资产选择,投融资,前、中、后台的智能化管理能力建设。包括:① 加快产业画像,为大类资产配置提供方向。信托公司依托互联网平台公司的大数据积累和强大算力,就全球范围内符合产业政策和市场趋势的若干产业,选择一定数量的头部公司,实行长时间窗口、多维度跟踪分析,找出基本相关关系、里程碑事件和意义、领军企业的基本经营特征,不断积累产业数据和产业知识,完成产业画像,为大类资产配置提供方向指引。② 完善个人画像,积极布局消费金融。信托公司通过与个人大数据平台合作、第三方平台引流、与友商合作强场景平台、自建特定群体场景等多种模式,引入征信、消费、税务、社交等多维度数据,打通大数据产业链各环节,建立和完善个人画像,以纯线上化、纯智能化为特点,快速抢占消费金融蓝海市场。③ 加强企业画像,挖掘潜在的业务机会。信托公司可以利用人工智能技术捕捉合适的资产信息,挖掘潜在业务机会。

4. 证券业

在证券业,许多智能金融场景的应用与银行和保险业类似。一些行业独有的具体智能金融场景大体可以分为:

(1) 智能文档审核、验证以及比对。对债券募集说明书、招股说明书、上市公司年报等文档内的文字、标点,以及数字格式进行筛查与纠错,并结合语义理解与债、股、财务会计相关的语料,及《民法典》《证券法》《公司法》《票据法》等相关法规,对文档实行全面纠错,同时基于智能技术对文档进行交叉验证和比对。

(2) 智能财报核验和相关信息提取。基于光学字符识别技术(OCR)、融合自然语言处理技术(NLP)及计算机视觉技术(CV),将财报、审计报告、年报等披露的财务数据进行结构化解析,在财务勾稽关系校验的基础上整合成固定模板,以形成满足不同用户对财报信息提取的需求的智能产品。支持 PDF、PNG、JPG、JPEG、BMP 等常见财报格式的解析;支持多页文档上传,将报表自动分类成资产负债表、利润表及现金流量表,并提供试算平衡情况与错误概览;能够对特定信息进行针对性提取以支持后台应用。

(3) 智能投研。将研报内容中的关键信息进行结构化展示,涉及个股、行业以及总量类研报中的摘要、表格、正文和图表进行结构化解析输出,建立结构化数据库;辅助产品部门灵活应用研报内容,并支持对研报内容的智能审核。

(4) 运营管理自动化。通过机器人流程自动化(RPA)等技术实现业务过程操作自动化,例如,监控体系与清算自动化操作有机结合,真正实现清算的监控、操作、管理规范化,全方位确保清算安全、稳定、高效进行等。

5. 基金业

在基金业,许多智能金融场景与以上金融行业类似,一些独有的智能金融场景大体可以分为:

(1) 实现估值业务流水化。目前基金估值业务由一个基金会计负责多个基金核算估值,基金会计贯穿基金估值整个阶段,依次是参数设置、科目编码设置、数据录入、手工凭证制作、清算数据读取(目前是一个基金会计负责读取所有基金清算数据)、基金估值、托管行对账、核算差异调整、核算结果数据导出。基金会计需要对整个估值业务非常熟悉,同时根据不同产品特点需要做很多手工操作。

(2) 客户细分和预测模型。通过客户细分和预测模型,有效地提升客户转换率和减少服务成本。基于客户数据进行数据分析,对客户细分和预测模型建模,根据不同层次目标客户和渠道偏好,提供产品创新、产品组合及定制化咨询意见,做到精准营销。同时根据客户需求,配备最合适的顾问人员,实时互动管理,提高客户转换率。整合顾问工具及 CRM 系统,自动生成最佳提议及购买倾向,根据每个投资者特定的需求为其配置最合适的资产组合,做到定制化营销。

(3) 分析新闻事件的影响。对庞大的数据进行主成分分析,剔除无关的甚至错误的、相互矛盾的数据,可以更有效地进行金融市场分析和预测。用文本挖掘技术来研究新闻文本与股价之间的关系,建立新闻与股价之间的模型,用建好的模型来预测新闻对股价趋势的影响等都是其中的具体应用。

(4) 预警金融突发事件。现代金融体系具有非常复杂的特点,不可能通过一两个确定性的数学模型或一两条规则和有限的数据来完全了解金融市场。建立一个完整的财经数据仓库和具有开放特性的数据挖掘模式,是正确决策的有力保障。通过对市场资讯(包括政策面、上市公司公告、各大门户网站、论坛)及舆情分析,构建风控模型,用于对黑天鹅事件的预警。

在金融监管中,智能金融也有许多应用场景,对文件的合规审核、对舆情信息的捕捉、对金融企业的动态追踪、基于接口数据进行监管目的的分析和预测、对行业发展的判断、具体监管流程的自动化等都是其具体应用。随着监管的不断深入,其智能金融场景边界也在不断拓展。

三、智能金融的价值

按照知识经济框架,智能金融是金融科技的一个阶段,而金融科技是金融业的知识经济,其价值路径以及价值作用方式与知识经济相同。根据定义,智能金融所产生的价值体现在数据的作用、信用的作用以及风险的作用上,通过这些要素的智能化,智能金融将在宏观、中观以及微观层面产生价值。

(一)宏观层面

随着人工智能技术的进化以及智能金融的发展,整个金融行业的业务将逐步实现数智化,从而提升金融行业效率,创造更多行业价值,金融服务将更大范围惠及国民,金融体系将更加安全,在面对风险冲击时更加稳健。值得注意的是,智能金融的更高阶段即当要素智能化达到更高层次,金融内在逻辑和市场关系也会受到影响和冲击,一些市场基础将发生改变,新的金融业态产生,而旧的金融业态会消亡,监管机构将一方面基于智能技术更有效地应对市场,另一方面将面对智能技术引入的新的风险。

智能金融是智能经济的一部分,它的发展还有助于建设智能社会,维护国家安全,构筑知识群、技术群、产业群互动融合和人才、制度、文化相互支撑的生态系统,支持我国前瞻性地应对风险挑战,并推动以人类可持续发展为中心的智能化,最终加快建设创新型国家和世界科技强国。

(二)中观层面

随着人工智能技术引入业务中,产生了许多直接创造价值的智能金融场景,金融机构之间的传统竞争模式将发生改变,数据和技术驱动将成为主导力量。同时,市场上金融科技公司将通过竞争形成更加强有力的金融信息基础设施,不同的企业将在企业盈利模式、管理效率以及风险管理方面享受成果。

智能金融可以充分与其他业态金融结合。例如,与绿色金融结合,提升绿色金融效率,拓展其服务边界;与供应链金融结合,为供应链金融创造新的场景和应用模式,形成供应链智能金融;与健康金融结合,对健康金融的五个分支起到驱动作用。

(三)微观层面

智能金融让个人更加方便快捷地使用金融服务,让中小微企业更加高效低成本地进行投融资,同时参与金融的个体之间的链接更加高效,金融交易更加秩序化,最终全面助力普惠金融、金融服务实体经济。

智能金融可以与许多个人相关的金融结合创造价值。例如,与个人健康金融结合,为个人养老、财富管理、健康财富规划、财富传承等生成更加精准和个性化的方案;可以与个人投资及理财结合,进行媲美基金公司专业程度的选股、筛选因子、构建投资标的等。

总体来看,智能金融的价值可以总结为:提升金融行业效率、助力监管、加速普惠金融发展、促进金融体系健康以及提升个人金融服务幸福感。

本 章 小 结

人工智能的定义在不同阶段有不同表述,本书定义的人工智能是将智能以及依靠人的能力实现智能作为研究对象,研究、开发用于模拟、延伸和扩展人的智能的理论、方法、技术及应用系统等的一门学科。

西方世界和中国古代都有对人工智能的记载,但此时的人工智能程式简单,在心智上与人类差别极大。思想的进步和电子计算机技术的发展促进了人工智能的急速发展,达特茅斯会议标志着现代人工智能的诞生,之后对人工智能的研究经历了从狂热到失望的多次起落,目前已经可以客观理性地认识人工智能,并不断进行谨慎的发展。2016 年,AlphaGo 击败李世石,起源于感知器理论的深度学习逐渐成为人工智能的主流技术,并引领了新一代人工智能的变革。人工神经网络的发展经历三起三伏,最终依靠深度学习站稳了在人工智能领域的脚跟。

受苏联的影响,我国对人工智能的研究起步较晚。1978年全国科学大会的召开和吴文俊院士提出的几何机器定理证明掀开了我国人工智能发展的新篇章。1980年的"计算机科学暑期讨论会"被称为"中国的达特茅斯"。后来,国家大力支持人工智能教育和相关课题的研究,在政策的支持和众多学者的努力下,目前我国的人工智能研究和应用已经可以与欧美发达国家同频共振。

智能金融的概念来源于金融科技,可以看作金融科技的一个分支。金融科技的定义是"金融中核心要素的科技化及其表现";智能金融的定义为"金融中核心要素的智能化及其表现"。人工智能技术能够与银行、保险、信托、基金、证券等多个行业融合,它们都是智能金融场景,也可以利用人工智能技术进行金融监管,形成智能金融监管。智能金融的价值体现在数据的作用、信用的作用以及风险的作用上,能够提升金融行业效率、助力监管、加速普惠金融发展、促进金融体系健康以及提升个人金融服务幸福感。

关 键 名 词

人工智能　机器学习　人工神经网络　深度学习　智能金融　金融科技

即 测 即 评

请扫码检测本章学习效果。

复习思考题

1. 人工智能的定义是什么?
2. 人工智能有哪些派系或主义?
3. 大数据的定义是什么?
4. 简单介绍一下智能金融的价值。

第二章
智能金融中的线性方法

章前导读

　　线性方法中除了熟悉的回归类分析方法以外,还包括以支持向量机为代表的统计机器学习方法。回归类分析方法既是统计学、计量经济学中的研究手段,也是机器学习中重要的方法,它在经济、金融、商业领域有着广泛的应用,如资产定价、宏观经济预测、债券评级、信用风险预测、客户画像等。支持向量机则是人工智能发展历史上具有重要影响力的方法,在深度学习诞生之前,它被广泛用于各种领域复杂问题的分类、回归以及预测。

本章学习目标

　　本章从线性方法中回归类分析方法的定义入手,回顾了多元线性回归模型的相关知识,并介绍了回归类分析在不同金融场景下的应用;接着在离散响应变量情景中介绍了多元定性响应变量回归模型的原理及统计推断方法;然后分别从回归模型的选择、正则化与降维三个角度,讨论了传统多元线性回归模型的改进方法,以应对多重共线性、过拟合问题和维数灾难;最后介绍了支持向量机。通过本章的学习,读者应当掌握线性方法分析的基本流程,了解回归模型的改进方法以及支持向量机的应用,并能在不同金融场景下加以灵活运用。

第一节　回归类分析方法及其运用场景概述

一、回归类分析方法概述

(一) 回归分析的定义与分类

　　回归分析(Regression Analysis)是指确定两种或两种以上变量间相互依赖的定量关系的一种统计分析方法。与简单的相关性分析不同,它侧重考察变量之间的定量关系,并通过某种等式的形式把这种关系表达出来。该等式的最一般形式可以表示为:

$$y_i = f(x_i, \varepsilon_i; \beta) \tag{2-1}$$

式中：$i \in N = \{1, 2, \cdots, n\}$，表示第 i 个观测（Observation）；

y_i 是响应变量（Response）；

$x_i' = (1, x_{i,2}, \cdots, x_{i,k})$，是含有 K 个特征（Features）的向量 [①]；

$\beta = (\beta_1, \beta_2, \cdots, \beta_k)$，是回归模型的参数（Parameters）向量；

ε_i 是误差项（Error Term），表示不能被 x_i 解释的部分。

回归分析的目标是确定可靠的回归模型（确定特征的变化对响应变量的影响），并利用回归模型尽可能准确地预测出响应变量。回归模型依赖于函数 $f(\cdot)$ 的形式和参数 β 的大小，常见分类如下：

（1）按照特征的个数，可以分为一元回归模型和多元回归模型。

（2）按照特征与响应变量的关系，可以分为线性回归模型和非线性回归模型。

（3）按照回归方程的个数，可以分为单方程回归模型和联立方程回归模型。

（4）按照数据类型的特点，可以分为横截面数据回归模型、时间序列数据回归模型和面板数据回归模型。

（二）多元线性回归模型回顾

多元线性回归模型（Multiple Linear Regression Model）是回归分析中最为简单的模型，通常假设数据 $\{y_i, x_i\}$ 满足如下真实回归模型：

$$y_i = \beta_1 + \beta_2 x_{i,2} + \beta_3 x_{i,3} + \cdots + \beta_k x_{i,k} + \varepsilon_i \tag{2-2}$$

即假设特征变量 x_i' 以线性的形式进入模型，且与 ε_i 是加法可分的。我们采用最小二乘法（Ordinary Least Square，OLS）估计多元线性回归的参数向量。最小二乘法的原理是找到使得模型残差平方和（RSS）最小的参数向量 β，即：

$$\hat{\beta}_{\text{OLS}} = \arg \min_{\beta} \sum_{i=1}^{N} (y_i - x_i'\beta)^2 \tag{2-3}$$

在一定的假设下，$\hat{\beta}_{\text{OLS}}$ 具有无偏性（Unbiasedness）和有效性（Efficiency），这个性质又称高斯 – 马尔可夫定理（Gauss–Markov Theorem）。当观测数量 n 足够大时，在大数定律和中心极限定理的保证下，$\hat{\beta}_{\text{OLS}}$ 还具有一致性（Consistency）和渐近正态性（Asymptotic Normality）。

在回归分析中，我们希望看到某个特征变量对响应变量的影响是显著的。此时，可以构建原假设 H_0 为"$\beta_k = 0$"、备择假设 H_1 为"$\beta_k \neq 0$"的假设检验。在小样本下，可以引入正态性假设并构建 t 检验；在大样本下，则可以直接通过 z 检验来完成。对于多个特征变量的联合显著性，在小样本下，可以构建 F 统计量进行检验；在大样本下，则可以做 Wald 检验。

拟合优度（Goodness of Fit）是衡量回归模型拟合程度的指标。人们通常采用 R^2 或调整 $\bar{R}^2$ 来衡量模型的拟合情况。在实际应用中，R^2 的数值会随着引入解释变量个数的增加而增加，但由此引发的 R^2 的增加与模型的拟合好坏无关。因此，采用调整 $\bar{R}^2$ 来判断模型的拟合效果是更佳的选择。调整 $\bar{R}^2$ 避免了解释变量个数的增加所带来的干扰，因此有：当调整 $\bar{R}^2$ 越大时，模型的拟合效果就越好。

为了比较所含解释变量个数不同的多元回归模型的拟合优度，其他的衡量指标包括

---

① 在统计学和计量经济学中，y_i 被称为因变量、被解释变量等；x_i 被称为自变量、解释变量、回归子或回归元等，它通常是一个向量，即含有多个元素。在机器学习中，y_i 也被称为输出变量；x_i 也被称为输入变量或预测变量。

赤池信息准则（Akaike Information Criterion, AIC）、贝叶斯信息准则（Bayesian Information Criterion, BIC）和施瓦茨准则（Schwarz Criterion, SC）。

（三）回归分析在计量经济学与机器学习领域的比较

回归分析在计量经济学中作为主要工具贯穿始终。传统的计量经济学看重统计推断过程（包括参数的点估计、区间估计以及假设检验），尤其在乎如何借助回归模型推断变量之间的因果关系。在施加多种假设后，回归参数将具有优良性质，进而给因果推断提供有力的支持。实践中会使用各类检验去验证假设是否成立，或根据数据和特点，使用其他方法进行建模，以获得更具说服力的结果。

相比于计量经济学，机器学习中的回归分析并不在乎变量之间的因果关系[①]，而更重视回归模型的预测准确率（Prediction Accuracy）和模型解释力（Model Interpretation）。预测准确率是指在训练集上得到的回归模型在测试集上的预测表现。模型解释力是指回归系数能否直观简洁地描绘特征变量对响应变量的影响。在应用中，人们有时反而会舍弃参数估计的"准确性"，以换取模型更强的解释能力以及更高的样本外预测能力，这就涉及"偏差 – 方差"的权衡问题。此外，与计量经济学不同的是，回归分析在机器学习领域也经常被视作一种分类器（Classifier），尤其是当响应变量为定性（Qualitative）变量时，回归模型天然具备分类器的特点。同时，回归分析的原理也可以与其他分类方法相结合，如回归树（Regression Tree）和支持向量机回归（Support Vector Regression）等。总之，虽然回归分析的逻辑简单而直接，但它仍不失为一种有效且得到广泛应用的机器学习方法。可以说，回归分析是其他复杂算法的基础，在不同模型中都扮演着重要的角色。

二、回归分析在金融领域的应用场景

回归分析作为众多机器学习方法之一，在金融领域有广泛的应用场景。最主要的应用场景包含三种：风险评估与识别、价格与收益率预测、用户画像与精准营销。

（一）风险评估与识别

金融活动往往会伴随着风险。对商业银行而言，贷款作为一种风险资产直接影响其经营活动。同时，当商业银行之间或与其他金融机构之间存在借贷关系时，这种风险也会间接地在机构间蔓延和传染，对金融市场造成更大的危害。对互联网金融企业而言亦是如此。另外，我们也应当认识到，除了信用风险以外，还有市场风险、操作风险、流动性风险、企业管理风险等其他风险。这些风险或多或少都会对金融机构的运作产生影响。因此，评估和识别各种风险是至关重要的。在回归分析中，二分类 Logistic/Probit 回归模型以及 Cox 比例风险回归模型是最常用的评估风险的两类模型。它们不仅能够在一定程度上准确地给出风险事件发生的概率，还可以通过对回归系数的考察发现哪些因素（特征变量）对风险事件的发生产生了显著的影响。

（二）价格与收益率预测

金融活动的微观本质是风险资产的交易，而交易的核心便是价格。价格可以被看成一种信号，内含风险资产的种种信息。根据有效市场假说，强式效率市场中的所有信息都反映在股票的价格中，这些信息不仅包括公开信息，还包括各种内幕信息。量化投资利用这些信息

---

① 现如今，机器学习领域也有因果推断的相关方法。

形成交易策略,进而在金融市场上获取超额收益。事实上,交易策略的形成离不开对价格和收益率的准确预测。而想要获得长期准确的预测,就要有足够稳健的模型。传统的多因子模型利用了回归分析的各种技巧,而当代的许多量化算法也会使用回归分析的思想。可以说,回归分析在资产定价领域仍然是非常重要的手段和方法。另外,有时在回归模型中会包含数量较多的因子(特征变量),为了保证模型的稳健性和可解释性,人们往往会采用系数压缩、变量筛选等方法对回归模型进行改进。

(三)用户画像与精准营销

用户画像是真实客户的虚拟代表,是通过一系列真实数据建立的特色目标客户模型。金融企业(银行、券商、保险、信托等)能够利用用户画像获取更多关于客户的信息,进而实现对不同类型客户的精准营销。回归分析中的某些模型本身具有分类算法的功能。因此,人们往往会通过回归模型(或其他有监督的学习)对不同的客户进行分类,并预测其对不同金融产品的偏好。多分类 Logistic 回归模型在这种场景下应用广泛。

第二节　多元定性响应变量的回归模型

在很多应用场景下,人们并不太关心响应变量 y_i 的绝对数值大小,而更在乎某些定性特征。例如在银行或互联网信贷领域,机构会通过一系列算法来评估是否为个体发放贷款。又如在投资决策中,人们往往会关心是否买入或卖出相应资产。此时"贷款"与"不贷款"或者"买入"与"不买入"就构成了二元响应变量的两种取值。更一般地,响应变量的取值也可以多于两种,如债券评级、借款人信用评分等。在这样的背景下,我们通常不能忽略定性响应变量离散的特点而使用普通多元线性回归模型。虽然多元线性回归计算更简便,且更容易获得直观的解释,但同时也会存在许多弊端和缺陷。

一、多元线性回归的缺陷

(一)变量的无意义排序

当定性响应变量有 m 个取值时($m>2$),通常会给各个取值进行编号排序。大部分情况下,这些取值在逻辑上仅具有平行关系,并不具有某种顺序关系,而编号则代表了某种大小关系或顺序关系,所以给这样的取值进行编号并不合理。尤其是在普通线性回归中,这个编号将被作为一个连续的数值对待,因此不同的排序方式会产生完全不同的线性模型及参数估计,给人们带来混淆。

在一些场景中,定性响应变量确实有自然的程度顺序,例如前文提到的债券评级或个人信用评估等级等。虽然此时对这样的取值进行编码看似合理,但在实践中也很少有人直接将这类定性变量作为连续的定量变量来处理。

(二)参数估计的有效性不再满足

假设响应变量具有二值离散的分布特征,那么普通线性回归模型对参数的估计将不满足有效性,即参数估计的方差将增加。考虑如下变量:

$$y_i = \begin{cases} 0, \text{状态 } 0 \\ 1, \text{状态 } 1 \end{cases} \tag{2-4}$$

若以此变量作为响应变量构建普通一元线性回归模型,对于每个个体有:
$$\mathbb{E}(y_i|X)=\beta_0+\beta_1 x_i \tag{2-5}$$
该条件均值可以被解释为在 X 的条件下,y_i 取 0 或者 1 的概率,即有:
$$\mathbb{E}(y_i=1|X)\equiv \Pr(y_i=1|X) \tag{2-6}$$
又因为响应变量服从二项分布,所以其方差可以表示为:
$$\mathrm{Var}(y_i=1|X)=(\beta_0+\beta_1 x_i)[1-(\beta_0+\beta_1 x_i)] \tag{2-7}$$

从式 2-7 中可以看出,方差依赖于特征变量 x_i,高斯 – 马尔可夫定理中对误差项的条件同方差假设不再满足,因此该模型具有条件异方差性。虽然参数估计仍然满足无偏性,但不再满足有效性。关于这一点,也可以通过图 2-1 获得更直观的感受:当特征变量增加时,方差随着特征变量非线性变化。

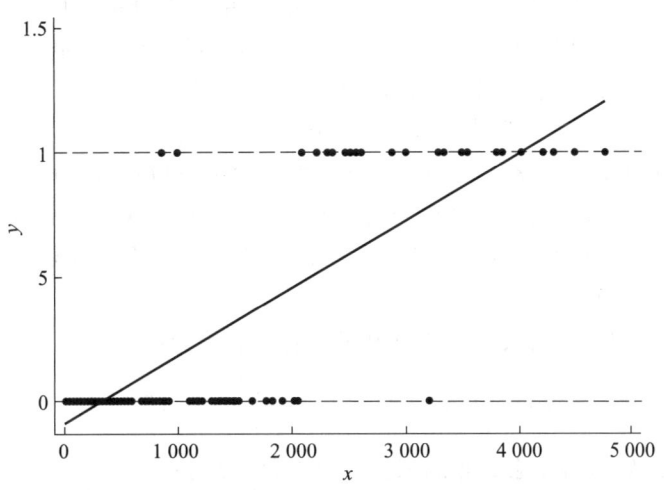

图 2-1 二分类响应变量下的一元线性回归模型示意图

（三）预测值的经济含义模糊

预测是回归分析的目标之一,对预测的解释同样至关重要。在响应变量 y_i 为离散二元取值的情况下,如果我们使用普通的多元线性回归模型进行建模,预测的结果 $\hat{y}_i$ 则可能大于 1 或小于 0（如图 2-1 中 $y=0$ 以下和 $y=1$ 以上的部分）,这样的结果是不现实的。因为根据概率的性质,该估计值应满足 $\hat{y}_i\in[0,1]$,所以此时的响应变量预测值 $\hat{y}_i$ 将很难被解释为某种概率。尽管如此,该估计值仍然可视为一个预测概率大小顺序的粗略估计（或相对水平估计）。但想要得到更为精确的估计,我们需要找到一种把预测概率控制在 $[0,1]$ 区间内的建模方法。

二、二分类多元 Logistic/Probit 回归的原理与参数估计

鉴于以上原因,多元线性回归并不擅长处理具有定性响应变量的模型,引入新的回归方法是必要的。广义线性模型（Generalized Linear Model）提供了解决方案。

（一）广义线性模型的构成

广义线性模型本质上属于非线性回归模型,但是其中包含了线性的成分。它由三部分构成:随机部分、系统部分（或线性部分）以及联系函数（或关联函数）(Link Function)。随机部

分是指响应变量 y_i 与其概率分布(如正态分布、二项分布或逆高斯分布)。一般情况下,假定响应变量 y_i 在各个观测之间相互独立,且在建模时仅考虑其条件期望 $\mathbb{E}(y_i|x_1,x_2,\cdots,x_n)$。系统部分是指以线性形式进入模型的特征变量,记为 z。联系函数将模型的随机部分与系统部分相互连接,通常用函数 $g(\cdot)$ 来表示,该函数的形式与系统部分误差项的分布有关。因此,一个广义线性回归模型可以被表示为如下方程:

$$g[\mathbb{E}(y_i|x_1,x_2,\cdots,x_n)]=\beta_1+\beta_2 x_{i,2}+\beta_3 x_{i,3}+\cdots+\beta_k x_{i,k} \tag{2-8}$$

当响应变量 y_i 服从正态分布、联系函数为 $g(a)=a$ 时,广义线性回归模型退化为普通线性回归模型。因此,普通线性回归模型可以看作广义线性回归模型的一个特例。

（二）Logistic 函数与 Probit 函数

响应变量二分类的多元 Logistic/Probit 模型是广义线性模型的两个例子,在实际应用中颇为常见。其中,随机部分的 y_i 服从二项分布,联系函数分别采用 Logistic/Probit 函数。Logistic 函数与 Probit 函数具有一些良好的性质,能够很好地解决普通线性回归在处理定性响应变量时的弊端,并让一个回归问题转化为个体的分类问题。

具体来说,在利用广义线性模型做二分类建模时,这两类函数可以将系统部分给出的 z 转化为在 0 到 1 之间的变量 $\mathbb{E}(y_i|x_1,x_2,\cdots,x_n)$,使得模型可以更好地拟合二项分布的数据。在预测时,上述转化过程也可以提供更为精确的概率。在设定决策边界(Decision Boundary)后,如果预测结果高于该边界,就将其判为 1 所代表的类别;如果预测结果低于该边界,就将其判为 0 所代表的类别。

对于 Logistic 函数(Sigmoid 函数),此转换过程可表示为:

$$P(y=1|X)=\mathbb{E}(y|X)=\frac{e^{-z}}{1+e^{-z}}\in[0,1] \tag{2-9}$$

对于 Probit 函数(标准正态分布的累积分布函数),则有:

$$P(y=1|X)=\mathbb{E}(y|X)=\Phi(z)=\int_0^z \frac{1}{\sqrt{2\pi}}e^{-\frac{s^2}{2}}ds\in[0,1] \tag{2-10}$$

图 2-2 展示了两种函数的图像。

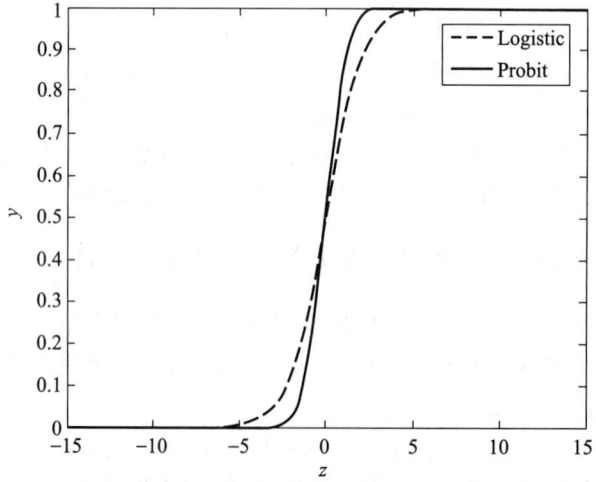

图 2-2 Logistic 函数与 Probit 函数图像

比较式 2-9、式 2-10 和图 2-2 发现，Logistic 函数和 Probit 函数都是具有阶跃函数（Step Function）性质的非线性函数，能够将变量约束在［0,1］范围内。同时 Logistic 函数的计算更为简便，能够节约部分计算机算力。在学术实践中，很少有证据表明二者谁更有优势。人们通常会同时采用这两种联系函数进行建模，并将结论互相印证，以确保模型的稳健性。

（三）二分类多元 Logistic/Probit 回归模型与其参数估计

基于上述讨论，一个二分类多元 Logistic 回归模型可以写为如下方程：

$$\ln\left[\frac{P(y_i=1|x_1,x_2,\cdots,x_n)}{P(y_i=0|x_1,x_2,\cdots,x_n)}\right]=x_i'\beta=\beta_1+\beta_2x_{i,2}+\cdots+\beta_kx_{i,k} \qquad (2-11)$$

该等式左边的部分称为对数概率（或对数比数）（Log Odds），其中概率（或比数）为 $y_i=1$ 与 $y_i=0$ 的条件概率的比值，表示了给定特征 x_i，响应变量属于状态 1 的相对可能性。因为等式左边与普通线性回归不同，所以在解读回归系数的经济含义时要特别注意。例如 β_1 表示：在其他特征变量不变的情况下，变量 x_1 的一单位变化所引发的对数概率的平均变化。或解释成：在其他特征变量不变的情况下，变量 x_1 对对数概率的边际影响（Marginal Effect）。

同理，我们也可以将二分类多元 Probit 回归模型写出：

$$\Phi^{-1}[P(y_i=1|x_1,x_2,\cdots,x_n)]=x_i'\beta=\beta_1+\beta_2x_{i,2}+\cdots+\beta_kx_{i,k} \qquad (2-12)$$

此时回归系数的含义可以解读为特征变量对概率的某函数的边际影响。可以验证，$\Phi^{-1}(\cdot)$ 单调递增，于是等式右边越大，说明响应变量属于状态 1 的可能性就越大。不严谨地讲，Logistic 模型与 Probit 模型所表达的变量之间的关系是近乎等价的。

由于二者都属于非线性回归模型，一种可行的参数估计方法是采用非线性最小二乘法（Nonlinear Least Square Estimation，NLLS）。估计原理与普通最小二乘法类似，其目标是使离差平方和最小化。以 Probit 模型为例：

$$\hat{\beta}_{\text{NLLS}}=\arg\min_{\beta}\sum_{i=1}^{N}[y_i-\Phi(x_i'\beta)]^2 \qquad (2-13)$$

由于这两类回归模型的残差项和响应变量的分布已知，另一种可行的参数估计方法为极大似然估计法（Maximum Likelihood Estimation，MLE）。以 Logistic 模型为例：

$$\hat{\beta}_{\text{MLE}}=\arg\max_{\beta}\sum_{i=1}^{N}\{y_ix_i'\beta-\ln[1+e^{x_i'\beta}]\} \qquad (2-14)$$

其中目标函数是化简后的 Logistic 分布的对数似然函数（Log-likelihood Function）。该函数是关于 β 高阶可导的连续函数，但一般情况下很难算出解析解（Analytical Solution）。于是，人们通常会采用数值优化算法来求得数值解（Numerical Solution）。常用的数值优化算法包括梯度下降法和牛顿法等。

（四）对模型的评估

1. 特征变量的显著性检验与拟合优度评估

与普通线性回归模型类似，二分类多元 Logistic/Probit 模型的单个系数的显著性亦可通过构建 z 统计量来进行双侧检验。拟合优度的指标主要有：伪 R^2（Pseudo R^2）、AIC 和 BIC 等。其判断原理与多元线性回归模型类似。

2. 预测准确度评估

对于分类问题，我们通常用混淆矩阵来表示预测结果（见表 2-1）。

表 2-1　预测结果的混淆矩阵

		真实值	
		$y_i = 1$	$y_i = 0$
预测值	$\hat{y}_i = 1$	真阳性(TP)	假阳性(FP)
	$\hat{y}_i = 0$	假阴性(FN)	真阴性(TN)

根据混淆矩阵,我们可以计算相应的指标来评估预测结果的准确性。预测结果的灵敏度(Sensitivity)或真阳率(True Positive Rate,TPR)定义为:

$$TPR = \frac{TP}{TP + FN} \tag{2-15}$$

预测结果的假阳率(False Positive Rate,FPR)定义为:

$$FPR = 1 - \frac{TN}{FP + TN} = \frac{FP}{FP + TN} \tag{2-16}$$

在不同的决策边界 $c \in [0,1]$ 下,我们会获得不同的混淆矩阵。混淆矩阵中的指标都是关于 c 的函数,因此真阳率 TPR 和假阳率 FPR 也都是关于 c 的函数。让决策边界 c 从 0 到 1 连续变动,就可以获得连续的数对(FPR_c,TPR_c)。以 FPR_c 为横轴,以 TPR_c 为纵轴,该连续数对可以形成接收器工作特征曲线(ROC 曲线)。该曲线越靠近坐标系的左上角,就说明该模型的预测准确率越高。ROC 曲线下方的面积被定义为 AUC(Area Under the Curve),该面积越大,就说明 ROC 曲线整体而言越靠近左上角,模型的预测能力越强。

衡量模型预测能力的指标还包括提升图,也即模型提升度(Lift)与深度(Depth)形成的点对的轨迹以及适用于多分类问题的科恩 Kappa 值。这些指标不仅用于回归分析,还广泛应用于其他机器学习的算法中。

(五)二分类 Logistic 回归模型的 Python 代码

假设样本数据的训练集 Dataset 包含两个特征变量 X_1 和 X_2 和一个二分类的定性响应变量 Y。我们可以使用 Python 中的 Sklearn 模块中所包含的 Logistic 回归命令。首先,调用所需要的模块并构建回归模型:

```
# 调用 sklearn 模块和 matplotlib 模块
import matplotlib. pyplot as plt
from sklearn. linear_model import LogisticRegression
from sklearn. metrics import confusion_matrix,
classification_report,plot_roc_curve,cohen_kappa_score

# 构建 Logistic 回归模型并进行拟合 ( 不设系数惩罚项 )
reg1 = LogisticRegression(penalty = 'none', fit_intercept = False)
reg1_result = reg1.fit(X_train,Y_train)
# 输出回归系数
```

然后,在预测集上做预测并对预测结果进行评估:

```
# 用该模型做预测,得到每个观测属于不同类别的概率
Probability = reg1.predict_proba(X_test)
# 选择一：用模块中自带的 predict 函数直接输出分类值 ( 阈值自动设定 )
Prediction = reg1.predict(X_test)
# 选择二：手动设定阈值 ( 例如 0.5), 得到分类值 Prediction

# 输出混淆矩阵
confusion_matrix(Y_test, Prediction)

# 画出 ROC 曲线并计算 AUC 值
plot_roc_curve(reg1, X_test, Y_test)
```

对于多分类的 Logistic 回归模型,上述模块中的相应命令仍然适用。

三、多分类的 Logistic 模型原理简介

如果响应变量 y_i 的取值种类大于 2,我们可以使用多分类的 Logistic 模型。多分类的响应变量分为两种:名义变量(Nominal Response)和定序变量(Ordinal Response)。名义变量的取值之间在逻辑上具有平行关系,而定序变量则代表了取值之间的某种大小顺序。

（一）基线 Logistic 模型

对于名义变量,一般采用基线(Baseline-category) Logistic 模型。我们通常假设响应变量的取值空间为 $J = \{j_1, \cdots, j_m\}$,且服从概率空间为 $\prod = \{\pi_1, \cdots, \pi_m\}$ 的多项分布,其中 $\pi_1 + \pi_2 + \cdots + \pi_m = 1$。不失一般性,选定一种取值 j_m 作为基准(或参照类别),则模型由下列 $m-1$ 个方程表示:

$$
\begin{cases}
\ln \dfrac{\pi_1}{\pi_m} = \beta_{1,1} + \beta_{2,1}x_2 + \beta_{3,1}x_3 + \cdots + \beta_{k,1}x_k \\
\ln \dfrac{\pi_2}{\pi_m} = \beta_{1,2} + \beta_{2,2}x_2 + \beta_{3,2}x_3 + \cdots + \beta_{k,2}x_k \\
\cdots\cdots\cdots\cdots \\
\ln \dfrac{\pi_{m-1}}{\pi_m} = \beta_{1,m-1} + \beta_{2,m-1}x_2 + \cdots + \beta_{k,m-1}x_k
\end{cases}
\tag{2-17}
$$

若对其中两种取值感兴趣(如 j_1 和 j_2),则可以从上述方程组推导如下关系:

$$
\ln \frac{\pi_1}{\pi_2} = (\beta_{1,1} - \beta_{1,2}) + \cdots + (\beta_{k,1} - \beta_{k,2})x_k
\tag{2-18}
$$

对式 2-18 参数估计的解释较为复杂,例如 $\beta_{k,1} - \beta_{k,2}$ 表示:在其他特征变量不变的情况下,x_k 变化一单位对关于 j_1 和 j_2 的对数概率(或理解为对数相对风险)的边际影响。通俗来讲,若该系数为正,则 x_k 的增加会使得响应变量属于第一类而不是第二类的相对概率增加。在预测时,通过式 2-18 很容易推导出响应变量属于某类取值(不失一般性,假设 j_{m-1})的概率。

(二)定序 Logistic 模型

在金融领域中,定序变量出现的频率更高。例如,穆迪投资服务有限公司(Moody's Investors Services)通常把长期债券的风险分为 Aaa、Aa、A、Baa、Ba、B、Caa、Ca 和 C 九个等级。又如,美国 P2P 借贷平台 LendingClub 将借款人的信用分为 A1~A5、B1~B5……E1~E5 共 25 个级别。在这种情况下,响应变量取值之间存在某种逻辑上的大小关系或顺序关系。处理这类问题时需要引入定序 Logistic 模型(或累积比数模型)。

假设响应变量 y_i 的取值可以按某种顺序排列,取值空间记为 $J = \{j_1, \cdots, j_m\}$,且满足 $j_1 < j_2 < \cdots j_m$。同样定义响应变量的概率空间为 $\prod = \{\pi_1, \cdots, \pi_m\}$,其中 $\pi_h \equiv \Pr(y_i \leq j_h | x_1, x_2, \cdots, x_n)$,表示响应变量 y_i 低于或等于级别 j_h 的累积概率。因此,该回归模型由下列 $m-1$ 个方程表示:

$$\begin{cases} \ln\left(\dfrac{\pi_1}{1-\pi_1}\right) = \beta_{1,1} + \beta_2 x_2 + \beta_3 x_3 + \cdots + \beta_k x_k \\ \ln\left(\dfrac{\pi_2}{1-\pi_2}\right) = \beta_{1,2} + \beta_2 x_2 + \beta_3 x_3 + \cdots + \beta_k x_k \\ \cdots\cdots\cdots \\ \ln\left(\dfrac{\pi_{m-1}}{1-\pi_{m-1}}\right) = \beta_{1,m-1} + \beta_2 x_2 + \beta_3 x_3 + \cdots + \beta_k x_k \end{cases} \quad (2-19)$$

以上方程组的特点是:非截距项的特征变量共用一套系数 $\beta = (\beta_2, \cdots, \beta_k)$,也称该方程组具有"均等斜率"的特征。这说明了当某个特征变量变动一单位时,所有等级的对数相对概率都会同方向、同幅度变动。而每个方程的截距项却均不相同,这表明响应变量 y_i 在不同对数相对概率等级上存在差异。

对于多分类的 Logistic 回归模型(基线或定序模型),我们依然可以用最大似然估计的方法对参数进行估计。评价模型的标准仍包括:伪 R^2、残差偏离度等。

值得注意的是,定序 Logistic 模型依赖于一个很强的"均等斜率"假设。在现实问题中,该假设不一定满足。因此在使用该方法时应尽量谨慎,或使用其他替代方法对定序响应变量进行建模。第一类较为朴素的替代方法有:单独估计每一个二分类的 Logistic 回归模型,或者直接忽略响应变量的定序特征,采取基线 Logistic 回归模型。这一类方法虽然能够有效地避免"均等斜率"假设,但解释力较弱,适用范围也非常局限,并不是很好的选择。而第二类较为前沿的方法有:① 偏比例概率(Partial Proportional Odds)模型;② 连续比例(CR)模型;③ 相邻类别(Adjacent Categories)模型,等等。有兴趣的读者请参阅相关书籍。

第三节 回归模型的选择、正则化与降维

在大数据时代,人们通常不会过分在乎回归模型是否严格符合某种经济逻辑,而更关心如何设计模型使得该回归模型在样本外预测上具有更多优势。本节把视角聚焦于回归模型中特征变量的选择上,重点讨论如何利用额外的约束(Constrain)、压缩(Shrinking)或降维的条件获得预测准确率和模型解释力更高的回归模型,尽管这些额外条件可能导致参数估计的无偏性和一致性被破坏。

一、选择回归模型的动机

(一) 多重共线性

前文已经提到,完全的多重共线性会导致 OLS 方法失效,我们将无法得到唯一的参数估计。而不完全的多重共线性虽然不会对参数估计的无偏性产生影响,但其有效性会大大减弱,即参数估计的方差会变得很大。

图 2-3 展示了 OLS 回归的目标函数 RSS 关于参数 β_1 和 β_2 的等高线图。中心的圆点 $(\hat{\beta}_{2,OLS}, \hat{\beta}_{1,OLS})$ 表示使得 RSS 函数达到最小值的解。相比于左图,右图反映了特征变量 x_1 和 x_2 之间具有更高的线性相关性。数据微小的变化都会让中心圆点沿着等高线大幅度移动。这说明多重共线性会让模型的参数估计具有很强的不稳定性,且回归系数的解释能力会被显著削弱。

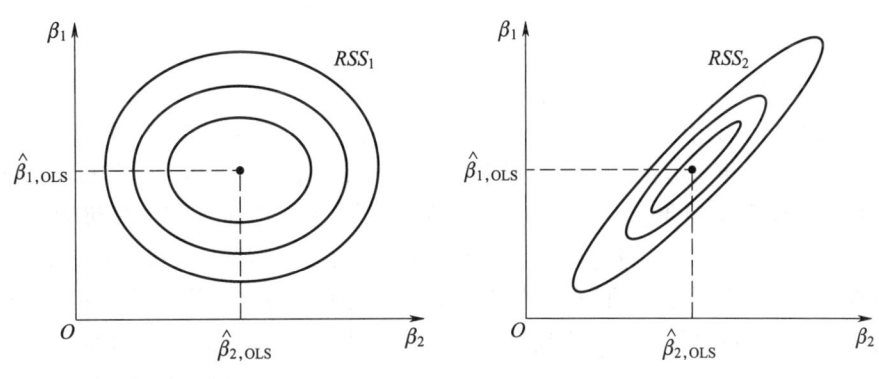

图 2-3 多重共线性示意图

检验多重共线性的简单方法是看特征变量的相关系数矩阵。如果该矩阵中出现了绝对值较大的数字,说明该对特征变量之间存在较强的线性相关性。更严格的检测方法为方差膨胀因子(Variance Inflation Factor)检验,也称 VIF 检验。依照经验而言,当 VIF 值超过 5 或者 10 时就表明模型有比较严重的共线性问题。当模型具有这类问题时,我们有必要对特征变量进行筛选和剔除。

(二) 过拟合问题

过拟合是机器学习中普遍存在的问题。其严格定义由汤姆·米切尔(Tom M.Mitchell)给出:给定回归模型形式的假设空间(Hypothesis Space)H,且有假设 $h, h' \in H$,如果假设 h 比假设 h' 在训练集上具有更小的误差,但假设 h' 比假设 h 在总体上具有更小的误差,我们就说假设 h 对训练集过拟合。通俗来讲,过拟合表明了模型对训练集的拟合程度比对真实总体的拟合程度更好,导致该模型在预测集上表现一般或很差。如图 2-4 所示:当训练集中有离群点存在时,非线性模型(图中虚线)对该训练集的拟合程度可能比线性模型(图中实线)更高,但这并不能说明非线性模型会在预测集上有更好的预测能力。

在回归分析中,过拟合主要体现在两方面:一是引入过多无关特征变量,二是引入过多特征变量的高次项(因而模型高度非线性化)。因此,为了避免过拟合问题所导致的预测能力降低,模型形式的设定(线性/非线性)和特征变量的选择就显得尤其重要。

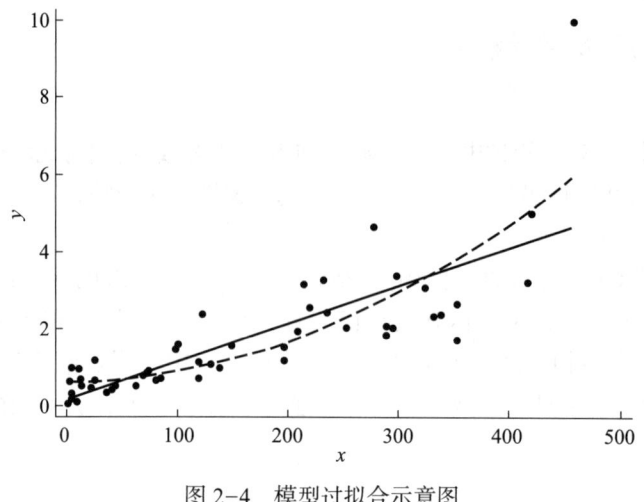

图 2-4　模型过拟合示意图

（三）维数灾难

对于分类数据，我们通常需要引入虚拟（哑）变量（Dummy Variables）进行回归分析。当回归模型具有截距项时，虚拟变量的数量取决于分类变量种类的个数。例如，某特征变量 x_k 有 Q 类，那么该模型就需要引入 $Q-1$ 个虚拟变量。如此一来，回归模型的维数不仅会随着多种多样的特征变量的引入而提高，还会随着虚拟变量的引入而激增，最终导致维数灾难。

在这样的高维问题中，传统的回归分析将会遇到巨大阻碍。尤其是当特征变量的个数大于观测数（$k>n$）时，回归分析将得不到唯一的参数估计。即使 $k<n$ 时，特征变量具有过高的维数也会导致多重共线性与过拟合问题的出现，进而大大削弱回归系数的解释力与模型的预测能力。因此，对特征变量进行筛选、压缩与降维很有必要。

二、交叉检验法

为了解决上述问题带来的困扰，我们必须对回归模型进行选择或约束（对特征变量进行选择或约束），然后在不同模型之间进行比较，进而选出最优的模型。本章第一节和第二节已经介绍了部分选择回归模型的标准（包括拟合优度和预测能力）：调整 R^2、AIC 准则、BIC 准则等以及 ROC 曲线、AUC 指标等。为了评价模型的预测准确度，我们还可以计算模型在测试集上的均方误差（MSE）。均方误差越大，说明模型在测试集上的预测能力越弱；反之，说明模型的预测能力越强。

虽然这些指标均可用于最优模型的选择，但它们都对训练集和测试集的变化比较敏感。一旦换一组训练集样本，我们可能得到完全不同的模型。这样一来，这些指标间的比较将失去意义。为了避免这个问题，我们通常会用 s 折交叉检验法（s-fold Cross Validation，CV）选择最优模型。同样，这种方法不仅可以应用于回归分析中的模型筛选，还适用于本书后续章节的其他机器学习方法。此法的原理及步骤如图 2-5 所示。

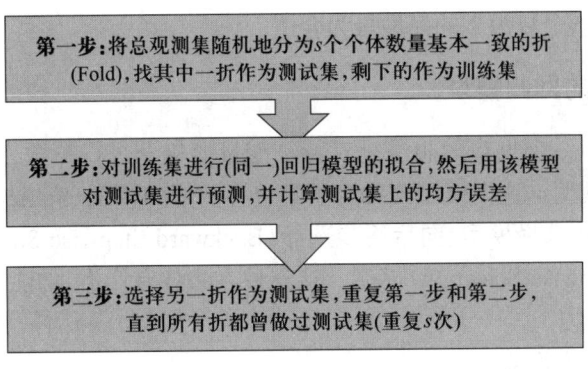

第一步：将总观测集随机地分为s个个体数量基本一致的折(Fold)，找其中一折作为测试集，剩下的作为训练集

第二步：对训练集进行(同一)回归模型的拟合，然后用该模型对测试集进行预测，并计算测试集上的均方误差

第三步：选择另一折作为测试集，重复第一步和第二步，直到所有折都曾做过测试集(重复s次)

图 2-5 s折交叉检验法原理

上述流程结束后，我们可以计算s折交叉检验法的平均均方误差(MSE)：

$$CV_{(s)} = \frac{1}{k}\sum_{i=1}^{k} MSE_i \tag{2-20}$$

当折数s等于观测样本总数量N时，此法又称留一交叉检验法(Leave-one-out CV)。在如何选择折数的问题上，我们需要考虑偏差－方差的权衡。一般而言，留一交叉检验法的方差要比s折交叉检验法的方差更大($s < N$)。从经验上讲，选择$s = 5$或$s = 10$是比较合适的($N \gg 10$)。

对不同回归模型进行交叉检验后，我们会得到关于不同模型的CV值，这些值可以构成测试误差估计值曲线。假设现在我们考虑回归模型中特征变量个数的选择问题("不同回归模型"是指"包含特征变量数不同的回归模型")：当特征变量个数$k = 6$时，如图2-6所示。

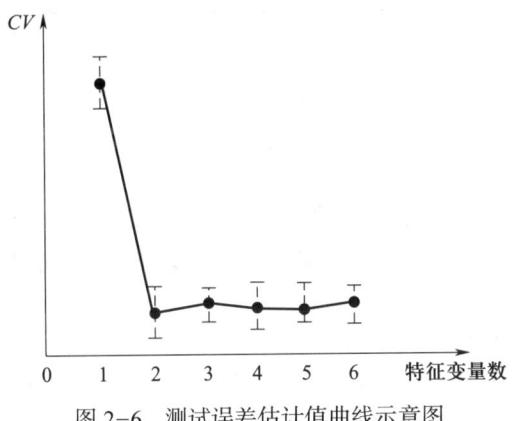

图 2-6 测试误差估计值曲线示意图

从图2-6中可以看到，当模型包含2个特征变量时，回归模型在测试集的CV值相比于只包含1个特征变量的回归模型有显著减小。但是后面的曲线却变得比较平坦，说明回归模型纳入2~6个特征变量均可接受。针对这样的情况，我们一般采取一倍标准误原则(One-Standard-Error Rule)进行模型选择。其原理是：首先计算在特征变量个数不同的回归模型中CV值的标准差(如图中虚线)，然后选择最低点一倍标准差之内的"最简洁"的模型(规模最小的模型)。这样做的好处是，当该曲线比较平坦时，我们总能选出比较简单的回归模型。如

上例中,选择特征变量个数为 2 的模型最为合适。

三、子集选择的回归模型

回归模型选择中一个直观的想法是对特征变量的集合进行筛选,筛选出合适的特征变量子集来构建回归模型。这类模型统称为子集选择的回归模型(Subset Selection Regression Model),包括最优子集选择模型、向后逐步选择(Backward Stepwise Selection)模型和向前逐步选择(Forward Stepwise Selection)模型。这三种方法各有优劣,均能在一定程度上提升模型的预测能力和解释力。

(一)最优子集选择模型

最优子集选择模型是对 k 个特征变量的所有可能组合分别进行回归拟合。其算法步骤如表 2-2 所示。[①]

表 2-2　最优子集选择模型算法

步骤	操作
第一步	记不包含特征变量的模型(又称零模型)为 M_0,只用于估计各观测样本的均值
第二步	对于 $i = 1, 2, \cdots, k$:
(a)	拟合 C_k^i 个包含 i 个特征变量的回归模型
(b)	从中选出 RSS 最小或 R^2 最大的作为最优模型,记为 M_i
第三步	根据各类标准(CV、AIC、BIC、调整 R^2 等)从 $M_0, \cdots, M_k$ 个模型中选择出一个最优模型

根据上述算法,我们需要检索的回归模型的总个数为:

$$Q \equiv \sum_{i=0}^{k} C_k^i = 2^k \tag{2-21}$$

这种方法虽然简单直观,但是计算效率不高。随着特征变量个数 k 的增加,可选择模型的数量也在迅速增长。此外,该方法也只适用于样本量 $N > k$ 的情况,一旦特征变量个数超过样本量,该方法将不再奏效。

(二)向后逐步选择模型

向后逐步选择模型的原理是:以包含全部特征变量的回归模型(又称全模型)作为起点,逐次迭代,每次都剔除一个对模型结果最不利的变量,最后得到最优回归模型。其算法步骤如表 2-3 所示。

---

① 表 2-2 至表 2-4 均引自 Gareth James、Daniela Witten、Trevor Hastie 及 Robert Tibshirani 所著的 *An Introduction to Statistical Learning with Applications in R*。

表 2-3　向后逐步选择模型算法

步骤	操作
第一步	记包含全部特征变量的模型(又称全模型)为 M_k
第二步	对于 $i=k,k-1,\cdots,1$：
(a)	在 i 个模型中进行选择,在模型 M_i 的基础上减少一个变量,则模型只包含 $i-1$ 个变量
(b)	在 $i-1$ 个模型中选出 RSS 最小或 R^2 最大的作为最优模型,记为 M_{i-1}
第三步	根据各类标准(CV、AIC、BIC、调整 R^2 等)从 $M_0,\cdots,M_k$ 个模型中选择出一个最优模型

这种方法需要检索的模型个数为:

$$Q \equiv 1 + (1+2+\cdots+k) = \frac{k(1+k)}{2} + 1 \tag{2-22}$$

其优势在于计算量要远远小于最优子集选择模型。但是仍需要保证特征变量个数小于样本量($N>k$),否则模型将无法进行参数估计。

（三）向前逐步选择模型

向前逐步选择模型的原理是:以不包含任何特征变量的回归模型(又称零模型 M_0)作为起点,逐次往模型中添加特征变量,直至所有的变量均被纳入回归模型。其算法如表 2-4 所示。这种方法需要检索的模型个数与向后逐步选择模型相同,因此其计算量也要远远小于最优子集选择模型。同时,这种方法也适用于样本量小于特征变量数的情况($N<k$),因此它要优于向后逐步选择模型。具体而言,当出现 $N<k$ 的情况时,该算法会在回归模型特征变量数等于 N 的时候停止,然后从备选模型中进行挑选。

表 2-4　向前逐步选择模型算法

步骤	操作
第一步	记不包含特征变量的模型为 M_0
第二步	对于 $i=0,1,2,\cdots,k$：
(a)	在 $k-i$ 个模型中进行选择,每个模型在模型 M_i 的基础上增加一个变量,则模型包含 $i+1$ 个变量
(b)	在 $k-i$ 个模型中选出 RSS 最小或 R^2 最大的作为最优模型,记为 M_{i+1}
第三步	根据各类标准(CV、AIC、BIC、调整 R^2 等)从 $M_0,\cdots,M_k$ 个模型中选择出一个最优模型

四、回归模型的正则化

另一类解决维数灾难(以及可能衍生的多重共线性和过拟合问题)的回归方法统称为正则化回归(Regression with Regularization)或者压缩估计方法(Shrinkage Method)。这类方法的原理是在回归分析的目标函数基础上增加惩罚项。本节主要介绍在 RSS 目标函数中引入惩罚项的三种方式,即岭回归(Ridge Regression)、套索回归(Lasso Regression)以及弹性网络回归(Elastic-Net Regression)。对于 Logistic/Probit 回归模型,这三种方式依然适用,只不过

目标函数不再是 RSS 函数,而是(对数)最大似然函数。

(一)岭回归

1. 岭回归的基本原理

由于多重共线性会导致模型的参数估计具有很强的不确定性,因此我们有必要对回归系数的大小进行约束。一般而言,岭回归方法是将 OLS 无约束最优化问题转化为如下有约束的最优化问题[1]:

$$\min_{\beta} \sum_{i=1}^{N} (y_i - \alpha_0 - \sum_{j=1}^{K-1} x_{i,j} \beta_j)^2 \qquad (2-23)$$

$$\text{s.t.} \sum_{j=1}^{K-1} \beta_j^2 \leqslant t \qquad (2-24)$$

其中,约束条件还可以写为 $\|\beta\|_2^2 \leqslant t$,$\|\beta\|_2$ 表示向量 $\beta = (\beta_1, \beta_2, \cdots, \beta_{K-1})$ 的 L_2-范数 (L_2-norm)。如果将上述问题的拉格朗日方程列出,岭回归的目标函数还可以等价地写成:

$$\min_{\beta} \sum_{i=1}^{N} (y_i - \alpha_0 - \sum_{j=1}^{K-1} x_{i,j} \beta_j)^2 + \lambda \|\beta\|_2^2 \qquad (2-25)$$

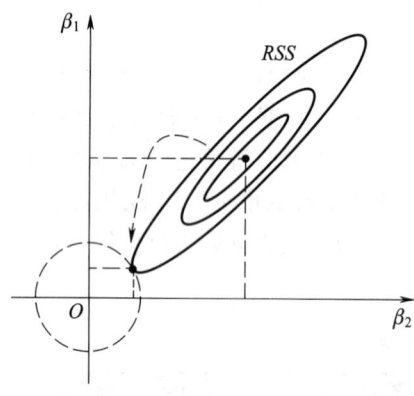

该式的第一项是 RSS,第二项是 L_2 惩罚项(Penalty Term),调节参数 λ 被称为压缩参数(Shrinkage Parameter)。由于岭回归的目标函数会对过大的参数施以很大的惩罚,所以岭回归的参数估计也被称作压缩估计量。关于这一点,我们可以通过图 2-7 中的几何意义来直观地理解。

图 2-7 表明,在岭回归中,RSS 函数的等高线会与惩罚约束所代表的球形等高线相切(大概率情况下二者不会切于坐标轴),进而使得 OLS 估计量收缩至岭回归估计量。

图 2-7 岭回归的几何意义

2. 岭回归的参数估计性质

通过目标函数的一阶条件可以求解岭回归的参数估计满足下式:

$$\hat{\beta}_{\text{ridge}} = (X'X - \lambda I)^{-1} X'y \qquad (2-26)$$

显然,岭回归估计量在小样本下是有偏估计量(因为 OLS 估计量在一定假设下是无偏估计量),但是它使得参数估计的方差大大缩小。然而,由于岭回归中很难将参数估计严格限制到 0,因此这个方法并不能起到筛选变量的目的。在高维问题中,岭回归仍不是最优选择。

(二)套索回归与弹性网络回归

1. 套索回归的基本原理与参数估计

与岭回归类似,套索回归下的约束最优化问题为:

$$\min_{\beta} \sum_{i=1}^{N} (y_i - \alpha_0 - \sum_{j=1}^{K-1} x_{i,j} \beta_j)^2 \qquad (2-27)$$

---

[1] 将截距项单独列出,为保持前后文统一,我们假设非截距项的特征变量有 $K-1$ 个变量。

$$\text{s.t.} \sum_{j=1}^{K-1} |\beta_j| \le t \tag{2-28}$$

其中,约束条件还可以写为 $\|\beta\|_1 \le t$, $\|\beta\|_1$ 表示向量 β 的 L_1- 范数(L_1-norm)。同样,套索回归的目标函数还可以等价地写成:

$$\min_{\beta} \sum_{i=1}^{N} (y_i - \alpha_0 - \sum_{j=1}^{K-1} x_{i,j}\beta_j)^2 + \lambda \|\beta\|_1 \tag{2-29}$$

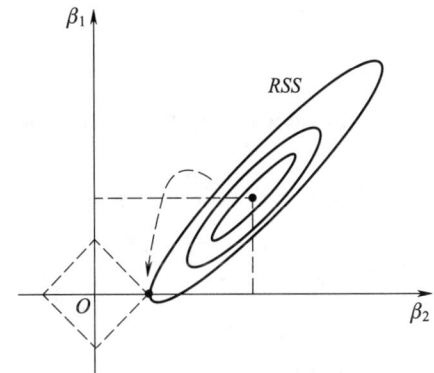

该式的第一项仍是 RSS,第二项是 L_1 惩罚项。其几何意义如图 2-8 所示。

图 2-8 说明,套索回归中 RSS 的等高线与约束条件的八面体等高线很容易相切于坐标轴。这样一来,某一个特征变量的参数就会完全变成 0,进而达到筛选变量的目的。由于目标函数中存在绝对值(函数存在不可导的点),所以套索回归的求解过程较为复杂,常见的方法有最小角回归(Least Angle Regression)以及坐标下降法(Coordinate Descent Algorithm)。

图 2-8　套索回归的几何意义

不论岭回归还是套索回归,对于压缩参数 λ 的确定,我们都可以采用 k 折交叉检验法。通过网格化 λ 的取值范围,我们可以找到满足下式的最优 λ^*:

$$\lambda^* = \arg\min_{\lambda} CV_{(s)}(\lambda) \tag{2-30}$$

2. 弹性网络回归的基本原理

套索回归虽然能够筛选变量,但是当两个变量具有很强的共线性时,套索回归可能随意地选择其中一个。弹性网络回归很好地解决了这个问题。其最终目标函数可以表示为:

$$\min_{\beta} \sum_{i=1}^{N} (y_i - \alpha_0 - \sum_{j=1}^{K-1} x_{i,j}\beta_j)^2 + \lambda \left[\gamma \|\beta\|_1 + (1-\gamma) \|\beta\|_2^2 \right] \tag{2-31}$$

式 2-31 表明弹性网络回归是岭回归和套索回归的折中:当参数 $\gamma = 1$ 时,回归模型变为套索回归;当参数 $\gamma = 0$ 时,回归模型变为岭回归;当参数 $\gamma \in (0,1)$ 时,回归模型同时引入 L_1 惩罚项和 L_2 惩罚项。由于弹性网络约束的等高线图也具有尖角(Kinks),所以该方法也具备筛选变量的功能。弹性网络的参数估计比较复杂,不再赘述。对于参数 γ 的确定,我们仍可以采用 s 折交叉检验法。但一般情况下,我们也会根据实际的数据特点进行经验选择。

另外,这类惩罚回归模型还可以引入 $L_{0.5}$ 或 L_3 惩罚项等其他次幂的范数。其他前沿的方法还包括组套索(Grouped Lasso)、融合套索(Fused Lasso)等,它们的作用各不相同。

(三) 回归正则化的 Python 代码

我们同样可以使用 Python 中的 Sklearn 模块来完成回归正则化。本小节将简要介绍该模块的相关命令以及对评估筛选最优参数的命令。

1. 数据的标准化

```
#调用相关模块及命令
from sklearn.preprocessing import StandardScaler
```

```
# 为使得特征变量的均值和标准差不存在较大差异，在建模前将其标准化
scaler = StandardScaler( )
X_std = scaler.fit_transform(X)
# 其中 X 是原始特征变量矩阵，X_std 是标准化后的特征变量矩阵
```

2. 岭回归、套索回归和弹性网络回归的构建与估计

(1) 岭回归。

```
# 调用相关模块及命令
from sklearn.linear_model import Ridge

# 岭回归 ( 设置调节参数为 1) 并输出截距项和系数
reg2 = Ridge(alpha = 1)
reg2.fit(X_std, Y)
reg2.intercept_
reg2.coef_
```

(2) 套索回归。

```
# 调用相关模块及命令
from sklearn.linear_model import Lasso

# 套索回归 ( 设置调节参数为 0.2) 并输出截距项和系数
reg3 = Lasso(alpha = 0.2)
reg3.fit(X_std,Y)
reg3.intercept_
reg3.coef_
```

(3) 弹性网络回归。

```
# 调用相关模块及命令
from sklearn.linear_model import ElasticNet

# 弹性网络回归 ( 设置参数为 0.1, L1 占比 50%) 并输出截距项和系数
reg4 = ElasticNet(alpha = 0.1, l1_ratio = 0.5)
reg4.fit(X_std, Y)
reg4.intercept_
reg4.coef_
```

3. 回归正则化的最优参数选择

首先，调用相关模块并设置交叉检验的基本参数。

```
# 调用相关模块及命令
from sklearn.model_selection import KFold
from sklearn.linear_model import RidgeCV
from sklearn.linear_model import LassoCV
from sklearn.linear_model import ElasticNetCV

# 设置 k 折交叉检验 (例如 k = 10)
kfold = KFold(n_splits = 10, shuffle = True, random_state = 1)
# 设置选择参数的范围 (该范围较粗)
alpha_set = np.logspace(−5, 7, 100)
# 在确定大致范围后, 选择更细的参数范围
alpha_set = np.linspace(1, 10, 1000)
```

然后, 分别对岭回归、套索回归和弹性网络回归选择最优参数。

```
#k 折交叉检验下的最优岭回归 (自动选择最优 alpha, 并输出)
reg2 = RidgeCV(alphas = alpha_set, cv = kfold)
reg2.fit(X_std, Y)
reg2.alpha_

#k 折交叉检验下的最优套索回归 (自动选择最优 alpha, 并输出)
reg3 = LassoCV(alphas = alpha_set, cv = kfold)
reg3.fit(X_std, Y)
reg3.alpha_

#k 折交叉检验下的最优弹性网络回归 (并输出)
reg4 = ElasticNetCV(alphas = alpha_set, cv = kfold,l1_ratio = [0.001, 0.01, 0.1, 0.5, 1])
reg4.fit(X_std, Y)
reg4.alpha_
reg4.l1_ratio_

# 输出模型的最小均方误差 (以 reg2 为例)
mse = np.mean(reg2.cv_values_, axis = 0)
np.min(mse)
```

五、降维回归方法

在处理高维问题时,我们还可以对特征变量进行降维。在降维回归分析中,可应用主成分分析的思想。本小节仅介绍两种常见方法:主成分回归(Principal Component Regression,

PCR)与偏最小二乘(Partial Least Square,PLS)回归。

需要注意的是,虽然这两种方法可能在某种程度上提高模型在预测集上的预测准确度(缓解过拟合问题),但是在对模型进行解释时,维数的压缩可能导致每个主成分的经济含义变得更加模糊,模型的解释力减弱。

(一)主成分回归

主成分回归是指利用特征变量 X 的信息构造前 M 个主成分 $Z=(z_1,\cdots,z_M)$,然后以这些主成分作为新的特征变量,用最小二乘法(OLS)对响应变量 y 进行回归,也即:

$$y = Z\hat{\gamma}+\hat{\mu} \tag{2-32}$$

式中:Z 是 $N \times M$ 的主成分矩阵;

$\hat{\gamma}$ 是 $M \times 1$ 的参数向量;

$\hat{\mu}$ 是 $N \times 1$ 的回归残差向量。

与普通 OLS 回归方法相比,特征变量的维数从 K 降到了 M。因此,这种方法可以轻松处理样本量 $N<K$ 时的情况。然而,在主成分的选择过程中,我们总希望选出"能够最大程度代表特征变量 X"的线性组合(或方向)。这些方向是通过无指导的学习方法得到的。响应变量 y 在主成分选择时没有起到一点帮助作用。这样做的弊端是:我们无法保证那些很好地解释特征变量 X 的方向同样可以很好地预测响应变量 y。

(二)偏最小二乘回归

为了在提取主成分时能够利用上响应变量 y 的信息,我们通常会采用 Wold 和 Albano 等人于 1983 年提出的偏最小二乘法来进行回归建模。与普通的主成分回归不同,偏最小二乘法是一种有监督的学习方法,在某种程度上改进了回归模型,因此也被称为第二代回归分析方法。

在提取每一个成分时,都应该满足以下两点要求:

(1) 主成分 z_m 应携带特征变量中尽可能多的变异信息;

(2) z_m 与响应变量 y 的相关系数取得最大。

这两点要求说明:成分不仅要能很好地反映特征变量的信息,而且对响应变量的解释力必须很强。当成分 z_1 提取出来之后,分别将特征 X 和响应变量 y 关于 z_1 作 OLS 回归,并记录两个回归的残余信息。倘若回归方程实现了所要求的精度,则成分提取完毕;若未实现精度要求,则继续用两组残余信息进行新一轮的成分提取。以此类推,直到实现了所要求的精度为止。

(三)偏最小二乘回归的 Python 代码

关于偏最小二乘法(PLS)的详细代码,请参考 Sklearn 模块中的交叉分解部分,本小节只给出 PLS 的基本命令。应注意的是,虽然这里的主成分个数是外生选择的,但是在实践中,我们依然可以通过构建循环结构来实现 s 折交叉检验进而得到最优主成分个数。

```
# 调用相关模块及命令
from sklearn.cross_decomposition import PLSRegression


# 偏最小二乘法回归的构建与估计(标准化,并保留两个主成分)
```

```
reg5 = PLSRegression(n_components = 2, scale = True)
reg5.fit(X_std, Y)
reg5.coef_
```

第四节　支持向量机

一、支持向量机简介

支持向量机(Support Vector Machine, SVM)是万普尼克(Vapnik)于 1995 年提出的一种基于结构风险最小化(Structural Risk Minimization, SRM)原理的一类按监督学习(Supervised Learning)方式对数据进行二元分类(Binary Classification)的广义线性分类器(Generalized Linear Classifier),其决策边界是对学习样本求解的最大边距超平面(Maximum−Margin Hyperplane)。在引入核函数后,支持向量机能较好地解决非线性、小样本等问题,具有好的泛化能力,但其泛化能力和拟合精度取决于其核函数参数、惩罚因子以及不敏感损失函数等参数的选择。SVM 参数优化问题已被越来越多的学者关注,也衍生了很多改进算法。

支持向量机是以训练误差作为优化的约束条件,是利用有限样本训练获取较高泛化能力的决策函数,其基本思想是通过一个非线性映射 $\Phi: x \in R^n \to F$ 将样本映射到高维的特征空间 F。

假设样本集为 $\{(x_1, y_1), (x_2, y_2), \cdots, (x_N, y_N)\}$,其中 $x_i \in R^n$ 表示 n 维的输入矢量,$y_i \in R^1$ 表示为目标值,N 为样本数。则目标函数为:

$$\min \quad \frac{1}{2} \| w \|^2 + C \sum_{i=1}^{n} (\xi_i + \xi_i^*)$$

$$\text{subject to} \quad y_i - (w'\Phi(x_i) + b) \leq \varepsilon - \xi_i,$$

$$(w'\Phi(x_i) + b) - y_i \leq \varepsilon - \xi_i^*, \tag{2-33}$$

$$\xi_i, \xi_i^* \geq 0, i = 1, 2, \cdots, n; C > 0$$

式中:ξ_i 和 ξ_i^* 是非负松弛变量,可提高学习的泛化能力;

C 是惩罚因子,用于实现对错分样本惩罚程度的控制;

ε 是不敏感损失函数参数,C 和 ε 都是由用户决定的参数,对 SVM 的学习能力和推广能力影响很大。

最终的差别函数为:

$$f(x) = \sum_{i=1}^{N} (\alpha_i - \alpha_i^*) K(x_i, x_j) + b \tag{2-34}$$

式中:α_i 和 α_i^* 是由惩罚因子绑定,其对应的点称为支持向量,通常支持向量的数目要小于训练样本的个数;

$K(x_i, x_j)$ 是满足 Mercer 条件的对称核函数;

b 是阈值。

求解上述问题后得到的最优分类函数是:

$$f(x) = \text{sgn}\left(\sum_{i=1}^{N}(\alpha_i - \alpha_i^*)K(x_i, x_j) + b\right) \tag{2-35}$$

二、核函数

(一) 常用核函数

SVM 的许多特性取决于所选择的核函数。SVM 使用的核函数很多,如多项式核函数、Sigmoid 函数、高斯径向基函数等,但归纳起来大致可分为全局核函数和局部核函数两类。全局核函数的一个典型是多项式核函数,局部核函数的一个典型是 RBF 核函数。在 SVM 中常见的核函数如表 2-5 所示。

表 2-5　SVM 常用的核函数

核函数名	表达式
Gaussian RBF Kernel	$K(x_i, x_j) = \exp\left(\dfrac{-\parallel x_i - x_j \parallel^2}{\sigma^2}\right), \sigma \in R$
Polynomial Kernel	$K(x_i, x_j) = (\gamma x_i^T x_j + r)^d, \gamma > 0, r \in R, d \in N$
Sigmoid Kernel	$K(x_i, x_j) = \tanh(\gamma x_i^T x_j + r), \gamma > 0, r \in R$
Inverse Multi-Quadric Kernel	$K(x_i, x_j) = \dfrac{1}{\sqrt{\parallel x_i - x_j \parallel^2 + \sigma^2}}, \sigma \in R$
Linear Kernel	$K(x_i, x_j) = x_i^T x_j + c$

(二) 混合核函数

鉴于全局核函数泛化能力强、学习能力弱,而局部核函数学习能力强、泛化能力弱,为了提升 SVM 的性能,得到学习能力和泛化能力都较强的核函数,Smits 等提出了一种混合核函数 SVM,即将两个不同的核函数组合起来,使得混合后的核函数性能更佳。核函数组合的方法很多,但最终的混合核函数要满足 Mercer 条件。通过组合两种具有代表性的局部核函数(RBF 核函数)和全局核函数(多项式核函数)的映射特性,构造一种混合核函数,此混合核函数满足 Mercer 条件,其表达式为:

$$K_{\min} = \beta K_{\text{poly}} + (1 - \beta) K_{\text{rbf}} \tag{2-36}$$

式中:$K_{\text{poly}} = [x_i^T x_j + 1]^2$ 表示二次多项式核函数;

$K_{\text{rbf}} = \exp(-\gamma \parallel x_i - x_j \parallel^2)$ 表示 RBF 核函数;

$\beta \in (0,1)$ 表示调整两种核函数对总的混合核函数的影响,即权系数。

(三) SVM 核函数的选取

Linear 核函数主要适用于线性可分场景,参数少,速度快,对于一般数据,分类和回归效果基本上较理想。多项式核函数可以实现将低维的输入空间映射到高维的特征空间,但是多项式核函数的参数多,当多项式的阶数比较高的时候,核矩阵的元素值将趋于无穷大或者无穷小,计算复杂度将会大到无法计算。采用 Sigmoid 核函数,支持向量机实现的就是一种多层神经网络。而 RBF 高斯核函数主要应用于线性不可分场景。另外,无论是小样本还是大样本,无论是高维还是低维等情况,RBF 核函数均适用。与多项式核函数相比,RBF 需要确定的参数较少,当多项式的阶数比较高时,RBF 会减少数值的计算困难,同时 RBF 在数值选取上困难小且局部性较强,应用领域广泛,但其分类和回归结果依赖于参数的选择。

因此,在选用核函数时,如果对数据有先验知识,可先通过先验知识来选择符合数据分布的核函数;如果没有先验知识,则通常使用交叉验证的方法,尝试使用不同的核函数,误差最小即为效果最好的核函数,或者考虑使用混合核函数或寻求新的核函数进行测试验证。

三、案例:用 SVM 进行股票预测

本案例利用 SVM 模型根据股票的多个特征和历史数据预测股票下一日的开盘价,即根据股票历史数据中的 Open(开盘价)、Close(收盘价)、Low(最低价)、High(最高价)、Volume(成交量)、Adj Close(调整后的收盘价)等特征,预测下一日此股票的开盘价。

（一）目的

(1) 了解股票数据的结构;

(2) 利用 Python 搭建 SVM 模型框架;

(3) 利用 SVM 模型框架构建和实现基于 SVM 的股票预测模型;

(4) 运行程序,分析结果。

（二）要求

(1) 了解利用 Python 搭建 SVM 模型框架的步骤;

(2) 会使用股票数据集;

(3) 理解实现股票预测的程序流程;

(4) 实现 SVM 模型预测股票下一日开盘价。

（三）模型实现

1. 数据选取

本案例数据选用中国银行股票(代码 601988)的 2009 年 1 月至 2019 年 9 月共 2 604 个样本数据[①] 作为输入。本数据信息的元素维度为 6 个,即 6 个影响股票开盘价格的数据字段分别为:Open(开盘价)、Close(收盘价)、Low(最低价)、High(最高价)、Volume(成交量)、Adj Close(调整后的收盘价)。下一日股票开盘价为 Label,样本预测目标就是 Label 标签,即下一日股票开盘价。即通过对开盘价、收盘价、最低价、最高价、成交量、调整后的收盘价六个特征进行标准化后,预测下一日股票的开盘价。选取第 1 个到第 2 603 个交易日每天的开盘价、最高价、最低价、收盘价、成交量和调整后的收盘价六个指标作为模型的自变量,该模型的因变量是第 2 个到第 2 604 个交易日每天的开盘价,每天开盘价如图 2-9 所示。

2. 数据预处理

从样本历史数据可以看出,选取的六个特征变量在数量级上差别较大,为提高模型的预测精度,消除因量纲不同而影响模型性能的问题,考虑对数据进行标准差标准化,经过处理后数据均值为 0,标准差为 1,其转化函数为:

---

① 数据来源于 Yahoo 开源数据。

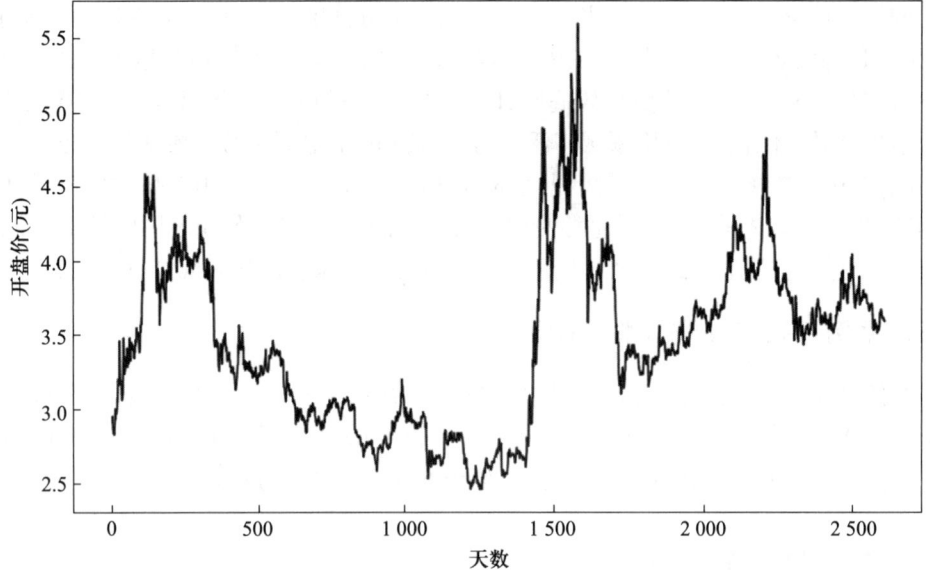

图 2-9　中国银行股票每日开盘价(2009 年 1 月 5 日—2019 年 9 月 30 日)

$$X^* = \frac{X - \overline{X}}{\delta} \tag{2-37}$$

式中: $\overline{X}$ 为原始数据的均值;

δ 为原始数据的标准差。

3. 构建 SVM 模型

在本案例中利用 Python 搭建一个简单的 SVM 网络模型,假设股票市场指数每日开盘价与前一天的开盘价、收盘价、最低价、最高价、成交量、调整后的收盘价具有一定的相关性,即将前一天的这些因素作为自变量,将当日的开盘价作为因变量。SVM 预测模型性能评价指标采用平均绝对误差(Mean Absolute Error,MAE)、均方误差(Mean Squared Error,MSE)、中值绝对误差(Median Absolute Error,MAE)、可解释方差值(Explained Variance Score,也称回归方差)、决定系数 R^2(R^2 Score)值等,其中,平均绝对误差、均方误差和中值绝对误差的值越接近 0,模型性能越好;可解释方差值和 R^2 值越接近 1,说明模型性能越好。

4. 关键代码及步骤

由于股票具有非线性、波动频繁的特点,故对于股票数据预测而言不适合用线性核函数。而 Sigmoid 核函数的使用性能在一定程度上比不上径向基 RBF 核函数。在参数默认的情况下对多项式核函数和径向基函数进行股票价格训练并确定最优模型,通过实验对比,确定最佳核函数。

(1) 运行环境。运行环境可以为 Python3.6.5,IDE 为 Python 自带的 IDLE,也可以用 Anaconda 中的 JuPyter Notebook。

(2) 所用 Python 包。安装 pandas、numpy、matplotlib、pandas_datareader、mpl_finance、scikit-learn 等包。如果没有安装这些包,则可在 Windows 操作系统的"命令提示符"(Mac 操作系统的"终端")下输入 pip install "包名"进行安装,如:pip install mpl_finance。

（3）程序源代码。

步骤 1 : 导入相关包。关键代码如下 :

```
# 导入相关包
import pandas_datareader
import pandas as pd
import matplotlib.pyplot as plt
from mpl_finance import candlestick2_ochl
from matplotlib.ticker import MultipleLocator
from sklearn import svm,preprocessing
from sklearn.svm import SVR
from sklearn.model_selection import train_test_split
from sklearn.preprocessing import standardscaler
import sklearn.metrics as sm
```

步骤 2 : 获取数据集, 并保存在本地。关键代码如下 :

```
# 根据指定代码和时间范围, 获取股票数据 : 中国银行 "601988"
code='601988.ss'
stock=pandas_datareader.get_data_yahoo(code,'2009-01-01','2019-09-30')
# 有时 get_data_yahoo 会多取一天数据, 请根据需要用下面语句删除最后一行
# 将获取的中国银行股票数据保存在本地
stock.to_csv('./601988.csv')
```

步骤 3 : 划分训练集和测试集。关键代码如下 :

```
# 从本地文件获取中国银行历史数据
df_CB = pd.read_csv('./601988.csv',encoding = 'gbk', index_col = 0)
label = pd.Series(df_CB['Open'].shift(-1), index = df_CB.index)
df_CB['label'] = label
df_CB = df_CB[df_CB['label'].notna( )]        # 删除 label 列为空值的行
df_CB = df_CB.astype('float64')
print(df_CB.head( ))
## 将数据和标签拆开
stock_data = df_CB.iloc[: , :6]
stock_target = df_CB.iloc[: , 6]
## 划分训练集, 测试集
stock_train,stock_test, stock_target_train,stock_target_test = \
train_test_split(stock_data,stock_target,train_size = 0.8,random_state = 42)
```

步骤4：标准化训练集和测试集。关键代码如下：

```
## 标准化
stdScaler = StandardScaler( ).fit(stock_train)
stock_std_train = stdScaler.transform(stock_train)
stock_std_test = stdScaler.transform(stock_test)
```

步骤5：构建SVM预测模型，并预测。关键代码如下：

```
## 建模并预测
regressor = SVR(C = 50, kernel = 'rbf', gamma = 10)     # 此处使用 RBF 核函数
svm_stock = regressor.fit(stock_std_train, stock_target_train)
print(' 建立的 SVM 预测模型为 : ', '\n', svm_stock)
regressor.fit(stock_std_test, stock_target_test)
y_pred_test = regressor.predict(stock_std_test)
```

步骤6：绘制真实值和预测值对比图，如图2-10所示。关键代码如下：

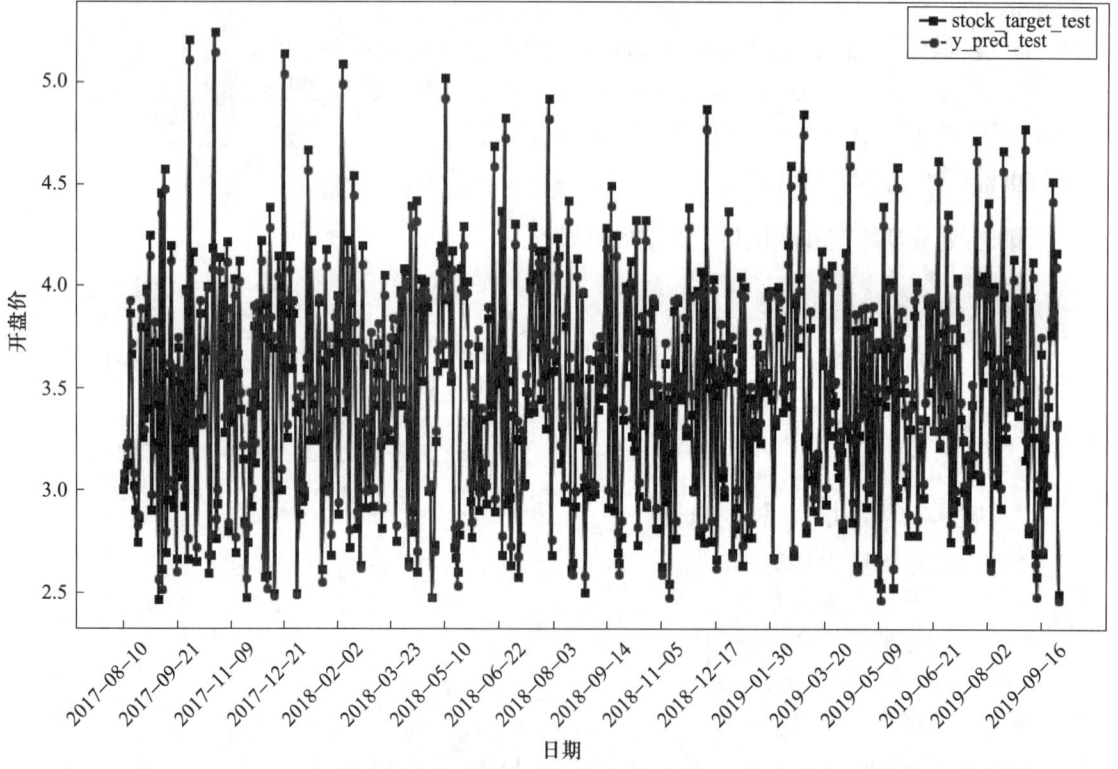

图2-10　2017年8月10日—2019年9月30日
中国银行601988开盘价预测对比图（使用RBF核函数）

```
%matplotlib inline
plt.figure (figsize = (15, 9))                         ## 设置画布
plt.plot (stock_target_test, 'bs-')
plt.plot (y_pred_test, 'ro-.')
plt.legend (['stock_target_test', 'y_pred_test'])
plt.xlabel (' 日期 ')                                   ## 添加横轴标签
plt.ylabel (' 开盘价 ')                                 ## 添加 y 轴名称
plt.title ('2017 年 8 月 10 日—2019 年 9 月 30 日中国银行 601988 开盘价预测对比图 ')
plt.xticks(range(0, len(stock_target_test), 30), df_CB.index[range(len(stock_target_train),\
len(stock_target), 30)], rotation = 45)
plt.show( )
```

从图 2-10 可以看出，预测值与真实值的趋势走向基本一致，振幅较小，说明 SVM 回归预测模型对于此股票的预测效果良好。

步骤 7：采用预测模型评价指标对股票开盘价预测值进行评价，得到的结果如表 2-6 所示。关键代码如下：

```
## 预测模型评价指标分析
# 平均绝对误差
print("Mean absolute error = ", \
round(sm.mean_absolute_error(stock_target_test, y_pred_test), 4))
# 均方误差
print("Mean squared error = ", \
round(sm.mean_squared_error(stock_target_test, y_pred_test), 4))
# 中值绝对误差
print("Median absolute error = ", \
round(sm.median_absolute_error(stock_target_test, y_pred_test), 4))
# 可解释方差 ( 回归方差 )
print("explained variance score = ", \
round(sm.explained_variance_score(stock_target_test, y_pred_test), 4))
# 决定系数 R2 值
print("R2 score = ", round(sm.r2_score(stock_target_test, y_pred_test), 4))
```

表 2-6　预测模型评价指标

指标名称	指标结果
平均绝对误差	0.07
均方误差	0.005 8
中值绝对误差	0.076 9
可解释方差（回归方差）	0.984 9
决定系数 R^2 值	0.981 7

从表 2-6 可知,平均绝对误差、均方误差、中值绝对误差相对较小,可解释方差(回归方差)、决定系数 R^2 值十分接近 1,说明构建的支持向量回归模型拟合效果优良,可用于股票预测。

本 章 小 结

回归分析作为一种传统的计量经济学和统计学工具,在机器学习领域也发挥着重要的作用。本章首先介绍了回归分析的基本概念与分类,回顾了多元线性回归模型参数估计的性质以及统计推断方法,并解释了回归分析在计量经济学领域与机器学习领域的不同侧重点,同时还简要介绍了回归分析在金融中的应用场景。

传统的多元线性回归模型在处理分类响应变量时会存在一些弊端,因此第二节着重介绍了如何利用 Logistic/Probit 回归模型处理定性分类(二分类/多分类)的响应变量。这类模型使得传统的回归问题转化为分类问题。

在大数据时代,人们更关心回归模型所具有的样本外预测能力和明晰的解释力,因而往往会在参数估计的无偏性和有效性之间做出权衡。本章第一节介绍了回归类分析方法,第二节介绍了多元定性响应变量的回归模型,第三节分别讨论了回归模型中特征变量的筛选、压缩与降维,这些技术能够从根本上缓解回归模型的多重共线性和过拟合问题,甚至能够解决当样本量小于特征变量个数时的问题,最后,本章介绍了支持向量机并用于股票预测。

关 键 名 词

回归分析　多元线性回归模型　分类器　Logistic/Probit 回归模型　向后/向前逐步回归模型　岭回归　套索回归　弹性网络回归　偏最小二乘法回归　交叉检验　拟合优度　支持向量机　核函数

即 测 即 评

请扫码检测本章学习效果。

复习思考题

1. 回归分析在金融领域有哪些应用场景?
2. 在处理定性分类响应变量时,普通多元线性回归模型有哪些弊端?
3. 回归模型的选择、正则化与降维的动机有哪些?
4. 岭回归、套索回归与弹性网络回归有哪些相同点? 有哪些不同点?
5. 支持向量机的优势是什么?

第三章
关联规则分析与产品推荐

章前导读

在金融、互联网、零售等多个行业中,经常需要进行产品推荐,关联规则和协同过滤可以直接用于推荐。关联规则挖掘是在数据项目中找到所有的关联(Associations)。"啤酒与尿布"的案例广为流传,超市中顾客选购商品的关联是关联规则挖掘的经典应用。基于这种关联,人们可以构建推荐的产品集合。协同过滤是当前产品推荐中常用的方法之一,指的是利用某兴趣相投、拥有共同经验之群体的喜好来推荐用户感兴趣的产品。本章将介绍这两种基本的产品推荐方法。读者应该注意,推荐本身是一个复杂的过程,它可以根据需要使用其他的方法以提升效率。

本章学习目标

本章介绍关联规则分析方法及 Apriori 算法、协同过滤算法在金融领域的运用。通过本章的学习,可以掌握关联规则的基本原理,掌握关联规则分析在金融领域的常见运用、经典关联规则挖掘算法的缺陷以及对其改善的方法,掌握协同过滤方法及其在金融中的应用。

第一节　关联规则分析方法概述及其运用场景

一、关联规则的基本原理

设集合 $I=\{i_1, i_2, \cdots, i_m\}$ 是一个项目(Item)集合,如牛奶、饼干和大米等超市商品。事务 t_i 是一个集合 I 的子集,满足 $t_i \subseteq I$,$T=(t_1, t_2, \cdots, t_n)$ 是一个事务(Transaction)集合。

项集 X 如果是事务 t_i 的一个子集,则称 t_i 包含了 X。T 中包含 X 的事务的数目称为支持度计数(Support Count)。

项集 X 的支持度记为 $supp(X)$,是事务集合中包含 X 所占的比例,计算公式为:

$$supp(X)=\frac{|x(t)|}{|D|} \tag{3-1}$$

式中：$X(t)=\{t\ in\ D\,|\,t\ contains\ X\}$。

从概率的角度来看，支持度是 $P(X)$ 的估计。当我们设定一个最小支持度的阈值($minsupp$)时，超过该阈值的 X 被称为频繁项集。

一个关联规则是形如 $X\rightarrow Y$ 的蕴含式，这里 $X\subset I$，$Y\subset I$，且 $X\cap Y=\varnothing$，规则 $X\rightarrow Y$ 中 X 称为前件，Y 称为后件，X 和 Y 都是项集。

例 3-1：以顾客在超市购买商品的关联规则为例，用 I 表示超市所有商品。则一个事务可以是一个客户在一次购物时购买的商品集合，例如，{猪肉，大米，面包} 表示客户在一次购物中购买了猪肉、大米和面包三种商品。而猪肉、面包→大米可以表示一条假设的关联规则。{猪肉、面包} 就是 X，{大米} 就是 Y。

每一个关联规则有两个重要的指标：一个是支持度(Support)，另一个是置信度(Confidence)。

规则 $X\rightarrow Y$ 的支持度是事务集合 T 中包含 $X\cup Y$ 的事务所占的百分比，也就是项集 $X\cup Y$ 的支持度，从概率的角度来看，是 $P(X\cup Y)$ 的概率估计。

规则 $X\rightarrow Y$ 的置信度记为 $conf(X\rightarrow Y)$，其计算公式为：

$$conf(X\rightarrow Y)=\frac{supp(X\rightarrow Y)}{supp(X)} \tag{3-2}$$

支持度表示一种模式出现的频率，而置信度则表示这种推断的强度。

Agrawal 提出了 Support-Confidence 框架：设 I 是一个在交易集合 T 中的项目集合，X，$Y\subseteq I$ 是项集，$X\cap Y=\varnothing$，$supp(X)\neq 0$，$supp(Y)\neq 0$。给定了最小支持度($minsupp$)和最小置信度($minconf$)，那么如果规则 $X\rightarrow Y$ 满足以下条件：

$$supp(X\rightarrow Y)>minsupp \tag{3-3}$$

$$conf(X)=\frac{supp(X\rightarrow Y)}{supp(X)}\geq minconf \tag{3-4}$$

则是一条有效规则。

而对于关联规则的挖掘可以分为如下两个部分：

(1) 生成所有的频繁项集，也就是支持度大于最小支持度的项集。

(2) 以如下方法生成所有置信度大于等于最小置信度的规则：对于每一个频繁项集 X，对于任何 $B\subset X$，令 $A=X-B$。如果规则 $X\rightarrow Y$ 的置信度大于等于最小置信度，这条规则可以被提取为有效规则。

例 3-2：表 3-1 是一个事务集合 T。每一个事务表示一位顾客一次购买记录中的商品。设定最小支持度是 40%，最小置信度是 90%。

表 3-1 事务集合 T

t_1	猪肉、鸡肉、牛奶
t_2	猪肉、鸡蛋
t_3	鸡蛋、皮鞋

续表

t_4	猪肉、鸡肉、鸡蛋
t_5	猪肉、鸡肉、衬衫、鸡蛋、牛奶
t_6	鸡肉、衬衫、牛奶
t_7	衬衫、鸡肉、牛奶

对于规则 1 : {鸡肉、衬衫} → {牛奶}，支持度为 42.84%，置信度为 100%，符合要求：

$$supp(规则~1)=\frac{|\{t_5,t_6,t_7\}|}{|T|} \tag{3-5}$$

$$conf(规则~1)=\frac{|\{t_5,t_6,t_7\}|}{|\{t_5,t_6,t_7\}|} \tag{3-6}$$

二、关联规则挖掘分类

(1) 基于规则处理的变量来分类。布尔型关联规则处理的是离散型、分类变量的数据，它研究项是否会在事务中出现。多值属性关联规则又可分为数量属性和分类属性，它显示了量化的项或属性之间的关系。而对于多值属性关联规则的挖掘，通常会运用离散方法将其划分为有限区间，每个区间对应属性，从而将其转化为布尔型关联规则的挖掘。

(2) 基于规则中数据的抽象层次，可以将关联规则分为单层和多层。由于数据项之间的关联规则会出现在较高的概念层中，因此挖掘多层关联规则可能比单层得到更多的有用信息。根据规则中粒度查重，多层关联规则又可以进一步划分为同层和层间关联规则。

(3) 关联规则还可以分为单维和多维的。其分类标准为涉及数据的维度。

三、关联规则挖掘的运用场景

关联规则不仅在购物篮分析中发挥了巨大的作用，在互联网推荐系统，医学、交通运输、文本分析及金融等领域都有着广泛的应用。其中金融领域具体运用将在第四节中具体介绍。

(一) 互联网推荐系统

随着云计算、互联网和大数据技术的发展，一些互联网平台开发了应用广泛的推荐系统，如国外的 Amazon 的产品推荐、Facebook 社交网络的好友推荐、YouTube 视频推荐，国内的淘宝、京东、哔哩哔哩和抖音等平台的推荐等，这些应用融入每个人的生活，给人们带来便利，同时也给运营商带来了利润。

推荐系统的概念最早在 1992 年的邮件过滤系统中被提出。而在 1993 年首次提出关联规则之后，Manchanda 等人在 1999 年指出消费者在所供选择之间可能存在关联，之后研究人员将关联规则应用到推荐算法中来提高推荐效率。传统推荐算法主要有三类：协同过滤算法、基于内容的推荐算法和混合推荐算法。其中，协同推荐算法将在第三节中具体介绍；基于内容的推荐算法是通过对比目标用户感兴趣的项目，根据内容相似程度为目标用户提供推荐；混合推荐算法则是通过多种推荐技术来解决单体算法模型不足的问题。

（二）医学、交通运输

早在 2001 年，Doddi 等人使用随机抽样分析医药记录来获得诊断报告和治疗过程之间的关联规则。又如，2003 年，李虹等人以心脏疾病诊断为例，运用改进的 Apriori 算法挖掘了医疗数据中的关联规则，分析心脏病是否与年龄、性别等有关。

Mirabadi 在 2010 年将关联规则运用到伊朗铁路事故数据中，其研究目标是识别常见事故和它们的潜在诱因，诸如人为因素、轨道状况和信号系统以及其他方面之间的关系，并将最终的分析结果运用到制定针对诱因的安全条例法规中，以此降低事故率。

（三）文本分析

Martin-Bautista 等人在 2004 年将模糊关联规则运用到查询细化（Query Refinement）中。例如，当用户在搜索引擎上搜索时，原始查询没有返回令人满意的结果，用户就会据此来改进搜索内容，那么通过搜索细化技术可以替代用户的手动细化过程，对查询营销具有非常重要的意义。他们将经典关联规则扩展到了模糊框架，在文本分析的框架下对文本的事务集合和项目集合进行定义，提取出不同形式的有效规则，将规则所选中的合适的扩展词展示给用户，提高用户搜索体验。

第二节　Apriori 算法

一、Apriori 算法原理

关联规则挖掘的第一步是找出数据库中的频繁项集，那么整个挖掘系统的复杂度很大程度上取决于找出频繁项集的对应算法。

Apriori 算法基于向下封闭属性来产生频繁项集。向下封闭属性指的是如果一个项集满足某个最小支持度要求，那么这个项集的任何非空子集必须都满足最小支持度要求。设 X 为一个事务包含的一个项目集合，那么该事务必然包含 X 的任何非空子集。向下封闭属性的一个作用是排除不可能项集，提升算法效率。

```
FrequentItemsetsFinder
begin
Input:dataset D; minimum support minsupp;
frequent itemset set L = {};
frontier set F = {{}};
while F ≠ {} do
# make a pass over D
  candidate set C = {};
  for all database tuples t do:
    for all itemsets f in F do:
      if t contains f then:
        C_f = candidate itemsets that are extensions of f and contained in t;
```

```
            for all itemsets c_f in C_f do:
                if c_f in C then:
                    c_f.count = c_f.count + 1
                else:
                        c_f.count = 0;
                        C = C∪{c_f};
        F = 0;
        for all itmesets c in C do:
            if c.count/size of D > minsupp then:
            L = L∪c;
            if c should be used as a frontier in the next pass then:
                F = F∪c;
```

上述的 FrequentItemsetsFinder 算法提供了生成所有的 D 中的频繁项集的代码思路。Apriori 算法需要对整个事务集合进行多次完全遍历。frontier set 储存了在一个循环中被扩展的项集,在每一次循环中计算项集的支持度。有一个和每一个项集对应的计数器来储存对应项集存在的事务的计数。当每一个项被建立时,这个计数器会初始化为 0。

初始时,frontier set 只包含一个元素(一个空集)。在一次遍历结束时,候选项集(candidate itemset)的支持度会与最小支持度做比较,决定此项集是否为频繁项集。同时,这一步也决定了是否将这个项集加入为下一次循环设立的 frontier set。算法在 frontier set 为空时中止。此过程中储存了项集的支持度计数。

例 3-3: 在例 3-2 中的事务集合上使用 Apriori 算法。设置 $minsupp = 0.3$。

$$F_1 : \{\{猪肉\}:4, \{鸡蛋\}:4, \{鸡肉\}:5, \{衬衫\}:3, \{牛奶\}:4\}$$

其中每个频繁项集后的数字是该项集的支持度计数,也就是在事务集合中包含整个频繁项集的事务的计数。

$C_2 : \{\{猪肉,鸡蛋\}, \{猪肉,鸡肉\}, \{猪肉,衬衫\}, \{猪肉,牛奶\}, \{鸡蛋,鸡肉\}, \{鸡蛋,衬衫\}, \{鸡蛋,牛奶\}, \{鸡肉,衬衫\}, \{鸡肉,牛奶\}, \{衬衫,牛奶\}\}$

$F_2 : \{\{猪肉,鸡蛋\}:3, \{猪肉,鸡肉\}:3, \{鸡肉,衬衫\}:3, \{鸡肉,牛奶\}:4, \{衬衫,牛奶\}:3\}$

$C_3 : \{\{鸡肉,衬衫,牛奶\}\}$

$F_3 : \{\{鸡肉,衬衫,牛奶\}:3\}$

例 3-4: 假设我们有 1 000 个项(Item),每一个事务中的平均项数是 6。将会产生约 10^{15} 个可能的项集。

因此在一个非常大的事务集合中,Apriori 算法会对指数级数目的项目和项目集合进行无启发式的搜索,这会让算法变得非常低效,产生非常大的计算开销。

皮亚捷茨基 - 夏皮罗(Piatetsky-Shapiro)指出一条关联规则($X \rightarrow Y$)是无效的,如果:

$$supp(X \rightarrow Y) \approx supp(X)supp(Y) \tag{3-7}$$

也就是说如果 $p(X∪Y) \approx p(X)p(Y)$,$X \rightarrow Y$ 不应当被提取为一条有效规则。因此定义提升度为:

$$lift(X,Y) = \frac{p(X \cup Y)}{p(X)p(Y)} \tag{3-8}$$

兴趣度是一个对关联规则不确定性的衡量。我们设定最小兴趣度为 $minilift$。如果：

$$|lift(X,Y)-1| \geq minilift \tag{3-9}$$

则规则 $X \rightarrow Y$ 是一个有效规则。

$lift(X,Y)$ 分为三种情况：

(1) 如果 $lift(X,Y)=1$，则 Y 与 X 独立。

(2) 如果 $lift(X,Y)>1$，则 Y 正向依赖于 X。

(3) 如果 $lift(X,Y)<1$，则 Y 负向依赖于 X。

因此我们扩展 Support-Confidence 框架：设 I 是一个在交易集合 T 中的项目集合，$X,Y \subseteq I$ 是项集，$X \cap Y = \varnothing$，$supp(X) \neq 0$，$supp(Y) \neq 0$。给定了最小支持度（$minsupp$）、最小置信度（$minconf$）和最小提升度（$minilift$），那么如果规则 $X \rightarrow Y$ 满足以下条件：

$$supp(X \rightarrow Y) > minsupp \tag{3-10}$$

$$conf(X) = \frac{supp(X \rightarrow Y)}{supp(X)} \geq minilift \tag{3-11}$$

$$|lift(X,Y)-1| \geq minilift \tag{3-12}$$

则其是一条有效规则。

实际上当 $lift(X,Y)<1$ 时，$lift(X,\neg Y)>1$，所以我们可以将式 3-12 修改为 $lift(X,Y)-1 \geq minilift$。

回到 Apriori 算法上，实际上很多 Apriori 算法生成的频繁项集是不满足最小提升度要求的。那么加入最小提升度的剪枝，Apriori 算法的搜索空间大小将会大大减小。

例 3-5：以超市商品销售记录为例，使用 Python 进行关联规则分析。

```
import pandas as pd
from mlxtend.frequent_patterns import apriori
from mlxtend.frequent_patterns import association_rules
from mlxtend.preprocessing.transactionencoder import TransactionEncoder
import networkx as nx
import matplotlib.pyplot as plt
import numpy as np
import csv

transactions = [['milk','bread'],
                ['bread', 'nappy', 'beer', 'potato'],
                ['milk', 'nappy', 'beer', 'coke'],
                ['bread', 'milk', 'nappy', 'beer'],
                ['bread', 'milk', 'nappy', 'coke']]
te = TransactionEncoder()
```

```
transactions_df = te.fit_transform(transactions)
transactions_df = pd.DataFrame(transactions_df, columns = te.columns_)
```

其中 transactions 定义了一个简单的事务集合, mlxtend 常用于 Python 处理关联规则问题。networkx 将用于作图。

```
transactions_df.sum( ).
plot.bar( )
```

图 3-1 展示了项的频率分布情况。

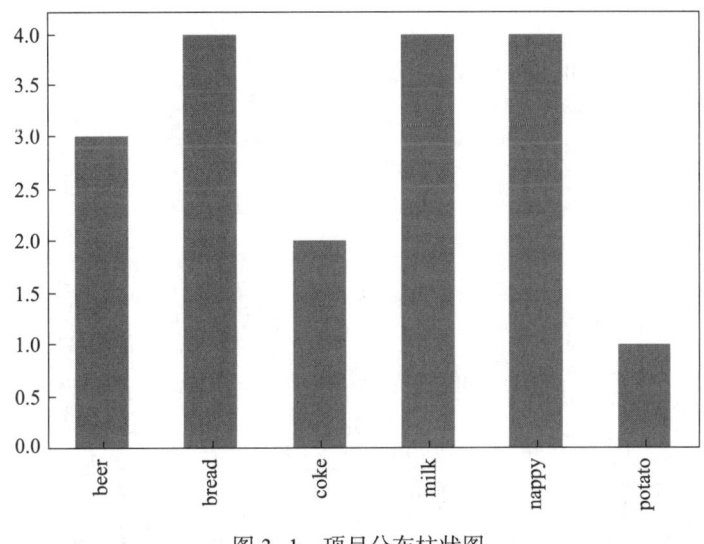

图 3-1　项目分布柱状图

```
frequent_itemsets = apriori(transactions_df, min_support = 0.05, use_colnames = True)
frequent_itemsets.sort_values(by = 'support', ascending = False, inplace = True)
frequent_itemsets.head(10)
```

Apriori 函数将自动对事务集合执行 Apriori 算法, 生成频繁项集。
association_rules 函数将在频繁项集中搜索关联规则, 并按照所设条件进行筛选。

```
ar = association_rules(frequent_itemsets,
                       metric = 'confidence', min_threshold = 0.8)
ar.sort_values(by = 'lift', ascending = False, inplace = True)
#antecedents->consequents
```

```
ar = ar.query("support> = 0.3 and lift> = 1.2").sort_values(by = 'lift', ascending = False).
head(5)
```

我们选择了提升度最大且支持度大于 0.3 的五个规则,其规则形式为 antecedents → consequents。下面我们将使用可视化网络对其进行作图,结果如图 3-2 所示。

	antecedents	consequents	support	confidence	lift
4	(coke)	(milk,nappy)	0.4	1.0	1.666 667
0	(beer)	(nappy)	0.6	1.0	1.250 000
1	(milk,beer)	(nappy)	0.4	1.0	1.250 000
7	(bread,beer)	(nappy)	0.4	1.0	1.250 000
6	(coke)	(nappy)	0.4	1.0	1.250 000

图 3-2　有效关联规则

```
def drawGraph(ar, Multiplier = 1000):
    G = nx.DiGraph( )
    size_dict = { }
    color_dict = { }
    label_dict = { }
    for i in ar.index:
        ser = ar.loc[i]
        G.add_node(i)
        # node_list[i] = i
        size_dict[i] = ser['support']*Multiplier
        color_dict[i] = ser['lift']
        label_dict[i] = ''
        for ant in list(ser['antecedents']):
            G.add_node(ant)
            G.add_edge(ant,i)
            size_dict[ant] = 0
            color_dict[ant] = 0
            label_dict[ant] = ant

    for j in list(ser['consequents']):
        G.add_node(j)
        size_dict[j] = 0
        color_dict[j] = 0
        label_dict[j] = j
        G.add_edge(i,j)

node_list, size_list = zip(*size_dict.items( ))
```

```
node_list, color_list = zip(*color_dict.items( ))

pos = nx.kamada_kawai_layout(G)
cmap = plt.cm.get_cmap('Reds')
nx.draw_networkx_nodes(G, pos = pos,
                nodelist = node_list,
                node_size = size_list,
                node_color = color_list,
                alpha = 0.5, with_labels = True,cmap = cmap)
nx.draw_networkx_edges(G, pos = pos, edge_color = 'grey', alpha = 0.5)
nx.draw_networkx_labels(G, pos = pos, labels = label_dict, font_size = 10)
plt.show( )
```

DrawGraph 函数可以将关联规则进行可视化。在图 3-3 中,圆形节点代表一个规则,箭头指向规则的项为前项,规则的箭头指向的项为后项。颜色的深浅表示规则的提升度,节点的大小表示规则的支持度。例 3-5 使用的数据较为简单,事务集合规模很小。

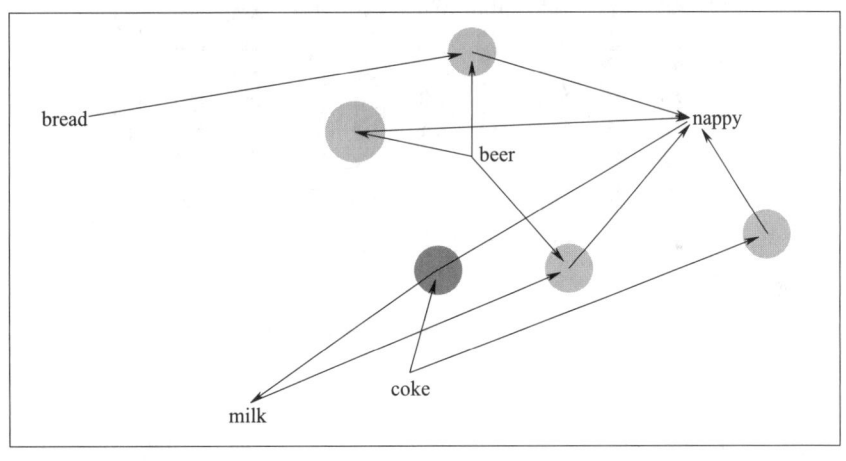

图 3-3　关联规则网络

例 3-6 :我们将使用包含 7 501 条交易记录的 Market_Basket.csv 数据,进行关联规则挖掘。

```
with open(r'./input/Market_Basket.csv', 'r') as f:
    transactions = [l for l in csv.reader(f)]

te = TransactionEncoder( )
transactions_df = te.fit_transform(transactions)
transactions_df = pd.DataFrame(transactions_df, columns = te.columns_)
```

```
transactions_df.sum( ).sort_values(ascending = False).head(10).plot.bar( )
frequent_itemsets = apriori(transactions_df, min_support = 0.002, use_colnames = True)

ar = association_rules(frequent_itemsets, metric = 'confidence', min_threshold = 0.5)
ar[['support', 'confidence','lift']].plot.scatter(x = 'support', y = 'lift', c = 'confidence',
colormap = 'viridis')
```

图 3-4 展示了 Market_Basket 数据集中频率最高的 10 个项。这里我们先将最小置信度设为 0.5 以产生较多数量关联规则,最小支持度设为 0.002。图 3-5 中横轴为支持度,纵轴为提升度,数据点的颜色深浅为置信度。

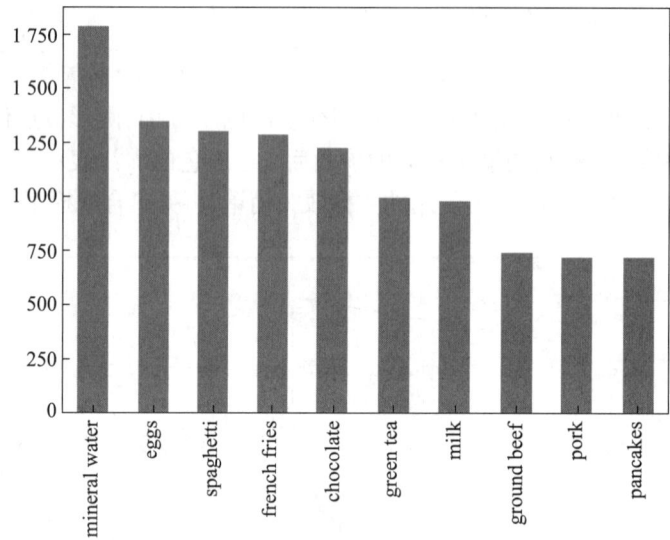

图 3-4　数据集中频率最高的 10 个项

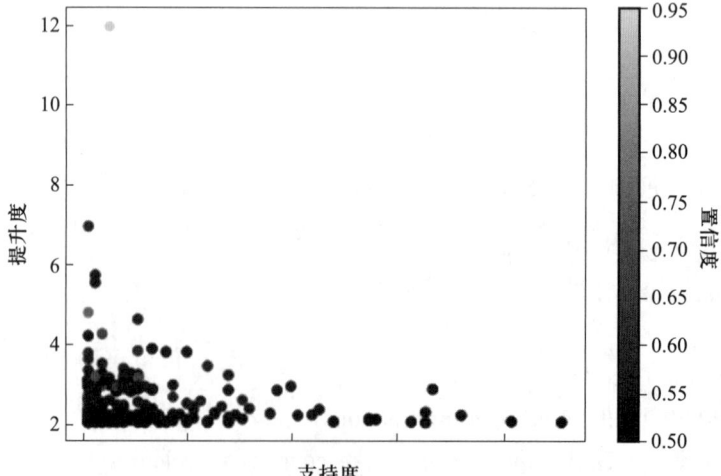

图 3-5　关联规则提升度、置信度和支持度

```
ar = association_rules(frequent_itemsets, metric = 'confidence', min_threshold = 0.7)

ar = ar.query("support> = 0.002 and lift> = 2").sort_values(by = 'lift', ascending = False).
head(5)
```

我们将最小置信度设置为 0.7,筛选出支持度大于 0.002 和提升度大于 2 的前五条规则进行可视化。如图 3-6 和图 3-7 所示。

	antecedents	consequents	support	confidence	lift
0	(pasta, cherry)	(escalope)	0.003	0.950	11.976
10	(pork, olive oil, tomatoes)	(spaghetti)	0.002	0.842	4.837
7	(ground beef, pork, shrimp)	(spaghetti)	0.002	0.750	4.308
9	(spaghetti, soup, pancakes)	(mineral water)	0.002	0.773	3.242
8	(soup, milk, pork)	(mineral water)	0.003	0.767	3.216

图 3-6 有效关联规则

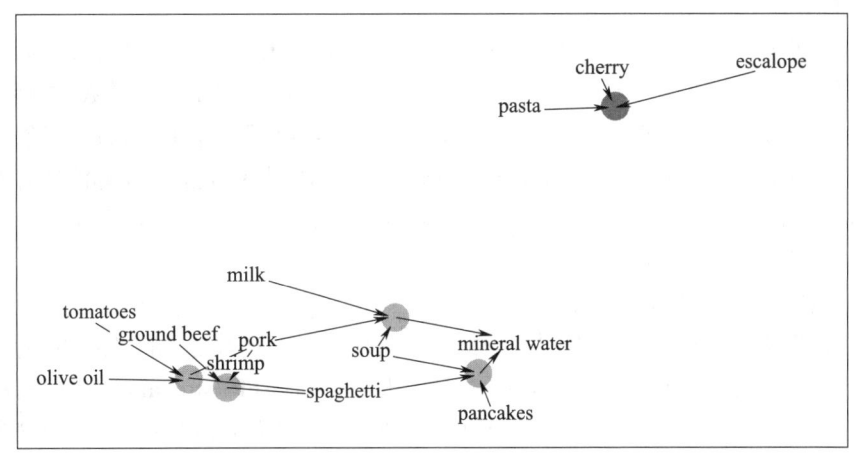

图 3-7 关联规则网络

二、Apriori 算法的缺陷及其他关联规则挖掘算法

(一) Apriori 算法的缺陷

Apriori 算法基于两个核心理论:频繁项集的子集是频繁项集,非频繁项集的超集是非频繁项集。

而经典的 Apriori 算法有一些缺陷:

(1) Apriori 算法会产生大量的候选集。例如,当长度为 1 的频繁项集有 1 000 个时,长度为 2 的候选集会超过 100 万个,并且在产生很长规则的同时会产生大量中间元素。

(2) 对于稀有项集无法进行分析。在设定支持度阈值时,需要权衡算法效率和信息含量。

(二) 串行算法

Park 等人在 1995 年提出了一种基于散列技术产生频繁项集的 DHP 算法。其采用哈希

（Hash）函数将候选项目和散列到不同的 Hash 桶中的项目子集进行计数,将符合阈值条件(大于等于最小支持度计数)的项目子集称为频繁项集,该方法通过哈希表过滤了 $k-$ 项集连接产生的候选集,有效地删减了数据集。DHP 算法以生成哈希表和储存数据集的空间优化算法性能,但当项目集过大时,生成哈希表将会导致效率下降。

另一种并行算法基于划分,其主要思想是将数据集划分为几个互不相交的、能完全存储于内存中的分事务数据集,采用挖掘算法求出各部分的频繁项集,再将所有的频繁项集合并生成事务数据库的候选集,通过扫描计算支持度求出整个事务数据库的频繁项集。

针对数据集数据量大、扫描次数多的问题,Toivonen 提出了基于 sampling 思想的关联规则算法。首先从数据集 D 中抽取样本 D' 得到一些强关联规则,再用剩余数据集 $D-D'$ 验证其准确性。虽然抽样技术采用随机抽样法大大提升了算法效率,但是其产生的数据扭曲问题将导致挖掘结果误差增大。因此 Lin 等人又提出了反扭曲算法。

Han 等人提出了一种 FP-growth 算法,使用了分而治之的策略,在经过了第一次扫描之后,把数据库中频繁项集压缩进 FP-tree(频繁模式树),进而挖掘特定项集的频繁项集,运算效率大大提升。

（三）并行分布式算法

Agrawal 等人提出了 CD、DD 及 CaD 三种并行算法。CD 算法的思想是将候选集储存在各个处理器上,使用经典算法计算处理候选集在本地数据集上的支持度计数,然后交换各个处理器所在的本地候选集支持度计数,使得每一个处理器都得到全局支持度计数,从而求出频繁集。DD 算法则是通过将候选集划分存储到各个处理器,克服 CD 算法内存利用率低的问题。CaD 算法综合了二者。此外还有 PDM 算法、APM 算法、IDD 算法等。

（四）其他关联规则挖掘算法

1. 基于数据流的关联规则的挖掘算法

金融、无线传感等领域的数据流是实时生成的,往往具有连续、无界、无序的特点。因此,基于数据流的关联交易规则挖掘不能采用多次扫描的方法,FP-stream 频繁项集挖掘算法、Moment 算法、DS-CFI 算法、FIUT-Stream 算法等使用滑动窗口限制区域来解决这个问题。

2. 基于图和序列的关联规则挖掘

在图的集合中发现公共子结构即图挖掘。图挖掘又分为广度优先和深度优先两类。广度优先算法包括 AGM、FSG 等,深度优先算法包括 gSpan 等。

基于序列的关联规则挖掘指从序列数据库中挖掘满足最小支持度的频繁子序列的过程。其中基于 Apriori 性质和水平格式的算法有 AprioriAll、AprioriSome、DynamicSome 等,SPADE 算法基于垂直格式,PrefixSpan 基于投影,MEMISP 算法则基于内存索引。

第三节　协同过滤算法

一、协同过滤算法原理

前文提到传统推荐算法中协同过滤算法是一类重要的算法。协同过滤这一概念于 1992 年被提出后,迅速得到了广泛的关注和应用。其核心内容就是计算用户间偏好的相似性,在相似用户中为目标用户进行高效的推荐。其思想是有着相同喜好、价值观、思想观念的用户对信息的需求也应当相似。

协同过滤算法的主要形式分为两种:一种是基于用户的,另一种是基于项目的。基于用户的协同过滤算法是将与目标用户有着相似兴趣爱好的用户所喜欢的项目(尤其是目标用户尚未关注的项目)推荐给目标用户。基于项目的协同过滤算法是将与目标用户喜欢的项目相似的项目推荐给目标用户。

(一) 基于用户的协同过滤算法

首先要计算用户之间的相似度,再以此为依据找到与当前用户相似的所有用户集合,收集用户集合中所有用户对项目的喜好(项目评分),通过项目评分来推测出目标用户对其他项目的喜好。其中相似度的计算是协同过滤推荐算法的重点,常用方法有 Jaccard 系数、余弦相似性和相关系数。

1. Jaccard 系数

Jaccard 系数可以用来衡量二值型数据的重叠程度。定义为:

$$sim(i, j) = \frac{|R_i \cap R_j|}{|R_i \cup R_j|} \tag{3-13}$$

分子是用户 i 和用户 j 的共有项目,分母是二者并集。例如,对比不同用户的购物车数据,Jaccard 系数适合于这种二值型的相似性度量。

2. 余弦相似性

用户对项目的喜好(项目评分)构成了 n 维空间上的向量,可以用向量的夹角余弦度量相似性,定义为:

$$sim(i, j) = \cos(i, j) = \frac{i \cdot j}{\| i \| \cdot \| j \|} \tag{3-14}$$

其中向量 i、j 分别为用户 i 和用户 j 在 n 维项目空间上的评分,分子是向量的内积。然而当用户对项目的评分标准有较大差别时,余弦相似性对于相似性衡量就不再准确。

3. 相关系数

Pearson 相关系数同样可以度量两个变量之间的相似性。定义为:

$$sim(i, j) = \frac{\sum_{c \in I_{i,j}} (R_{i,c} - \overline{R_i})(R_{j,c} - \overline{R_j})}{\sqrt{\sum_{c \in I_{i,j}} (R_{i,c} - \overline{R_i})^2} \sqrt{\sum_{c \in I_{i,j}} (R_{j,c} - \overline{R_j})^2}} \tag{3-15}$$

式中:$I_{i,j}$ 代表用户 i 和用户 j 共同评分的项目集合;

$R_{i,c}$ 和 $R_{j,c}$ 分别代表用户 i 和用户 j 对项目 C 的评分;

$\overline{R_i}$ 和 $\overline{R_j}$ 分别代表用户 i 和用户 j 对所有项目的评分平均值。但是 Pearson 相关系数要求数据之间满足线性关系、残差相互独立且均值为 0 等假设,很多实际情况不满足这些假设。

Spearman 相关系数则使用评分的等级来代替原值,相比于 Pearson 相关系数,适用性更好。也更适合离散型的评分数据。计算公式为:

$$sim(i, j) = \frac{\sum_{c \in I_{i,j}} (Rank_{i,c} - \overline{Rank_i})(Rank_{j,c} - \overline{Rank_j})}{\sqrt{\sum_{c \in I_{i,j}} (Rank_{i,c} - \overline{Rank_i})^2} \sqrt{\sum_{c \in I_{i,j}} (Rank - \overline{Rank_j})^2}} \tag{3-16}$$

然而如果在推荐系统中项目的评分等级有限,将会影响等级差异的显著性。

那么当我们确定了相似度测量方法之后,基于用户的协同过滤算法分为以下步骤:

(1) 建立用户评分矩阵:

$$R = \begin{bmatrix} r_{11} & \cdots & r_{1n} \\ \vdots & \ddots & \vdots \\ r_{m1} & \cdots & r_{mn} \end{bmatrix} \tag{3-17}$$

式中:m 为用户数;

n 为项目数。

(2) 计算所有用户之间的相似度形成最近邻。

(3) 通过计算对最近邻用户的评分进行加权产生推荐预测,平均加权策略可表示为:

$$P_{ui} = \overline{R_u} + \frac{\sum sim(u,v) \times (R_{vi} - \overline{R_v})}{\sum |sim(u,v)|} \tag{3-18}$$

式中:$sim(u,v)$ 是用户 u 和用户 v 的相似度;

R_{vi} 是最近邻集合的用户 v 对项目 i 的评分。

大多数协同过滤推荐系统采用平均加权策略,另一种策略是 Top-N 推荐策略,指的是分别统计最近邻集合中对不同项的评分加权平均值,取其中排序在前 N 的且不属于用户 i 评分项目集合的项作为 Top-N 推荐。

(二) 基于项目的协同过滤算法

在基于项目的协同过滤算法中,首先要根据目标对项目喜爱得分找到与之相似的项目集合,然后根据用户的历史喜好和喜好程度对项目集合进行排序。将相似度靠前的项目推荐给目标用户。算法的基本步骤为:

(1) 计算项目之间的相似度。

(2) 选择相似度最高且不属于目标用户评分项目集合的前 N 个项目,作为该项目的最近邻集合。

(3) 在最近邻集合中对每个项目的所有评分进行加权求和,得到目标用户对每个项目的预测评分,选择前 N 个项目进行推荐。

基于用户的协同过滤算法产生的推荐结果更加社会化,反映了用户所在小型群体中一致的信息,因此多用于社交平台。基于项目的协同过滤算法注重于用户自身的历史信息,多用于电商推荐。

基于用户的协同过滤算法需要维护针对用户作为一个维度的相似度矩阵,而基于项目的协同过滤算法维护的是将项目作为一个维度的相似度矩阵。在用户较多时,前者的空间开销更大;在项目较多时,后者的空间开销更大。

例 3-7:使用 Python 库 surprise 基于 ml-100k 数据集建立简单推荐系统。Surprise 库是 scikit 系列中的一个推荐系统算法库。ml-100k 可由 surprise 库下载。

```
from surprise import Dataset
from surprise.model_selection import cross_validate
from surprise import KNNBasic

data = Dataset.load_builtin('ml-100k')
```

```
algo = KNNBasic( )
perf = cross_validate(algo, data,measures = ['RMSE', 'MAE'], cv = 5, verbose = True)

trainset = data.build_full_trainset( )
algo.fit(trainset)

uid = str(196)        #raw user id (as in the ratings file).They are **strings**!
iid = str(302)        #raw item id (as in the ratings file).They are **strings**!

algo.predict(uid, iid, r_ui = 4, verbose = True)
```

其中 KNNBasic 是 surprise 库中基础的基于用户的协同过滤算法。cross_validate 函数对算法的有效性进行了判断。正如 scikit 其他算法的训练模式一样。我们使用 predict 函数预测指定用户（uid = '196'）对指定项目（iid = '302'）的评分。输出为：

Prediction(uid = '196', iid = '302', r_ui = 4, est = 4.064, details = {'actual_k':40, 'was_impossible': False})

其中 Est 是对该评分的预测。

二、协同过滤算法的不足

一是数据稀疏性问题。在大数据时代，每天以亿为单位的新数据产生，电商平台或社交平台在进行推荐系统的设计时，不同用户之间对于项目选择的重叠非常少，因此会使得数据的储存结构非常稀疏。著名推荐系统 MovieLens 的数据集稀疏度为 4.5%，而大部分推荐系统的稀疏度甚至小于 0.5%。

二是冷启动。在产品刚刚进入市场时，没有足够的数据库来进行分析预测，对于用户数据的收集需要积累。

此外，同义问题也使得协同过滤算法无法在两个同义或近义项之间进行计算。

第四节　公募基金持仓关联规则挖掘

一、公募基金重仓股

在公募基金公司披露报告时，其重仓股往往是人们关注的重点之一，也是很多个人投资者的重要参考。若一只股票被多家基金公司重仓持有，则很有可能该股票短期内下跌风险较低。

重仓股在不同时间段内有着不同的分布，例如贵州茅台曾稳坐 8 个季度积极投资偏股型基金重仓第一名宝座，而宁德时代、药明康德、五粮液和海康威视等行业龙头也是基金持有市值最高的几家公司。基金重仓股的轮动受行业影响极大。例如 21 世纪初，基金重仓股集中在交通运输行业和电力、石化、钢铁等行业。2006 年后,非银金融、房地产公司开始出现在基金重仓排名上。而后,食品饮料等消费行业开始占据较大比重。2014 年后,中国平安广受基金青睐,曾在 2017 年至 2019 年占据榜首。近些年来,受到新冠疫情等影响,医药生物行业逐渐受到机构投资者的重点关注。重仓股的轮动是社会经济发展变化的重要信号。

公募基金持仓数据中蕴含着数据挖掘价值,将每一只基金的重仓股列表作为事务,我们将对其进行关联规则分析。

二、公募基金持仓关联规则分析

本案例收集了 1 898 只基金在 2021 年的持仓情况,保留其中持仓占比靠前的股票,进行关联规则分析。分析代码总体上与第二节中一致,对于参数有所调整。

```python
import pandas as pd
from mlxtend.frequent_patterns import apriori
from mlxtend.frequent_patterns import association_rules
from mlxtend.preprocessing.transactionencoder import TransactionEncoder
import networkx as nx
import matplotlib.pyplot as plt
import numpy as np
import csv
import pickle
import os

plt.rcParams["font.sans-serif"] = ["SimHei"]
plt.rcParams["axes.unicode_minus"] = False

os.chdir(r'C:\Users\Simmons\PycharmProjects\ARM')
with open(r'./fundStocks.pkl', 'rb') as f:
transactions = list(pickle.load(f).values())
te = TransactionEncoder()
transactions_df = te.fit_transform(transactions)
transactions_df = pd.DataFrame(transactions_df, columns = te.columns_)

transactions_df.sum().sort_values(ascending = False).head(10).plot.bar()
```

从图 3-8 中可以看到,贵州茅台无疑是 2021 年最受基金关注的股票,而频率排名靠前的股票也都是各个行业的龙头企业。

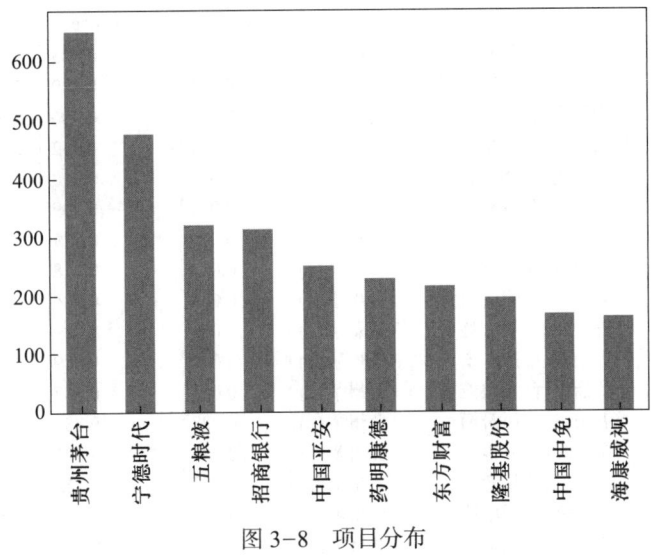

图 3-8 项目分布

```
frequent_itemsets = apriori(transactions_df,min_support = 0.01,use_colnames = True)


ar = association_rules(frequent_itemsets,metric = 'confidence',min_threshold = 0.5)
ar[['support', 'confidence','lift']].plot.scatter(x = 'support', y = 'lift', c = 'confidence',
colormap = 'viridis')
```

我们将频繁项集最小支持度设为 0.01,关联规则最小置信度设为 0.5,从散点图(见图 3-9)中可以看出,大部分规则的支持度较低,而具有高置信度、高提升度和高支持度的有效规则是存在的,如图 3-10 所示。

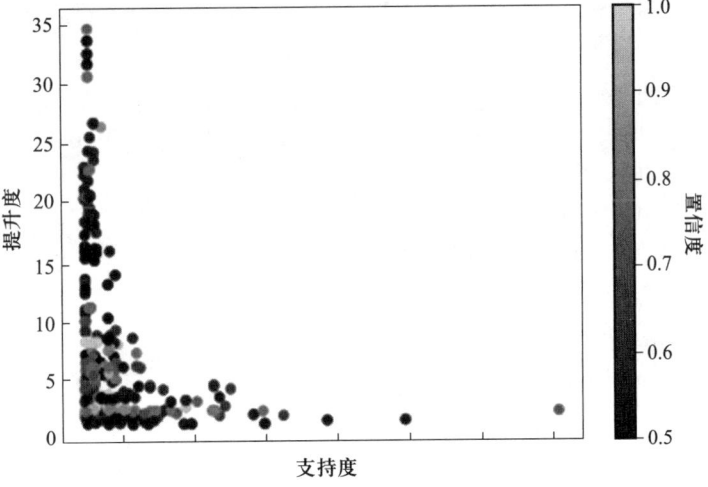

图 3-9 关联规则的提升度、支持度和置信度

	antecedents	consequents	support	confidence	lift
1	(凯莱英)	(药明康德)	0.024	0.885	7.429
2	(恩捷股份)	(宁德时代)	0.041	0.839	3.344
12	(中国中免,五粮液)	(贵州茅台)	0.038	0.986	2.858
41	(长春高新,五粮液)	(贵州茅台)	0.021	0.952	2.760
15	(中国中免,泸州老窖)	(贵州茅台)	0.020	0.950	2.753
100	(招商银行,中国平安,五粮液)	(贵州茅台)	0.021	0.929	2.691
40	(五粮液,迈瑞医疗)	(贵州茅台)	0.021	0.929	2.691
8	(五粮液,东方财富)	(贵州茅台)	0.024	0.918	2.661
33	(五粮液,泸州老窖)	(贵州茅台)	0.046	0.906	2.626
39	(五粮液,药明康德)	(贵州茅台)	0.034	0.889	2.576
19	(五粮液,中国平安)	(贵州茅台)	0.030	0.889	2.576
31	(招商银行,五粮液)	(贵州茅台)	0.045	0.887	2.569
28	(五粮液,山西汾酒)	(贵州茅台)	0.028	0.883	2.560
25	(宁德时代,五粮液)	(贵州茅台)	0.046	0.871	2.525
6	(泸州老窖)	(贵州茅台)	0.060	0.869	2.519
17	(中国中免,药明康德)	(贵州茅台)	0.023	0.863	2.500
0	(五粮液)	(贵州茅台)	0.142	0.843	2.444
4	(山西汾酒)	(贵州茅台)	0.035	0.817	2.368
69	(招商银行,宁德时代)	(贵州茅台)	0.026	0.806	2.337

图 3-10 有效关联规则

```python
ar = association_rules(frequent_itemsets, metric = 'confidence', min_threshold = 0.8)
ar = ar.query("support> = 0.02 and lift> = 2").sort_values(by = 'lift', ascending = False)
round(ar[['antecedents', 'consequents', 'support', 'confidence', 'lift']],3)
def drawGraph(ar, Multiplier = 1000):
    G = nx.DiGraph( )
    size_dict = { }
    color_dict = { }
    label_dict = { }
    for i in ar.index:
        ser = ar.loc[i]
        G.add_node(i)
        #node_list[i] = i
        size_dict[i] = ser['support']*Multiplier
        color_dict[i] = ser['lift']
        label_dict[i] = ''
        for ant in list(ser['antecedents']):
            G.add_node(ant)
            G.add_edge(ant,i)
            size_dict[ant] = 0
            color_dict[ant] = 0
```

```
            label_dict[ant] = ant
        for j in list(ser['consequents']):
            G.add_node(j)
            size_dict[j] = 0
            color_dict[j] = 0
            label_dict[j] = j
            G.add_edge(i,j)
    node_list,size_list = zip(*size_dict.items( ))
    node_list,color_list = zip(*color_dict.items( ))

    pos = nx.spring_layout(G)
    cmap = plt.cm.get_cmap('Reds')
    plt.figure(figsize = (20,15), dpi = 80)
    nx.draw_networkx_nodes(G, pos = pos,
                        nodelist = node_list,
                        node_size = size_list,
                        node_color = color_list,
                        alpha = 0.5,with_labels = True,cmap = cmap)
    nx.draw_networkx_edges(G, pos = pos, edge_color = 'grey', alpha = 0.5, width = 2,
arrowsize = 15)
    nx.draw_networkx_labels(G, pos = pos, labels = label_dict, font_size = 20)
    plt.show( )

drawGraph(ar.head(10), Multiplier = 50000)
```

从图 3-11 中不难看出,贵州茅台是多个有效规则的后项,而多个规则的前项后项均来自同一行业。

凯莱英和药明康德均为医药制造外包行业龙头,业务上二者为竞争关系,两家公司经常在业务布局、研发状况、运营情况等多方面被比较。

在第二条规则中,恩捷股份是锂电池隔膜全球龙头,宁德时代同样是锂电池龙头,也是新一代基金重仓股。2021 年整个新能源及新能源汽车产业链景气高涨。两大龙头在 2021 年业绩出色,股价也一路上涨,2021 年 11 月 10 日,恩捷股份公告与宁德时代形成战略合作,双方将合资 80 亿元,共同投资设立一家平台公司。恩捷股份持股 51%,宁德时代持股 49%;该平台公司将主要从事投资干法隔离膜及湿法隔离膜项目,以增强公司竞争壁垒和盈利能力。

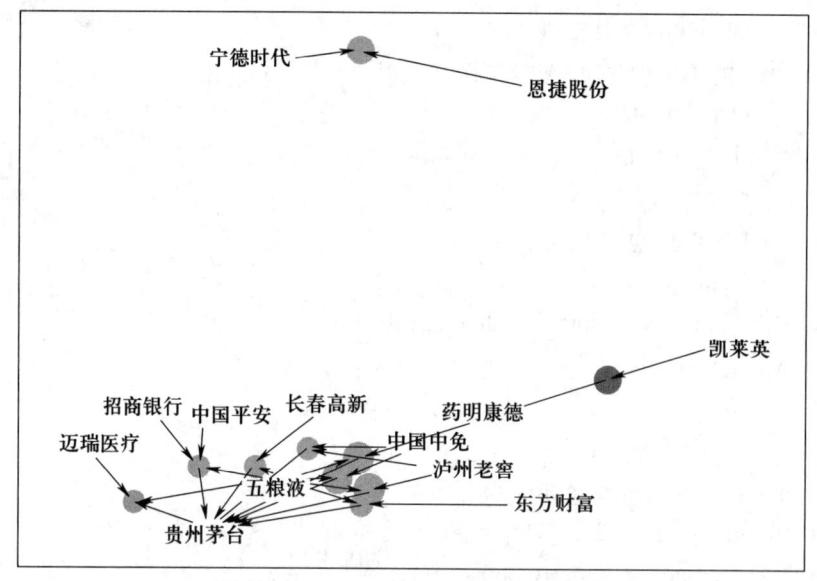

图 3-11　基金持仓关联规则网络

从关联规则分析中可以看出,公募基金在持仓选择上存在着有效的关联规则,且集中出现在同行业、大市值的龙头股票中。

本 章 小 结

关联规则挖掘是数据挖掘的重要方法。自 1993 年 Agrawal 等人提出 Apriori 算法以来,学界和业界不断地进行研究和优化。在大数据时代,关联规则分析更是在互联网营销、搜索引擎和临床医学等多个领域凸显价值。在金融行业中,关联规则挖掘的思想启发我们发现机会、降低风险。随着大数据时代的发展,关联规则也越来越多地与自然语言处理、高性能计算、自然计算等方面相结合,想要真正地将关联规则挖掘用于实际业务仍需掌握更全面的技术。

关 键 名 词

关联规则　Apriori 算法　协同过滤　支持度　置信度　提升度

即 测 即 评

请扫码检测本章学习效果。

复习思考题

1. 关联规则挖掘有哪些类别?
2. 置信度、提升度和支持度的计算方法是什么?如何从概率的角度理解?

3. Apriori 算法的缺陷有哪些?

4. 协同过滤算法的类别有哪些? 其区别是什么?

5. 在 Python 中,常用哪些库进行关联规则挖掘?

6. 关联规则挖掘在金融领域中还有哪些应用场景?

第四章
降维

章前导读

　　在构建数据模型时,经常遇到数据特征异常复杂的问题,如数据的多重共线性导致解空间的不稳定;高维空间样本的稀疏性导致数据特征提取困难;高维空间包含冗余信息和噪声信息,影响准确率;特征矩阵过大、计算量增大、训练时间长等。因此,在进行分类和聚类之前必须进行数据的有效降维。一般地,数据降维是指通过某种映射方法将向量变换至低维空间中,即降低向量的维数。

　　通过降维过程,数据分类、聚类等应用的精度将被提升,便于计算和可视化,避免维度灾难,其更深层次的意义在于有效信息的提取及无用信息的摈弃。因此,本章介绍的降维与特征选择算法对数据处理有着重要意义。

本章学习目标

　　本章根据映射函数的区别将降维算法划分为线性与非线性两大类别,并对其代表算法进行详细流程介绍,总结了典型的特征选择方法,并对实际应用中常用算法的优劣展开分析。通过本章节学习,读者可以熟悉以 k 近邻算法、低维嵌入算法和主成分分析算法为代表的线性降维算法,还可以了解以核化线性降维、流形学习、深度自编码器为代表的非线性降维算法,并了解特征选择的三种算法,即包裹类、过滤类和嵌入类方法。

第一节　线性降维算法

　　现实世界中的数据集越来越呈现出数据维度高(特征数目多)的特点,尽管特征越多,分析的结果可能越可靠,但也会不可避免地带来"维数灾难"问题,同时会消耗大量的计算资源。因此,需要一种有效的方法处理高维数据,在剔除数据集中包含的冗余和无用特征的同时,保留数据集中真正有用的信息。

　　在统计、机器学习以及信息论中,降维一般是指采用某种映射方法,将原始高维空间中的数据点映射到低维空间中,进而获得一组最主要的变量来降低所需要考虑的随机变量数目。降维算法可以实现对数据的有效压缩,进而实现降维后数据的有效可视化,其可保留数据中最主要的信息并提高算法的计算效率和性能等。上述理论优势使得降维算法成为机器学习中非常重要的组成部分。

目前,有大量优秀的降维算法被提出。按照降维算法是否为线性的,可分为线性降维算法与非线性降维算法。本节将主要介绍线性降维算法。

一、k 近邻算法

k 近邻算法(k-Nearest Neighbor Algorithm,k-NN)是一种通常用于分类或回归的监督学习方法。算法的输入为:在特征空间中,根据指定的距离度量方式,确定的与测试样本最相近的 k 个训练样本。而算法的输出则需要根据 k-NN 的应用环境进行以下区分:

(1)用于分类时,输出为测试样本的类别。目标测试样本通过其邻居的类别来判定所属类别,通常采用投票法,即以这 $k(k \geq 1)$ 个样本中出现最多的类别标记作为预测结果。

(2)用于回归时,输出为测试样本的属性值。该值是 k 个最近邻居的值的平均值,亦可根据距离远近进行加权平均。例如,给每个邻居赋予一个权重 $1/d$,其中 d 是测试样本到邻居的距离。

k-NN 是一种基于实例的学习,更确切地,我们称其为"懒惰学习"。其训练过程仅为本地保存训练样本,故训练时间开销等于零。计算部分则全部开始于接收测试样本之后。

此外,k-NN 算法的一个独特之处在于它对本地数据结构十分敏感。其中,训练样本是多维特征空间中的向量,每个向量都有一个类标签。该算法的训练阶段仅包括存储训练样本的特征向量和类别标签。在分类阶段,k 通常为用户定义的常数,在此基础上,通过分配最接近该测试点的 k 个训练样本中最频繁出现的标签来对未标记的测试样本进行分类。

在样本间距离的度量方法上,连续变量的常用距离度量方式是欧氏距离。离散变量(如文本分类)则可以使用其他度量方式,如重叠度量(或汉明距离)。举例来说,在操作基因表达微阵列数据时,已使用 k-NN 和相关系数(如 Pearson 和 Spearman)相结合合作为度量标准的方式。通常,如果使用专业算法(大余量最近邻居或邻域分量分析等)学习距离度量,则可大大提高 k-NN 的分类精度。

基本的"多数投票"分类的缺点出现在类别分布偏斜时。也就是说,一个更频繁出现的类别往往在新测试样本的预测中占主导地位。因为其数量更大,它们在 k 近邻中占比更高。解决此问题的一种方法是考虑从测试样本点到它的 k 近邻之间的距离,对类别进行加权。将 k 近邻点中的每个点的类(或值)乘以与从该点到测试点的距离的倒数成比例的权重。克服偏斜的另一种方法是抽象数据表示形式。例如,在自组织映射(SOM)方法中,每个节点都可看作相似点群集的代表(中心),而无须考虑它们在原始训练数据中的密度如何。在此基础上,可将 k-NN 算法应用于 SOM,实现聚类。

k 的最佳选择取决于数据。通常,较大的 k 值会降低噪声对分类的影响,但会使类别之间的界限不明显。为此,可通过各种启发式技术来选择一个更好的 k 值。预测类别为最接近训练样本的类别(当 $k=1$)的特殊情况称为最邻近算法。

当数据集中存在噪声或不相关的特征,或者特征尺度与其重要性不符,k-NN 算法的准确性可能显著降低。在选择或缩放特征以改善分类方面有大量研究工作。其中一种流

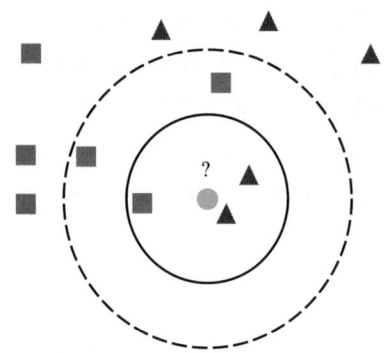

图 4-1　k-NN 分类的一个简单示例

行的方法是使用进化算法来优化特征缩放,另一种流行的方法是通过训练数据与训练课程的相互信息来缩放特征。

在二元分类问题中,将 k 选择为一个奇数会更好,因为这可以避免平票。在此设置中选择经验最优 k 的一种流行方法是自助抽样法。

在图 4-1 中,如果 $k=3$(实线圆内范围),则其被分类为三角形,因为实线圆内部有 2 个三角形,而只有 1 个正方形。如果 $k=5$(虚线圆),则其被分类为正方形(虚线圆内含 3 个正方形、2 个三角形)。

二、低维嵌入算法

从日常获取的数据形式来看,样本中的多数特征对结果的影响是微弱的,而整个学习过程所获得的优异结果通常仅局限于一组低维特征,即高维空间中的一个低维嵌入。

数据降维,是解决数据"维数灾难"的有效手段,即通过某种数学变换将原始高维属性空间转变为一个低维的"子空间"。MDS(Multiple Dimensional Scaling)算法是一种经典的、有效的低维嵌入算法,其要求在原始空间中,样本间的距离在低维空间中得以保持。但为有效降维,往往只需要保证降维后的距离与原始空间距离尽可能接近。

假设有 m 个样本的高维空间的距离矩阵为 $D=\{dist_{ij}|1\le i,j\le m\}\in R^{m\times m}$,其中 $dist_{ij}$ 表示样本 x_i 与样本 x_j 之间的距离。我们的目标是使在低维空间的表达 $Z\in R^{d'\times m},d'\ll d$,同时,还要满足高维空间的对应两个样本点在低维空间之间的距离同样相等,即 $\|z_i-z_j\|=dist_{ij}$。现假设低维空间的内积矩阵为 $B=\{b_{ij}|1\le i,j\le m\}=Z^TZ\in R^{m\times m}$,其中 $b_{ij}=z_i^Tz_j$,即表示低维空间两点之间的距离。

由于直接衡量距离比较困难,即对于 $\|z_i-z_j\|$ 的处理并不容易(就像函数中绝对值问题往往会带来不便求导数的问题一样,一般选择将绝对值转化为平方的方式来求解),则可使用下面的公式计算距离:

$$dist_{ij}^2=\|z_i\|^2+\|z_j\|^2-2z_i^Tz_j=b_{ii}+b_{jj}-2b_{ij} \tag{4-1}$$

通常,对样本特征需要进行中心化的预处理,可使每个样本特征向量各元素之和为零。

根据低维内积矩阵的构成可明显看出,矩阵 B 的各行与各列之和为 0,即 $\sum_{i=1}^{m}b_{ij}=\sum_{j=1}^{m}b_{ij}=0$。

进而通过求和可以得到下面的结果:

$$\sum_{i=1}^{m}dist_{ij}^2=tr(B)+mb_{jj}-2\sum_{i=1}^{m}b_{ij}=tr(B)+mb_{jj} \tag{4-2}$$

$$\sum_{j=1}^{m}dist_{ij}^2=tr(B)+mb_{ii}-2\sum_{j=1}^{m}b_{ij}=tr(B)+mb_{ii} \tag{4-3}$$

$$\sum_{i=1}^{m}\sum_{j=1}^{m}dist_{ij}^2=2mtr(B) \tag{4-4}$$

其中 $tr(\cdot)$ 表示矩阵的迹,即对角线之和。再令:

$$dist_i^2 = \frac{1}{m}\sum_{j=1}^{m} dist_{ij}^2 = \frac{1}{m} tr(B) + b_{ii} \tag{4-5}$$

$$dist_j^2 = \frac{1}{m}\sum_{i=1}^{m} dist_{ij}^2 = \frac{1}{m} tr(B) + b_{jj} \tag{4-6}$$

$$dist_{..}^2 = \frac{1}{m^2}\sum_{i=1}^{m}\sum_{j=1}^{m} dist_{ij}^2 = \frac{2}{m} tr(B) \tag{4-7}$$

以上公式构建了最原始的平方项之间的相等关系(式 4-1 的关系),即:

$$b_{ij} = -\frac{1}{2}(dist_{ij}^2 - dist_i^2 - dist_j^2 + dist_{..}^2) \tag{4-8}$$

通过该方式可得到高维空间内积矩阵与低维空间的内积矩阵的对应关系。

由上述元素构成低维空间的内积矩阵 B,在此基础上,进一步对其进行特征值分解,求出前面所假设的样本在低维空间的表达 Z,通过特征值分解可以得到 $B = V\Lambda V^{\mathrm{T}}$,其中 Λ 为以对角线为特征值的对角矩阵,即 $\Lambda = diag(\lambda_1, \lambda_2, \cdots, \lambda_d)$ 同时特征值是按照从大到小的形式排列,而 V 的每一列是特征值对应的特征向量。进一步进行降维处理,即舍弃掉一些较小特征值与其对应的特征向量(较小特征值属于噪声的可能性较大),取 Λ 的前 d' 个特征值,即 $\widetilde{\Lambda} = diag(\lambda_1, \lambda_2, \cdots, \lambda_{d'})$,而对应的特征向量为 $\widetilde{V}$。则低维空间的特征表达 Z 为:

$$Z = \widetilde{\Lambda}^{1/2}\widetilde{V}^{\mathrm{T}} \in R^{d' \times m} \tag{4-9}$$

总结上述的 MDS 算法,如下:

输入:距离矩阵 $D = \{dist_{ij} | 1 \leqslant i, j \leqslant m\} \in R^{m \times m}$,低维空间数 d'。
1. 计算 $dist_i^2$、$dist_j^2$、$dist_{..}^2$。
2. 根据上述公式计算低维空间的内积矩阵 B。
3. 特征值分解矩阵 B。
4. 取 $\widetilde{\Lambda} = diag(\lambda_1, \lambda_2, \cdots, \lambda_{d'})$,对应的特征向量矩阵 $\widetilde{V}$。
输出:$z = \widetilde{\Lambda}^{\frac{1}{2}}\widetilde{V}^{\mathrm{T}} \in R^{d' \times m}$,每一列为一个样本的低维坐标。

三、主成分分析算法

主成分分析(Principal Components Analysis,PCA),是一种十分常用的降维算法。

在多元统计分析中,主成分分析是一种统计分析、简化数据集的方法。它利用正交变换来对一系列可能相关的变量的观测值进行线性变换,从而投影为一系列线性不相关变量的值,这些不相关变量称为主成分。具体地,主成分可以视为一个线性方程,其包含一系列线性系数来指示投影方向。

该算法的基本思想如下:

第一个主成分的确定方法为:以数据中心作为坐标轴的中心,并旋转坐标轴,使数据在 x_1 轴上的方差最大。这种做法可使信息被尽量多地保留。x_1 即为第一个主成分。

第二个主成分的确定方法为:找一个 x_2 轴,使得 x_2 与 x_1 的相关系数为 0,以避免 x_2 与 x_1 信息重叠,并且使数据在该方向的方差尽量最大。

以此类推,找到第三个主成分、第四个主成分……第 n 个主成分。n 个随机变量可以有 n

个主成分。

推导过程如下：

假定数据样本进行了中心化，即投影变换后的新坐标系为 $\{\omega_1, \omega_2, \cdots, \omega_d\}$，其中 ω_i 是标准正交基向量，$\|\omega_i\|_2 = 1$，$\omega_i^{\mathrm{T}}\omega_j = 0$，$(i \neq j)$。丢弃新坐标系中的部分坐标，即将维度降到 d'，则样本点 x_i 在低维坐标系中的投影是 $z_i = (z_{i1}, z_{i2}, \cdots, z_{id'})$，其中 $z_{ij} = \omega_j^{\mathrm{T}} x_i$ 是 x_i 在低维坐标系下第 j 维的坐标。若基于 z_i 重构 x_i，则得到 $\hat{x}_i = \sum_{j=1}^{d'} \omega_j$。

对整个训练集，原样本点 x_i 与基于投影重建的样本点 $\hat{x}_i$ 之间的距离可表示为：

$$\sum_{i=1}^{m} \left\| \sum_{j=1}^{d'} z_{ij}\omega_j - x_i \right\|_2^2 = \sum_{i=1}^{m} z_i^{\mathrm{T}} z_i - 2\sum_{i=1}^{m} z_i^{\mathrm{T}} W^{\mathrm{T}} x_i + const\alpha - tr(W^{\mathrm{T}} X X^{\mathrm{T}} W) \tag{4-10}$$

总结 PCA 算法的过程，即为：

> 输入：距离矩阵 $D = \{x_1, x_2, \cdots, x_n\}$，低维空间数 d'。
> 1. 所有样本中心化。
> 2. 计算样本的协方差矩阵 XX^{T}。
> 3. 对协方差矩阵 XX^{T} 进行特征值分解。
> 4. 取最大的 d' 个特征值对应的特征向量 $\omega_1, \omega_2, \cdots, \omega_{d'}$。
> 输出：投影矩阵 $W = (\omega_1, \omega_2, \cdots, \omega_{d'})$。

如图 4-2 所示，箭头显示的两个向量是这个分布的协方差矩阵的特征向量，其长度按对应特征值的平方根为比例，并以原分布的平均值为原点。可以发现以向右上方 x_1 轴为第一个主成分，以向左上方的 x_2 轴为第二个主成分。

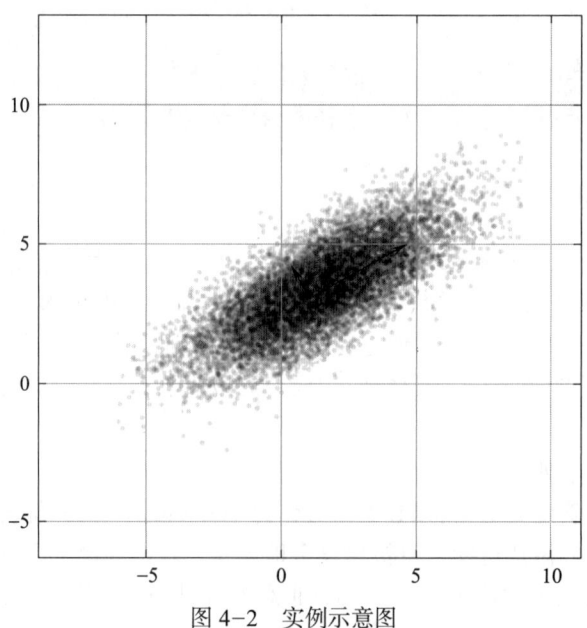

图 4-2　实例示意图

PCA 算法主要用于减少数据集的维数,同时保留数据集中对方差贡献最大的特征,其核心在于保存低阶主成分,忽略高阶主成分。由于低阶主成分往往能够保留数据的最重要方面(但是实际应用时往往要视具体应用而定),因而 PCA 可实现对数据的有效降维处理。由于主成分分析依赖所给数据,所以数据的准确性对分析结果影响很大。

PCA 是最简单的以特征量分析多元统计分布的方法。通常情况下,这种运算可以被看作揭示数据的内部结构,从而更好解释数据变量的方法。如果一个多元数据集可在一个高维数据空间坐标系中被显现出来,那么 PCA 就能够提供一幅比较低维度的图像,这幅图像即在信息最多的点上原对象的一个"投影"。即可利用少量的主成分使数据的维度降低。

第二节 非线性降维算法

线性降维的前提是:假设高维空间到低维空间的函数映射是线性的。但在现实情况中,往往很难找到一个线性的函数映射,使得样本从高维空间映射到低维空间后,仍然能够找到一个适合的低维嵌入。因此,学者们又提出多种非线性降维算法。

一、核化线性降维

非线性降维的一种常用算法,是基于核技巧对线性降维算法进行"核化",即核主成分分析(Kernelized Principal Components Analysis,KPCA)。

假定我们在高斯特征空间中把数据投影到由 W 确定的超平面上,即 PCA 欲求解:

$$\left(\sum_{i=1}^{m} z_i z_i^{\mathrm{T}}\right)W = \lambda W \tag{4-11}$$

其中,z_i 是样本点 x_i 在高维特征空间中的像。易知:

$$W = \frac{1}{\lambda}\left(\sum_{i=1}^{m} z_i z_i^{\mathrm{T}}\right)W = \sum_{i=1}^{m} z_i \frac{z_i^{\mathrm{T}} W}{\lambda} = \sum_{i=1}^{m} z_i \alpha_i \tag{4-12}$$

其中,$\alpha_i = \frac{1}{\lambda} z_i^{\mathrm{T}} W$。假定 z_i 是由原始属性空间中的样本点 x_i 通过映射 ϕ 产生,即 $z_i = \phi(x_i), i = 1, 2, \cdots, m$。若 ϕ 能被显性表达出来,则通过它将样本映射至高维特征空间,再在该特征空间中实施 PCA 即可。式 4-11 将变换为:

$$\left(\sum_{i=1}^{m} \phi(x_i)\phi(x_i)^{\mathrm{T}}\right)W = \lambda W \tag{4-13}$$

式 4-12 变换为:

$$W = \sum_{i=1}^{m} \phi(x_i)\alpha_i \tag{4-14}$$

一般情形下,由于不清楚 ϕ 的具体形式,于是引入核函数:

$$k(x_i, x_j) = \phi(x_i)^{\mathrm{T}}\phi(x_j) \tag{4-15}$$

将式 4-14 和式 4-15 代入式 4-13 后化简得到:

$$KA = \lambda A \tag{4-16}$$

其中 K 为 k 对应的核矩阵，$(K)_{ij}=k(x_i,x_j)$，$A=(\alpha_1,\alpha_2,\cdots,\alpha_m)$。显然，式 4-16 是特征值分解问题，取 K 最大的 d' 个特征值对应的特征向量即可。

对新样本 x_i，其投影后的第 $j(j=1,2,\cdots,d')$ 维坐标为：

$$z_j=\omega_j^{\mathrm{T}}\phi(x)=\sum_{i=1}^{m}\alpha_i^j\phi(x_i)^{\mathrm{T}}\phi(x)=\sum_{i=1}^{m}\alpha_i^j k(x_i,x) \tag{4-17}$$

其中 α_i 已经过规范化，α_i^j 是 α_i 的第 j 个分量。式 4-17 表明，获得投影后的坐标，KPCA 需对所有样本求和，因此它的计算开销较大。

考虑图 4-3 中所示的三组同心点云，我们试图使用 KPCA 算法识别这三组。图中各点的深浅并不是算法的一部分，仅用于展示各组数据点在变换前后的位置。

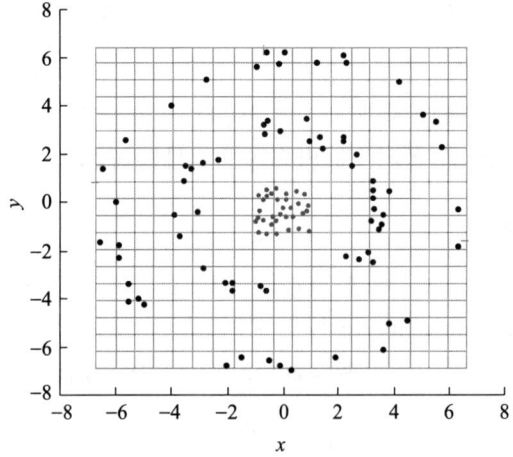

图 4-3　三组同心点云示意图

首先，使用核 $k(x,y)=(x^{\mathrm{T}}y+1)^2$ 进行 KPCA 处理，得到的结果如图 4-4 所示。

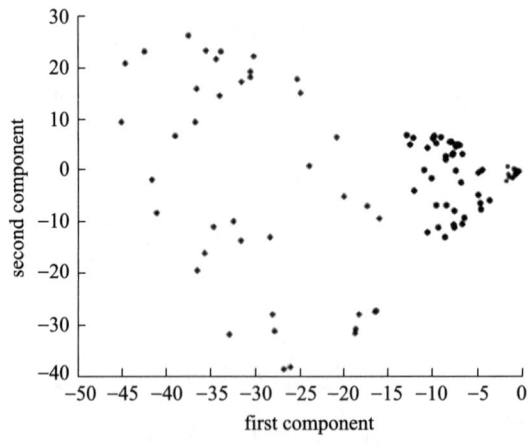

图 4-4　KPCA 处理结果

在此基础上,使用高斯核 $k(x,y)=e^{\frac{-\|x-y\|^2}{2\sigma^2}}$ 处理,该核是数据接近程度的一种度量,当数据点重合时为 1,而当数据点相距无限远时则为 0。结果如图 4-5 所示。

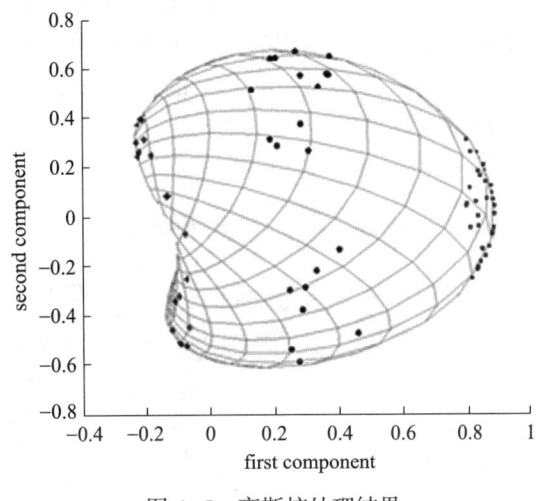

图 4-5　高斯核处理结果

此时我们注意到,仅通过第一个主成分就可以区别这三组数据点。而这对于线性 PCA 而言是不可实现的,因而线性 PCA 只能在给定维(此处为二维)空间中操作,而此时同心点云是线性不可分的。

二、流形学习

流形学习(Manifold Learning)与拓扑流形概念有一定的相似性。流形是指在局部具有欧氏空间性质的一个空间,其可以在这个局部空间中使用欧氏距离进行计算。

假设数据采样于一个高维欧氏空间中的低维流形,流形学习就是从高维采样数据中恢复低维流形结构,即找到高维空间中的低维流形,并求出相应的嵌入映射,以实现维数约简或者数据可视化。

由此可见,我们可在获得局部降维映射关系后,再推广局部映射至全局。而这种方法在可视化方面的应用前景也较为广阔。

流形学习分为线性流形学习算法和非线性流形学习算法。非线性流形学习算法包括等度量映射(Isometric Mapping,Isomap)、拉普拉斯特征映射(Laplacian Eigenmaps,LE)、局部线性嵌入(Locally-Linear Embedding,LLE)等。而线性方法则是对非线性方法的线性扩展,如主成分分析(PCA)、MDS 等。下面仅就非线性流形学习中的等度量映射和局部线性嵌入进行介绍。

(一)等度量映射

等度量映射(Isomap)由 Josh Tenenbaum 教授于 2000 年在 *Science* 杂志发表的论文中提出。该算法以 MDS 为计算工具,其创新性地采用微分几何中的测地线距离而非传统的欧氏距离计算高维流形上数据点间距离,并且找到了一种用实际输入数据估计其测地距离的算法(采用最短路径算法中的 Dijkstra 算法或 Floyd 算法)。

Isomap 的优点在于：

(1) 保证了结果的稳健性和全局最优性；

(2) 能通过剩余方差判定隐含的低维嵌入的本质维数；

(3) 算法的计算过程只需要确定唯一的一个参数(近邻数 k 或邻域半径 e)。

对于高维空间来说，直接计算样本点之间的直线距离(欧氏距离)是错误的。例如，对于一本书来说，获得地球南北极的直线距离是没有意义的，因为我们无法从北极穿越地心到达南极，此时可以通过测地距离进行计算，如图 4-6 所示。

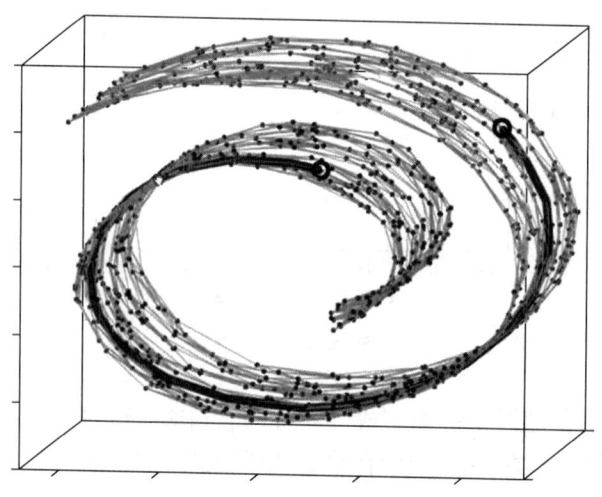

图 4-6　高维空间样本间距示意图

计算两点之间的测地距离可以利用流形在局部上与欧氏空间同胚这个性质，对于每个点基于欧氏距离找出其最近邻点，然后就能建立一个近邻连接图，于是计算两点之间的测地距离的问题，就转变成为计算近邻连接图上两点之间的最短路径问题(Dijkstra 算法)。

Isomap 算法是全局的，它要找到所有样本全局的最优解，当数据量很大或者样本维度很高时，耗时将大幅增长。因此更常用的算法是 LLE(局部线性嵌入)，LLE 放弃所有样本全局最优的降维，只是通过保证局部最优来降维。

(二) 局部线性嵌入

局部线性嵌入(LLE)的思想为保持邻域内样本之间的关系。具体如图 4-7 所示，样本从高维空间映射到低维空间后，各个邻域内的样本之间的线性关系不变。

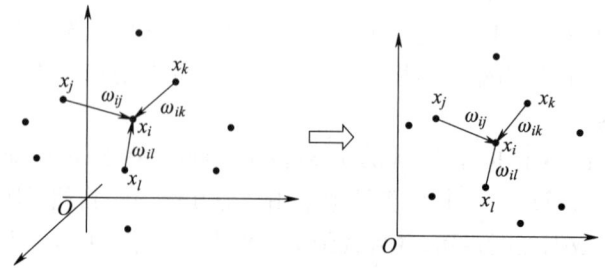

图 4-7　高维空间映射至低维空间示意图

即样本点 x_i 的坐标能通过它的邻域样本 x_l、x_j、x_k 重构出来,而这里的权值参数在低维和高维空间是一致的。

$$x_i = \omega_{ij}x_j + \omega_{ik}x_k + \omega_{il}x_l \tag{4-18}$$

LLE 算法可以分为两步:

第一步,根据邻域关系计算出所有的样本的邻域重构系数 ω,也就是找出每一个样本和其邻域内的样本之间的线性关系:

$$\min_{\omega_1,\omega_2,\cdots,\omega_m}\sum_{i=1}^{m}\left\|x_i - \sum_{j\in Q_i}\omega_{ij}x_j\right\|_2^2 \tag{4-19}$$

$$\text{s.t.}\sum_{j\in Q_i}\omega_{ij}=1$$

其中 x_i、x_j 均为已知,令 $C_{jk}=(x_i-x_j)^{\mathrm{T}}(x_i-x_k)$,$\omega_{ij}$ 有闭式解:

$$\omega_{ij}=\frac{\sum_{k\in Q_i}C_{jk}^{-1}}{\sum_{l,s\in Q_i}C_{ls}^{-1}} \tag{4-20}$$

第二步,根据邻域重构系数不变,求每个样本在低维空间的坐标:

$$\min_{z_1,z_2,\cdots,z_m}\sum_{i=1}^{m}\left\|z_i - \sum_{j\in Q_i}\omega_{ij}z_j\right\|_2^2 \tag{4-21}$$

令 $Z=(z_1,z_2,\cdots,z_m)\in R^{d'\times m}$,$(W)_{ij}=\omega_{ij}$,有:

$$M=(I-W)^{\mathrm{T}}(I-W) \tag{4-22}$$

利用 M 矩阵,可将问题写成:

$$\min_z tr(ZMZ^{\mathrm{T}}) \tag{4-23}$$

$$\text{s.t.} ZZ^{\mathrm{T}}=I$$

因此,问题就成了对 M 矩阵进行特征分解,然后取最小的 d' 个特征值对应的特征向量组成低维空间的坐标 Z。

三、深度自编码器

本书第九章深度学习中的自编码器,也可以用于非线性降维,它对一组数据学习出一种表示,当表示维度低于原始维度时,就达到了降维的目的。自编码器由编码器(Encoder)和解码器(Decoder)两部分组成。编码器通常对输入对象进行压缩表示,解码器对经压缩表示后的编码进行解码重构。其将输入的特征 $(x_1,x_2,\cdots,x_n)$ 浓缩为更少量的特征 $(a_1,a_2,\cdots,a_m)$,其中 $m < n$。这里的 x_n 就是输入数据,a_m 就是所谓的编码(Code)。

自编码器的结构图如图 4-8 所示。

根据上述自编码器的介绍,可以引申到深度自编码器的结构,与自编码器的区别在于其增加了更多的层数,使得"瓶颈"的编码长度更小。

其结构如图 4-9 所示。

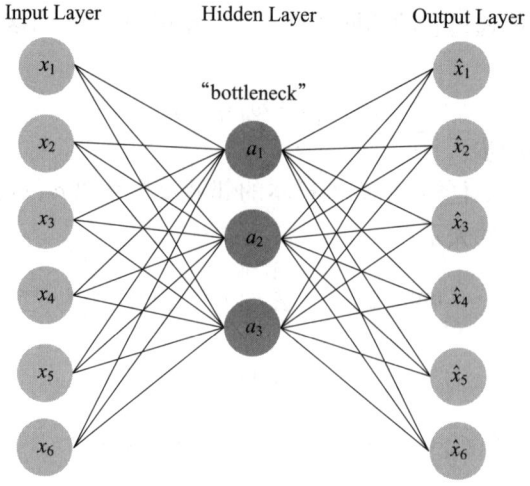

图 4-8　自编码器结构图

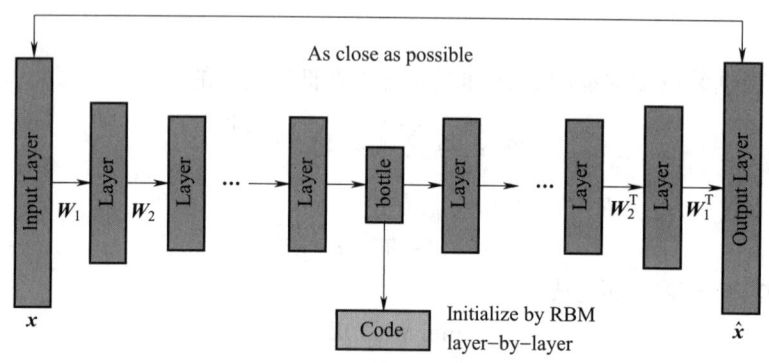

图 4-9　深度自编码器结构图

与深度网络一样,自编码器的训练也是通过误差的反向传播来运作的,这一点与常规的前馈神经网络一样。更具体的内容请参考第九章内容。

不完整的自编码器的情况是:如果要素空间 F 的维数比输入空间 x 的维数低,特征向量 $\theta(x)$ 可以视为输入 x 的压缩表示。如果隐藏层大于(过度完整自编码器)或等于输入层,或者为隐藏单元提供了足够的容量,则自编码器可能学得识别功能,并且变得无用。但是,实验结果表明,在这些情况下,自编码器可能仍会学习有用的功能。在理想情况下,应该能够根据要建模的数据分布的复杂性来定制代码尺寸和模型容量。一种方法是利用称为正则化自编码器的模型变体。

第三节　特征选择算法

对一个样本来说,其拥有一个形容其特征的属性集合,该属性集合在学习任务中将作为算法的输入,但在此集合中,存在部分属性特征对学习器有用(相关特征),部分无用(无关特征)。为了从特征集合中选择相关特征子集,需要采用特征选择算法。

特征选择算法等价于搜索技术与评价指标的结合。前者提供候选特征子集,后者为选择出的特征子集评分。其中,最简单的算法是穷举每个特征子集,并进行测试,找到错误率最低的子集作为目标特征子集。评价指标的选择显著影响算法效果。根据评价指标不同,特征选择算法可以分为三类:包裹类、过滤类和嵌入类方法。

一、包裹类方法

包裹类方法使用预测模型给特征子集打分。每个新子集都被用来训练一个模型,然后用验证数据集来测试。通过计算验证数据集上的错误次数(模型的错误率)给特征子集评分。由于包裹类方法为每个特征子集训练一个新模型,所以计算量很大。不过,这类方法往往能为特定类型的模型找到性能最好的特征集。

举例说明如下:

LVW 是一个典型的包裹类特征选择方法,它在拉斯维加斯算法(Las Vegas Method)框架下使用随机策略来进行子集搜索,并以最终分类器的误差为特征子集评价准则。

输入:数据集 D, 特征集 A, 学习算法 $\sum$; 停止条件控制参数 T。

1. 初始化误差 $E = \infty$, $d = |A|$, $A^* = A$, $t = 0$

2. while $t < T$:

随机产生特征子集 A', 设置 $d' = |A'|$;

选择特征子集对应部分的数据集 DA', 使用交叉验证法来估计学习器 $\sum$ 的误差。误差是特征子集 A' 上的误差, 若它比当前特征子集 A 上的误差更小, 或误差相当但 A' 中包含的特征数更少, 则执行(a), 否则执行(b):

(a): $t = 0$, $E = E'$, $d = d'$, $A^* = A$

(b): $t = t + 1$

输出:特征子集 A^*

由于 LVW 算法中特征子集搜索采用了随机策略,而每次特征子集评价都需要训练学习器,计算开销很大,因此算法设置了停止条件控制参数 T。然而,整个 LVW 算法是基于拉斯维加斯方法框架,若初始特征数很多($|A|$ 很大)、T 设置较大,则算法可能运行很长时间都达不到停止条件。换言之,若有运行时间限制,则有可能给不出解。

由此引出该算法的缺点——计算开销过大。

二、过滤类方法

过滤类方法是先进行特征选择,再进行学习器训练的方法。两个过程之间没有相关性。

过滤类方法采用代理指标,而不根据特征子集的错误率计分。所选的指标算得快,但仍然能估算出特征集好不好用。常用指标包括互信息、逐点互信息、皮尔逊积矩相关系数或显著性测试评分。过滤类方法计算量一般比包裹类小,但这类方法找到的特征子集不能为特定类型的预测模型调校。由于缺少调校,过滤类方法所选取的特征集会比包裹类选取的特征集更为通用,往往会导致比包裹类的预测性能更为低下。不过,由于特征集不包含对预测模型的假设,更有利于暴露特征之间的关系。许多过滤类方法提供特征排名,而非显式提供特征子集。要从特征列表的哪个点切掉特征,得靠交叉验证来决定。过滤类方法也常常用于包裹类方法的预处理步骤,以便在问题太复杂时依然可以用包裹类方法。下面举例说明。

（一）方差选择法

使用方差作为特征的评价标准。即假设某个特征的方差较小,则认为该特征对区分样本的贡献度不大,故在构造特征过程中去掉方差小于阈值的特征,或者根据输入选择方差最大的 k 个特征。但是,方差选择法适用于离散型特征,连续型特征需要离散化后使用;方差较小的特征很少,方差选择法简单但不好用,一般作为特征选择的预处理步骤,先去掉方差较小的特征,然后使用其他特征选择方法选择特征。

（二）相关系数法

计算各个特征对目标值的相关系数以及相关系数的 P 值。具体方法同上。

（三）卡方检验

经典的卡方检验是检验定性自变量对定性因变量的相关性。假设自变量有 N 种取值,因变量有 M 种取值,考虑自变量等于 i 且因变量等于 j 的样本频数的观察值与期望的差距,构建统计量:

$$\chi^2 = \sum \frac{(A-E)^2}{E} \tag{4-24}$$

不难发现,这个统计量描述的就是自变量对因变量的相关性。

（四）互信息法

经典的互信息也是评价定性自变量对定性因变量的相关性的。互信息计算公式如下:

$$I(X;Y) = \sum_{x \in X} \sum_{y \in Y} p(x,y) \log \frac{p(x,y)}{p(x)p(y)} \tag{4-25}$$

该方法特别适用于处理定量数据,其通常为后续机器学习算法选择 K 个最好的特征。

三、嵌入类方法

嵌入类方法包含了所有构建模型过程中用到的特征选择技术,其将特征选择过程与学习器训练过程有机结合,使之自动完成两个过程。这类方法的典型代表是构建线性模型的套索（Lasso）回归方法。该方法给回归系数加入了 L_1 惩罚,导致其中的许多参数趋于零。任何回归系数不为零的特征都会被 Lasso 算法"选中"。这类方法的计算复杂度往往在过滤类和包裹类之间。

传统的统计学中,特征选择的最普遍形式是逐步回归,这是一个包裹类技术。它属于贪心算法,每一轮添加该轮最优的特征或者删除最差的特征。主要的调控因素是决定何时停止算法。在机器学习领域,这个时间点通常可以通过交叉验证找出。

我们知道,在训练数据不够多或者过度训练时,模型常常会过拟合。在特征选择中,正则化方法即为在此时向原始模型引入额外信息,以便防止过拟合和提高模型泛化性能的一类方法的统称。其基于模型复杂度对其进行"奖惩",即对简单的、能有更好泛化能力的模型予以"奖励",对复杂模型予以"惩罚"。该类算法的优点是通过"惩罚"方式减少过拟合,可以找到最终结果;缺点是"惩罚"可能造成欠拟合,使模型参数难以校准。进一步的内容,读者可以参考第二章。

本 章 小 结

　　降维算法按照映射函数不同可以划分为线性与非线性两大类别。在这一框架内,本章主要介绍了一些代表性算法及其原理。对线性降维算法,主要介绍了k近邻算法、低维嵌入算法和主成分分析算法;对非线性降维算法,主要介绍了核化线性降维、流形学习、深度自编码算法。并对特征选择算法进行了系统梳理和算法原理介绍。

关 键 名 词

　　k近邻算法　低维嵌入算法　主成分分析算法　核化线性降维　流形学习　深度自编码器　特征选择

即 测 即 评

请扫码检测本章学习效果。

复习思考题

1. 线性降维算法和非线性降维算法的主要区别是什么?
2. 主成分分析算法的基本原理是什么? 这个方法有哪些优势和劣势?
3. 特征选择算法主要分为哪三类? 它们的区别是什么?
4. 列举三种常见的过滤类特征选择算法并说明其基本原理。

第五章
聚类

章前导读

　　将相似的物品进行归类,将数据整理成合适的分组是人们理解和学习未知事物的基础。分类活动在发现、认识和探索科学领域中扮演着不可替代的角色,而聚类则是一种被广泛运用的高效有用的分类方法。它不使用数据的标签来划分数据类别,不依靠先验知识,旨在找出数据中的结构组织和分布关系,而不是为了数据分类创建规则。这使得它与判别分析和决策分析等区别开来。将这样的方法引入金融中,可以帮助金融机构进行客户价值挖掘、识别欺诈行为以及进行智能推荐等。

本章学习目标

　　通过本章的学习,读者可以掌握多个聚类方法,了解对应方法的原理与优缺点,了解相关聚类方法的金融应用场景。

第一节　聚类方法简介

　　聚类方法早在 20 世纪就已经被人们认可,但关于聚类分析的文献大多在 1963 年两位生物学家 Robert Sokal 和 Peter Sneath 发表的 *Principles of Numerical Taxonomy* 后诞生。Sokal 和 Sneath 考虑了生物间的相似度后采用了聚类的方法将相似的生物归为一组来进行生物进化研究,这篇文章大大刺激了当时聚类研究的发展,使得聚类分析活跃起来。

　　采用不同的特征选择或聚类算法,聚类结果会有很大的差异。由于聚类过程中存在很多主观特性,所以对于聚类的定义一直以来都难以明确。一般认为聚类是将未标记的训练数据划分为不同簇的过程,对于簇 Everitt 在 1974 年做了以下三个定义:

　　(1) 一个簇是相似样本的集合,不同簇内的样本不相似。

　　(2) 一个簇是样本空间点的集合,簇内任意两个点的距离比任意簇内的点与任意簇外的点的距离小。

（3）簇可被描述为点密度高的多维空间的联通区域，与点密度低的区域区分开。

基于聚类的重要性、有效性和可交叉特性，它广泛应用于经济学、机器学习、统计学、生物学等科学领域。在经济学中，聚类可用于指标分析和市场研究等；在机器学习中可用于图像分割和机器视觉领域等，在模式识别中可用于对象识别和字符识别等，在图像处理中可用于数据压缩等，在数据挖掘中可用于挖掘数据集的内在结构和意义，还可用于文献检索等；在统计学中可用于获取数据集的分布特征和状况等；在生物学中可用于生物网络分析和功能预测等。

聚类是无监督学习中的一种分类方法，不需要数据的任何标记，自动地将相似度高的数据聚合在一起生成簇，进行簇标记后得到聚类结果，簇的语义概念由人为确定。

形式化描述如下：给定包含 n 个未知标记的样本集合 $U=\{u_1, u_2, \cdots, u_n\}$，利用聚类算法进行分类得到 k 个不为空的簇 $\{C_t | t = 1, 2, \cdots, k\}$ $(k \leqslant n)$，其中簇两两不相交（除去模糊聚类，模糊聚类允许样本属于不同簇），合集为样本集 U，即 $C_x \cap C_y = \phi (x, y \in t$ 且 $x \neq y)$，$U_{i=1}^k C_i = U$。用 $m_j \in \{1, 2, \cdots, k\}$ 对样本进行簇标记，即每一个样本都有自己的簇 C_{mj}，最后聚类结果可为全部样本的簇标记向量 $m = (m_1, m_2, \cdots, m_n)$。

经典聚类过程包含以下几个步骤：数据准备、特征选择和变换、聚类算法选择或设计、聚类结果评价。

（1）数据准备：对数据进行收集和预处理，包括标准化和降维。

（2）特征选择和变换：特征选择指从数据的属性（特征）集合中选择能最优达到聚类要求和目的的属性子集。特征变换指将数据属性进行某种映射，使之从原始空间变换到另一空间。它们都是聚类过程中的重要步骤，直接关系聚类结果的好坏。

（3）聚类算法选择或设计：根据上一步得到属性集的类型（连续型、离散型或混合型）选择或设计相应的聚类算法，在对所有样本进行相似度计算后开始聚类生成簇。

（4）聚类结果评价：由于聚类需要人为设定终止条件，所以存在很大的主观性，必须对结果进行评估。

第二节　聚类算法中的距离

聚类是将相似的样本聚合成簇的过程，而样本相似度可由样本之间的距离来表示。样本距离若有对称性、非负性、同一性和直递性这些性质，则它是可度量的。

由于特征选择和变换环节选取的样本特征集合中存在不同数据类型——连续型、离散型和混合型，所以存在以下三类不同的距离度量算法。

一、针对连续型数据的距离度量算法

针对连续型数据的距离度量算法有曼哈顿距离、欧几里得距离、切比雪夫距离、闵科夫斯基距离、马氏距离、对称点距离、相关系数、余弦相似度（余弦相似性）等。

（1）曼哈顿距离（Manhattan Distance）：在同步聚类中应用效果良好，常应用于模糊 ART。设 l 为样本维数，d 为总维数，x_{il} 和 x_{jl} 为属性。公式如下：

$$D(X_i, X_j) = \sum_{l=1}^{d} |x_{il} - x_{jl}| \qquad (5-1)$$

(2) 欧几里得距离(Euclidean Distance):是常用的距离算法,常应用于 K-Means。公式如下:

$$D(X_i, X_j) = \sqrt{\sum_{l=1}^{d} (x_{il} - x_{jl})^2} \qquad (5-2)$$

(3) 切比雪夫距离(Chebyshev Distance):在模糊 C-Means 的应用中取得了很好的成果。公式如下:

$$D(X_i, X_j) = \max_l (|x_{il} - x_{jl}|) \qquad (5-3)$$

(4) 闵科夫斯基距离(Minkowski Distance):当变量 $p=1$ 时为曼哈顿距离,$p=2$ 时为欧几里得距离,p 趋于无穷大时为切比雪夫距离,常应用于模糊 C-Means。公式如下:

$$D(X_i, X_j) = \sqrt[p]{\sum_{l=1}^{d} (x_{il} - x_{jl})^p} \qquad (5-4)$$

(5) 马氏距离(Mahalanobis Distance):计算中引入了协方差矩阵 S,常应用于椭球 ART、超椭球。当属性间独立时 S 为单位矩阵,即转化为欧几里得距离。公式如下:

$$D(X_i, X_j) = \sqrt{(X_i - X_j)^T S^{-1} (X_i - X_j)} \qquad (5-5)$$

(6) 对称点距离(Point Symmetry Distance):当簇存在对称时为点到对称点和其他点的最小距离,常应用于对称 K-Means。公式如下:

$$D(X_i, X_j) = \max_{j=1,2,\cdots,N, j \neq i} \frac{\| (X_i - X_r) + (X_j - X_r) \|}{\| (X_i - X_r) \| + \| (X_j - X_r) \|} \qquad (5-6)$$

(7) 相关系数(Correlation Coefficient):常应用于微阵列基因测序。公式如下:

$$\rho_{X_i, X_j} = \frac{\mathrm{Cov}(X_i, X_j)}{\sqrt{D(X_i)} \sqrt{D(X_j)}} \qquad (5-7)$$

(8) 余弦相似度(Cosine Similarity):余弦值越大时,两样本相似度越大,常应用于文本聚类。公式如下:

$$S(X_i, X_j) = \cos \alpha = \frac{X_i^T X_j}{\| X_i \| \| X_j \|} \qquad (5-8)$$

以上的对称点距离、相关系数和余弦相似度三类距离算法不符合对称性、非负性、同一性和直递性,但仍可用于样本相似度计算。

二、针对离散型数据的距离度量算法

针对离散型数据的距离度量算法有:二值变量和多值变量的相似性度量算法。

(1) 二值变量的相似性度量算法:设 X_i, X_j 为两个样本点,其中的二值变量取值用 1 和 0 表示。n_{00} 代表 X_i, X_j 中值分别为 0 和 0 的变量总数,n_{10} 代表 X_i, X_j 中值分别为 1 和 0 的变量总数,以此类推 n_{01}, n_{11}。w 为系数,表示不同取值的变量的差异度。则相似性计算公式如下:

$$\begin{cases} S(X_i,X_j)=\dfrac{n_{11}+n_{00}}{n_{11}+n_{00}+w(n_{10}+n_{01})} \\ D(X_i,X_j)=1-S(X_i,X_j) \end{cases} \quad (5-9)$$

（2）多值变量的相似性度量算法：由于度量过程中受取值个数、量纲差异等因素影响，无法精确地得到定量的度量结果，所以最终结果是定性的。假设 d 为多值变量个数，计算公式为：

$$\begin{cases} S(X_i,X_j)=\dfrac{1}{d}\sum_{l=1}^{d}S_{ijl} \\ D(X_i,X_j)=1-S(X_i,X_j) \end{cases} \quad (5-10)$$

$$S_{ijl}=\begin{cases} 0, & \text{第 } l \text{ 维不相同} \\ w, & \text{第 } l \text{ 维相同} \end{cases} \quad (5-11)$$

三、针对混合型数据的距离度量算法

针对混合型数据的相似度度量一般有两种思路：① 分别计算连续型和离散型数据的相似度再以一定的权重结合起来。② 假设 m 为样本总数，使用式 5-12 计算：

$$R_l=\max_m x_{ml}-\min_m x_{ml} \quad (5-12)$$

第三节　聚类方法介绍

聚类算法有多种分类方法，可大致分为基于层次的聚类算法、基于划分的聚类算法、基于密度的聚类算法、基于网格的聚类算法、基于神经网络的聚类算法和基于统计学的聚类算法等。本节主要介绍 K 均值算法、学习向量量化、高斯混合聚类、密度聚类、层次聚类和核聚类算法。

一、K 均值算法

K 均值（K-Means）算法在 1967 年由 James MacQueen 第一次使用，概念由 Hugo Steinhaus 在 1956 年提出。它的核心思想是找到各个簇的中心点，使所有样本数据到其相应最近簇中心的平方距离和最小。算法过程为：

（1）随机选取 k 个样本点作为 k 个簇的中心点。

（2）计算所有样本点到各簇中心点的距离，找出最小值后将样本点归入此簇中。

（3）重新计算各簇的中心点。若中心点更新，则回到第二步；若中心点都未更新，则结束算法。

该算法的优点是时间复杂度相对较低，为 $O(ndkt)$，其中 n 为数据量，d 为数据维度，k 为聚类簇数，t 为迭代次数，因此运算速度快，简单有效。缺点是可能在局部最优解处停止，且只适用于数值型数据。基于此，研究人员提出了很多优化改进算法：K-Modes-Huang 算法可用于包含分类属性数据的聚类；K-Modes-CGC 算法面向尺度数据，显式优化基于 L_0 范数的损失函数；迭代初始点集求精 K-Modes 算法不再随机采取初始点，提升了结果的精度和可

靠度;一致性保留 K-Means 算法(K-Means-CP)将最近邻一致性拓展到样本点,提高了正确率。

二、学习向量量化

学习向量量化(Learning Vector Quantization,LVQ),由 Teuvo Kohonen 在文章 *Self-Organizing Maps and Learning Vector Quantization for Feature Sequences* 中提出。它是一种监督学习聚类算法,基于原型,可看作监督版的向量量化。它对带有类别标记的样本进行聚类,过程如下:

(1) 抽取 k 个样本点初始化原型向量,原型向量带有类别标记。

(2) 计算随机样本点与各原型向量的距离,找出最小值。

(3) 如果最近原型向量与样本点类别相同,则使原型向量向样本点靠近;如果类别不同,则使原型向量向样本点远离。

(4) 返回(2),直至满足停止条件。

该算法思想是通过让每个样本对各原型向量投赞成票(吸引)或反对票(排斥)来移动原型向量,最后用原型向量的控制范围来代表聚类的各个簇。它的优点是可提供易于解释的原型,以自然的方式应用于聚类问题。

三、高斯混合聚类

高斯混合(Mixture-of-Gaussian)聚类,即用高斯分布来描述原型,由原型的后验概率来进行簇划分,该模型将高斯分布、贝叶斯公式、极大似然估计和聚类结合起来。高斯混合分布可看作由 k 个符合高斯分布的混合成分组成,这 k 个成分对应于聚类结果中的 k 个簇。它假设样本来自 k 个符合高斯分布的混合成分,且成分被选择的概率即先验概率为混合系数 α,根据贝叶斯定理,得到成分的后验分布,再利用极大似然估计和 EM 算法优化求解混合系数 α 和高斯分布的均值向量以及协方差矩阵 μ 和 Σ,最后将样本划分到后验概率最大的成分中,完成簇划分。

该方法过程如下:

(1) 选择高斯模型的数量 k 并初始化对应的混合系数、均值向量和协方差矩阵。

(2) 根据贝叶斯定理求出所有样本由各成分生成的后验概率。

(3) 用极大似然估计和 EM 算法更新 k 个高斯模型的混合系数、均值向量和协方差矩阵。

(4) 返回(2),直至满足停止条件。

(5) 确定总的高斯混合分布,并根据样本的最大后验概率进行簇划分。

该算法的优点是对噪声数据不敏感,适合高维特征。缺点是计算复杂,速度慢,需提前知道分类数目。

四、密度聚类

密度聚类(Density-Based Clustering)着眼于样本分布的紧密程度,在空间中通过样本连接性来实现聚类,适用于解决不规则聚类形状和噪声等问题。DBSCAN(Density-Based

Spatial Clustering of Applications with Noise）是密度聚类的代表性算法，由 Estel 和 Kriegel 等在 1996 年发表的 *A Density-Based Algorithm for Discovering Clusters in Large Spatial Databases with Noise* 中提出。该文提出了邻域、核心对象、直接密度可达、密度可达和密度相连等定义，将簇定义为由密度可达得到的最大密度相连样本集合。算法过程如下：

（1）初始化核心对象集合，确定所有样本邻域，将邻域密度大于阈值的样本放入核心对象集合。

（2）任选一核心对象，找出其密度可达的所有样本划分为簇（包括核心对象自身）。

（3）从样本集和核心对象集中剔除上一步簇中的样本，返回（2），直至核心样本集为空。

该算法的优点是不需要提前知道簇类的数量，可用于任意形状的聚类，可识别噪声点。缺点是不适合高维数据，密度不均或差距大时聚类效果差。

五、层次聚类

层次聚类（Hierarchical Clustering）通过计算不同类别数据之间的相似度来分裂或聚合数据，以生成一个有层次结构的树状图。它分为自顶向下的分裂型层次聚类和自底向上的聚合型层次聚类。

分裂型层次聚类将所有数据看作一类然后自顶向下不断分解，直至满足停止条件生成一棵聚类树，代表算法为 DIANA 算法。

聚合型层次聚类将每个数据看作一类然后逐层聚合，直至满足停止条件生成一棵聚类树，早期的代表为 AGNES 算法。算法过程如下：

（1）将所有样本分别初始化为簇，初始化距离矩阵。

（2）找到距离最近的簇并合并，更新距离矩阵。

（3）重复（2）直至满足终止条件。

六、核聚类算法

伴随着支持向量机的快速发展，核聚类算法的研究也日益壮大。核聚类算法通过非线性映射将输入数据映射到高维特征空间中，并选取相应的核函数代替非线性映射的内积，在高维空间进行聚类。非线性映射使数据在高维空间中线性可分，有用特征的辨别与提取容易，聚类结果准确，速度快，性能好，但运算较复杂。非线性映射 Φ 的选择十分困难，需由 Mercer 核进行转换。如下 K 即为核函数，计算了低维输入向量映射到高维后的内积：

$$K(X_i, X_j) = \langle \Phi(X_i) \cdot \Phi(X_j) \rangle \qquad (5-13)$$

支持向量机根据 Mercer 核在高维空间构造线性判决函数，对应于低维输入空间的非线性函数。常用的核函数有线性核函数、多项式核函数、高斯核函数等。在有监督学习中，核函数可由交叉验证法确定；无监督学习中，可由经验确定。核聚类过程大致可分为以下几步：

（1）确定聚类数目、最大误差。

（2）初始化聚类中心。

（3）构造核函数映射。

（4）计算所有样本到聚类中心的距离。

（5）根据距离修改核矩阵。

（6）计算误差，若小于最大误差则结束算法，否则返回（4）。

第四节　金融中的聚类算法应用：信贷审批聚类分析

一、应用场景

信贷审批，是金融机构对提交了授信、贷款申请的用户根据相关指标层层筛选，最后筛选出金融机构想要的目标客群，并授予一定的信用额度。传统的银行等金融机构，审批过程往往特别复杂。然而，在互联网高速发展的今天，或许我们可以利用广泛存在于生活、业务当中的各种数据，并通过一些聚类算法来完成信贷审批这一过程。例如，对于小额贷款的用户可以利用算法建模来完成自动审批。此外，在诸如花呗等网络金融平台，可以将该算法用在是否授权开通这一步上面，后续额度的估计则可以采用前文章节中的回归算法或者后文中的神经网络算法来进行计算。

K-Means 方法有以下优点：① 原理较为简单，有关的工具包多，实现较为容易，收敛速度快；② 聚类效果优先；③ 算法的可解释度较强；④ 必须调节的参数较少。

本案例将针对信贷数据使用聚类算法对客户群体进行种类划分，举例研究过程如下。

二、准备工作

（一）工具包安装与加载

在进行研究之前，需要提前准备安装好以下 Python 工具包，其中 pandas 用于数据读取，matplotlib 用于可视化结果展示，sklearn 用于调用已经实现好的 K-Means 模型。

```
import pandas as pd
import matplotlib.pyplot as plt
from sklearn.cluster import KMeans
```

（二）数据来源与说明

在本节信贷用户聚类案例中用到的数据共有 1 000 条，去除掉 ID 和标签后，共有七个属性特征。该数据没有缺失值，各属性字段的数据类型一致，数据预处理过程已经完成，因此我们直接使用该数据即可。

数据的七个属性特征分别为：① 职业（profession）；② 受教育程度（education）；③ 是否有房贷（house_loan）；④ 是否有车贷（car_loan）；⑤ 婚姻情况（married）；⑥ 是否有孩子（child）；⑦ 收入（Revenue）。

数据具体情况如图 5-1 所示。

name_id	profession	education	house_loan	car_loan	married	child	revenue	approve
1	5	1	0	0	1	1	8 204	1
2	3	1	1	1	0	0	5 674	0
3	2	3	1	0	1	0	10 634	1
4	2	2	0	0	0	0	43 551	1
5	4	2	0	1	0	1	14 065	0
6	4	3	0	0	0	1	45 571	1
7	1	1	0	0	1	0	18 240	1
8	3	4	0	0	0	1	8 680	1
9	1	2	1	1	0	1	11 135	0
10	3	4	1	1	1	1	12 331	0

图 5-1　数据具体情况

三、代码实现

（一）读取数据，并处理为需要的格式

1. 读入数据

该数据第一行是各个特征属性的名称，后续各行是每一用户相应特征的具体数据，无缺失值，比较适合用 pandas 包中 read_csv 来读取。读取数据的代码如下：

```
def read_data(path):
    # 读取文件, path 为文件路径, sep 为分隔符
    df=pd.read_csv(path, sep='\t')
    return df
```

2. 数据格式处理

从图 5-1 中可以看到，该数据的第一个特征属性的名称为 name_id，即各个用户的 ID 号，是用来唯一标识一个用户的，不包含任何其他信息，因此我们需要将该列特征从数据中剔除。除此之外，由于我们做的是聚类任务，不需要使用标签信息，所以将最后一列 approve 属性特征也丢弃。具体实现代码如下：

```
def data_process(df):
    # 获取除了第一列 (name_id), 最后一列 (approve) 之外的属性名称
    ft_list=df.columns[1:-1].to_list( )
    # 通过目标属性名称获取数据, 并返回
    df=df[ft_list]
    return df
```

3. 检验格式

检验数据经过以上两个函数以后是否可以得到符合我们要求格式的数据，如果符合则将上两步封装在一个函数当中。在所有函数外的空白处输入以下代码：

```
path='loan_data.txt'
```

```
df = read_data(path)
df = data_process(df)
print(df)
```

在上面的代码中,path 的值是根据数据文件存储的位置不同而变动的,如果未将该文件放在本项目中,此时可能需要输入文件在系统中的绝对路径,例如 "D:\\data\\loan.txt"。

运行代码,并得到如图 5-2 所示的结果。

	profession	education	house_loan	car_loan	married	child	revenue
0	5	1	0	0	1	1	8 204
1	3	1	1	1	0	0	5 674
2	2	3	1	0	1	0	10 634
3	2	2	0	0	0	0	43 551
4	4	2	0	1	0	1	14 065
..	...	...	...	...	...	...	...
995	3	2	1	1	0	0	30 535
996	3	5	0	0	0	0	34 315
997	4	2	1	1	0	1	15 509

图 5-2　运行代码后的结果

可以看到,刚好是我们需要的七个特征属性,因此将有关数据处理的代码封装到如下函数中去:

```
def get_data(path):
    df = read_data(path)
    df = data_process(df)
    return df
```

(二)聚类

数据处理完毕后,我们就可以进入第二步,即利用 K-Means 算法来对数据进行聚类处理。

sklearn 库是 scikit-learn 库的简称,该库是用于 Python 的机器学习库,其中拥有各种已经实现好的分类、回归和聚类算法,K-Means 聚类算法就包含在其中。因此,我们不需要再重复这个"造轮子"的过程,只需要去使用已有的"轮子"去完成研究即可。

sklearn 中的 K-Means 聚类算法的使用特别简单,只需要将目标类别数目 n_clusters 传递给已经实现好的 K-Means 算法模型构造器即可。实际上,Python 的 sklearn 包中的 K-Means 模型还有很多参数,这里不一一介绍,可以自行上网查询 K-Means 其他的参数,并在学习理解这些参数作用的过程中进一步掌握 K-Means 算法。

随后,再利用构建好的 K-Means 对数据进行聚类操作,将之划为指定个数的聚类团。这里我们指定聚类团个数为 2。代码如下:

```
def get_model(df, n_clusters = 2):
```

```
# 构建模型
model = KMeans(n_clusters = n_clusters)
# 用该模型对数据进行聚类操作
model.fit(df)
return model
```

（三）结果分析

使用数据 Fit 模型以后，模型当中就保存了各条数据对应的 Label 也即所属聚类团信息，我们将其提取出来，并与原数据中的类别做对比分析。首先分析一下聚类结果。代码如下：

```
df = get_data('loan_data.txt')
model = get_model(df, n_clusters = 2)
print('type:', type(model.labels_))
print('shape:', model.labels_.shape)
# 聚类后的结果保存在 labels_ 成员变量中
print(model.labels_)
```

运行代码，结果如图 5-3 所示。

```
type： <class 'numpy.ndarray'>
shape： (1000,)
[0 0 0 1 0 1 0 0 0 0 1 0 0 1 1 0 0 0 0 0 0 0 0 0 1 1 1 0 0 0 1 0 1 1 1 0
 0 0 0 0 1 0 0 0 0 0 0 1 1 0 0 0 0 0 0 0 0 0 1 1 0 0 0 1 0 0 0 0 1 0 0 1
 1 1 0 1 1 0 0 1 1 1 0 0 0 0 0 0 1 1 0 1 1 0 1 1 1 0 0 0 1 0 0 0 0 0 0 1 1
 1 0 0 0 0 0 1 0 0 1 0 1 0 0 0 0 0 0 0 1 0 0 1 1 1 0 0 1 1 1 0 0 0 1 0 0 1
 0 0 0 0 1 0 0 1 0 0 1 0 1 0 0 0 1 1 1 0 0 1 1 0 1 1 0 1 1 0 0 0 0 0 1 1 1
 1 1 0 0 0 0 0 0 1 0 0 0 0 0 1 0 0 0 1 0 1 0 0 0 0 0 0 0 0 0 1 0 0 0 0 0]
```

图 5-3　运行代码后的结果

聚类后，聚类团数据存储在 numpy.ndarray 这一类型的数组中，并按照 0 和 1 将数据分为两个聚类团。

原数据中的 approve 列中也有很多 0、1 标志，但是却不一定和这里的 0、1 相吻合，因此我们还需对数据进一步分析，以确定分类的对应关系。此处，我们使用到了原始数据的标签信息，这其实在聚类方法中很少用到，主要是为了确定分类后的聚类团中哪一团代表审批通过、哪一团代表审批未通过。在现实应用中，假设我们的数据并没有标签信息，仍然可以使用聚类算法，我们可以将数据聚类之后，再根据业务逻辑去区分到底哪个聚类团代表审批通过。

分析步骤如下：计算聚类团中 0 和 1 两个团的数目，并根据原始数据中 0、1 的数目来确定它们代表的含义。代码如下：

```
def get_num(path, model):
    # 聚类结果
    result = model.labels_
```

```
# 聚类结果中 1 和 0 的数目
num_of_cluster1 = sum(result)
num_of_cluster0 = len(result)−num_of_cluster1
# 聚类数目列表
num_list_of_cluster = [num_of_cluster0, num_of_cluster1]


# 读入  原始数据
df = pd.read_csv('loan_data.txt', sep = '\t')
# 原始数据的标签列
label_df = df['approve']
# 原始标签中的 1 和 0 的数目
num_of_label1 = sum(label_df)
num_of_label0 = len(label_df)−num_of_label1
# 原始标签数目列表
num_list_of_label = [num_of_label0, num_of_label1]


# 将标签数目和聚类数目返回
return num_list_of_label, num_list_of_cluster
```

以上函数中通过求聚类结果或标签结果数组中的所有数总和,我们得到了 1 的数目,再用长度减去 1 的数目即可得到 0 的数目,并将各个数目放入列表中返回。

随后,在函数外的空白处写下以下代码:

```
path = 'loan_data.txt'
df = get_data(path)
model = get_model(df,2)
num_list_of_label,num_list_of_cluster = get_num(path,model = model)
print(f' 原标签中 :\n0 的数目 :{num_list_of_label[0]}'
    f'\t1 的数目 :{num_list_of_label[1]}\n')
print(f' 聚类结果中 :\n0 的数目 :{num_list_of_cluster[0]}'
    f'\t1 的数目 :{num_list_of_cluster[1]}')
```

运行代码,得到如图 5-4 所示的结果。

原标签中:
0的数目:316   1的数目:684

聚类结果中:
0的数目:352   1的数目:648

图 5-4　运行代码后的结果

可以看到,聚类结果和原标签的 0 和 1 的数目都特别接近,因此我们可以初步估计聚类结果中的 0 对应着原始标签的 0,也即审核不通过;聚类结果中的 1 对应着原始标签的 1,也即审核通过。

在现实应用中,做聚类任务通常没有标签,因此我们可以通过观察各个聚类中数据的分布,来确定其可能代表的含义。

（四）可视化展示

最后，使用 Python 的 matplotlib 的画图工具对聚类结果做一个可视化展示，在函数外的空白处写如下代码：

```
path = 'loan_data.txt'
df = get_data(path)
model = get_model(df, 2)
# 获取聚类结果、原始标签中的各类别数目
num_list_of_label, num_list_of_cluster = get_num(path, model = model)
# 设置画布尺寸
plt.figure(figsize = (6, 9))
# 饼状图分区标签
labels = ['0', '1']
# 饼状图分区颜色
colors = ['red', 'yellowgreen']            #color
explode = (0, 0)
# 绘制聚类结果的饼状图
plt.pie(num_list_of_cluster,
            explode = explode,
            labels = labels,
            colors = colors,
            autopct = '%3.2f%%',        # 默认数值格式
            shadow = False,             # 阴影消除
            startangle = 90,            # 逆时针起始角度设置
            pctdistance = 0.6)          # 数值距离圆心半径倍数的距离
#x, y 刻度一致，保证饼状图为圆形
plt.axis('equal')
# 显示饼状图
plt.show( )

plt.figure(figsize = (6, 9))               #figure size
plt.pie(num_list_of_label,
            explode = explode,
            labels = labels,
            colors = colors,
            autopct = '%3.2f%%',
            shadow = False,
            startangle = 90,
```

```
                    pctdistance = 0.6)


    plt.axis('equal')
    plt.show( )
```

运行代码,得到如下两幅饼状图。图 5-5 为聚类后得到结果的饼状图,图 5-6 为原始数据真实标签的饼状图。

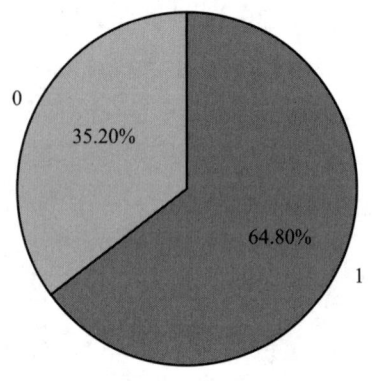

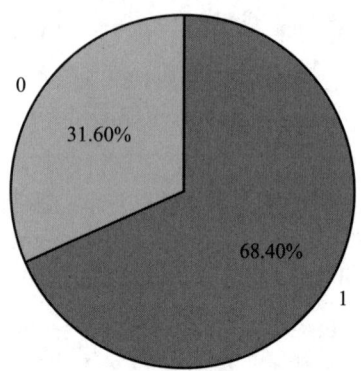

图 5-5 聚类后结果   图 5-6 原始数据真实标签饼状图

从图中可以观察到,聚类算法对数据的分类跟真实结果基本一致,由此可以看出 K-Means 算法在这类任务上的可行性。

读者还可以使用本章中的其他方法进行尝试。在 Python 的 scikit-learn 机器学习库中,高斯混合聚类的模块是 GMM,密度聚类的模块是 DBSCAN 和 OPTICS 等。

本 章 小 结

聚类的目的就是把不同的数据点按照它们的相似与相异度分割成不同的簇,确保每个簇中的数据都尽可能相似,而不同簇的数据尽可能相异。本章首先介绍了聚类算法的发展历程、原理,以及步骤等,其次介绍了多种距离度量方法,在此基础上,介绍了多个经典聚类算法的原理与优缺点,最后,本章介绍了聚类算法的常见应用场景。

关 键 名 词

聚类算法   距离度量方法   均值聚类算法   密度聚类算法   层次聚类算法

即 测 即 评

请扫码检测本章学习效果。

复习思考题

1. 什么是聚类算法？它和分类算法的主要区别是什么？
2. 请简要说明 K 均值算法的基本原理。
3. 请简要说明高斯混合聚类算法的基本原理。
4. 请举一个实际例子说明聚类算法的应用。

第六章
智能优化

章前导读

　　智能优化是基于智能的思路来解决一个优化问题,它是金融中较早被引入的一类方法。在深度学习诞生之前,许多金融中的优化问题常常使用智能优化方法。智能优化方法类别很多,本章将主要介绍在智能金融中应用较多的遗传算法。

本章学习目标

　　本章从智能优化方法介绍出发,介绍了不同智能优化方法的思想,并着重介绍了遗传算法,最后用一个量化投资的应用进行说明。通过本章的学习,读者应当了解基本智能优化方法的思想,能够使用遗传算法及遗传规划,并能够掌握本章提供的应用案例。

第一节　智能优化综述

一、智能优化的原理

　　智能优化是人工智能的一个分支,其主要目的是解决一个最优化问题,也就是在一定的约束条件下,求解一个可行的甚至是最优的方案的决策问题。一般来说,需要采用智能优化的问题,都是规模大、复杂度高的问题,常见于目标函数不可求导的优化问题,或是归类于NP-hard 的组合问题。这些问题都难以用传统的方法如遍历搜索或是动态规划等求解。

　　由于不是全部解空间的遍历,此类搜索方法都属于启发式搜索的范畴;不论是遗传算法中的适应度函数,还是蚁群算法的信息素,都可以看成启发式搜索中的估价函数的变体或等价形式。

　　由于是多次计算求近似解,此类方法也都属于迭代求解的数值算法。和其他常见的迭代数值优化方法如牛顿法或梯度下降法等方法相比,传统方法往往都需要目标函数的导数(梯度)甚至是二阶导数(Hessen 矩阵)的信息,因此并不泛用于一些复杂的问题。而智能优化方法对目标函数的形式以及光滑条件等要求很低,在参数调整后,往往也更不容易落入局部极值点中,具有非常广泛的应用优势。

此外,多数智能优化的设计都参考了生物进化或种群行为,通过模仿来展示群体智能,因此这些方法勉强可以归为人工智能里的行为主义学派,细分的话则有一个单独的描述即进化主义。

二、常见的智能优化方法

常见的智能优化方法包括遗传算法、进化算法、蚁群算法、免疫算法、粒子群算法、模拟退火算法、禁忌搜索算法、智能水滴算法、麻雀搜索算法等。接下来,我们介绍其中一些方法的思想。本章第二节和第三节将介绍在智能金融中应用较多的遗传算法及遗传规划。

(一) 模拟退火算法

模拟退火算法模仿的是冶金学中金属"加热—冷却"的过程。这个算法由 Kirkpatrick、Gelatt 和 Vecchi 在 1983 年提出。

金属退火是将金属加热到一定温度以后以一个合适的速度冷却的过程。在这个过程当中,一开始固体的温度很高,内能较大,内部粒子处于快速无序运动状态;接下来固体的温度降低,内能减小,粒子的运动趋于有序;最后,固体达到常温而内能达到最小,粒子达到最终的稳定状态。

模拟退火算法就是在求解函数最优化的过程中,设定了迭代点模仿退火的过程中固体粒子的行为,把求解最优化的问题转化为求解寻找低势能点位的问题:一边通过迭代寻找附近的低势能位置,一边随机地跳向附近的高势能点位,这个随机行为受到温度的调控。随着温度的降低,算法逐步收敛到函数的最优解。

(二) 蚁群算法

蚁群算法是意大利学者 Dorigo、Maniezzo 和 Colorni 等人受到蚂蚁觅食行为的启发,于20 世纪 90 年代初期提出的一种基于群体智能的启发式随机搜索算法。

蚂蚁在寻找食物的过程中,会在经过的路线上留下信息素,进而形成信息素轨迹。蚁群中其他的蚂蚁在运动过程中能够感知这种物质的存在和强度,并根据信息素的强度来修正自己的运动方向,使蚂蚁倾向于朝着该物质强度高的方向移动,从而引导蚁群逐步修正路线,又快又好地找到食物,形成最短的路径。

蚁群算法就是模拟蚂蚁寻觅食物的过程。蚁群算法设计了一群人工蚁,用于模拟蚂蚁寻找连接起点(蚁穴)和终点(食物源)的最短路径(最小代价)的过程。每只蚂蚁会随机地探索,但更倾向于信息素多的方向。每次寻路成功,算法都会更新信息素的信息,让找到更短路径的蚂蚁排放的信息素量更大。配合信息素的蒸发设定,原先路径的信息素就会逐步地让位给最短路径的信息素,进而引导蚁群走向更为简短的路径。

(三) 粒子群算法

粒子群算法最初由美国普渡大学的 Kenddedy 和 Eberhart 于 1995 年提出,这个算法的基本概念参考了鸟群觅食行为的研究。

算法设想这样一个场景:这个区域里有一块食物,一群鸟都在搜寻食物,一开始所有的鸟都不知道食物在哪里,但它们会感知到自己和食物的距离,并且会通过叫声大小通知其他鸟,而其他鸟就会根据叫声的信息修正方向,一起飞向食物的位置。

粒子群算法是将其中的一个粒子视为一个潜在解,把鸟群寻找食物的过程与求解最优化问题的过程类比起来:每只鸟都会在搜索空间中以一定的速度飞行,并用叫声报告自己搜寻食物的结果。算法每次迭代的时候根据粒子飞行的方向和速度计算下一个位置。速度在每次迭代的时候也会有修正——对应的加速度向量,指向个体到过的最好的位置以及群体到过的最好位置的平均值。在多次迭代后,粒子群就会收敛到最优解附近。

(四)免疫算法

免疫算法和遗传算法比较相似,最先由 Jernel 在关于免疫网络的文章中提出。Jernel 在文中提出了一组基于免疫独特型的微分方程。

免疫算法用二进制串表示那些描述了抗体决定簇和抗原决定基性质的氨基酸序列,然后假设每个抗原和每个抗体分别只有一个抗原决定簇。

其主要思路描述如下:

(1)识别抗体,把目标函数和约束作为抗体。

(2)生成初始化的抗体,随机生成独特型串维数为 M 的 N 个抗体。

(3)计算亲和度。这个步骤可以说是免疫算法的重点,同时也是最难点。

(4)记忆细胞分化,与抗原有最大亲和度的抗体加入了记忆细胞。由于记忆细胞数目有限,因此新生成的抗体将会代替记忆细胞中和它有最大亲和力者。

(5)抗体促进和抑制,通过计算抗体的期望值,消除那些低期望值的抗体。

(6)产生新的抗体。基于不同抗体和抗原亲和力的高低,使用轮盘赌的方法,选择两个抗体。然后把这两个抗体按一定的变异概率做变异,之后再做交叉,得到新的抗体。重复操作,直到产生所有 N 个新抗体。

(7)结束条件。如果求出的最优解满足一定的结束条件,则结束算法。

(五)智能水滴算法

智能水滴算法(Intelligent Water Drops,IWD)于 2007 年由 Hamed Shah-Hosseini 提出,通过模拟自然界中河水与河床相互作用的过程,求解受约束环境下到达目的地的最优路径。这个算法和蚁群算法比较像,其中信息素的假定被泥土数量取代,而且引入了类似粒子群算法中的速度的变量。

算法假设流动中的水滴具有一定的速度并携带一定数量的泥土,水滴会从运动的路径中带走部分泥土,而在泥土较少的路径上则会提升速度,运动较快。每次迭代的时候,水滴会以较大的概率选择泥土较少的一条路径。

当水滴群中所有的水滴从起点到达目的地之后,都会形成相应的路径,最优路径为智能水滴从起点至目的地形成的最短路径。然后对最优路径进行迭代后可得出最优的路径解。

(六)麻雀搜索算法

麻雀搜索算法(Sparrow Search Algorithm,SSA)是由东华大学的薛建凯和沈波于 2020 年提出的,主要是受麻雀的觅食行为和反捕食行为的启发。麻雀搜索算法的主要规则如下:

发现者通常拥有较高的能源储备水平并且在整个种群中负责搜索到具有丰富食物的区域,为所有的加入者提供觅食的区域和方向。在模型建立中能量储备水平的高低取决于麻雀个体所对应的适应度值(Fitness Value)的大小。

一旦麻雀发现了捕食者,个体开始发出鸣叫作为报警信号。当报警值大于安全值时,发现者会将加入者带到其他安全区域进行觅食。

发现者和加入者的身份是动态变化的。只要能够寻找到更好的食物来源,每只麻雀都可以成为发现者,但是发现者和加入者所占整个种群数量的比重是不变的。也就是说,有一只麻雀变成发现者必然有另一只麻雀变成加入者。

加入者的能量越低,它们在整个种群中所处的觅食位置就越差。一些饥肠辘辘的加入者更有可能飞往其他地方觅食,以获得更多的能量。

在觅食过程中,加入者总是能够搜索到提供最好食物的发现者,然后从最好的食物中获取食物或者在该发现者周围觅食。与此同时,一些加入者为了提高自己的捕食率可能不断地监控发现者进而去争夺食物资源。

当意识到危险时,群体边缘的麻雀会迅速向安全区域移动,以获得更好的位置,位于种群中间的麻雀则会随机走动,以靠近其他麻雀。

在这些规则的作用下,麻雀群体会较快地发现最好的位置,也就是优化问题的全局最优解。

第二节　遗　传　算　法

一、遗传算法简介

遗传算法(Genetic Algorithm,GA)起源于对生物系统所进行的计算机模拟研究,是一种随机全局搜索优化方法,最早于20世纪70年代由美国的John Holland提出。该算法根据大自然中生物体的进化规律而设计,是模拟达尔文生物进化论的自然选择和遗传学机理的生物进化过程的计算模型,通过模拟自然进化过程搜索全局最优解。

遗传算法以数学为底层逻辑,利用计算机仿真运算,将问题的求解过程转换成类似生物进化中的染色体基因的交叉、变异等过程。其基本思想是从初始种群出发,采用优胜劣汰、适者生存的自然法则选择个体,通过随机选择、交叉和变异操作,产生一群更适合环境的个体,使群体进化到搜索空间中越来越好的区域,这样不断繁衍进化,最后收敛到一群最适应环境的个体,从而求得问题的优质解。

(一)常用术语

由于遗传算法是由进化论和遗传学机理而产生的搜索算法,所以在学习过程中会使用到生物遗传学知识,需要掌握如下相关术语:

(1) 种群。种群是指用遗传算法求解问题时,初始给定的多个解的集合,该集合内个体数即为种群的大小。遗传算法的求解过程是从这个集合开始的。

(2) 个体。个体是指带有染色体特征的实体,是种群中的单个元素,表示集合中的一个可行解。它通常由一个用于描述其基本遗传结构的数据结构来表示。

(3) 编码。编码是指将一个问题的可行解从其解空间转换到遗传算法的搜索空间的转换方法。

(4) 解码。解码是指遗传算法中染色体向问题解的转换。

(5) 染色体。染色体是指对个体进行编码后所得到的编码串。在遗传算法中,首先需要将要解决的问题映射成数学问题,也就是所谓的"数学建模",那么这个问题的一个可行解即被称为一条"染色体"。

(6) 基因。一个可行解(染色体)一般由多个元素构成,那么每一个元素就被称为染色体上的一个"基因"。

(7) 适应度函数。适应度函数是指一种用来对种群中各个个体的环境适应性进行度量的函数。在遗传算法中,其函数值是遗传算法实现优胜劣汰的主要依据。

(8) 遗传操作。遗传操作是指作用于种群而产生新的种群的操作,包括选择、交叉、变异三类。

① 选择。以一定的概率从种群中选择若干个个体。一般来说,选择过程是一种基于适应度的优胜劣汰的过程。

② 交叉。交叉是遗传算法在迭代过程中生成新染色体的途径。交叉过程需从上一代的染色体中寻找两条染色体,通过将这两条染色体的某一个位置切断并拼接在一起,从而生成一条新的染色体。这条新染色体上同时包含了一定数量的两条被选中的染色体的基因。

③ 变异。变异同样为遗传算法在迭代过程中生成新染色体的途径。在交叉后的新染色体上随机选择若干个基因,并随机修改选中基因的值,从而为现有染色体引入了新基因。

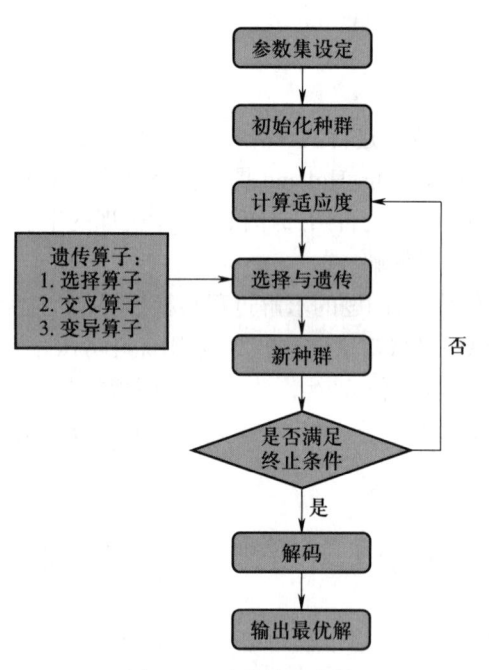

图 6-1 遗传算法步骤

(二) 遗传算法步骤

遗传算法基本步骤如下:

(1) 确定参数集及各种约束条件:最大进化代数 T,群体大小 M,交叉概率 P_c,变异概率 P_m。

(2) 随机生成 M 个个体作为初始化群体。

(3) 确定编码方法,即确定个体的基因形式到个体的表现形式的对应关系和转化方式。

(4) 计算种群中个体的适应度。

(5) 依据选择算子计算出的适应度选择父母,适应度高的个体被选中的概率高。

(6) 用父母的染色体按照一定的方法进行交叉,生成子代。

(7) 对子代染色体进行变异,形成新种群。

(8) 判断是否符合优化准则或终止条件,若符合,解码并输出最佳个体及最优解,结束算法。否则,返回步骤(4),直到最优解产生。

这一过程如图 6-1 所示。

二、编码与解码

(一) 编码

由于遗传算法不能直接处理问题空间的参数,因此必须通过编码将要求解的问题表示成遗传空间的染色体或者个体,即把一个问题的可行解从其解空间转换到遗传算法的搜索空间,这一转换操作就叫作编码。

编码是应用遗传算法时需解决的首要问题,也是设计遗传算法的关键步骤,在很大程度上决定了群体的遗传进化运算及其效率。

De Jong 曾提出了两条操作性较强的实用编码原则:

(1) 有意义积木块编码原则:应使用能易于产生与所求问题相关的且具有低阶、短定义长度的编码方案。

(2) 最小字符集编码原则:应使用能使问题得到自然表示或描述的具有最小字符集的编码方案。

由于遗传算法应用的广泛性,迄今为止已出现多种编码方法。总的来说,常用的遗传编码算法有二进制编码法、浮点数编码法、符号编码法三类。

1. 二进制编码法

二进制编码法是指由二进制符号 0 和 1 所组成的二值符号集,通过将 0 和 1 串成链形成染色体,其中每位数均能表示出两种状态的信息量,因此足够长的二进制染色体便能表示所有的特征。

假设某一参数取值范围是 $[u_{min}, u_{max}]$,用长度为 L 的二进制编码符号串表示该参数,则共能产生 2^L 种不同编码,参数编码对应关系如下:

$$000...000 = 0 \qquad\qquad u_{min}$$
$$000...001 = 1 \qquad\qquad u_{min} + \delta$$
$$\cdots\cdots \qquad\qquad\qquad \cdots\cdots$$
$$111...111 = 2^L - 1 \qquad\quad u_{max}$$

其中,二进制编码的精度 δ 为:

$$\frac{u_{max} - u_{min}}{2^L - 1} \qquad\qquad\qquad (6-1)$$

二进制编码法的优点如下:

(1) 编码、解码操作简单易行;

(2) 交叉、变异等遗传操作便于实现;

(3) 符合最小字符集编码原则;

(4) 利用模式定理对算法进行理论分析。

二进制编码法的缺点如下:

(1) 针对连续函数的优化问题,二进制编码法存在离散化时的映射误差。当二进制编码符号串长度较短时,难以满足精度要求。当二进制编码符号串长度较长时,虽然能提高编码精度,但会使遗传算法的搜索空间快速增大。

(2) 不便于反映所求问题的特定知识,因此难以开发针对问题专业知识的遗传运算算子。

2. 浮点数编码法

浮点数编码法是指将每个个体的染色体都用某一范围的一个浮点数来表示,其编码长度等于该问题变量的个数。

这种编码方法是将问题的解空间映射到实数空间上,然后在实数空间上进行遗传操作。浮点数编码法适用于多维、高精度要求的连续函数优化问题。

例如，若一个优化问题中含有 6 个变量 $x^i(i=1,2,3,4,5,6)$，其中每个变量都有其上下限 $[x_{\min}^i, x_{\max}^i]$，则 x：

3.1	6.2	19.8	7.0	3.5	9.2

表示个体的染色体，其对应的可行解为 x：$[3.1,6.2,19.8,7.0,3.5,9.2]$。

浮点数编码法具备如下优点：

(1) 适用于在遗传算法中表示范围较大的数；

(2) 适用于精度要求较高的遗传算法；

(3) 便于较大空间的遗传搜索；

(4) 改善了遗传算法的计算复杂性，提高了运算效率；

(5) 便于遗传算法与经典优化方法的混合使用；

(6) 便于设计针对问题的专门知识的知识型遗传算子；

(7) 便于处理复杂的决策变量约束条件。

同时，浮点数编码法具备如下限制：

(1) 必须保证基因值在给定的区间限制范围内，遗传算法中所使用的交叉、变异等遗传算子也必须保证其运算结果所产生的新个体的基因值在该区间限制范围内。

(2) 使用多字节表示一个基因值时，交叉运算必须在两个基因的分界字节处进行。

3. 符号编码法

符号编码法是指个体染色体编码串中的基因值取自一个无数值含义而只有代码含义的符号集。该符号集可以是字母表、数字序号表等多种形式，如 {A1, B1, B2, C1…}。

符号编码法的优点如下：

(1) 符合有意义积木块编码原则；

(2) 便于在遗传算法中利用所求解问题的专门知识；

(3) 便于遗传算法与相关近似算法之间的混合使用。

但对于使用符号编码法的遗传算法，需认真设计交叉、变异等遗传运算操作方法，满足问题的各种约束问题，方可提高算法的搜索性能。

（二）解码

遗传算法染色体向问题解的转换。

假设采用二进制编码法，某一个体编码为 x：$b^{L-1}b^{L-2}...b^2b^1$，则对应解码公式为：

$$x = u_{\min} + (\sum_{i=L}^{1} b_i \cdot 2^{i-1}) \cdot \frac{u_{\max} - u_{\min}}{2^L - 1} = u_{\min} + (\sum_{i=L}^{1} b_i \cdot 2^{i-1}) \cdot \delta \tag{6-2}$$

例如，对于 $x \in [1,512]$，若用 9 位长的二进制编码表示该参数，则下列符号串 x：011000111 即可表示一个个体。应用公式可知，解码后其对应的参数 x 为 200，精度 $\delta = 1$。

三、适应度函数

遗传算法的适应度函数也叫评价函数，是用来判断群体中个体的优劣程度的指标，它是根据所求问题的目标函数来进行评估的。

遗传算法在搜索进化过程中一般不需要其他外部信息,仅用评估函数来评估个体或解的优劣,并作为以后遗传操作的依据。由于遗传算法中,适应度函数要比较排序并在此基础上计算选择概率,因此适应度函数的值非负,而目标函数可能有正有负,故需要在目标函数与适应度函数之间进行变换。

(一)最优化问题

最优化问题一般可分为求目标函数的全局最大值和全局最小值两类。对不同的问题,适应度函数的定义方式不同。

对求解最大值的问题,目标函数 $f(X)$ 转换为适应度函数 $F(X)$ 的方式一般为:

$$F(X) = \begin{cases} f(X) + C_{\min} & \text{if } f(X) + C_{\min} > 0 \\ 0 & \text{if } f(X) + C_{\min} \leq 0 \end{cases} \quad (6-3)$$

对求解最小值的问题,目标函数 $f(X)$ 转换为适应度函数 $F(X)$ 的方式一般为:

$$F(X) = \begin{cases} C_{\max} - f(x) & \text{if } C_{\max} - f(x) > 0 \\ 0 & \text{if } C_{\max} - f(x) \leq 0 \end{cases} \quad (6-4)$$

(二)适应度尺度变换

在遗传算法迭代的不同阶段,通过适当改变个体的适应度大小,可以避免群体间适应度相当而造成的竞争减弱,进而避免种群收敛于局部最优解,这一步骤称为适应度尺度变换。

如在遗传算法初期,可能存在少数几个个体的适应度远高于其他个体,因此新群体更多由适应度较高的这几个个体组成,从而降低群体的多样性,使得遗传算法容易得到某一局部最优解,此时需对适应度较高个体进行限制,从而降低其复制数量,维护群体多样性。

而在遗传算法后期,种群中所有个体的平均适应度与最优个体的适应度接近,从而导致个体间竞争力接近一致,影响算法运行的效率,此时需对个体适应度差距进行相应放大,以提高个体间的竞争性。

常用的尺度变换包括:线性尺度变换、乘幂尺度变换、指数尺度变换。F 为原适应度,F' 为尺度变换后的适应度。

(1)线性尺度变换:$F' = aF + b$。a 为比例系数,b 为平移系数。

(2)乘幂尺度变换:$F' = F^k$。将原适应度尺度 F 取 k 次幂。

(3)指数尺度变换:$F' = \exp(-\beta F)$。β 越小,原适应度较大的个体的新适应度与其他个体的新适应度差距越大,即选择该个体的可能性越大。

四、遗传

遗传操作是优选个体的"选择"、个体间交换基因产生新个体的"交叉"、个体基因信息突变而产生新个体的"变异"这三种变换的统称。在生物进化过程中,一个群体中生物特性的保持是通过遗传来继承的。生物的遗传主要是通过选择、交叉、变异三个过程把当前父代群体的遗传信息遗传至子代成员。与此对应,遗传算法中最优解的搜索过程也模仿生物的这个进化过程,使用所谓的遗传算子来实现,即选择算子、交叉算子、变异算子。

(一)选择算子

遗传算法中对父代群体中的染色体并非随机选择,而是从父代群体中按某种方法选取优良个体,以便遗传到下一代群体。个体被选中的概率跟适应度值有关,个体适应度值越高,被选中的概率越大。每完成一次进化,都要计算每条染色体的适应度,然后依据选择算子来获取每条染色体被选中的概率,适应度比较大的染色体被选中的概率较高。常见的选择算子包括:轮盘赌选择、随机竞争选择、最佳保留选择等。

1. 轮盘赌选择

它是一种回放式随机采样方法。每个个体进入下一代的概率等于它的适应度值与整个种群中个体适应度值和的比例。

$$染色体\ i\ 被选择的概率 = \frac{染色体\ i\ 的适应度}{所有染色体的适应度之和} \tag{6-5}$$

2. 随机竞争选择

每次按轮盘赌选择一对个体,通过使这两个个体进行竞争,选中适应度高的染色体,如此反复,直到选满为止。

3. 最佳保留选择

按轮盘赌选择方法执行遗传算法的选择操作,当前群体中适应度最高的个体不参与交叉与变异运算,而是替换本代群体经交叉、变异后所产生的适应度最低的个体,其个体结构完整地复制到下一代群体中。

(二) 交叉算子

交叉操作是指从种群中随机选择两个个体进行配对,通过对其染色体按某种方式相互交换部分基因,从而产生两个新的优秀个体。在进行交叉过程时,选择算子计算得到的概率越高,被选择为父母染色体进行交叉操作的概率越大。

交叉操作一般分为以下步骤:① 从群体中依据选择算子选取要交叉的一对个体。② 逐一对已配对的染色体,随机设置交叉点位。③ 依据预先设定的交叉概率 P_c 进行交叉操作,形成新的个体。

目前常见的交叉算子包括单点交叉、双点交叉或多点交叉、均匀交叉。

1. 单点交叉

单点交叉又称简单交叉,是实际应用中使用率最高的交叉算子,指在个体编码串中只随机设置一个交叉点,在该点交换配对染色体的基因。

例如,染色体 X 与 Y 进行配对,单点交叉后形成 X′ 与 Y′,如图 6-2 所示。

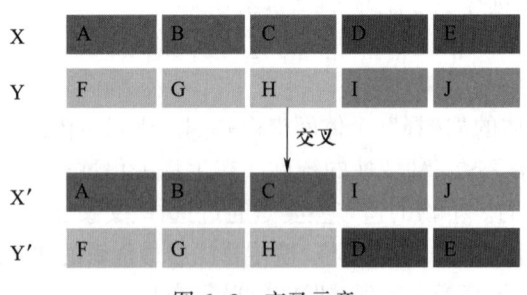

图 6-2　交叉示意

2. 双点交叉或多点交叉

在个体编码串中随机设置两个或者多个交叉点,然后进行交叉运算,改变染色体基因序列。一般来说,随交叉点数增多,个体结构被破坏的可能性逐渐增大。

3. 均匀交叉

均匀交叉又称一致交叉,指两个配对个体的基因序列上的每个位置的基因都以相同的交叉概率进行交换,从而形成两个新个体。均匀交叉实际上可归于多点交叉范围。

（三）变异算子

为了防止遗传算法在优化过程中陷入局部最优解,在搜索过程中,需要对交叉后的染色体进行变异。在实际应用中,主要采用单点变异,也叫位变异,即只需要对基因序列中某一个位进行变异,以二进制编码为例,即 0 变为 1,而 1 变为 0,如图 6-3 所示。在遗传算法中,变异突破了当前搜索的限制,更有利于算法寻找到全局最优解,也维持了群体的多样性,防止出现早熟现象。

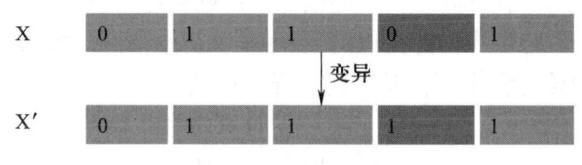

图 6-3　变异示意

变异的一般步骤包括:

① 对交叉后的种群中的个体,通过事先设定的变异概率 P_m 判断是否变异。

② 对进行变异的个体随机选择变异位置并进行变异。

五、终止判断条件

遗传算法是一个反复迭代寻求全局最优解的过程,每次迭代过程中均要执行适应度计算、复制、交叉、变异等操作,直至最终满足终止条件。

一般来说,遗传算法的终止条件包括:

（1）设置最大迭代次数。一旦遗传算法迭代次数达到最大,则停止操作,输出进化过程中所得到的具有最高适应度的个体作为最优解。

（2）设置运行时间。当程序运行时间达到规定运行时间,即终止操作,输出进化过程中所得到的具有最高适应度的个体作为最优解。

（3）观察适应度变化趋势。遗传算法后期,每代群体间的适应度增加趋势缓和或停止后,终止遗传算法,输出进化过程中所得到的具有最高适应度的个体作为最优解。

六、遗传算法的优缺点

（一）遗传算法的优点

（1）从问题解的串级开始搜索,覆盖面大,有利于在优化问题中得到全局最优解。

（2）同时对多个解进行评估,易于实现并行化计算。

（3）以结果为导向,需要的背景知识少,仅使用适应度函数值评估个体,适应度函数不仅不受连续可微的约束,其定义域也可任意设定,可解决非线性、不连续的问题,应用范围广泛。

（二）遗传算法的缺点

（1）结果依赖适应度函数，但存在编码的不规范性及表示的不准确性。

（2）终止条件设定不当等多种原因都可能导致过早收敛，从而错过全局最优解，只能达到局部最优解。

（3）遗传算法不太关注过程，所以参数设置不同可能导致结果不同。

（4）遗传算法的效率通常比其他传统优化方法低。

（5）遗传算法在算法的精度、可行度、计算复杂性等方面，还没有有效的定量分析方法。

第三节　利用遗传规划挖掘宽基指数择时因子

遗传规划基本思想和遗传算法一致，即模拟生物进化过程中自然选择以及遗传过程中复制、交叉和变异等过程。与生物种群类似，算法由一个初始种群开始，利用指定算法选择配对交叉产生后代，并在遗传过程中模拟基因的变异进而获得包含新基因特征的种群，在遗传过程中计算每个个体的适应度，并通过适应度来寻求最优个体。

遗传规划能够充分利用计算机的强大算力进行启发式搜索，从随机生成的公式群体开始，通过模拟自然界中遗传进化的过程，逐渐生成契合特定目标的公式群体，不同于其他机器学习的黑箱模式，遗传规划可以获得显式的表达式，这在后续从逻辑角度解读算式以及过拟合检验等方面都具有无可比拟的优势。

遗传规划的主要流程如图6-4所示，共包括创建初始种群、计算个体适应度、进化选择、交叉和变异等步骤。

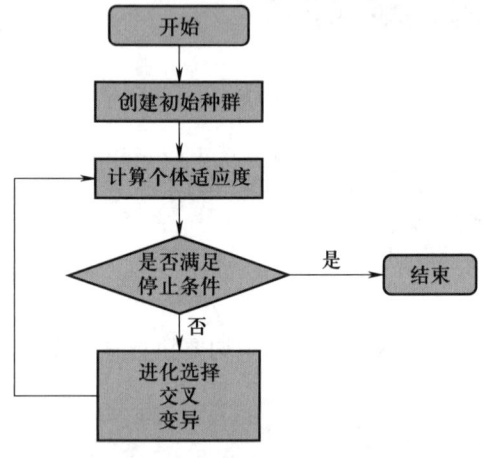

图 6-4　遗传规划流程图

一、场景应用

在对股票市场等金融场景进行量化分析及预测时，经常使用短期模型、长期模型及二者结合形成的综合模型。常见的短期模型有价量模型、低波模型，中期模型有涨跌停模型、月历模型，长期模型有动量模型。其中，价量模型的主要逻辑是市场价涨量升；低波模型的主要逻辑是市场波动极低的时候往往就是底部会有反弹；涨跌停模型的主要逻辑是当市场涨停股票多、跌停股票少，市场一般会上涨，当市场跌停股票多、涨停股票少，市场一般会下跌；长期模型的主要逻辑是宽基指数是由个股合成的指数，成分股的信号和宽基的信号应该是紧密相关的。

然而，不管是短期模型还是长期模型，从逻辑角度来说，挖掘难度都相对较高，需要不断去尝试、去寻找，最终发现较为明显的规律，通常耗费较长时间。显然使用机器挖掘相比使用人工挖掘，消耗时间将大大缩短，便于发现某些隐藏的、难以通过人脑构建的数学公式。因此，本节将使用遗传规划算法挖掘模型，并最终利用沪深300指数数据进行实证研究。

二、准备工作

（一）借助遗传算法工具箱

Python 的 DEAP（Distributed Evolution Algorithm in Python）工具箱是一个灵活强大的遗传进化算法框架。该框架提供了多种数据结构和工具，并且对适应度函数、进化选择、交叉、变异方式拥有更高的自由度，对多个优化目标的兼容性更强，能够帮助我们快速实现和测试进化算法，所以我们将借助 DEAP 工具箱进行遗传规划择时挖掘。

（二）选取终端数据集

沪深 300 指数由沪深市场中规模大、流动性好的最具代表性的 300 只股票组成，能够真实反映沪深市场上市公司证券的整体表现，因此选择沪深 300 日线级别开盘价、收盘价、最高价、最低价、成交量为遗传规划挖掘的终端数据。

本案例选择样本内回归测试区间为 2014 年 1 月—2019 年 12 月，样本期内保证因子表达式经历一整轮牛市和熊市的考验；样本外回归测试区间为 2020 年 1 月—2021 年 8 月，用于对备选因子进行进一步筛选。

（三）制定回测规则

在检验多种信号生成策略后，我们选择效果较好且逻辑清晰的分位数突破策略。计算因子值过去 60 个交易日的 80% 分位点和 20% 分位点，当因子值向上突破 80% 分位点时发出看多信号，当因子值向下突破 20% 分位点时发出看空信号，其他情况发出空仓信号。

（四）选取合适的交叉、变异方法

1. 单点交叉

对于遗传规划的交叉过程，一般将两棵树随机选取各自的子节点，将两个子节点进行交换，实现个体之间的基因交换。基因交换使得子代最大程度保留了父辈的基因编码，同时通过随机组合提供了多样性，使得其相比一般随机算法具有更优秀的寻找最优解能力。目前比较常用的交叉方式包括：单点交叉、两点交叉、均匀交叉、部分匹配交叉 PMX、PMX 变种、有序交叉、混合交叉、带进化策略的混合交叉、带进化策略的两点交叉、模拟二值交叉、有界模拟二值交叉、混乱单点交叉等。我们选择较为简单的单点交叉，即随机从两个父代中选择一点作为交叉点，包括根节点及其叶节点，父代将交叉点进行交换，生成子代。

2. 均匀整数突变

对于种群中的单个个体而言，在其产生后会保持一定的变异概率。通过变异个体中一个或多个位置的基因会突变为不同的基因特征。虽然变异概率较低，但是变异的存在可以保证一个种群特征的多样性。适度的突变可以帮助种群跳出局部最优解，让结果更靠近全局最优解。目前常用的变异方式包括高斯突变、乱序突变、位翻转突变、有界多项式突变、均匀整数突变等。本节我们将选取均匀整数突变方式。该种变异方式返回的公式树，其所有叶节点具有相同深度。

三、遗传规划主要流程

（一）创建初始种群

创建初始种群即生成第一代个体集合，根据需要解决的问题来决定其带有的基因类型，通常利用随机算法来生成初始基因组合,初始种群的数量与多样性还会对后续解的收敛方向具有重要影响。在本案例中,创建初始种群应由算子、常数及种群数量随机形成。

1. 算子

算子的选择是遗传规划的核心问题之一。本案例中的算子包括自定义算子和部分Python 中 talib 包中的算子。算子包括了针对长短周期的各种滤波,可以有效平滑长短周期的波动,提取趋势信息。算子列表如图 6-5 所示。

plus(a, b)	a+b
minus(a, b)	a−b
mul(a, b)	a*b
p_div(a, b)	a/b
delay(a, n)	过去n日的数值
stddev(data, n)	过去n日的标准差
delta(a, n)	当日值−过去n日值
corr_n(a, b, n)	过去n日相关系数
cov_n(a, b, n)	过去n日协方差
maxi(a, b)	最大值
mini(a, b)	最小值
log(a)	自然对数
neg(a)	相反数
abs(a)	绝对值
sign(a)	符号函数
ts_sum(a, n)	过去n日求和
ts_mean(a, n)	过去n日取平均
ts_max(a, n)	过去n日最大值
ts_min(a, n)	过去n日最小值
ts_prod(a, n)	过去n日累乘
clear_by_cond(a, b, c)	if a<b,0,else,c
wma(a, n)	(指数)加权移动平均
emals(a, b, n)	指数平均回归
if_then_else(a, b, c, d)	if a<b,c,else,d
mean2(a, b)	(a+b)/2
mean3(a, b, c)	(a+b+c)/3
itself(a)	返回自身
ta_beta(a, b, n)	a与b回归beta系数
ta_dema(a, n)	dema均线
ta_kama(a, n)	kama均线
ta_ht_dcphase(a)	希尔伯特变换

图 6-5　算子列表

2. 常数

为了防止因子收敛至局部尖点,降低过拟合程度,公式树常数将从 5 的倍数 5、10、15、20中进行选择。

```
pset.addEphemeralConstant('constant', lambda:np.random.choice([5, 10, 15, 20]), int)
```

3. 种群数量

种群数量过低会造成快速收敛至局部最优解的情况,种群数量过大会降低计算的效率,因此选择合适的初始种群数量对于解决问题至关重要,针对本案例中的所用数据,我们选取种群数量为 50。

```
population_size = 50
```

（二）构建适应度函数

构建适应度函数是遗传规划的最核心问题,因此需从择时策略最为重视的年化收益率、极端尾部风险、胜率、年平均交易次数和平均多头持仓天数等方面出发,定义一个满足多维度的复合适应度函数:遗传规划生成因子表达式回归测试结果的卡玛比率 × sqrt(年平均交易次数)× 胜率 × sqrt(平均多头持仓天数)。

```
fit_values = calmar_ratio*np.sqrt(year_mean_trade)*win_ratio*np.sqrt(mean_long_days)
```

进入备选因子库的因子需满足:适应度 > 4,卡玛比率 > 0.8,年平均交易次数 ≥ 4,胜率 > 60%,平均多头持仓天数 > 5。

（三）执行选择、交叉和变异

(1) 在进化选择方式上,我们采用自定义的选择最佳模式,除了选择适应度为最佳的前 50% 以外,还需从以下辅助条件进行再次筛选:卡玛比率 > 0.3,年平均交易次数 > 2,胜率 > 50%,平均多头持仓天数 > 6。这些辅助条件可以保证解的收敛方向不会过度趋向某一个或两个条件。

(2) 在交叉方式上,本节选择单点交叉,交叉概率为 0.9。

```
toolbox.register("mate", gp.cxOnePoint)
P_CROSSOVER = 0.9
```

将 gp.cxOnePoint 函数命名为"mate",放入工具箱中,执行时调用工具箱的"mate"便会直接调用 gp.cxOnePoint,进行单点交叉。

(3) 在变异方式上,本节选取均匀整数突变,变异概率为 0.9。

```
toolbox.register("expr_mut", gp.genFull, min_ = 0,max_ = 2)
# 变异树全生长
toolbox.register("mutate", gp.mutUniform, expr = toolbox.expr_mut, pset = pset)
P_MUTATION = 0.9
```

将 gp.mutUniform 函数命名为"mutate",放入工具箱中,执行时调用工具箱的"mutate"便会直接调用 gp.mutUniform,进行变异。

（四）双层筛选形成最终因子池

备选因子在样本外回测中保持卡玛比率 > 0.7,且能大幅跑赢基准则为通过了样本外检测,才能进入最终的因子池。

综上,使用终端数据和常数以及图 6-5 中的算子生成大量表达式,按照图 6-4 中的流程依次进行筛选、进化选择、交叉和变异,形成最终的因子池。表达式池中的部分因子如表 6-1 所示。

表 6-1　表达式池中的部分因子

序号	因子
1	wma(emals(low_, close_, 15), 5)
2	mean2(emals(ts_min(open_, 15), ts_max(vol_, 20), 15), emals(clear_by_cond(vol_, open_, high_), open_, 15))
3	corr_n(wma(stddev(low_, 20), 15), maxi(mean2(close_, if_then_else(close_, low_, open_, close_)), mean3(high_, low_, open_)), 10)
4	cov_n(ta_kama(ta_kama(ta_kama(high_, 10), 15), 20), log(close_), 15)
5	ta_ht_dcphase(ts_max(ta_beta(cov_n(close_, vol_, 15), high_, 10), 20))

四、结果测试

表 6-1 表达式池中部分因子的回归测试结果如下。

（一）因子 1 : wma(emals(low_, close_, 15), 5)

其回测结果如表 6-2 所示，回测图示如图 6-6 所示。

表 6-2　因子 1 回测结果

标的	年化收益率	最大回撤	总交易次数	每年交易次数	夏普比率	胜率	盈亏比
沪深 300	20.90%	16.79%	81	10.13	0.69	60.49%	1.769

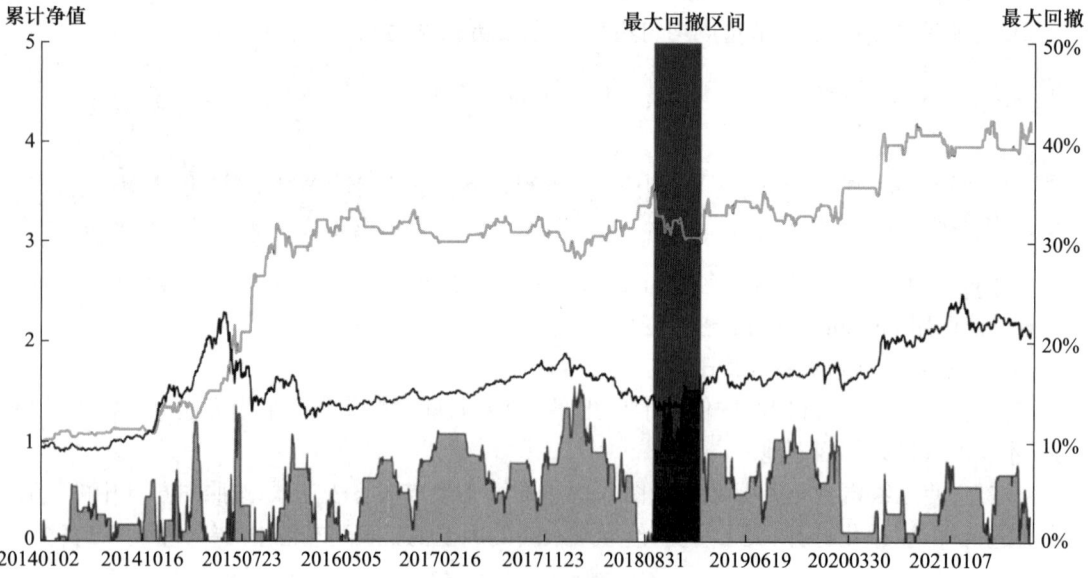

图 6-6　因子 1 回测图示

（二）因子 2 :mean2(emals(ts_min(open_, 15), ts_max(vol_, 20), 15), emals(clear_by_cond(vol_, open_, high_), open_, 15))

其回测结果如表 6-3 所示,回测图示如图 6-7 所示。

表 6-3　因子 2 回测结果

标的	年化收益率	最大回撤	总交易次数	每年交易次数	夏普比率	胜率	盈亏比
沪深 300	21.31%	14.81%	68	8.5	0.72	67.65%	1.955

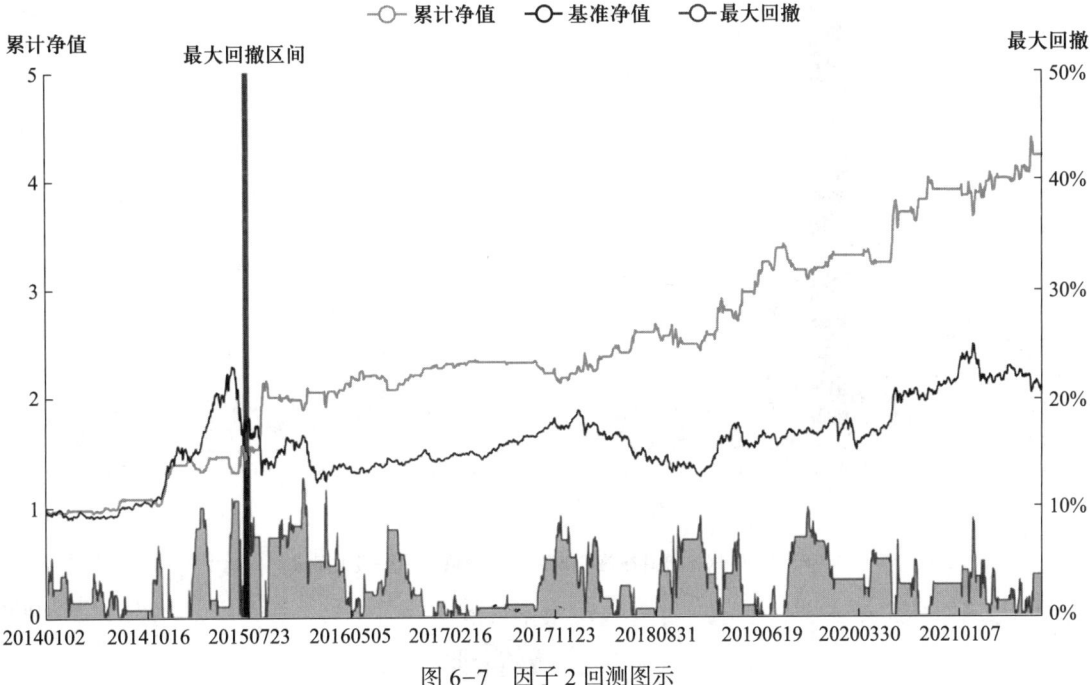

图 6-7　因子 2 回测图示

（三）因子 3 :corr_n(wma(stddev(low_, 20), 15), maxi(mean2(close_, if_then_else(close_, low_, open_, close_)), mean3(high_, low_, open_)), 10)

其回测结果如表 6-4 所示,回测图示如图 6-8 所示。

表 6-4　因子 3 回测结果

标的	年化收益率	最大回撤	总交易次数	每年交易次数	夏普比率	胜率	盈亏比
沪深 300	22.15%	15.21%	175	21.88	0.764	63.43%	1.477

（四）因子 4 :cov_n(ta_kama(ta_kama(ta_kama(high_, 10), 15), 20), log(close_), 15)

其回测结果如表 6-5 所示,回测图示如图 6-9 所示。

表 6-5 因子 4 回测结果

标的	年化收益率	最大回撤	总交易次数	每年交易次数	夏普比率	胜率	盈亏比
沪深 300	20.50%	14.44%	104	13	0.68	58.65%	2.18

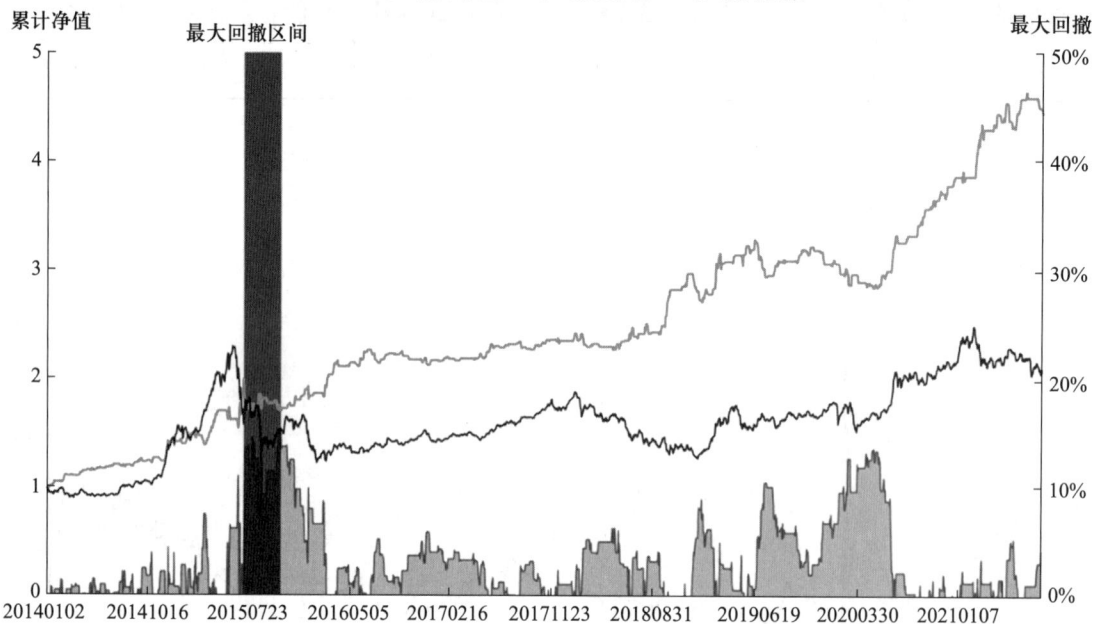

图 6-8 因子 3 回测图示

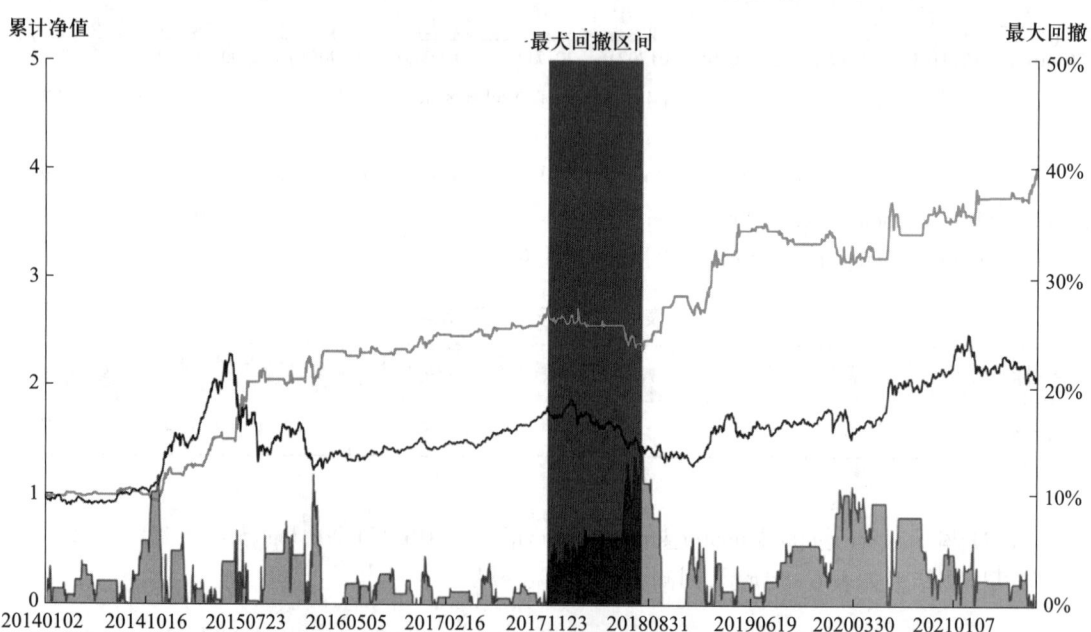

图 6-9 因子 4 回测图示

（五）因子 5 : ta_ht_dcphase(ts_max(ta_beta(cov_n(close_, vol_, 15), high_, 10), 20))

其回测结果如表 6-6 所示,回测图示如图 6-10 所示。

表 6-6   因子 5 回测结果

标的	年化收益率	最大回撤	总交易次数	每年交易次数	夏普比率	胜率	盈亏比
沪深 300	18.19%	13.90%	111	13.88	0.61	65.77%	1.437

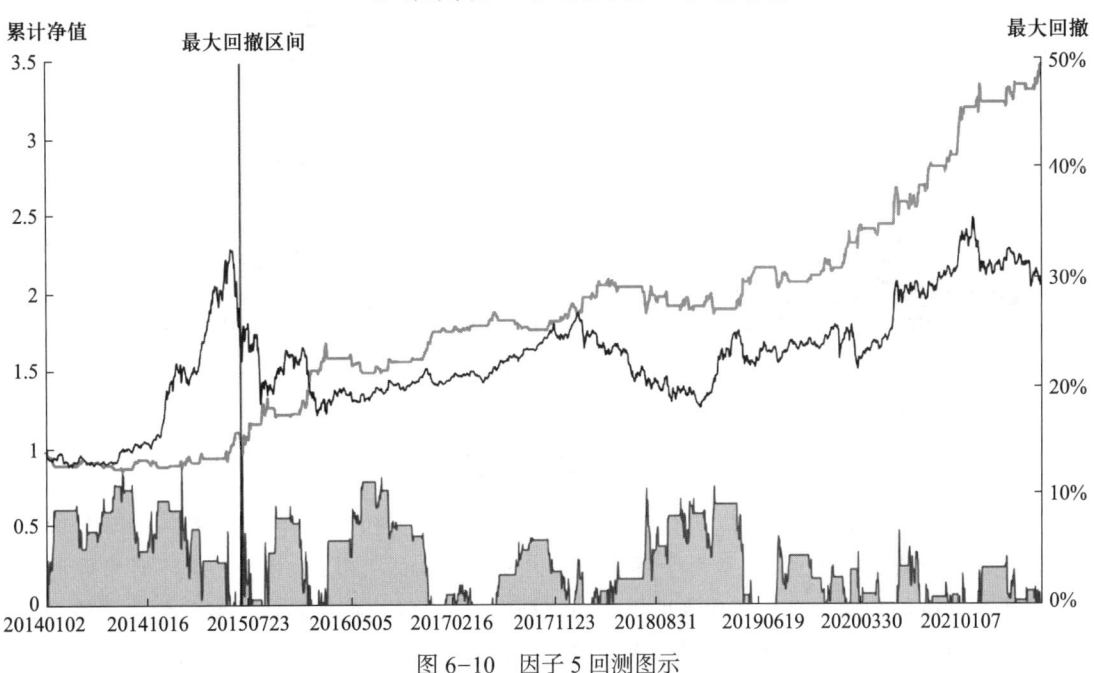

图 6-10   因子 5 回测图示

（六）遗传规划择时组合模型测试

除了上述五个因子以外,也可以从因子池中挑选其他效果较好的因子。由于各个因子获取收益的择时波段不同,有些因子主要获取做多收益,有些因子主要获取做空收益,有些因子擅长趋势市获取收益,有些因子擅长振荡市获取收益。因此我们对这些因子进行简单的组合,强强联合、多管齐下,得到了一个效果较好的组合因子,最终我们在沪深 300 指数择时获得了年化收益率 61.52%,最大回撤 14.79%,每年交易次数 26.38 次,夏普比率 2.44,胜率 61.14%,盈亏比 2.941 的优秀择时回溯结果。如表 6-7 和图 6-11 所示。

表 6-7   综合模型回测结果

标的	年化收益率	最大回撤	总交易次数	每年交易次数	夏普比率	胜率	盈亏比
沪深 300	61.52%	14.79%	211	26.38	2.44	61.14%	2.941

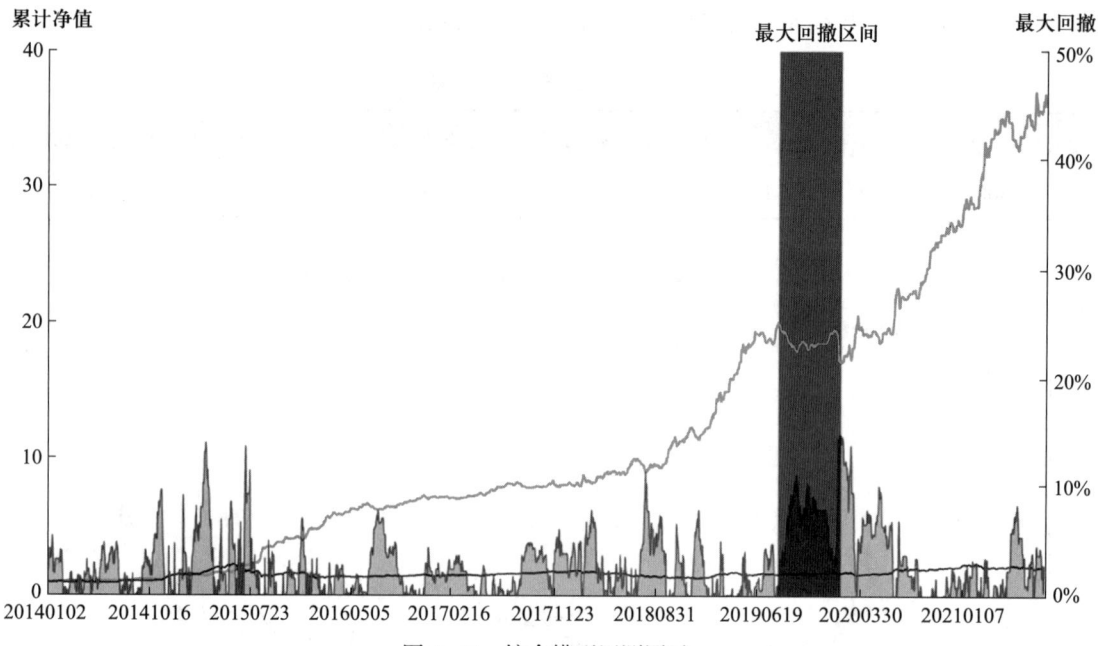

图 6-11 综合模型回测图示

本 章 小 结

作为人工智能的分支,智能优化的主要目的是在一定的约束条件下,求解一个可行的甚至是最优的方案的决策问题,常用于解决规模大复杂度高的问题,如目标函数不可求导的优化问题。智能优化属于启发式搜索的范畴,也属于迭代求解的数值算法。智能优化方法对目标函数的形式以及光滑条件等要求很低,在参数调整后,往往也更不容易落入局部极值点中,具有非常广泛的应用优势。常见的智能优化方法包括遗传算法、进化算法、蚁群算法、免疫算法、粒子群算法、模拟退火算法、禁忌搜索算法、智能水滴算法、麻雀搜索算法等。模拟退火算法模仿的是冶金学中金属"加热—冷却"的过程。模拟退火算法就是在求解函数最优化的过程中,设定了迭代点的模仿退火的过程中固体粒子的行为,把求解最优化的问题转化为求解寻找低势能点位的问题。遗传算法是一种随机全局搜索优化方法。遗传算法模拟了达尔文生物进化论的自然选择和遗传学机理的生物进化过程,把函数最优化的问题转化为适应度最大化的问题。遗传算法以数学为底层逻辑,利用计算机仿真运算,将问题的求解过程转换成类似生物进化中的染色体基因的交叉、变异等过程。实际应用中,可以将遗传规划应用于构建股票市场等金融场景的量化分析及预测模型之中。使用机器挖掘相比使用人工挖掘,计算消耗时间将大大缩短,便于发现某些隐藏的、难以通过人脑构建出的数学公式。

关 键 名 词

智能优化 模拟退火算法 遗传算法 蚁群算法

即 测 即 评

请扫码检测本章学习效果。

复习思考题

1. 什么是模拟退火算法?
2. 遗传算法是如何实现交叉和变异的?
3. 除了 TSP(旅行商问题),蚁群算法还能解决哪些问题?

第七章
树类分析方法

章前导读

你是否玩过20个问题的游戏？游戏规则很简单：参与游戏的一方在脑海里构想一个事物，其他参与者通过向其提问的方式推测答案，只允许提 20 个问题，问题的答案也只能用对或错来回答。提问的人通过推断分解，逐步缩小待猜测事物的范围。如果你玩过这个游戏，那么恭喜你，你已经掌握了树类分析方法的基本原理。事实上，金融工程中也常用二叉树进行定价。

随着计算机技术的发展，树被引申为由一个集合和在该集合上定义的特定关系所构成的一种数据结构，由根节点和若干棵子树构成。通俗来讲，决策树就是一组判别条件的有机堆砌，像树的枝干一样，从主树干到分树干，分树干再到分枝干，当中每一个组合都是不同的判别规则链条。树类算法作为机器学习中的经典算法，主要发挥分类器作用，目前已成功运用于医学、制造产业、天文学、分支生物学以及商业等诸多领域。

本章学习目标

本章包括树类分析方法概述及其运用场景、决策树与随机森林、梯度提升决策树及其实现、集成学习以及树类分析在金融领域的应用等内容。通过本章的学习，读者应了解树类分析方法的基本原理以及常见应用场景；熟悉决策树与随机森林模型的构建、划分、剪枝等准则；了解梯度提升决策树的实现及优化方向；了解集成学习的发展历程、主要类型及应用。此外，读者还应该结合应用案例深入理解和掌握决策树和随机森林模型在金融领域的实际运用。

第一节　树类分析方法概述及其运用场景

一、树形结构简介

线性数据结构是一组有序数据元素的集合。在该结构中，数据元素之间的关系为一对一，即除了第一个和最后一个元素之外,其他数据元素都是首尾相接的。常用的线性结构有:线性表、栈、队列、双端队列、数组、串等。

树是非线性数据结构,节点之间形成较为复杂的一对多关系,一个节点可以与多个节点发生关联,树是由 n 个有限节点组成的具有层次关系的集合,例如现实中的族谱即为典型的树形结构。

如图 7-1 所示,在树形结构中,最顶层的节点为根节点,所有子节点都由其发散开来。若一个节点含有子节点,则这个节点称为其子节点的父节点,具有相同父节点的节点互称为兄弟节点。节点的分叉数为该节点的度,度为 0 的节点叫叶节点。从叶节点开始自底向上逐层累加的路径长度为节点的高度,从根节点开始自顶向下逐层累加的路径长度为节点的深度。多棵互不相交的树的集合称为森林。

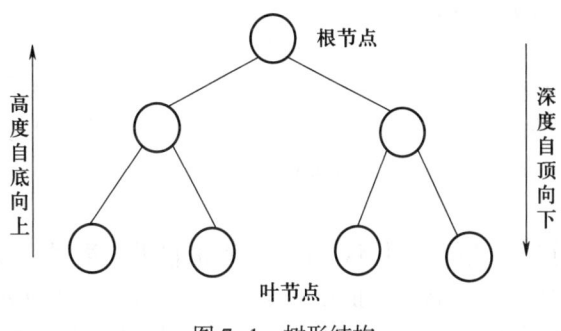

图 7-1　树形结构

树形结构具有以下结构特点:① 每个节点都只有有限个子节点或者没有子节点;② 每一个非根节点有且只有一个父节点(根节点没有父节点);③ 除根节点外,每个子节点可以分为多个不相交的子树,树里没有环路。

树形结构主要分为有序树和无序树。无序树又叫自由树,是指树中任意节点的子节点之间没有顺序关系。由于无序树不便查找,日常应用场景较少。有序树则是指树中任意节点的子节点之间有顺序关系,如二叉树、霍夫曼树、B 树等。

二叉树是每个节点中最多含有两个子树的树。二叉树包含满二叉树、完全二叉树、平衡二叉树等子类。对于一棵二叉树,假设其深度为 $d(d>1)$,除了第 d 层,其他各层的节点数目均已达最大值,且第 d 层所有节点从左向右连续紧密排列,这样的二叉树被称为完全二叉树。满二叉树的定义是所有叶节点都在最底层的完全二叉树。在平衡二叉树中,任意节点的子树的高度差的绝对值都小于等于 1,且左右两个子树都是一棵平衡二叉树。

多叉树是指一个父节点可以有多个子节点,但一个子节点依旧遵循一个父节点定律。在实际应用中,由于二叉树太高,可以通过多叉树来简化其对数据关系的描述,以更加方便快捷地实现查找。典型的多叉树结构包括 B 树、红黑树等。

二、常见树类分析方法

树类分析方法是一种基于特征空间划分的具有树形分支结构的分析方法,它由多条规则组成,能够处理数值型和类别型数据,所需数据量不大且对量纲没有要求,算法有较高的解释性,时间复杂度也较为友好,主要用于分类和回归问题。但树类分析方法存在数据处理不平衡的问题,抗干扰能力弱。典型的决策树算法有 ID3、C4.5 和 CART,其中 ID3 和 C4.5 为分类算法,CART 具备分类和回归双重功能。

单棵决策树模型易于使用和解释,可视化和规则提取都较为简单,通过优化节点纯度和采取剪枝策略即可自动实现特征选择。但单棵决策树的预测能力和泛化能力有限,容易出现过拟合的现象,稳定性低且方差高,易受数据扰动影响。为应对上述现象,集成学习应运而生,从一棵决策树扩展到一群决策树,组合多个弱监督模型以期得到一个更好更全面的强监督模型。目前常用的集成学习模型主要包括 Bagging、Boosting、Stacking 三种类型。Bagging 的代表算法为随机森林,Boosting 的代表算法包括梯度提升决策树 GBDT 及其工程实现 XGBoost 和 LightGBM。

三、树类分析方法的应用

树类分析方法应用十分广泛,最早应用于商业领域,对于企业规划及战略方针的制定起到非常重要的作用。树类分析方法在开发信息资源领域具有较强的优越性,目前已被逐渐应用于零售业、保险领域以及医疗、金融领域等行业。

(一)零售业

零售业对于树类分析方法的应用相对活跃。例如,借助决策树可以更加清楚地了解客户喜好及购买趋向,这对零售业销售策略的制定至关重要。此外,借助决策树还可进行成本分析,以库存、损耗为分类属性,成本差异为挖掘目标,用于指导未来加强分析、管控的重点商品及关键产销环节。

(二)医疗行业

医学以及生物工艺学常需要处理庞大的基因数据,决策树等树类分析方法的应用可以极大程度上挖掘基因数据中的潜在价值。在疑难杂症问题的研究中,基于树类分析方法建立的医疗数据模型在探究症结、靶向药物研制等方面都发挥着非常重要的作用。此外,决策树等方法使得对于医学历史数据的分析更为高效,能够针对病人历史病情推断病因、合理配药,制定个性化治疗方案。

(三)保险行业

互联网经济的发展,为保险行业带来了增量市场,同时随着网民规模的扩大,用户的行为习惯已发生转变,互联网触达逐渐成为主流。树类分析方法通过对相关业务数据、客户数据、市场数据等多类别数据展开分析,为内部的风险评估、财务预算以及外部战略制定给予一定的帮助,极大程度上提升了保险企业的抗风险能力。基于此,保险企业可以建立相应的预测模型,根据一定的类别和层次对投保人进行归类,通过特征重要性水平总结索赔投保人的关键特征,用于辅助后续投保条款制定及客户筛选分级等工作。

(四)金融行业

由于金融行业数据相对完整且质量较高,树类分析方法在金融领域的应用相对成熟,也取得了较好的社会、经济效益。决策树能够有效分析金融行业市场波动的主要因素,并基于此建立预测模型、辅助投资分析,降低由于市场波动而造成的不良影响,为投资决策提供科学依据。以信贷合约为例,预测模型需要综合客户受教育程度、收入情况及个人信誉等多种因素分析得出影响信贷的主要原因,在此基础上更有针对性地调整相应贷款发放政策。树类分析方法还可用于构建基于信用数据的信用欺诈预测模型,极大程度上预防银行资金的非法流失。此外,在证券交易过程中,也可利用决策树等模型进行股价预测,其预测结果可作为投资者买卖等决策的重要参考依据。

第二节　决策树与随机森林

一、决策树

决策树(Decision Tree)又名判定树,是目前应用最广的归纳推理算法之一。根据预测结果不同,决策树可以进一步划分为分类树和回归树。

当预测结果为类别时,决策树被称为分类树,通过一系列 If-Then 语句对数据属性进行判断,不断逼近离散值函数以实现类别划分。分类树的构建通常包含特征选择、决策树生成、决策树修剪三个核心步骤,同时涉及二分类、多分类等情况。

当预测结果为实数时,决策树被称为回归树,基于给定数据展开回归预测,预测值一般是叶节点所含训练集元素输出的均值。

(一)决策树的生成

决策树作为代表性树类方法,其基本结构如图 7-2 所示。该结构包含根节点、内部节点和叶节点,如表 7-1 所示。

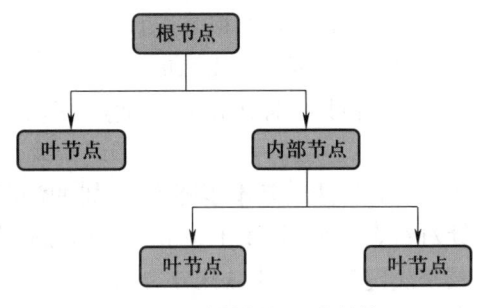

图 7-2　决策树的基本结构

表 7-1　决策树的三类节点

节点类型	位置	包含的数据范围
根节点	树最顶端、最开始的节点	全体数据
内部节点	位于中间位置的节点,每个内部节点构成一个判断条件	数据集中满足从根节点到该节点所有条件的数据的集合。根据内部节点的判断结果,其对应的数据集合将进一步向下划分至两个或多个子节点中
叶节点	树最底部的节点,为最终的类别标签	被包含在该叶节点的数据属于该类别

决策树算法最早由 Hunt 等人于 1966 年提出,Hunt 算法通过将训练记录相继划分为较纯的子集,以递归方式建立决策树。其基本算法如下:

输入:训练集 $D = \{(x_1, y_1), (x_2, y_2), ..., (x_m, y_m)\}$;属性集 $A = \{a_1, a_2, ..., a_d\}$

过程:函数 TreeGenerate(D, A):

1. 生成节点 node
2. if D 中样本全属于同一类别 C then

3. 将 node 标记为 C 类叶节点;return

4. end if

5. if A = Ø OR D 中样本在 A 上取值相同 then

6. 将 node 标记为叶节点,其类别标记为 D 中样本数最多的类;return

7. end if

8. 从 A 中选择最优划分属性 a_*

9. for a_* 的每一个值 a_*^v do

10. 为 node 生成一个分支;令 D_v 表示 D 中在 a_* 上取值为 a_*^v 的样本子集

11. if D_v 为空 then

12. 将分支节点标记为叶节点,其类别标记为 D 中样本最多的类;return

13. else

14. 以 TreeGenerate(D_v, A\{a_*}) 为分支节点

15. end if

16. end for

输出:以 node 为根节点的一棵决策树

(二)决策树的分支准则

决策树是一种贪心算法,通过一个准则启发式的决策过程建立样本以达到分类或回归的目的。

贪心算法的基本步骤为:从树的深度为 0 开始,首先对每个叶节点枚举所有可用特征,针对每个特征,把属于该节点的训练样本根据该特征值进行升序排列,通过线性扫描的方式来决定该特征的最佳分裂点,并记录该特征的分裂收益。收益计算完成后,选择收益最大的特征作为分裂特征,将该特征的最佳分裂点作为分裂位置,分裂出左(L)右(R)两个新的叶节点,并为每个新节点关联对应的样本集。不断递归执行上述过程直到满足特定条件为止。

对于每个特征的分裂收益计算,假设在某一节点完成特征分裂,则分裂前的目标函数可以写为:

$$Obj_1 = -\frac{1}{2}\left[\frac{(G_L + G_R)^2}{H_L + H_R + \lambda}\right] + \gamma \tag{7-1}$$

分裂后的目标函数为:

$$Obj_2 = -\frac{1}{2}\left[\frac{G_L^2}{H_L + \lambda} + \frac{G_R^2}{H_R + \lambda}\right] + 2\gamma \tag{7-2}$$

分裂后的收益为:

$$Gain = \frac{1}{2}\left[\frac{G_L^2}{H_L + \lambda} + \frac{G_R^2}{H_R + \lambda} - \frac{(G_L + G_R)^2}{H_L + H_R + \lambda}\right] - \gamma \tag{7-3}$$

观察分裂后的收益公式能够发现,节点划分不一定会使得结果变好,公式中引入了新叶子的惩罚项,意味着如果新分割带来的增益小于阈值,则需要剪掉这个分割。

在决策树的生成过程中,最重要的是从属性集 A 中选取最优属性 a_*,属性选择的质量在很大程度上决定了决策树的准确度。算法希望通过不断优化节点,使得一个分支节点所包含

的数据尽可能地属于同一类别,即纯度越来越高。对于后续分支节点的属性划分,一般有以下准则:

1. 信息增益准则

1948 年香农(Claude Shannon)在论文《通信的数学原理》中提出信息熵的概念,很好地量化出信息的作用。一条信息的信息量和它的不确定性有着直接关系,信息熵定义为:

$$Ent(D) = -\sum_{k=1}^{|\gamma|} p_k \log_2(p_k) \tag{7-4}$$

式中:p_k 代表当前节点 D 的数据中第 k 类样本所占比例。

比如,抛一枚均匀硬币的信息熵,考虑其出现正面与反面的概率为 0.5,代入公式,其信息熵为 $Ent(x) = -(0.5\log_2 0.5 + 0.5\log_2 0.5) = 1$。

由于 p_k 属于 $[0,1]$,$Ent(D)$ 一定为正值,且值越大纯度越低。$Ent(D)$ 在 $k=1$,$p_1=1$ 时取得最小值 0,在 $k=|\gamma|$,$p_k = \dfrac{1}{|\gamma|}$ 时取得最大值 $\log_2|\gamma|$。信息熵是一个节点的固有性质,和该节点选取什么属性进行下一步划分无关。

在了解完信息熵后,我们介绍信息增益。假设选取属性 a,a 有 V 个取值 $\{a^1, a^2, \cdots, a^V\}$,按照规则,将数据集 D 划分为 V 个不同的子数据集,D^v 即为 D 中 $a=a^v$ 的样本集合,从而以属性 a 对数据集 D 进行划分所获得的信息增益为:

$$Gain(D,a) = Ent(D) - \sum_{v=1}^{V} \frac{|D^v|}{|D|} Ent(D^v) \tag{7-5}$$

$Ent(D)$ 为划分前的信息熵,是一个确定值,和选取的属性 a 无关。$\dfrac{|D^v|}{|D|}$ 表示分支节点所占的比例大小,数据集越大的分支节点权重越高。$\sum_{v=1}^{V} \dfrac{|D^v|}{|D|} Ent(D^v)$ 为划分后的信息熵,分支节点的整体纯度越大,该项越小,信息增益 $Gain(D,a)$ 越大。由此我们得到一种选择划分属性的方法,即计算以每个属性进行划分时得到的信息增益,选择其中最大的作为下一个划分属性。

2. 信息增益率准则

信息增益准则对于每个分支节点,都会乘以其权重,也就是说,由于权重之和为 1,分支节点越多,每个节点的数据越少,纯度可能越高,这会导致信息熵准则偏爱那些取值数目较多的属性。为解决该问题,诞生了信息增益率这一指标。

$$Gain\_ratio(D,A) = \frac{Gain(D,a)}{IV(a)} \tag{7-6}$$

$$IV(a) = \sum_{v=1}^{V} \frac{|D^v|}{|D|} \log_2 \frac{|D^v|}{|D|} \tag{7-7}$$

信息增益率引入修正项 $IV(a)$,其为属性 a 的固有值,属性 a 的可能取值数目越多(V 越大),则 $IV(a)$ 的值通常越大。与信息增益准则相反,信息增益率准则可能对取值数目较少的属性更加偏爱。为了解决该问题,可以先从候选划分属性中找出信息增益高于平均水平的子集,再从中选取增益率最高的,以获得更好的划分效果。

3. 基尼指数准则

前面两种准则都是基于纯度进行正向划分,基尼指数则代表了不纯度。对于数据集 D,其基尼值定义如下:

$$Gini(D) = \sum_{k=1}^{|y|} \sum_{k^1 \neq k} p_k p_{k^1} = 1 - \sum_{k=1}^{|y|} p_k^2 \tag{7-8}$$

基尼值代表了从 D 中随机选择两个样本,二者类别不一致的概率。在此基础上,属性 a 的基尼指数为:

$$Gini\_index(D, a) = \sum_{v=1}^{V} \frac{|D^v|}{|D|} Gini(D^v) \tag{7-9}$$

基尼指数取值范围为 0~1,值越小,划分纯度越高,通常选择基尼指数小的属性来划分子节点。类似信息增益准则,基尼指数准则也偏向于特征值较多的特征,进而可以用来度量任何不均匀分布。

(三)决策树的剪枝

在特征数量较大或特征取值水平较多的情况下,训练样本会被划分为许多容量很小的样本子集,其中部分特征对于分类任务来说帮助甚微。这会导致决策树规模非常庞大,出现大量不合理的特征取值组合,浪费计算和内存资源。同时,由于部分叶节点对应的训练样本个数太少,无法基于少量样本展开合理估计。总体来说,该情形下的决策树中存在没有意义的判断路径。

剪枝是促使决策树停止分支的方法之一,用于预防过拟合现象、提升决策树泛化性能。剪枝分为预剪枝(Pre-pruning)和后剪枝(Post-pruning)两种。

1. 预剪枝

预剪枝是在树的生长过程中预先设定指标,达到该指标后决策树停止生长。该方法采用了贪心思想,算法高效,适合大规模问题,但可能存在欠拟合的风险,一旦停止分支,就断绝了当前叶节点延伸出更优分支的可能性。

核心思想是在树中节点进行扩展之前,先计算当前的划分是否能带来模型泛化能力的显著提升,如果不能,则不再继续生长子树。此时可能存在不同类别的样本同时存于节点中,按照多数投票原则判断该节点所属类别。预剪枝对于何时停止决策树的生长有以下几种方法:

(1)当树达到一定深度的时候,停止树的生长;

(2)当达到当前节点的样本数量小于某个阈值时,停止树的生长;

(3)计算每次分裂对测试集的准确度提升,当小于某个阈值时,不再继续扩展。

2. 后剪枝

后剪枝是在已经生成的过拟合决策树上进行剪枝,得到简化版的剪枝决策树。核心思想是让算法生成一棵完全生长的决策树,然后从最底层向上计算是否剪枝。剪枝过程将子树删除,用一个叶节点替代,该节点的类别同样按照多数投票原则决定。同样地,后剪枝也可以通过在测试集上的准确率进行判断。如果剪枝过后准确率有所提升,则剪枝。相比于预剪枝,后剪枝方法通常可以得到泛化能力更强的决策树,但时间开销会更大,更适用于小样本。

常见的后剪枝方法包括错误率降低剪枝(Reduced Error Pruning, REP)、悲观剪枝(Pessimistic

Error Pruning,PEP)、代价复杂度剪枝(Cost Complexity Pruning,CCP)、最小误差剪枝(Minimum Error Pruning,MEP)、CVP(Critical Value Pruning)、OPP(Optimal Pruning)等。这些剪枝方法优化角度不同,各有利弊。

（四）决策树的算法

结合上述三种典型分支准则以及剪枝技术,决策树分析主要形成了以下三种经典算法:Quinlan 在 1986 年提出的 ID3 算法和 1993 年提出的 C4.5 算法,以及 Breiman 等人在 1984 年提出的 CART 算法。

1. ID3 算法

ID3 算法的核心思想是在决策树各个节点上应用信息增益准则选择特征递归地构建决策树。算法采用自顶向下的贪婪搜索遍历可能的决策树空间。步骤如下:

输入:训练数据集 D,特征集 A,阈值 ε

输出:决策树 T

Step1 :若 D 中所有实例属于同一类 C_k,则 T 为单节点树,并将类 C_k 作为该节点的类标记,返回 T。

Step2 :若 A = ∅,则 T 为单节点树,并将 D 中实例数最大的类 C_k 作为该节点的类标记,返回 T。

Step3 :否则,计算 A 中各特征对 D 的信息增益,选择信息增益最大的特征 A_g。

Step4 :如果 A_g 的信息增益小于阈值 ε,则 T 为单节点树,并将 D 中实例数最大的类 C_k 作为该节点的类标记,返回 T。

Step5 :否则,对 A_g 的每一种可能值 $α_i$,依 $A_g = α_i$ 将 D 分割为若干非空子集 D_i,将 D_i 中实例数最大的类作为标记,构建子点节,由节点及其子树构成树 T,返回 T。

Step6 :对第 i 个子节点,以 D_i 为训练集,以 A – {A_g} 为特征集合,递归调用 Step1~ step5,得到子树 T_i,返回 T_i。

然而,ID3 也存在一些缺点。首先,ID3 算法没有剪枝策略,容易造成过拟合;其次,信息增益准则对可取值数目较多的特征有所偏好,例如,类似编号的特征的信息增益通常接近于 1;最后,该算法只能用于处理离散分布的特征,无法很好地处理缺失值。

2. C4.5 算法

C4.5 和 ID3 一样只用于分类,但其克服了 ID3 对特征数目偏重这一缺点,引入信息增益率作为分类标准。C4.5 使用启发式方法,先从候选特征中找出信息增益高于平均值的特征,再从中选择增益率最高的。

C4.5 实现了连续值属性的离散化处理。比如 m 个样本的连续特征 A 有 m 个,从小到大排列为 $a_1, a_2, \cdots, a_m$,取相邻两样本值的平均数,一共取得 m – 1 个划分点,其中第 i 个划分点 T_i 表示为:$T_i = \dfrac{a_i + a_{i+1}}{2}$。对于这 m–1 个点,分别计算其作为二元分类点时的信息增益。选择信息增益最大的点作为该连续特征的二元离散分散点。比如增益最大的点为 a_t,则小于 a_t 的值为类别 1,大于 a_t 的值为类别 2,这样就做到了连续特征的离散化。

C4.5 算法相较于 ID3 算法主要解决了两个问题:

（1）某些特征缺失的情况下如何选择划分属性。C4.5 将数据分成两部分,即非缺失值数

据 D_1 和缺失值数据 D_2，针对非缺失值数据 D_1 计算信息增益比，最后乘以权重进行计算（权重为非缺失样本占总样本的比例）。

（2）选定划分属性后如何处理缺失特征的样本。C4.5 会根据缺失比例，折算信息增益（非缺失值样本所占比例乘以非缺失值样本子集的信息增益）和信息增益率。

C4.5 算法采用悲观剪枝法，根据剪枝前后的误判率来判定是否进行子树修剪。如果剪枝后与剪枝前相比误判率维持或者下降，则这棵子树就可以被替换为一个叶节点。由于该替换会引发误判率上升，C4.5 通过在误判率计算公式中加入一个经验性惩罚因子，来更好地衡量是否剪枝。设一个叶节点覆盖样本为 N，其中分类错误的个数为 J，用 $\dfrac{j+0.5}{k}$ 来表示该叶节点的错误率，其中 0.5 就是惩罚因子。假设一棵子树的叶节点为 L，那么子树的误判率为：

$$e = \frac{\sum j_i + 0.5 * L(S)}{\sum k_i} \tag{7-10}$$

其标准错误为：

$$se(E) = \sqrt{\frac{E * (N - E)}{N}} \tag{7-11}$$

设 E 为分类错误个数。当下面的公式成立时，则删掉子树 S，用叶节点代替，且 S 的子树不必再参与计算。

$$E + \frac{1}{2} < \left(\sum J + \frac{L(S)}{2} \right) + se \left(\sum J + \frac{L(S)}{2} \right) \tag{7-12}$$

3. CART 算法

CART 树可分为分类树和回归树。分类树主要针对分类变量，选择能够最小化分裂后节点 *Gini* 值的分裂属性；回归树用于目标变量为连续值的情况，选择能够最小化两个节点样本方差的分裂属性。

（1）CART 分类树。对于连续特征，和 C4.5 一样，CART 也是将连续特征离散化，采用相邻两个连续值的均值作为切分点。只是在划分标准方面，CART 使用基尼系数标准，相较于熵模型有所简化。

对于离散特征，CART 算法与 ID3 算法、C4.5 算法有很大区别。如果离散特征值多于两个，那么 ID3 算法和 C4.5 算法会在节点上根据特征值划分出多叉树。CART 算法则不同，无论离散特征值有几个，在节点上均划分为二叉树。假设离散型特征 B 有 m 个取值，分别为 $b_1, b_2, \cdots, b_m$，CART 算法将符合取值 b_i 的样本分为一类，将不符合取值 b_i 的分为另一类，以此类推，m 个特征取值就有 m 种划分方式，计算每种划分下的基尼指数，最终选择基尼指数最小的一个划分作为最优划分。主要算法流程为：

输入：训练数据集 D，特征集 A，阈值 ε

输出：二叉决策树 T

Step1：若 D 中所有实例属于同一类 C_k，则 T 为单节点树，并将类 C_k 作为该节点的类标记，返回 T。

Step2：若 A ≠ ∅，识别各个特征是离散型还是连续型，对每种类型使用相应的处理方法并计算每个划分下的基尼系数。

Step3：找出每个特征下的最优切分点 a_*，比较每个特征的最优切分点的基尼指数大小，基尼指数最小的即为最优特征 A_g。

Step4：如果 A_g 的基尼系数小于阈值 ε，则 T 为单节点树，并将 D 中实例数最大的类 C_k 作为该节点的类标记，返回 T。

Step5：否则，根据 A_g 和 a_*，将数据集划分成两个子集 D_1 和 D_2，建立当前节点的左右节点，左节点的数据集为 D_1，右节点的数据集为 D_2。生成子节点后将 a_* 剔除。

Step6：对左右的子节点递归调用 Step1～Step5，得到子树 T_i，返回 T_i。

注意：ID3 算法和 C4.5 算法生成子节点后是将上一步的特征剔除，而 CART 算法是将上一步特征的取值剔除。也就是说，在 CART 算法中一个特征可以参与多次节点生成，而 ID3 算法和 C4.5 算法中每个特征最多只能参与一次节点生成。

（2）CART 回归树。CART 回归树和分类树的主要区别在于连续值的处理方法和决策树建立后做预测的方式，即用均方差来选择属性，采用最终叶节点的均值或者中位数来预测输出结果。CART 回归树算法如下：

输入：训练数据集 D = {(x_1,y_1), (x_2,y_2), (x_3,y_3), $\cdots$, (x_n,y_n)}，特征集 A，阈值 ε

输出：回归树 T

Step1：选择最优切分变量 j 与切分点 s。具体采用启发式选择第 j 个变量、$x^{(j)}$ 和它的取值 δ 来作为切分变量和切分点，并据此定义两个区域：

$$R_1(j,s) = \{x|x^{(j)} \leqslant \delta\}, R_2(j,s) = \{x|x^{(j)} \geqslant \delta\} \tag{7-13}$$

Step2：遍历变量 j，对规定的切分变量 j 扫描切分点 s，选择使下式得到最小值时的 (j,s) 对。其中 R_m 是被划分的输入空间，C_m 是空间 R_m 对应的固定输出值

$$\min_{j,s}\left[\min_{c_1}\sum_{x_i \in R_i(j,s)}(y_1-c_1)^2 + \min_{c_2}\sum_{x_i \in R_i(j,s)}(y_2-c_2)^2\right] \tag{7-14}$$

Step3：用选定的最优 (j,s) 对将输入空间划分为两个子区域并决定相应的输出值

$$c_m^* = \frac{1}{N_m}\sum_{x_i \in R_m(j,s)}y_i, x \in R_m, m = 1,2 \tag{7-15}$$

Step4：对两个子区域递归调用 Step1～Step3，直至满足停止条件

Step5：将输入空间划分为 M 个区域 $R_1, R_2, \cdots, R_M$ 生成决策树

$$f(x) = \sum_{m=1}^{M}c_m^*I(x \in R_m) \tag{7-16}$$

Step6：当输入空间划分确定时，可以用平方误差来表示回归树对于训练数据的预测方法，用平方误差最小的准则求解每个单元上的最优输出值

$$\sum_{x_i \in R_m}(y_i-f(x_i))^2 \tag{7-17}$$

（3）CART 对缺失值的处理。CART 对缺失值的处理主要体现在两方面：① 特征值缺失下的划分特征选择。CART 采用惩罚机制来抑制提升值，从而反映缺失值的影响。例如，如果一个特征在节点上有 20% 的记录是缺失的，则该特征会减少 20% 或其他百分比。② 划分特征后对缺失该特征值的样本进行处理。CART 算法的机制是，无论是否有缺失情况都会为树的每个节点找到代理分裂器。当 CART 树中出现缺失值，实例划分由其排名最高的代理

决定,若此代理值也缺失,则使用排名第二的代理。以此类推,如果所有代理值都缺失,那么默认规则就是把样本划分到较大子节点。代理分裂器机制可以确保无缺失训练数据上生成的树用来处理包含缺失值的新数据。

(4) CART 的剪枝。CART 采用基于代价复杂度的剪枝方法进行后剪枝,通过定义损失函数实现决策树过拟合和复杂度的平衡。假设决策树共有 $|T|$ 个叶节点,每个节点下包含训练样本 N_t 个,$H_t(T)$ 表示训练样本 N_t 的经验熵,损失函数可表示为:

$$C_\alpha(T) = \sum_{t=1}^{|T|} N_t H_t(T) + \alpha |T| \tag{7-18}$$

损失函数包括两部分:决策树分类结果的熵与叶节点数量。极小化损失函数时,既需要极小化熵值,同时叶节点也不能太多。系数 α 表示对两者的平衡,α 越大,越倾向于牺牲模型准确率以减少叶节点数量,否则相反。剪枝的具体步骤如下:

输入:CART 算法生成的决策树 T_0

输出:二叉决策树 T_α

设 $K=0, T=T_0, \alpha=+\infty$

Step1:T_t 表示以 t 为根节点的子树,自上而下对各内部节点 t 计算预测误差 $C(T_t)$,叶节点个数 $|T_t|$,以及

$$g(t) = \frac{C(t) - C(T_t)}{|T_t| - 1} \tag{7-19}$$

$$\alpha = \min(\alpha, g(t)) \tag{7-20}$$

Step2:自上而下访问内部节点 t,若 $g(t)=\alpha$,进行剪枝,并对叶节点 t 以多数表决法决定其类,得到树 T。

设 $k=k+1, \alpha_k=\alpha, T_k=T$。

Step3:如果 T 不是由根节点单独构成的树,则回到 Step2。

Step4:采用交叉验证法在子树序列 $T_0, T_1, \cdots, T_n$ 中选取最优子树 T_α。

三类算法对比如表 7-2 所示。

表 7-2　三类算法对比

算法	特征选择	树结构	支持类型	连续值处理	缺失值处理	剪枝
ID3	信息增益	多叉树	分类	不支持	不支持	不支持
C4.5	信息增益比	多叉树	分类	支持	支持	不支持
CART	基尼指数(分类树)误差平方(回归树)	二叉树	分类、回归	支持	支持	支持

二、随机森林

随机森林是 Breiman 于 2001 年提出的一种分类预测方法,利用多棵树对样本进行训练并预测,其基本单元为决策树。随机森林属于集成学习中的 Bagging 方法(具体介绍详见第

四节)。具体来看,根据下列步骤构建随机森林:

输入:训练集 T(其中样本为 N),特征数 d,每次选择 k 个构建决策树

输出:随机森林

Step1:对 T 中的 N 个样本,随机且有放回地从训练集中抽取 N 个训练样本。

Step2:如果每个样本存在 d 个特征,则在每个节点分裂的时候,从 d 中随机选择 k 个特征维度,满足条件 k<<d,使用这 k 个特征维度中最佳特征(如最大化信息增益等策略)来分割节点。在森林生长期间,k 的值保持不变。

Step3:决策树形成过程中每个节点都要按照 Step2 来分裂,一直到不能够再分裂为止。注意整个决策树形成过程中没有进行剪枝。

Step4:重复进行 Step1~Step3 建立大量决策树,最终构建随机森林。

在 Bagging 算法中,每棵树都是同分布的,因此 Bagging 的期望误差与单棵树的期望误差也是一致的。为解决这一问题,随机森林算法在构造单棵树时,随机选取全部 M 个随机变量中的 m 个($m \leqslant M$),这样可以降低树与树之间的相关系数,同时尽可能地控制平均方差。

随机森林模型如图 7-3 所示。

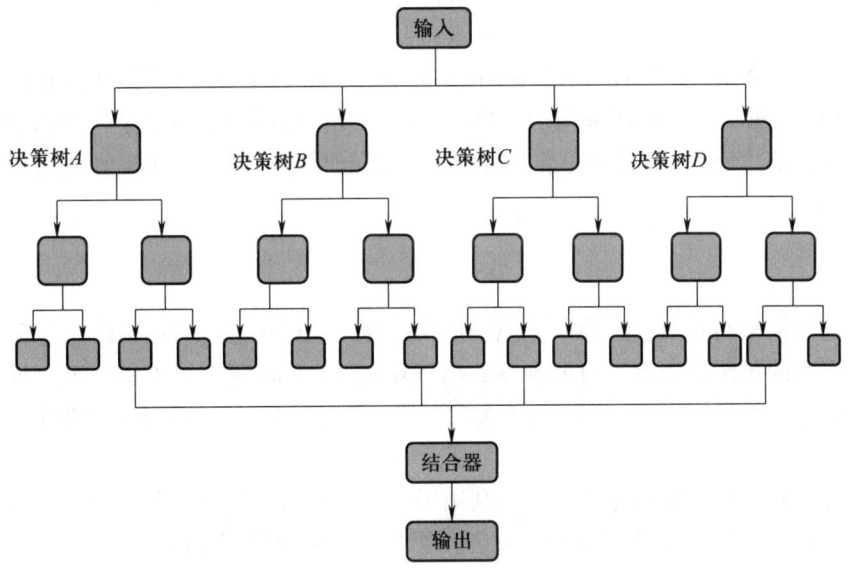

图 7-3 随机森林模型

随机森林兼具分类和回归的功能。针对分类问题,随机森林算法在构造每棵树时默认使用 $m = \sqrt{M}$ 个随机变量,节点最小样本数为 1。预测时首先用每棵树对新样本点 x 的类别做一次预测,记第 b 棵树将样本点 x 预测为 $\widehat{C}_b(x)$,则随机森林算法对这一样本点 x 的最终预测结果为 $\hat{C}_{rf}^B(x) = majorityvote\{\widehat{C}_b(x)\}_1^B$。针对回归问题,随机森林算法在构造树时默认使用 $m = \dfrac{M}{3}$ 个随机变量,节点最小样本数为 5。类似地,其对新样本点 x 的预测结果为 $\hat{f}_{rf}^B = \dfrac{1}{B}\sum\limits_{b=1}^{B} H_b(x)$。

随机森林通过集成决策树加强分类器效果,在离散值分类、连续值回归、无监督学习聚类、异常点检测等方面表现优异。大量的理论和实证研究证明,随机森林可以计算高维度数

据,不用降维也无须做特征选择,能够衡量特征的重要程度以及不同特征间的相互影响作用。此外,随机森林训练速度比较快,具备并行优势,实现起来也较为简单。对于不平衡或存在特征遗失的数据集来说,随机森林可以有效平衡误差并维持准确度。然而,随机森林在某些噪声较大的分类或回归问题上容易产生过拟合。与此同时,取值划分较多的属性会对随机森林产生较大影响,所以在属性取值个数不平衡的数据集上,随机森林产出的属性权值可信度较低。

第三节 梯度提升决策树及其实现

一、梯度提升决策树

梯度提升决策树(Gradient Boosting Decision Tree,GBDT)是一种迭代的决策树算法。该算法由多棵决策树组成,采用 Boosting 策略(详见第四节集成学习)。

梯度提升决策树以 CART 回归树为基模型,整体采用加法模型,即最终的强分类器由若干个弱分类器加权平均得到。梯度提升决策树基于前向分布学习算法,该算法涉及多轮弱学习器学习。

GBDT 由三个概念组成:回归树(Regression Decision Tree)、梯度迭代(Gradient Boosting)和缩减(Shrinkage)。GBDT 所采用的 CART 回归树在分支时会穷举每个特征的所有阈值以找到最优分割点,衡量标准是最小化均方误差。综合所有单棵树的预测值得到 GBDT 的预测值,可表示为:

$$F_k(x) = \sum_{i=1}^{k} f_i(x) \tag{7-21}$$

$f_i(x)$ 为基模型与其权重的乘积,模型的训练目标是使预测值 $F_k(x)$ 不断逼近真实值 y,即让每个基模型的预测值逼近各自要预测的部分真实值。同时考虑所有基模型会导致整体模型训练变得过于复杂,因此在实操中,每次只训练一个基模型,整体模型成为迭代式:

$$F_k(x) = F_{k-1}(x) + f_k(x) \tag{7-22}$$

梯度的提升性体现在每轮迭代中都利用损失函数相对于模型的负梯度方向的信息对当前模型进行更新,即预测值和实际值的残差与损失函数的负梯度相同:

$$-\frac{\partial\left(\dfrac{1}{2}(y - F_k(x))^2\right)}{\partial F_k(x)} = y - F_k(x) \tag{7-23}$$

梯度提升算法可以总结为如下步骤:

输入:训练集 $D = \{(x_1, y_1), (x_2, y_2), \cdots, (x_m, y_m)\}$,$x_i \in R^n$,$y_i \in R$,损失函数 $L(y, f(x))$

输出:回归树 $\hat{f}(x)$

1. 初始化,$f_0(x) = \arg\min_c \sum_{i=1}^{N} L(y_i, c)$。

2. for $m = 1, 2, \cdots, M$ do:

(a) 按照下面公式计算残差:

$$r_{mi} = -\left[\frac{\partial L\left(y_i, f_{m-1}\left(x_i\right)\right)}{\partial f_{m-1}\left(x_i\right)}\right] i = 1, 2, \cdots, N \tag{7-24}$$

（b）拟合残差 r_{mi} 学习一个回归树，得到第 m 颗树的叶节点区域 R_{mj}，j = 1, 2, $\cdots$, J。

（c）找出一棵误差最小的树（构造树的过程和 CART 回归树一样）。

$$c_{m,j} = \mathrm{argmin} \sum_{x_j \in R_{mj}} L\left(y_j, f_{m-1}\left(x_j\right) + c\right) \tag{7-25}$$

（d）更新
$$f_m\left(x\right) = f_{m-1}\left(x\right) + \sum_{j=1}^{J} c_{mj} I\left(x \in R_{mj}\right)。 \tag{7-26}$$

得到回归问题提升树：

$$\hat{f}\left(x\right) = f_M\left(x\right) = \sum_{m=1}^{M}\sum_{j=1}^{J} c_{mj} I\left(x \in R_{mj}\right) \tag{7-27}$$

然而，基于残差的 GBDT 对异常值较为敏感，当异常值偏离过大时，后续模型会对其过分关注，因此许多回归类的损失函数会采用绝对损失函数或 Huber 损失函数来代替平方损失函数。

绝对值损失函数：
$$L\left(y, F\right) = |y - F| \tag{7-28}$$

Huber 损失函数：

$$L\left(y, F\right) = \begin{cases} \dfrac{1}{2}\left(y - F\right)^2 & |y - F| \leq \delta \\[2mm] \delta\left(|y - F| - \dfrac{\delta}{2}\right) & |y - F| > \delta \end{cases} \tag{7-29}$$

GBDT 的每一步残差计算其实变相提高了被分错样本的权重，而被分对样本的权重逐渐趋于 0，这样后续的决策树就能专注于那些被分错的样本。

GBDT 的缩减作为一种重要的演变方式，主要认为每次走一小步逐渐逼近结果的效果要比每次迈一大步很快逼近结果的方式更容易避免过拟合，即它并非完全信任每一棵残差树。缩减不直接使用残差修复误差，而是为每棵树都设置一个权重，累加时需要乘以该权重。

$$F_i\left(x\right) = F_{i-1}\left(x\right) + \mu f_i\left(x\right)\left(0 < \mu \leq 1\right) \tag{7-30}$$

GBDT 在预测阶段计算速度较快，树与树之间可以并行计算；在分布稠密的数据集上，泛化能力和表达能力都具备优势。

二、梯度提升树的优化和工程实现

（一）XGBoost

极致梯度提升树（XGBoost）的全称为 eXtreme Gradient Boosting，它是经过优化的分布式梯度提升树，特点为高效、灵活且可移植。

1. XGBoost 的基本原理

（1）XGBoost 的数学原理。

XGBoost 与 GBDT 最主要的区别在于目标函数的定义。XGBoost 同样也是由 k 个基模型组成的加法模型，假设第 t 次迭代要训练的树模型为 $f_t(x)$，t 次迭代后样本 i 的预测结果为：

$$\hat{y}_i^{(t)} = \sum_{i=1}^{t} f_k(x_i) = \hat{y}_i^{(t-1)} + f_t(x_i) \tag{7-31}$$

但在使用 CART 作为基分类器时，XGBoost 显式地加入了正则项来控制模型的复杂度，有利于防止过拟合，从而提升模型的泛化能力，目标函数由模型的损失函数 L 与抑制模型复杂度的正则项 θ 组成：

$$Obj^{(t)} = \sum_{i=1}^{n} L(y_i, \hat{y}_i) + \sum_{t=1}^{k} \theta(f_t) \tag{7-32}$$

此外，GBDT 在模型训练时只使用到代价函数的一阶导数信息，而 XGBoost 对代价函数进行二阶泰勒展开，同时使用一阶、二阶导数。将二阶展开式代入 XGBoost 的目标函数中，由于在第 t 步时 $\hat{y}_i^{(t-1)}$ 其实是一个已知的值，所以 $l(y_i, \hat{y}_i^{(t-1)})$ 是常数，不影响函数优化，因此，只需求出每一步损失函数的一阶、二阶导数值以及最优化目标函数，就可以得到每一步的 $f(x)$，最后利用加法模型得到整体模型。目标函数可写成：

$$Obj^{(t)} \approx \sum_{i=1}^{n} \left[g_i f_t(x_i) + \frac{1}{2} h_i f_t^2(x_i) \right] + \sum_{t=1}^{k} \theta(f_t) \tag{7-33}$$

（2）最优切分点划分算法。

在实际训练过程中，当建立第 t 棵树时，最关键的问题是如何找到叶节点的最优切分点，XGBoost 支持两种分裂节点的方法——贪心算法和近似算法。

贪心算法可以得到最优解，但当数据量太大时无法读入内存进行计算。近似算法针对贪心算法这一缺点给出了近似最优解。近似算法根据特征分布的分位数来确定候选切分点，然后将连续型特征映射到由这些候选切分点划分的桶中，对每个桶的信息进行累加聚合，最后在候选切分点集合上进行贪心查找，能够减少计算复杂度。具体算法主要由两个循环构成：

① 第一个 for 循环：根据特征 k 分布的分位数找到切分点的候选集合 $S_k = \{s_{k1}, s_{k2}, \cdots, s_{kl}\}$，目的是提取出部分切分点，无须遍历所有切分点。

② 第二个 for 循环：将每个特征的取值映射到由该特征对应的候选集合所划分的分桶区间，即 $s_{kv} \geq x_{jk} \geq s_{kv-1}$。计算每个桶区间内的样本统计值 G、H 并进行累加，最后在这些累计的统计量上寻找最佳分裂点。

（3）稀疏感知算法。

实际工程中，数据的缺失、独热编码等都会造成输入数据稀疏。XGBoost 在构建树的过程中只考虑非缺失值数据的遍历，为每个节点增加了一个缺省方向，当样本相应的特征值缺失时，可以被归类到缺省方向上，最优的缺省方向可以从数据中学到。分别枚举特征缺省样本归为左右分支后的增益，增益最大的枚举项即为最优缺省方向。

在构建过程中需要枚举特征缺失的样本，表面来看该算法会多出约一倍的计算量，但由于在算法迭代中只考虑非缺失值数据的遍历，缺失值数据直接被分配到左右节点，所需要遍历的样本量大大减少。有学者通过实验证明稀疏感知算法比普通算法在处理数据上快了超过 50 倍。

2. XGBoost 的工程实现

（1）块结构设计。

决策树学习最耗时的步骤是在每次寻找最佳分裂点时都需要对特征的值进行排序。而

XGBoost 在训练之前根据特征对数据进行了排序,并采用稀疏矩阵存储格式(CSC)保存到块结构中,后续训练过程中会重复使用块结构,能够大大降低计算量。每个块结构包括一个或多个已经排序好的特征,缺失特征值将不进行排序,每个特征会存储指向样本梯度统计值的索引,方便计算一二阶导数值。

块结构存储的特征之间相互独立,方便计算机并行计算。在节点分裂时需要选择增益最大的特征作为分裂点,这时各个特征的增益计算可以同时进行,这也是 XGBoost 能够实现分布式或者多线程计算的重要原因之一。

(2) 缓存访问优化。

块结构的设计可以减少节点分裂时的计算量,但特征值通过索引访问样本梯度统计值的设计会导致访问操作的内存空间不连续,进而造成缓存命中率低,影响算法效率。

为了解决这一问题,XGBoost 提出了缓存访问优化算法:为每个线程分配一个连续缓存区,将需要的梯度信息放入缓冲区中,这样就实现了非连续空间到连续空间的转换,提高了算法效率。此外,适当调整块大小,也有助于缓存优化。

(二) LightGBM

LightGBM(Light Gradient Boosting Machine)是微软旗下 DMKT 的项目,由 2014 年首届阿里巴巴大数据竞赛获胜者之一柯国霖主持开发。作为轻量级(Light)的梯度提升机(GBM),其相对于 XGBoost 具有训练速度快、内存占用低的特点。为避免上述 XGBoost 遍历数据集和消耗内存等缺陷,能够在不损害准确率的条件下加快 GBDT 模型的训练速度,LightGBM 在传统的 GBDT 算法上进行了一定的优化。

1. LightGBM 的基本原理

(1) 单边梯度抽样算法。

GBDT 算法的梯度大小可以反映样本权重,梯度越小说明模型拟合得越好。单边梯度抽样(Gradient-based One-side Sampling,GOSS)算法利用这一信息对样本进行抽样,减少了大量小梯度样本,在后续计算中只需关注大梯度样本,极大地降低了计算量。

GOSS 算法保留了大梯度样本,并对小梯度样本随机抽样,为了不改变样本的数据分布,在计算增益时为小梯度样本引入一个平衡常数。GOSS 首先将要进行分裂的特征的所有取值按照绝对值大小降序排列,设大梯度数据采样率为 a,小梯度数据采样率为 b,选取绝对值最大的 $a \times 100\%$ 个数据。然后在剩下的较小梯度数据中随机选择 $b \times 100\%$ 个数据。接着将这 $b \times 100\%$ 个数据乘以常数 $\dfrac{1-a}{b}$,这样算法就会更关注训练不足的样本,而不会过多改变原数据集的分布。最后使用这 $(a+b) \times 100\%$ 个数据来计算信息增益。

(2) 直方图算法。

直方图算法的基本思想是将连续的特征离散化为 k 个离散特征,同时构造一个宽度为 k 的直方图用于统计信息。直方图算法可以很好地减少内存占用,在计算特征分裂增益时,也只需要遍历一次,减少计算代价。虽然将特征离散化后无法找到精确的分割点,可能对模型的精度产生一定的影响,但较粗的分割也起到了正则化的效果,一定程度上降低了模型方差。如图 7-4 所示。

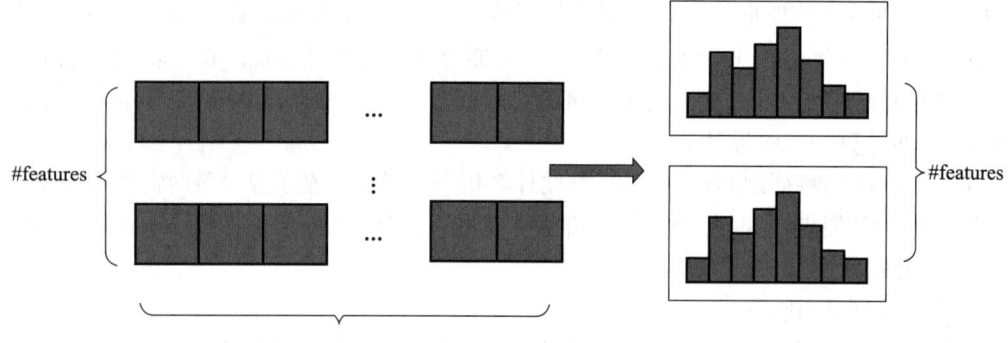

图 7-4 直方图算法

在构建叶节点的直方图时,可以通过父节点的直方图与相邻叶节点的直方图相减的方式进行,从而减少一半的计算量。在实际操作过程中还可以先计算直方图小的叶节点,然后利用直方图作差来获得直方图较大的叶节点。LightGBM 也采用稀疏感知算法类似策略:只用非零特征构建直方图。

(3)互斥特征捆绑算法。

高维特征往往是稀疏且特征间相互排斥,如果两个特征并不完全互斥,可以用互斥率表示其互斥程度。互斥特征捆绑(Exclusive Feature Bundling,EFB)算法指出,如果将一些特征融合绑定,则可以减少特征数、简化运算。

关于特征捆绑的选择,EFB 算法利用特征间的关系构造一个加权无向图,并将其转换为图着色算法,采用贪婪算法得到近似解,具体步骤为:① 首先构造一个加权无向图,顶点是特征,边是两个特征间的互斥程度;② 根据节点的度降序排列,度越大,与其他特征的冲突越大;③ 遍历每个特征,将其分配给现有特征包,或新建一个特征包,使得总体冲突最小。算法允许两两特征并不完全互斥来增加特征捆绑的数量,通过设置最大互斥率 γ 来平衡算法的精度和效率。

(4)带深度限制的 Leaf-wise 算法。

在建树的过程中有两种策略:① Level-wise。基于层生长,直到满足停止条件。② Leaf-wise。每次分裂增益最大的叶节点,直到满足停止条件。该算法如图 7-5 所示。

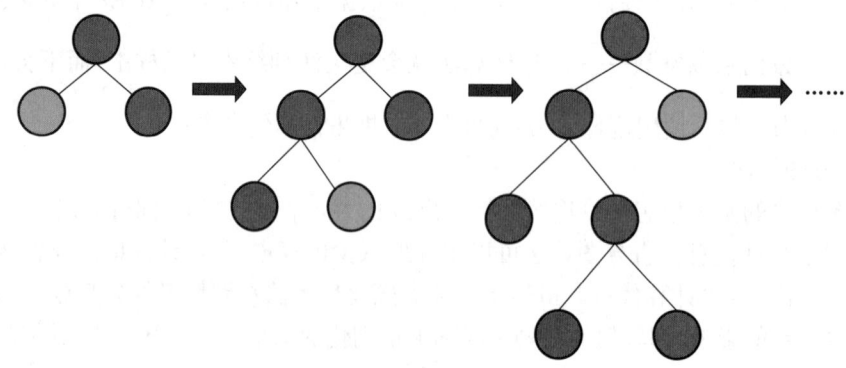

图 7-5 Leaf-wise 算法

　　XGBoost 采用 Level-wise 增长策略,方便并行计算每一层的分裂节点,提高了训练速度,但同时也因为节点增益过小而增加了很多不必要的分裂;LightGBM 采用 Leaf-wise 增长策略减少了计算量,配合最大深度的限制防止过拟合,由于每次都需要计算增益最大的节点,所以无法并行分裂。

　　(5) 类别特征最优分割。

　　大部分的机器学习算法都不能直接支持类别特征,一般都会对类别特征进行编码,之后再输入模型中。常见的处理方法为独热编码。但对于决策树来说并不推荐使用独热编码,决策树依赖的是数据的统计信息,而独热编码会把数据切分到零散的小空间上,导致统计信息不准确、学习效果变差、样本切分不平衡以及切分增益过小等问题。

　　LightGBM 能够支持直接输入类别特征,不需要额外的 0/1 展开。LightGBM 采用 many-vs-many 的切分方式将类别特征划分为两个子集,以实现类别特征的最优切分。

　　在枚举分割点之前,先把直方图按照每个类别对应的 label 均值进行排序,然后按照排序结果依次枚举最优分割点。从图 7-6 可以看到,$\dfrac{Sum(y)}{Count(y)}$ 为类别的均值。相比 0/1 展开的方法,使用 LightGBM 支持的类别特征可以使训练速度加快 8 倍,且精度保持一致。更重要的是,LightGBM 是第一个直接支持类别特征的 GBDT 工具。

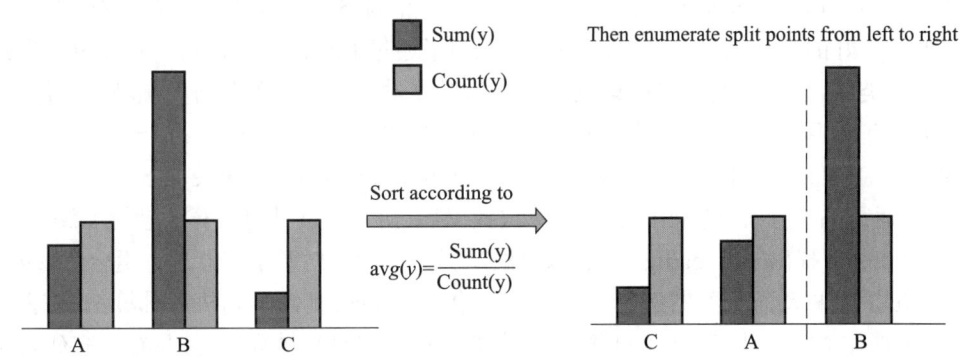

图 7-6　类别特征最优分割方法

　　2. LightGBM 的工程实现

　　(1) 并行策略。

　　在实际工程实现中,LightGBM 通过三类并行措施达到了降低通信代价的目的:① 特征并行。不进行数据垂直划分,每台机器都有完整的训练集数据,在得到最佳划分方案后可在本地执行划分。② 数据并行。采用分散归约(Reduce Scatter)的方式将直方图整合的任务分摊到不同机器上。③ 投票并行。先从本地找出 Top K 特征,基于投票筛选出可能是最优分割点的特征,合并时只合并每个机器选出来的特征。

　　(2) 缓存优化。

　　XGBoost 对缓存并不友好,在预排序后,特征对梯度的访问属于随机访问,且不同特征的访问顺序不同,无法对缓存进行优化,造成缓存命中率低。

　　LightGBM 所使用的直方图算法对缓存天生友好。一方面,所有特征都采用相同方式获得梯度,只需对梯度进行排序即可实现连续访问,提高了缓存命中率。另一方面,因为不需要存储行索引到叶子索引的数组,大大降低了存储消耗。

第四节　集成学习

一、集成学习的产生

集成学习的决策思想在文明社会伊始就已存在:在民主社会中,公民们通过投票来选举官员或制定法律。研究人员使用集成学习的最初目的和人们在日常生活中使用这些机制的原因相似。在机器学习中,集成学习方法使用多种学习算法来获得比单独使用任何一种学习算法更好的预测性能。

1979 年,Dasarathy 和 Sheela 首次提出集成学习思想,集成学习本身是一种监督学习算法,因为它可以被训练然后用于预测。因此,训练后的集成模型代表了一个假设,但这个假设不一定被包含在构建它的模型的假设空间内。所以,集成学习具有更大的灵活性。

二、集成学习的发展

1990 年,Hansen 和 Salamon 展示了一种基于神经网络的集成模型,该集成模型具有更低的方差和更好的泛化能力。同年,Schapire 证明了通过 Boosting 方法可以将弱分类器组合成一个强分类器,该方法的提出使集成学习成为机器学习的一个重要研究领域。此后,集成学习研究得到迅猛发展,出现了许多新颖的思想和模型。1991 年 Jacobs 提出了混合专家模型。1994 年,Wolpert 提出了堆叠泛化模型。1995 年,Freund 和 Schapire 提出了 Adaboost 算法,该算法运行高效且实际应用广泛。该算法提出后,研究人员针对该算法进行了深入研究。1996 年,Breiman 提出了 Bagging 算法,该算法从另一个角度对基学习器进行组合。1997 年,Woods 提出了一种动态分类器选择方法。2001 年,Breiman 提出了随机森林算法,该算法被誉为最好的算法之一。随着时代的发展,更多的集成学习算法被提出,并且在诸多领域都取得了重大突破。

三、集成学习的基本概念

我们首先认识一些集成学习中的基本概念。基学习器是指集成学习中的个体学习器,建立在基学习算法之上。集成学习分类器通常包含数个基学习器,每个基学习器基于自己的训练集单独训练,最终形成不同参数的机器学习模型。依据分类准确率可将分类器划分为两大类型:弱分类器,是指分类效果只比随机猜测效果稍好的学习器(分类准确率略高于 50%);强分类器,是指分类准确率明显高于弱分类器的学习器。此外,同质基学习器是指使用相同基学习算法生成的基学习器,相反,异质基学习器是指使用不同基学习算法生成的基学习器。

通常,构建一个完整的集成学习算法大致分为两步:构建基学习器和组合基学习器。集成学习通过构建并结合多个基学习器,将若干个弱分类器通过某种策略组合之后产生一个强分类器,进而完成学习任务。

构建基学习器的过程可以是并行的,也可以是顺序的。在顺序模式下,多个学习器是依次构建的,由于个体学习器需要串行生成,它们之间通常存在强依赖关系,代表算法是 Boosting 系列算法,如 AdaBoost、梯度提升树等。而在平行方法中,个体学习器之间不存在强依赖关系,可以并行生成,最终取所有基学习器预测结果的平均值,代表算法为 Bagging 和随机森林系列算法。

组合基学习器是将这些基学习器组合起来使用,最常见的组合方法如用于分类的多数投票、用于回归的权重平均等。

可以看出,集成学习算法的关键在于提供给个体学习器的训练数据、产生个体学习器的过程和学习结果的组合方式三个方面。

四、常见的集成类型

虽然学者们不断提出新的集成学习算法,但这些算法大都是由一些经典算法如 Bagging、Boosting、Stacking 等改编得到的,这些经典算法具有良好的应用效果且被广泛运用于各个领域。

（一）套袋（Bagging）算法

布莱曼（Breiman）在 1996 年首先提出并证明了 Bagging 算法能够提高不稳定模型的准确度,同时降低过拟合程度。套袋算法是最早的集成学习算法之一,它虽然结构简单,但是表现优越。该算法的工作机制为:对训练集利用自助采样法进行随机采样,通过随机改变训练集的分布产生新的训练子集,然后分别用不同的训练子集训练基学习器,最后通过集合策略得到最终的强学习器。

如图 7-7 所示,n 个新数据集通过有放回的随机抽样,即自助采样法得到,对于 m 个样本的原始数据集,每次随机选取一个样本放入采样集,然后再把这个样本重新加入原始数据集中,之后进行下一个样本的随机抽样,直到一个采样集中的数量达到 m,这样就构建好了一个采样集。通过不断重复上述过程,得到 n 个弱分类器,根据每个弱分类器返回的结果,采用组合策略得到一个强分类器。

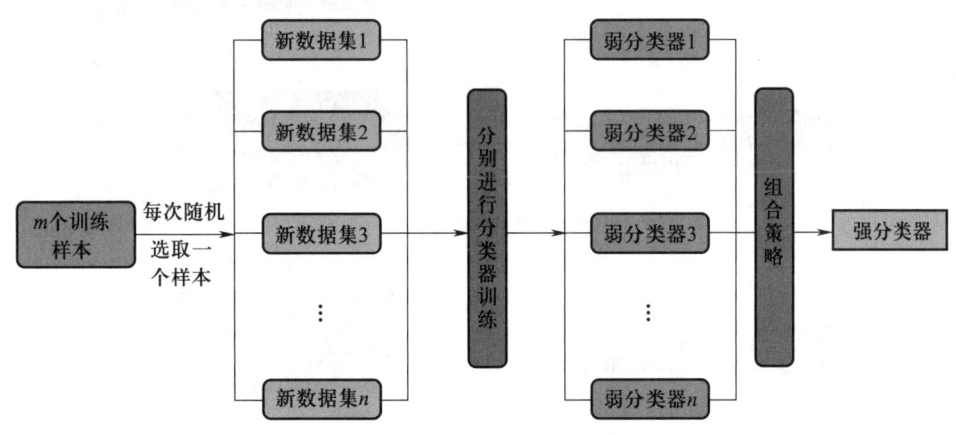

图 7-7　Bagging 算法工作机制

Bagging 算法使集成模型中的每个子学习器在投票时具有相同的权重。其中,随机森林算法将随机决策树与 Bagging 算法结合以实现更高的分类准确度,是 Bagging 思想的代表算法。随机森林在 Bagging 算法的样本随机采样基础上,又加入了特征的随机选择。

Bagging 算法适合于解决训练集较小的问题,对于不稳定学习算法非常有效。Breiman 基于 Bagging 设计了 Pasting Small Votes 算法,该算法能够有效地应对数据量较大的机器学习问题。还有学者提出了基于 Bagging 算法的选择性聚类集成算法和多种选择性集成学习方法等,不断对模型进行改进和探索。

(二) Boosting 算法

Boosting 算法是一种将弱学习器转换为强学习器的迭代方法。它通过增加迭代次数,自适应地改变训练样本的分布,使得弱分类器聚焦到那些很难分类的样本上,产生一个表现接近完美的强学习器,具备强大的理论基础、算法特点和良好的实际性能。其工作机制是:先基于原始训练集训练出一个基学习器;再根据基学习器的表现对样本权重进行调整,增加基学习器误分类样本的权重(又称重采样);基于调整后的样本分布训练下一个基学习器;如此重复进行,直至基学习器数目达到事先指定的个数 n,将这 n 个基学习器通过集合策略进行整合,得到最终的强学习器。其工作机制如图 7-8 所示。Boosting 系列算法里最著名算法有 AdaBoost 算法和提升树系列算法,提升树系列算法里面应用最广泛的是梯度提升树(Gradient Boosting Tree)。

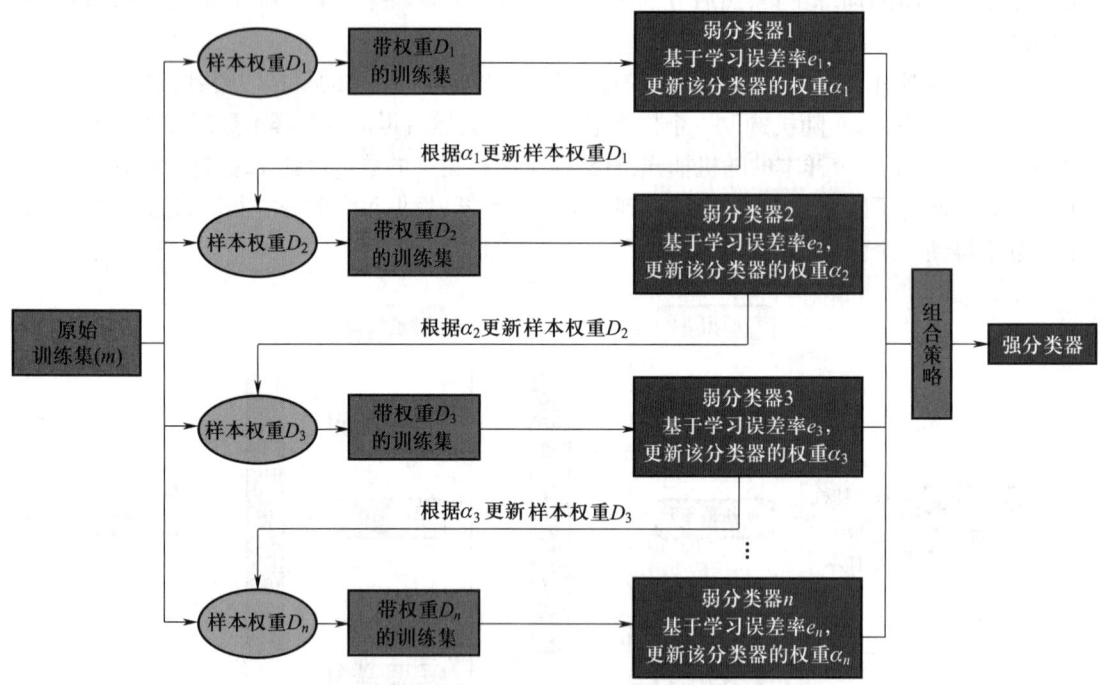

图 7-8　Boosting 工作机制

Boosting 通过在训练新模型实例时更注重先前模型错误分类的实例来增量构建集成模型,即在第一个分类器之后产生的每一个分类器都是针对前一次未被正确分类的样本进行学习,因此该算法可以有效地降低模型偏差。在某些情况下,Boosting 已被证明比 Bagging 可以得到更高的准确率,但也伴随更高的过拟合风险。

（三）堆叠泛化（Stacking）

分层模型集成框架堆叠泛化（Stacking）涉及训练学习算法以组合其他几种学习算法的预测。Stacking 算法像是在 Bagging 之后增加了一层。其工作机制为:首先使用可用数据训练所有其他算法,生成若干独立的基学习器,然后训练组合器算法以使用其他算法的所有预测作为附加输入进行最终预测。其工作机制如图 7-9 所示。如果使用任意组合器算法,那么堆叠理论上可以表示本书中描述的任何集合技术。但实际中,通常使用逻辑回归模型作为组合器。

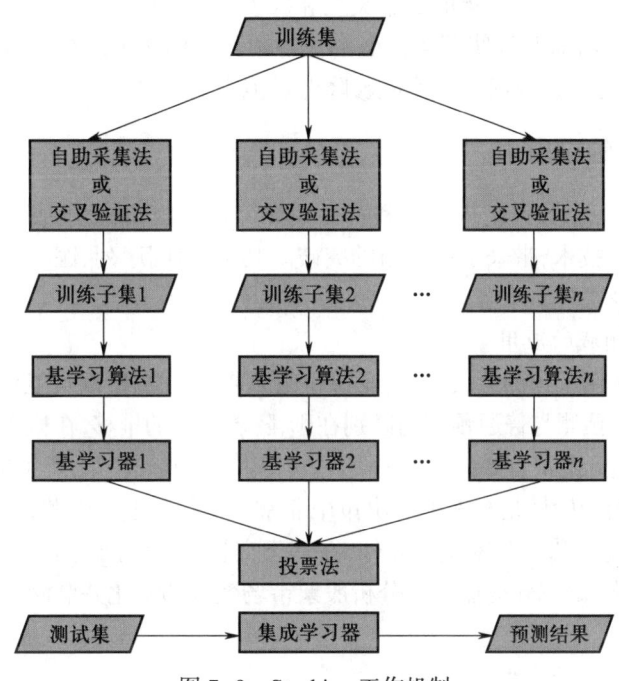

图 7-9　Stacking 工作机制

在 Stacking 算法中,由于基学习器、元学习器和参数的选择会直接决定学习效果,因此 Ledezma 等使用遗传算法来选择该算法的最佳配置。Stacking 通常比任何一个经过训练的模型都能产生更好的性能,它已成功用于监督学习任务（如回归、分类和距离学习）和无监督学习任务（如密度估计）。

（四）三种常见算法的优缺点

Bagging、Boosting 和 Stacking 三种集成学习算法各具特色,分别从不同的角度解决机器学习问题。

Bagging 算法通过重采样方法从原始训练集中有放回地采样得到多个训练子集,由于各个训练子集相互独立,降低了基分类器的方差,改善了泛化误差。此外,重采样方法可以有效降低原始训练集中随机波动导致的误差,使得不稳定的学习器具备更好的学习效果。因为该算法中的基学习器权重相同,所以基学习器的选择会直接影响集成结果,不稳定的基学习器不仅能提供良好的学习效果,而且能根据训练集不同提供多样性,因此 Bagging 算法与不稳定的学习算法相结合通常能产生一个强大的学习模型,并且具有良好的抗噪能力,各个基学习器能够并行生成,运行效率较高。

Boosting 算法在每轮训练中使用的训练集不变,但训练集中每个样例会根据上一轮的学习结果进行调整,促使新学习器针对已有学习器判断错误的样本进行学习。这种方法能够显著改善弱学习器的学习效果,但很容易受到噪声影响从而产生过拟合现象。此外,每个基学习器只能顺序生成,训练效率相对较差。

Stacking 算法使用初级学习器产生新的训练集来训练次级学习器,但如果直接使用初级学习器的训练集来训练次级学习器,过拟合风险太大,因此通常使用交叉验证法来产生次级训练集。在该算法中,次级训练集的数据类型和次级学习器的选择是两个关键因素。使用多个强而不同的初级学习器并且使用类标概率代替预测类标作为次级学习器的属性会产生更好的结果,且次级学习器选择简单模型能够降低过拟合的风险。

五、集成学习的应用

在具有数据维度高、数据结构复杂和特征模糊等特点的领域,集成学习作为一种可以最大化提升学习效果的技术,带来了许多新的突破。其中,时间序列、医疗健康和计算机安全等领域的研究受到广泛关注。

(一)时间序列领域的应用

集成学习被广泛用于预测天气、电气设备和化工装置的损耗,以及卫星通信和雷达数据等时间序列。时间序列预测与普通预测的区别在于,随着时间的推移,在概念或分布上可能发生一些偏差。处理这些问题最有效的方法是使用多个学习器共同决策,具备更好的泛化能力。

预测业务失败的准确性是金融财务决策中非常关键的问题。因此,不同的集成分类器被提出用于预测金融危机和财务困境。此外,在基于交易的操纵问题中,交易者试图通过买卖活动来操纵股票价格,集成分类器需要分析股票市场数据的变化并监测股票价格操纵的可疑症状。

(二)医疗健康领域的应用

医疗健康领域数据通常具有数据量庞大、质量低和精确度差等特点。然而,用于医疗诊断的专家系统,如计算机辅助诊断系统(CAD)、临床决策支持系统(CDSS)等,因直接关系患者的生命健康,需要具备高度精确性。因此,在该领域利用集成学习方法集成多个"专家"进行决策的系统相比只根据单个"专家"进行决策的系统具有更高的可靠性,能够显著提升疾病的分类准确率。集成分类器已成功应用于神经科学、蛋白质组学和医学诊断,如基于磁共振成像(MRI)数据集的神经认知障碍检测、癌症基因组数据分类、生物信息表达等。

(三)计算机安全领域的应用

现代通信和信息系统已成为日常生活不可或缺的一部分,当它们受到诸如病毒、蠕虫等攻击时,会对日常生活造成巨大影响。关于发现攻击并消除其影响的研究被称为入侵检测系统(IDS),可将 IDS 研究看作将网络的正常行为与攻击行为分开的分类任务。机器学习算法在 IDS 研究中广泛使用,其主要目的是解决 IDS 泛化能力差的问题,集成学习可以有效帮助这种监控系统减少总误差。另外,集成学习能够通过组合单个分类器的输出,区分分布式拒绝服务攻击;通过对病毒、蠕虫、特洛伊木马、勒索软件等恶意软件代码进行分类,实现恶意软件检测。

第五节　树类分析在金融领域的运用

案例一　基于决策树模型的金融信贷风险评估

（一）场景应用介绍

风险管理技术的核心在于风险测量、风险评估和风险监控。信贷风险评估是对贷款预期风险发生的可能性即风险产生的概率以及贷款事实风险可能造成的损失做出评价。对于贷款风险评估模型的构建目前得到广泛应用的方法有多元判别分析方法（MDA）、Logistic 回归判别分析方法、神经网络分析方法等。由于统计判别分析方法的精确性受领域知识和训练数据及其分布的影响很大，须受制于若干母体分布的假设前提，这些假设前提在财务领域中已被证实具有缺陷，而且它只能把风险分成"违约"与"非违约"两类，很难满足目前我国金融机构贷款五级分类管理的需要。决策树模型能够较好地应对上述局限性，因此，本案例主要通过构建决策树的方式针对已有借贷数据展开信贷风险评估。

（二）准备工作

1. 工具包安装与加载

```
# 导入库
import pandas as pd
import numpy as np
from sklearn.tree import DecisionTreeClassifier
from sklearn.model_selection import train_test_split
from sklearn import metrics
from IPython.display import Image
import pydotplus
from sklearn import tree
from sklearn.metrics import confusion_matrix
from sklearn.model_selection import GridSearchCV
```

2. 数据来源与说明

根据自建的一份包含借款人信息及银行是否借贷的数据集，创建一棵决策树并进行预测。

```
# 导入数据
data = pd.read_csv('loan_data.txt', sep = '\s+', encoding = 'utf-8', index_col = 'nameid')
print(data)
x = data.drop(['approve'], axis = 1).values
print(x)
```

```
y = data['approve'].values
print(x.shape, y.shape)
```

字段介绍：

（1）Name_ID(姓名)。

（2）Profession(职业)：1- 企业工作者，2- 个体经营户，3- 自由工作者，4- 事业单位，5- 体力劳动者。

（3）Education(受教育程度)：1- 博士及以上，2- 硕士，3- 本科，4- 专科，5- 高中及以下。

（4）House_Loan(是否有房贷)：1- 有，0- 没有。

（5）Car_Loan(是否有车贷)：1- 有，0- 没有。

（6）Married(是否结婚)：1- 是，0- 否。

（7）Child(是否有小孩)：1- 有，0- 没有。

（8）Revenue(月收入)。

（9）Approve(是否予以贷款)：1- 贷款，2- 不贷款。

（三）模型搭建与代码实现

1. 模型说明

银行借贷决策树是基于分析历史按时还款、逾期或不还的用户群体的各自特征建立模型，未来借款用户只要符合借款要求，就给予借贷，如不符合，则拒绝。

2. 模型构建

（1）划分训练集、验证集和测试集。

```
# 划分训练集和测试集
x1 = x[:900]
y1 = y[:900]
x2 = x[900:]
y2 = y[900:]
# 在训练集中再划分出训练集和验证集
x_train, x_test, y_train, y_test = train_test_split(x1, y1, test_size = 0.2)
```

（2）建立决策树模型。

```
# 生成决策树
clf = DecisionTreeClassifier( )
clf.fit(x_train,y_train)
y_pred = clf.predict(x_test)
print(' 训练集评分 :', clf.score(x_train, y_train))
print(' 验证集评分 :', clf.score(x_test, y_test))
print(' 测试集评分 ', clf.score(x2,y2))
print(' 查准率 :', metrics.precision_score(y_test, y_pred))
```

```
print(' 召回率 :', metrics.recall_score(y_test, y_pred))
print('f1 分数 :', metrics.f1_score(y_test, y_pred))
```

模型关键评价指标情况如图 7-10 所示。

```
训练集评分: 1.0
验证集评分: 0.6611111111111111
测试集评分 0.83
查准率: 0.7747747747747747
召回率: 0.7049180327868853
f1分数: 0.7381974248927038
```

图 7-10　模型关键评价指标情况

通过图 7-10 可以看出，训练集评分为 1，验证集和测试集评分均偏低，说明模型已经过拟合了，再通过混淆矩阵及分类报告能够查看更多细节信息。代码如下：

```
# 混淆矩阵查看分类结果
print(confusion_matrix(y_true = y_test, y_pred = y_pred, labels = list(set(y))))
# 分类报告查看各类的评分
print(metrics.classif ication_report(y_test, y_pred, labels = list(set(y))))
```

3. 模型训练

模型混淆矩阵及评分信息如图 7-11 所示。

	precision	recall	f1-score	support
0	0.48	0.57	0.52	58
1	0.77	0.70	0.74	122
micro avg	0.66	0.66	0.66	180
macro avg	0.63	0.64	0.63	180
weighted avg	0.68	0.66	0.67	180

图 7-11　模型混淆矩阵及评分信息

通过进一步观察模型的混淆矩阵及各类评分信息，可以发现 FP 和 FN 都非常高，三项评分也都较低。此时可以通过 GridSearchCV 进行调参，从而减少过拟合。代码如下：

```
# 指定初始参数
param = {'max_depth':[5,10,20], 'min_samples_leaf':np.arange(3, 10, 1), 'min_impurity_
split':np.linspace(0.1, 0.6, 10),}
# 进行调参
clf = GridSearchCV(DecisionTreeClassifier( ), param_grid = param,cv = 8)
clf.fit(x_train,y_train)
```

```
# 打印结果
print(clf.best_params_, clf.best_score_)
```

通过上述调参,获得最佳的参数为 max_depth=5,min_impurity_split=0.37,min_sample_leaf=3。将上述参数代入模型重新拟合并打印评价信息。代码如下:

```
clf = DecisionTreeClassifier(max_depth = 5, min_samples_split = 5, min_impurity_
split = 0.37)
clf.fit(x_train, y_train)
y_pred = clf.predict(x_test)
print(' 训练集评分 :', clf.score(x_train, y_train))
print(' 验证集评分 :', clf.score(x_test, y_test))
print(' 测试集评分 ', clf.score(x2, y2))
print(' 查准率 :', metrics.precision_score(y_test, y_pred))
print(' 召回率 :', metrics.recall_score(y_test, y_pred))
print('f1 分数 :', metrics.f1_score(y_test, y_pred))
print(confusion_matrix(y_true = y_test, y_pred = y_pred, labels = list(set(y))))
    print(metrics.classification_report(y_test, y_pred, labels = list(set(y))))
```

模型测试结果及混淆矩阵如图 7-12 所示。

	precision	recall	f1-score	support
0	0.94	0.53	0.67	59
1	0.81	0.98	0.89	121
micro avg	0.83	0.83	0.83	180
macro avg	0.87	0.75	0.78	180

训练集评分: 0.8319444444444445
验证集评分: 0.8444444444444444
测试集评分 1.0
查准率: 0.8120805369127517
召回率: 1.0
f1分数: 0.8962962962962964

图 7-12　模型测试结果及混淆矩阵

4. 模型结果分析

通过训练,模型各项评分有了很大的提升,说明调参确实在一定程度上缓解了过拟合并提高了模型的泛化能力。在此基础上,我们对决策树进行可视化得到图 7-13。代码如下:

```
dot_data = tree.export_graphviz(clf,out_file = None,
                                feature_names = data.columns[:-1],
                                class_names = data.columns[-1],
                                filled = True,rounded = True,
                                special_characters = True)
graph = pydotplus.graph_from_dot_data(dot_data)
graph.write_pdf(" 银行借贷模型 . pdf")
```

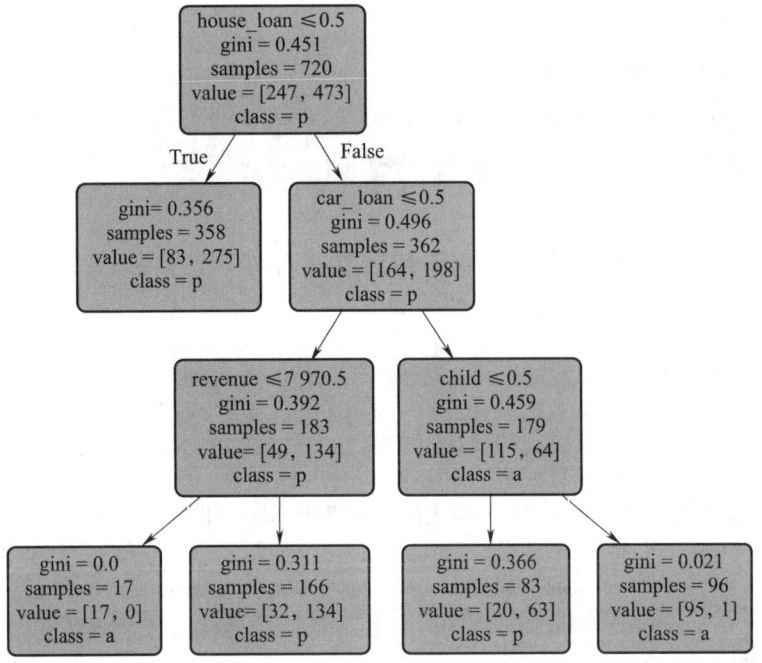

图7-13　可视化决策树模型

如图7-13所示,经过剪枝后决策树逻辑非常清晰、简洁:

(1) 如果用户没有房贷,则给予贷款;

(2) 如果用户有房贷,但无车贷,且月收入在7 970元以上,则给予贷款;

(3) 如果用户有房贷也有车贷,但是没有孩子,也给予贷款。

案例二　基于随机森林模型的股价涨跌预测模型

(一) 场景应用介绍

机器学习已经广泛应用于资产市场的分析中,有学者在 *Applied Mathematical Finance* 期刊发表相关文章,利用随机森林算法对股价 *d* 天之后的涨跌方向进行预测。文章发现相比于 SVM、线性判别分析等模型,随机森林可以取得更优秀的预测结果:能够达到85%~95%的准确率。

(二) 准备工作

1. 工具包安装与加载

首先需要引入需要搭建的库和模块。代码如下:

```
pip install talib
#导入相关库
import tushare as ts
import numpy as np
import pandas as pd
```

```
import talib
import matplotlib.pyplot as plt
from sklearn.ensemble import RandomForestClassifier
from sklearn.metrics import accuracy_score
```

2. 数据来源与说明

本案例选取平安银行股票 2017 年年初至 2021 年年末的数据,通过 Tushare[①] 平台和 get_k_data( ) 函数获取股票基本数据。代码如下:

```
import tushare as ts
df = ts.get_k_data('000001',start = '2017−01−01',end = '2021−12−31')
df.head( )
```

前五行数据如图 7−14 所示,其中缺失的数据为节假日(非交易日)数据。

	date	open	close	high	low	volume	code
0	2017−01−03	8.045	8.095	8.115	8.025	459 840.0	000001
1	2017−01−04	8.085	8.095	8.115	8.075	449 329.0	000001
2	2017−01−05	8.105	8.105	8.115	8.085	344 372.0	000001
3	2017−01−06	8.105	8.065	8.105	8.045	358 154.0	000001
4	2017−01−09	8.065	8.085	8.105	8.045	361 081.0	000001

图 7−14 原始数据集前五行数据概况

使用 set_index( ) 函数将 date 列设置为行索引。代码如下:

```
df = df.set_index('date')
df.head( )
```

设置行索引后数据集前五行数据概况如图 7−15 所示。

date	open	close	high	low	volume	code
2017−01−03	8.045	8.095	8.115	8.025	459 840.0	000001
2017−01−04	8.085	8.095	8.115	8.075	449 329.0	000001
2017−01−05	8.105	8.105	8.115	8.085	344 372.0	000001
2017−01−06	8.105	8.065	8.105	8.045	358 154.0	000001
2017−01−09	8.065	8.085	8.105	8.045	361 081.0	000001

图 7−15 设置行索引后数据集前五行数据概况

3. 数据特征探索

在进一步构建模型之前,还需利用股票的基本数据获取一些衍生变量数据,如股票技术

---

① Tushare 是一个 Python 财经数据接口包。

分析常用的 5 日均线价格 MA5、10 日均线价格 MA10、相对强弱指标 RSI、动量指标 MOM、指数移动平均值 EMA、异同移动平均线 MACD 等指标。

（1）简单衍生变量的生成，可采用如下代码。具体计算方式如表 7-3 所示。

```
df['close-open'] = (df['close']-df['open'])/df['open']
df['high-low'] = (df['high']-df['low'])/df['low']
df['pre_close'] = df['close'].shift(1)
df['price_change'] = df['close']-df['pre_close']
df['p_change'] = (df['close']-df['pre_close'])/df['pre_close']*100
df.head( )
```

表 7-3　简单衍生变量

衍生变量名称	计算方法
close-open	（收盘价 − 开盘价）/ 开盘价
high-low	（最高价 − 最低价）/ 最低价
pre_close	昨日收盘价，用 shift(1) 将 close 列的所有数据向下移动 1 行并形成新的 1 列，如果是 shift(−1) 则表示向上移动 1 行
price_change	今日收盘价 − 昨日收盘价，即当天的股价变化
p_change	当天股价变化的百分比，也称当天股价的涨跌幅

（2）生成移动平均线指标 MA 值。通过 rolling 函数可以生成股价的 5 日移动平均值和 10 日移动平均值。代码如下：

```
df['MA5'] = df['close'].rolling(5).mean( )
df['MA10'] = df['close'].rolling(10).mean( )
df.head( )
```

其中，MA 是移动平均线的意思，"平均"是指近 n 天收盘价的算术平均值，"移动"是指在计算中始终采用最近 n 天的价格数据。由于缺少数据，前 4 天对应的移动平均值无法计算，所以会产生空值 NaN。通常使用 dropna( ) 函数删除空值。代码如下：

```
df.dropna(inplace = True)
df.head( )
```

（3）用 TA-Lib 库生成相对强弱指标 RSI 值。具体代码如下：

```
import talib
df['RSI'] = talib.RSI(df['close'], timeperiod = 12)
df.tail(5)
```

RSI 值能反映短期内股价涨势相对于跌势的强弱,帮助我们更好地判断股价涨跌趋势。RSI 值越大,涨势相对于跌势越强,反之则越弱。

RSI 值的计算公式如下:

$$RSI = \frac{N \text{日平均上涨价格}}{N \text{日平均上涨价格} + N \text{日平均下跌价格}} \times 100\% \tag{7-34}$$

通常情况下,RSI 取值为 20~80,超过 80 则为超买状态,低于 20 则为超卖状态,等于 50 则认为买卖双方力量均等。例如,如果连续 6 天股价都是上涨,则 6 日平均下跌价格为 0,6 日 RSI 值为 100,表明此时股票买方处于非常强势的地位,但需要警惕此时也可能是超买状态,存在股价下跌的风险。

(4) 用 TA-Lib 库生成动量指标 MOM 值,MOM 是 Momentum(动量)的缩写,它反映一个时期内股价的涨跌速度。具体代码如下:

```
df['MOM'] = talib.MOM(df['close'], timeperiod = 5)
df.tail()
```

(5) 用 TA-Lib 库生成指数移动平均值 EMA。具体代码如下:

```
df['EMA12'] = talib.EMA(df['close'], timeperiod = 12)
df['EMA26'] = talib.EMA(df['close'], timeperiod = 26)
df.tail()
```

EMA 是以指数式递减加权的移动平均值,用于判断股价未来走势的变动趋势。EMA 的计算公式如下:

$$EMA_{today} = aPrice_{today} + (1 - a)EMA_{yesterday} \tag{7-35}$$

式中:EMA_{today} 为当天的 EMA 值;

$Price_{today}$ 为当天的收盘价;

$EMA_{yesterday}$ 为昨天的 EMA 值;

a 为平滑指数,一般取值为 $2/(N+1)$,N 表示天数,当 N 为 6 时,a 为 2/7,对应的 EMA 称为 $EMA6$,即 6 日指数移动平均值。

公式不断递归,直至第 1 个 EMA 值出现(第 1 个 EMA 值通常为开头 5 个数的均值)。

(6) 用 TA-Lib 库生成异同移动平均线 MACD 值。具体代码如下:

```
df['MACD'],df['MACDsignal'], df['MACDhist'] = talib.MACD(df['close'], fastperiod = 6, slowperiod = 12, signalperiod = 9)
df.tail()
```

MACD 是股票市场上的常用指标,它是基于 EMA 值的衍生变量,其变化反映着市场趋势,不同 K 线级别的 MACD 代表该级别周期中的买卖趋势。MACD 计算方法较为复杂,感兴趣的读者可以自行了解。这里只需知道 MACD 是一种趋势类指标即可。

（三）模型构建与代码实现

1. 模型构建

（1）引入需要使用的库。

```
# 导入相关库
import tushare as ts
import numpy as np
import pandas as pd
import talib
import matplotlib.pyplot as plt
from sklearn.ensemble import RandomForestClassifier
from sklearn.metrics import accuracy_score
```

（2）获取数据。

```
#1. 股票基本数据获取
import tushare as ts
df = ts.get_k_data('000001', start = '2017-01-01', end = '2021-12-31')
df = df.set_index('date')

#2. 简单衍生变量数据构造
df['close-open'] = (df['close']-df['open'])/df['open']
df['high-low'] = (df['high']-df['low'])/df['low']
df['pre_close'] = df['close'].shift(1)
df['price_change'] = df['close']-df['pre_close']
df['p_change'] = (df['close']-df['pre_close'])/df['pre_close']*100

#3. 移动平均线相关数据构造
df['MA5'] = df['close'].rolling(5).mean( )
df['MA10'] = df['close'].rolling(10).mean( )
df.dropna(inplace = True)

#4. 通过 TA-Lib 库构造衍生变量数据
df['RSI'] = talib.RSI(df['close'], timeperiod = 12)
df['MOM'] = talib.MOM(df['close'], timeperiod = 5)
df['EMA12'] = talib.EMA(df['close'], timeperiod = 12)      #12 日指移动平均值数
df['EMA26'] = talib.EMA(df['close'], timeperiod = 26)      #26 日指移动平均值数
df['MACD'], df['MACDsignal'], df['MACDhist']
    = talib.MACD(df['close'], fastperiod = 6, slowperiod = 12, signalperiod = 9)
df.dropna(inplace = True)
```

特征变量中的很多数据只有在当天交易结束后才能确定,所以模型使用当天的股价数据预测下一天的股价涨跌情况,即目标变量 y 是下一天的股价涨跌情况。此处利用 shift( ) 函数将 price_change(股价变化)这一列的所有数据整体上移 1 行,这样就获得了每一行对应下一天的股价变化情况。判断条件为下一天的股价变化是否大于 0,如果大于 0,说明下一天股价涨了,则 y 赋值为 1;否则,说明下一天股价不变或下跌,则 y 赋值为 -1。预测结果只有 1 或 -1 两种分类。代码如下:

```
X = df[['close', 'volume', 'close-open', 'MA5', 'MA10', 'high-low', 'RSI', 'MOM', 'EMA12', 'MACD', 'MACDsignal', 'MACDhist']]
y = np.where(df['price_change'].shift(-1)>0, 1, -1)
```

(3) 划分训练集和测试集。由于股价的变化趋势具有时间性,划分需按时间序列进行,不能用 train_test_split( ) 函数进行随机划分。将前 90% 的数据作为训练集,后 10% 的数据作为测试集。代码如下:

```
X_length = X.shape[0]
split = int(X_length*0.9)
X_train,X_test = X[:split], X[split:]
y_train,y_test = y[:split], y[split:]

model = RandomForestClassifier(max_depth = 3, n_estimators = 10, min_samples_leaf = 10, random_state = 123)
model.fit(X_train, y_train)
```

(4) 设置模型参数。决策树的最大深度 max_depth 设置为 3,即每个决策树最多只有三层;弱学习器(决策树模型)的个数 n_estimators 设置为 10,即该随机森林中共有 10 个决策树;叶节点的最小样本数 min_samples_leaf 设置为 10,即如果叶节点的样本数小于 10 则停止分裂;随机状态参数 random_state 的作用是使每次运行结果保持一致,没有特殊含义。

2. 模型评估与使用

利用构建好的模型预测下一天的股价涨跌情况,如图 7-16 所示,分别报告预测值、实际值情况以及属于各个分类的概率值。

```
y_pred = model.predict(X_test)
a = pd.DataFrame( )
a[' 预测值 '] = list(y_pred)
a[' 实际值 '] = list(y_test)

# 用 predict_proba( ) 函数预测属于各个分类的概率
y_pred_proba = model.predict_proba(X_test)
a = pd.DataFrame(y_pred_proba, columns = [' 分类为 -1 的概率 ',' 分类为 1 的概率 '])
```

```
a.head( )
```

	预测值	实际值
0	1	−1
1	1	−1
2	1	−1
3	1	1
4	−1	−1

	分类为−1的概率	分类为1的概率
0	0.406 590	0.593 410
1	0.348 357	0.651 643
2	0.345 689	0.654 311
3	0.370 735	0.629 265
4	0.501 931	0.498 069

图 7-16　模型预测结果

通过如下代码可以查看整体的预测准确度,打印输出 score 为 0.504 2,说明模型对整个测试集中约 50% 的数据预测正确。这一预测准确度并不算高,也的确符合股票市场千变万化的特点。

```
accuracy = accuracy_score(y_pred, y_test)
accuracy
model.score(X_test, y_test)
```

3. 模型结果分析

通过如下代码可以分析各个特征变量的特征重要性:

```
importances = model.feature_importances_          # 二维数组形
a = pd.DataFrame( )
a[' 特征 '] = X.columns
a[' 特征重要性 '] = importances
a = a.sort_values(' 特征重要性 ', ascending = False)   # 降序排列
```

由图 7-17 可知,*RSI*、*MACDhist*、*close-open* 等特征变量对下一天股价涨跌结果的预测准确度影响较大。

在模型结果不理想的情况下可考虑进行参数调优,将调优生成的新参数重新输入模型进行二次训练,再对新的模型结果展开测试和评估。具体代码如下:

```
from sklearn.model_selection import GridSearchCV
parameters = {'n_estimators':[5, 10, 20], 'max_depth':[2, 3, 4, 5, 6], 'min_samples_leaf':[5, 10, 20, 30]}
new_model = RandomForestClassifier(random_state = 123)
grid_search = GridSearchCV(new_model, parameters, cv = 6, scoring = 'accuracy')
grid_search.fit(X_train, y_train)
grid_search.best_params_
```

	特征	特征重要性
6	RSI	0.127 147
11	MACDhist	0.122 417
2	close−open	0.108 874
7	MOM	0.108 718
9	MACD	0.101 588
10	MACDsignal	0.088 500
1	volume	0.085 809
4	MA10	0.075 898
5	high-low	0.058 023
3	MA5	0.048 760
8	EMA12	0.041 465
0	close	0.032 800

图 7-17　特征重要性水平

4. 收益回测曲线绘制

前面已经评估了模型的预测准确度,但在商业实战中,我们更关心它的收益回测曲线(又称净值曲线),也就是看利用构建的模型获得的结果是否比不利用模型获得的结果更好。

```
# 在测试数据上添加一列,预测收益
X_test['prediction'] = model.predict(X_test)


# 计算每天的股价变化率
X_test['p_change'] = (X_test['close']−X_test['close'].shift(1))/X_test['close'].shift(1)


# 计算累积收益率
# 例如,初始股价是 1, 2 天内的每天价格变化率为 10%
# 那么用 cumprod() 函数可以求得 2 天后的股价为 1×(1+10%)×(1+10%)=1.21
# 此结果也表明 2 天的收益率为 21%。
X_test['origin'] = (X_test['p_change']+1).cumprod()


# 计算利用模型预测后的收益率
X_test['strategy'] = (X_test['prediction'].shift(1)*X_test['p_change']+1).cumprod()


X_test[['strategy', 'origin']].dropna().plot()
# 设置自动倾斜
plt.gcf().autofmt_xdate()
plt.show()
```

可视化结果如图 7-18 所示。图中上方的曲线为利用模型得到的收益率曲线,下方的曲线为股票本身的收益率曲线,可以看到,利用模型得到的收益明显优于未使用模型时的收益情况。

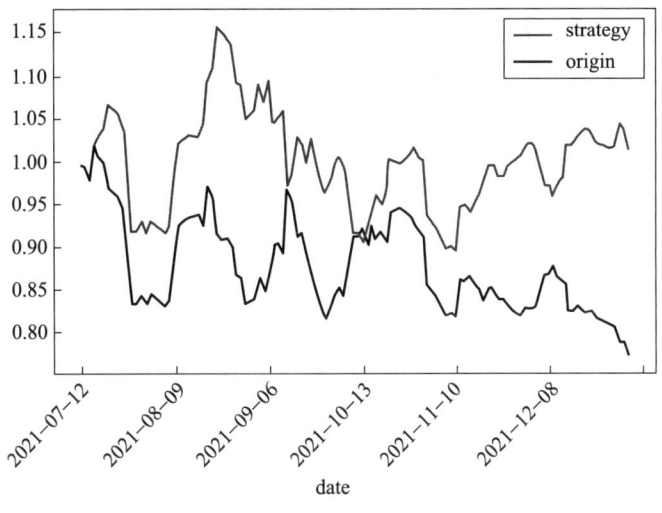

图 7-18 特征重要性水平

本案例构建的模型较为理想化,在实际股市中情况往往更加错综复杂,股票交易也面临很多限制,如不能做空、需考虑手续费等因素。随机森林模型作为一种非常重要的集成模型,融合了决策树模型的众多优点,又规避了决策树模型容易过度拟合等缺点,故而在实际的量化投资交易中应用十分广泛。

本 章 小 结

本章主要介绍了树类分析方法概述及其运用场景、决策树与随机森林、梯度提升决策树及其实现、集成学习以及树类分析在金融领域的应用。树类算法作为机器学习中的经典算法,主要发挥分类器作用,目前已成功运用于诸多领域,具有很大的应用价值。

关 键 名 词

树类分析方法　决策树　随机森林　梯度提升决策树　集成学习

即 测 即 评

请扫码检测本章学习效果。

复习思考题

1. 树形结构具有哪些结构特点？
2. 常见树类分析方法有哪些？
3. 思考并设计一个适用树类分析方法的应用。
4. 简述单棵决策树模型的优缺点。
5. 如何对决策树和随机森林模型进行构建、划分和剪枝？
6. 简述梯度提升决策树优化的方向。
7. 集成学习三种常见算法各有哪些优缺点？

第八章
概率图模型与贝叶斯分类

章前导读

　　图是数学中的一个重要概念,它用简洁优美的方式对纷繁复杂的现实世界进行抽象和概括,在许多领域有重要的应用价值。概率图模型以图作为基本框架,结合概率论知识,直观地描述多个变量之间的逻辑关系,很多重要的机器学习模型都可以用概率图描述或解释,如波尔兹曼机、隐马尔可夫模型、深度信念网络等。朴素贝叶斯作为一种简单的概率图模型,同时兼顾效率与性能,是分类问题中最常用的方法之一。

　　本章首先介绍概率图模型的概念和方法,并给出简单的应用案例,然后从贝叶斯公式出发,介绍贝叶斯分类算法的基本原理,进一步结合具体的实例讲解朴素贝叶斯分类算法,并简单介绍贝叶斯分类算法的几种变化形式。

本章学习目标

　　通过本章的学习,应该了解概率图模型中的基本概念与方法,并了解其应用价值。进一步,掌握贝叶斯公式、朴素贝叶斯分类算法的原理,了解算法参数的含义和设置方法,并能够使用该算法建立分类模型。

第一节　概率图简介

　　概率图模型的基本载体是图(Graph),现在非常热门的图神经网络处理也是具有图结构的数据,此外,在物理、化学、生物等基础学科,以及交通、经济等应用领域,都有大量非常适合用图的观点来看待和研究的问题。本书第十二章将具体介绍图数据的更多内容。本章先简单介绍一下图的基本概念,然后引入概率图。

一、图论介绍

　　图论是数学的一个研究分支,起源于哥尼斯堡七桥问题。18世纪时,哥尼斯堡是归属普

鲁士的城市 ①,城中流经的河流分割出了一个小岛,小岛与其他陆地区域通过七座桥连接起来,如图 8-1 所示。

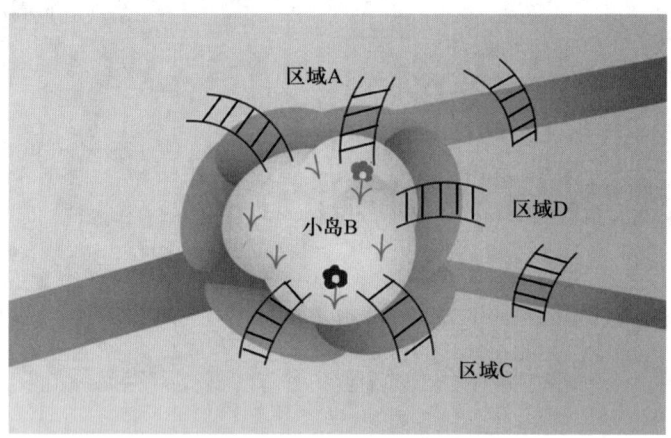

图 8-1 哥尼斯堡七桥

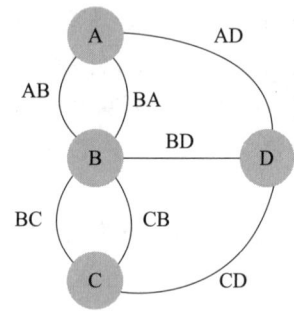

图 8-2 七桥问题的图

城中的居民希望在散步时从某个地点出发,能一次走完所有的七座桥,并且每座桥只经过一次,最终要回到出发点。如果一一尝试,需要实践 5 000 多种可能的路线,这样的解决思路显然不太可行。大数学家欧拉(Leonhard Euler)获悉并认真思考了这个问题,他从这个具体的问题里提取了必要的数学元素,抽象成如图 8-2 所示的形式。

在图 8-2 的基础上,七桥问题可以表述成,从 A、B、C、D 中任何一点出发,能否一笔画过图中的七条线且不重复,最终还要回到出发点。欧拉借助该模型对七桥问题给出了否定的答案。简单地说,他认为对于某条具体的路线中的每个点,每次过该点都必然需要从一条线进入该点,再从另一条线离开该点,所以与这个点相连的线一定是偶数条。显然图 8-2 中与每个点相连的线都是奇数条,因此满足所有预设条件的路径不可能存在。从七桥问题还衍生出多个重要的数学问题,如最短路径、邮差问题、最优运输等,拓扑学的起源与发展也与此密切相关。特别地,欧拉使用思考七桥问题的方式给出了图的数学定义。在数学中,图是用有序对描述的,记为 G =(V,E),其中 V 表示图上所有的节点(Vertex)构成的集合,E 表示图上所有的边(Edge)构成的集合,这些点和边共同描述了多个对象之间的关系。在七桥问题中,V 由 A、B、C、D 四个节点构成,分别代表陆地的四块区域,两点之间的边代表两个区域之间有桥连接,该图共有七条边,即 E= {AB,AD,BC,BD,CD,BA,CB}。

通常我们遇到的图的点和边的数量是有限的,这样的图称为有限图,对应地,当然也有无限图的概念,但无限图超出了本书的讨论范围。有限图总能在平面上形象地画出来,图的节点和边并不存在特定的顺序,所以画法是多样的,只要能清晰地刻画出点和边之间的关系即

可。例如七桥问题中的图,除了图 8-2 的画法,也可以用图 8-3 中的形式描述。

在社交网络中,如果把微信用户看作节点,微信好友之间用边连接,就构成了一个规模庞大的图,如图 8-4 所示。

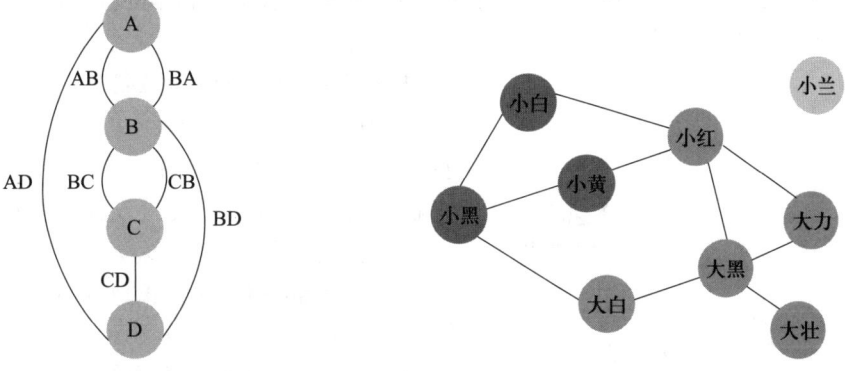

图 8-3　图的多种画法　　　　　　　　图 8-4　微信社交网络

二、概率图

20 世纪 70 年代之前,人工智能的主流方法是以形式逻辑为基础,对知识进行表示、归纳与推理。这种方法并不适合处理具有不确定性的问题,可是不确定性的出现在许多问题中都是确定的。20 世纪 70 年代,朱迪亚·珀尔(Judea Pearl)将概率方法引入了人工智能,提出概率图模型(贝叶斯网),并给出能有效使用该模型进行推断的信念传播算法。他关于概率图模型的研究工作,奠定了具有不确定性的信息表示和计算的基础,概率图随后被广泛用于语音识别、自然语言处理等应用领域,表现出了在当时来说非常优秀的性能。

概率图模型有优美的理论体系,许多机器学习模型都可以放在这个框架中做出理论解释。辛顿(Geoffrey Hinton)用来开启深度学习大门的深度信念网络,也并不是现在更流行的深度神经网络,而是具有一定深度的概率图模型。虽然在数据量日益增加的情况下,概率图实际应用起来比较复杂,但作为一种成熟的模型,我们对它的性能和缺陷都有清楚的了解,所以它仍然有着广泛的用途。许多常用的模型,如隐马尔可夫模型、变分自编码器、生成对抗网络等都是概率图模型。接下来,让我们看看概率图到底是什么。

我们经常需要经由数据探寻多个变量之间错综复杂的依赖关系,当我们用概率的观点处理这些问题时,理论上只需求出这些随机变量的联合分布,就能完整地刻画依赖关系,进而解答我们关心的具体问题。但是当变量个数较多时,想求出高维变量的联合分布实际上是非常困难的。实际上,在许多问题中只有部分变量具有直接的因果或相关关系。例如,学生的学习好坏以及试卷难度都会影响他的考试成绩,但是在成绩未知的情况下,他的学习好坏与试卷难度之间是相互独立的,合理地使用这些独立性可以极大地减少模型的参数。

概率图模型充分有效地利用了变量之间的独立性,它用图来描述概率分布,图中的每个节点代表一个随机变量(或随机变量的集合),用边连接具有直接相互作用的节点。图 8-5 清晰地展示了四个变量之间的依赖关系。

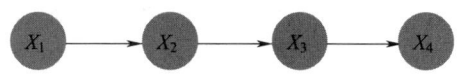

图 8-5　接力比赛的有向图

当需要考虑的变量较多并且关系比较复杂的时候,概率图提供了一种使用图形直观展现复杂模型中多个变量之间关系的方法,从中可以清晰地观察并使用独立性信息,同时还能将图的结构和性质用于指导我们设计模型或探索模型的概率性质。理论上,任何概率分布都可以用图模型来描述,并且只要图不是全连接的,其中就蕴含着可以利用的独立性信息,可以据此在某种程度上缩减模型的参数。

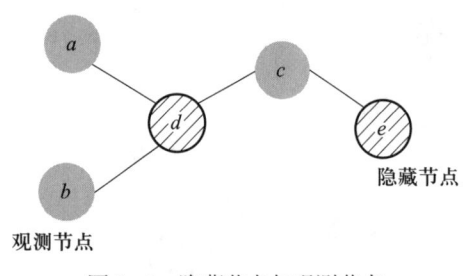

图 8-6 隐藏节点与观测节点

概率图中的节点分为隐藏节点和观测节点两类。其中,观测节点用于表示能够观测到的变量,这样的节点在图中带有阴影;隐藏节点是需要使用观测变量进行推断的变量或者用于表示可观测变量的隐藏特征,不带阴影。在有了概率图的概率分布后,就能根据观测到的变量的取值,来推断隐藏节点的取值,如图 8-6 所示。

概率图中的边既可以是有向边,也可以是无向边,通常根据边的类型把概率图分成两类:一类是使用有向边的有向无环图,称为有向图模型或贝叶斯网;另一类是使用无向边的图,称为无向图模型或马尔可夫网。各种常见的与概率图有关的机器学习模型之间的关系可以直观地用图 8-7 描述。

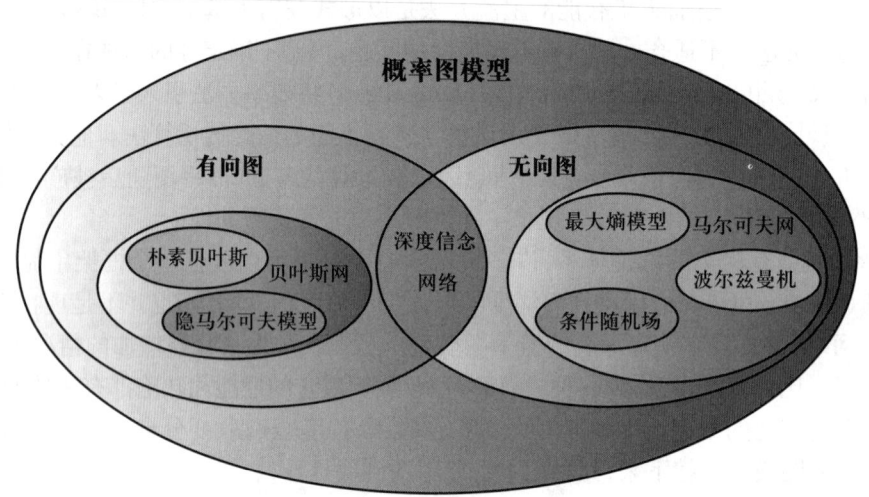

图 8-7 常见的概率图模型及其关系

究竟使用有向图还是无向图表示概率分布是一个基本问题。这两种图模型既有明显的区别,又有密切的联系,并没有天然的优劣之分,它们仅仅是描述概率分布的两种不同方式,并不是概率分布自身的特征。在具体问题中,经常以能够最大限度地捕捉概率分布中的独立性或者使用尽可能少的边来描述概率分布作为模型选择的依据。实际上,如果能接受牺牲一部分条件独立性的代价,两种模型是可以相互转化的,简单起见,对此我们不做赘述。

概率图有两种常用的形式,那就是贝叶斯网和马尔可夫网。它们分别对应于变量是否有明确的因果关系:变量之间有明确因果关系的概率分布更适合使用贝叶斯网来描述;变量之间的相互作用没有明确的因果关系更适合使用马尔可夫网描述概率分布。

三、概率图的推断问题

概率图模型有两个基本问题,分别是推断和学习。

我们经常需要在观测到一些变量的前提下,预测另外一些变量的取值或概率分布,这就是推断问题。如果分别用 X_V 和 X_H 表示观测变量和隐藏变量,那么推断问题对应于计算条件概率 $P(X_H|X_V)$。

学习指的是从一定数量的观测数据中,学习概率图的网络结构(结构学习)或该结构所定义的概率分布的参数(参数学习)。结构学习的目的是确定应该将哪些变量连接起来,从而针对特定问题设计出恰当的网络结构。定义关于结构的评分函数并使用该函数进行贪婪搜索,是结构学习的常用方法,但是结构学习理论上是个 NP 难问题(多项式复杂程度的非确定性问题),所以根据专家经验设计网络结构也是常用并且效果不错的方法。参数学习通常使用极大似然估计或者最大后验概率估计,如果把参数也看成需要进行推断的变量,这个问题与推断是类似的,所以下面只简单介绍概率图的推断方法。

把概率图中的观测变量记为 X_V,需要做出推断的隐藏变量记为 X_H,如果还有其他的变量,都记为 X_E。例如在识别手写数字时,图片中所有像素点的值是观测变量,该图片对应的数字或其他高阶特征就是隐藏变量。根据贝叶斯公式,推断问题关心的条件概率可以用下式完成计算:

$$P(X_H|X_V) = \frac{P(X_H,X_V)}{P(X_V)} = \frac{\sum\limits_{X_E} P(X_H,X_V,X_E)}{\sum\limits_{X_E,X_H} P(X_H,X_V,X_E)} \tag{8-1}$$

通过上述公式,推断转化成了一个使用联合分布求某些变量的边缘概率分布的问题。无论是有向图还是无向图,我们都已经知道如何求出图中变量的联合分布,如果能利用联合分布算出边缘分布的精确结果,当然是令人期待的事情,这种解决问题的方法称为精确推断。但我们描述现实问题时经常必须使用高维分布,涉及的局部条件概率或者极大团的数量很多,而边缘分布的计算复杂度会随着该数量指数增长,这给精确计算带来了极大的困难,只有结构简单的图模型才适合使用精确推断的方法。

为了尽量高效地完成边缘分布的计算,我们更多的时候会使用合理近似以降低复杂度,转而寻求问题的近似解,常见的近似推断方法包括变分推断、采样法等。本书介绍一种精确推断的方法,叫作变量消除法,它是最直观的精确推断算法,也是一些深度图模型学习方法的基础。

以图 8-8 这个具体的有向图为例。假设我们要在观测到 X_5 的情况下推断 X_1 的分布,也就是计算条件概率 $P(X_1|X_5)$,为此,需要计算两个边缘分布 $P(X_1,X_5)$ 和 $P(X_5)$。根据图中给出的变量间的依赖关系,容易知道:

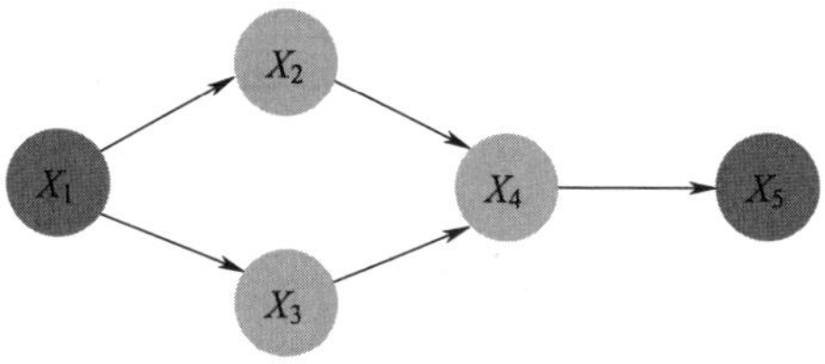

图 8-8　有向图举例

$$P(X_1,X_5) = \sum_{X_2,X_3,X_4} P(X_5|X_4)P(X_4|X_2,X_3)P(X_3|X_1)P(X_2|X_1)P(X_1) \tag{8-2}$$

如果每个变量都有 10 个不同的取值,那么上述式子一共需要计算 $10^3 = 1\,000$ 次加法和

$4 \times 10^3 = 4\,000$ 次乘法。根据乘法的分配律,式 8-2 等价于计算:

$$P(X_1, X_5) = P(X_1)\left\{\sum_{X_2} P(X_2|X_1)\left[\sum_{X_3} P(X_3|X_1)\left(\sum_{X_4} P(X_4|X_2, X_3)P(X_5|X_4)\right)\right]\right\} \tag{8-3}$$

计算次数变成了 $10^3+10^2+10=1\,110$ 次加法和 $10^3+10^2+10+1=1\,111$ 次乘法。因为这种方法按照从小括号、中括号到大括号的计算顺序,在计算中依次消除变量 X_4、X_3 和 X_2 以减少计算复杂度,故此称为变量消除法。变量消除法把求和与乘积运算限制在局部,从而只需要使用部分变量的信息,显然图模型的变量和变量的取值个数越多,变量消除法的收益就越大。

类似地,计算 $P(X_5)$ 也可以用变量消除法,即:

$$P(X_5) = P(X_1)\left\{\sum_{X_2} P(X_2|X_1)\left[\sum_{X_3} P(X_3|X_1)\left(\sum_{X_4} P(X_4|X_2, X_3)\sum_{X_5} P(X_5|X_4)\right)\right]\right\} \tag{8-4}$$

在 $P(X_1, X_5)$ 和 $P(X_5)$ 的计算过程中,出现了许多相同的局部求和运算。一般地,使用变量消除法计算不同的边缘分布时,也会出现大量类似的冗余计算,这显然是不高效的,同时也说明变量消除法还有较大的提升空间。珀尔在 1982 年提出了用于精确推断的信念传播(Belief Propagation)算法,它把变量消除法中的求和运算看成不同节点之间的消息传递过程,很好地消解了重复计算的问题。注意信念传播算法与反向传播(Back Propagation)算法都用 BP 作为缩写,不要混淆。

最后,简单说说概率图模型和后面我们将介绍的人工神经网络之间的区别与联系。两者虽然都使用带有节点和边的网络结构,但不同之处在于,图模型中的节点代表随机变量,并通过节点之间的边来描述各个随机变量之间的依赖关系。因此,图模型中变量之间的依赖关系可以根据专家经验确定,节点的含义是可解释的,并且由于我们希望利用图模型中节点之间的独立性来缩减模型参数,所以节点间的连接通常是稀疏的。而人工神经网络中的每个节点是网络中的一个计算单元,单个节点的功能并没有直观的解释。人工神经网络通常使用分层的网络结构,并且层与层之间的连接可以是稀疏的也可以是全连接的,还可以存在共享参数。人工神经网络的优势在于,很容易用反向传播算法优化它的损失函数,从而完成训练工作。而图模型需要对似然函数或条件似然函数进行优化,对应的学习和推断问题都比较复杂,效率也很低,这是当前人工神经网络比概率图更为流行的一个主要原因。

另外,概率图模型和人工神经网络也有密切的关系。可以借助人工神经网络来解决图模型中的推断、生成等问题,如变分自编码器、生成对抗网络等。而由波尔兹曼机发展变化出的深度信念网络等概率图模型也给深度神经网络的起源和发展提供了基本的想法,这些概率图模型也经常被称为随机神经网络。

第二节 贝叶斯分类的原理

一、贝叶斯公式

贝叶斯分类属于结构比较简单的有向概率图模型,是解决分类问题时常用的重要方法。贝叶斯分类的理论基础是概率中的贝叶斯公式。贝叶斯(Thomas Bayes)是 18 世纪英国的一位数学家,他在名为《论机遇问题的求解》的论文中给出了贝叶斯公式在特殊情形下的描述。这个重要结果其实并未在贝叶斯生前发表,而是由他的朋友、哲学家理查德·普莱斯

（Richard Price）在贝叶斯去世后从其笔记中整理并于 1763 年正式发表的。贝叶斯公式应用广泛，统计学者基于此发展出一套系统的统计推理方法，被称为贝叶斯方法。中国科学院院士、著名的数理统计学家陈希孺曾这样评价贝叶斯方法："在 20 世纪，它却占据了数理统计学这块领地的半壁江山，撑起了统计学的半边天。"

假设 A 和 B 是两个随机事件，分别用 $P(A)$ 和 $P(B)$ 表示它们发生的概率，并且 $P(A) \neq 0$，则在 A 发生的条件下 B 发生的条件概率 $P(B|A)$ 计算公式为：

$$P(B|A) = \frac{P(AB)}{P(A)} \tag{8-5}$$

类似地，以事件 B 作为条件，事件 A 发生的条件概率为：

$$P(A|B) = \frac{P(AB)}{P(B)} \tag{8-6}$$

上面两个公式变形后可以给出如下计算 $P(AB)$ 的乘法公式：

$$P(AB) = P(A|B)P(B) = P(B|A)P(A) \tag{8-7}$$

结合条件概率公式和乘法公式，就可以得到如下贝叶斯公式：

$$P(B|A) = \frac{P(A|B)P(B)}{P(A)} \tag{8-8}$$

另外，当 A 和 B 是相互独立的随机事件时，因为：

$$P(AB) = P(A)P(B) \tag{8-9}$$

所以有：

$$P(B|A) = \frac{P(AB)}{P(A)} = \frac{P(A)P(B)}{P(A)} = P(B) \tag{8-10}$$

贝叶斯公式可以通过改变条件和随机事件的相对位置来计算所需的条件概率，即可以通过事件 A 在事件 B 发生的条件下的条件概率计算事件 B 在事件 A 发生的条件下的条件概率。在贝叶斯公式中，$P(B)$ 又称先验概率，是在不了解 A 事件相关情况的前提下，B 事件发生的概率。

$\frac{P(A|B)}{P(A)}$ 称为可能性函数，它表示了解了关于 A 的新信息之后如何对先验概率 $P(B)$ 进行调整，它大于 1、小于 1 和等于 1 三种情况分别代表先验概率应该增加、减少和不变。而最终得到的条件概率 $P(B|A)$ 称为后验概率，是事件 A 发生后，对 B 事件发生的概率的重新评估。

下面给出一个实例，通过具体的计算帮助读者熟悉贝叶斯公式的使用方法。

假设信用卡欺诈行为出现的概率是 0.2%，现通过特定算法识别欺诈行为。如果已知该算法在欺诈行为发生时，正确识别出该行为的概率为 99%，另外，正常的刷卡行为被错误识别为欺诈行为的概率是 2%，那么，某次刷卡被该算法识别为欺诈并且确实是欺诈行为的概率是多少呢？

令 A 表示被算法识别成欺诈行为，B 表示确实是欺诈行为，本例需要计算条件概率 $P(B|A)$。依照贝叶斯公式，可通过 $\frac{P(A|B)}{P(A)} P(B)$ 计算。其中先验概率 $P(B)$ 即是信用卡欺诈出现的概率。

$$P(B) = 0.002 \tag{8-11}$$

依据例中给出的说明,可知:

$$P(A|B) = 0.99 \tag{8-12}$$

在计算 $P(A)$ 时需要用到另一个概率中的重要概率公式——全概率公式。因为在贝叶斯分类算法中其实并不需要真正计算概率 $P(A)$,所以不再详细说明全概率公式的含义,而是直接给出它的表达式:

$$P(A) = P(A|B)P(B) + P(A|\overline{B})P(\overline{B}) \tag{8-13}$$

其中 $\overline{B}$ 表示 B 的对立事件,即正常的刷卡行为。按照这个公式通过计算可得:

$$P(A) = 0.021\ 94 \tag{8-14}$$

最终,把这些计算结果代入贝叶斯公式,可以算出某次刷卡被该算法识别为欺诈并且确实是欺诈行为的概率约为 9.02%。

由上例中给出的已知条件可以看出,该算法把欺诈行为正确识别出来的概率很高,正常刷卡被错误识别为欺诈的概率也比较低,给人的感觉是该算法在实际场景中的识别准确率应该也比较高。但是通过贝叶斯公式可以计算出,实际上被该算法识别为欺诈并且确实是欺诈行为的概率只有不到 10%,有 90% 以上被算法识别为欺诈的刷卡行为其实并非真实的欺诈行为。

二、极大似然估计

使用贝叶斯分类方法时,需要计算关于其中某个类别 c 的条件概率 $P(x|c)$,一个直接的想法是统计在样本数据中该类别具有相应属性的数据出现的频率,使用频率估计概率。但这种做法在很多实际问题中会面临实施的难题。即使每个属性都是只取 0 和 1 的二值数据,如果有 M 个不同属性,对于每个类别,至少需要 2^M 个样本数据才能覆盖所有的可能,再考虑类别的数量 N,样本数据需要大于 $N2^M$ 才有可能得到有意义的统计结果,而实际上这样的数据要求经常是难以达到的。为此可以假设数据符合特定的先验要求,例如假设 $P(x|c)$ 服从某种具有参数 θ_c 的概率分布,记为 $P(x|\theta_c)$。在此假设下,使用样本数据估计概率分布的参数 θ_c,得到参数的估计值后,用具有该参数的概率分布计算相应的类别条件概率。在这里的先验知识通常可以根据经验进行设定,如果假设的概率分布与数据实际上服从的分布有较大差异,则后续结果会产生较大误差。

极大似然估计(Maximum Likelihood Estimation,MLE)是参数估计的常用方法。假设有独立同分布的样本数据 S,其中属于类别 c 的样本集合记为 $S_c = \{x \in c\}$。由于独立同分布,所以该类别样本出现的概率是:

$$L(\theta_c) = \prod_{x \in S_c} P(x|\theta_c) \tag{8-15}$$

$L(\theta_c)$ 称为似然函数。极大似然估计希望利用似然函数选择一个最合理的参数值 $\hat{\theta}_c$ 作为 θ_c 的估计值,基于这样一个想法,似然函数是参数 θ_c 的函数,不同的参数值会导致样本出现的概率不同,与其他取值相比,使得该样本出现的概率最大的那个参数值是最合理的。所以,最大似然估计用似然函数的最大值点作为参数 θ_c 的估计值,即:

$$\hat{\theta}_c = \arg\max_{\theta_c} L(\theta_c) \tag{8-16}$$

注意到似然函数是多个概率值（小于 1）的乘积，利用导数求最大值点会增加计算的复杂性，另外使用计算机计算时，连乘次数过多也很容易造成计算下溢，所以通常会对似然函数取对数后再求最大值点，即：

$$\ln L(\theta_c) = \sum_{x \in S_c} \ln P(x|\theta_c) \tag{8-17}$$

$$\hat{\theta}_c = \arg\max_{\theta_c} \ln L(\theta_c) \tag{8-18}$$

$\ln L(\theta_c)$ 称为对数似然函数，它与似然函数具有相同的最大值点，但是使用对数似然函数使得计算变得更方便。

第三节　朴素贝叶斯分类算法

一、贝叶斯分类器

用 D 表示一个多分类任务中需要处理的分类对象构成的集合，它包含 m 个类别，用 C_1，C_2，$\cdots$，C_m 表示。每个分类对象包含 n 个类别属性，用 $A_1, A_2, \cdots, A_n$ 表示。对于任意的分类对象 $x \in D$，它的属性值用一个 n 维向量 $(a_1, a_2, \cdots, a_n)$ 表示，这表示对于这个元素 x，它的属性值分别是 $A_1 = a_1, A_2 = a_2, \cdots, A_n = a_n$。使用这套符号，分类任务可以描述成：对 D 中的每一个元素 x，通过它的属性取值 $(a_1, a_2, \cdots, a_n)$，从 $C_1, C_2, \cdots, C_m$ 中确定它所属的类别。例如我们希望通过银行客户的年龄、存款金额、贷款金额、信用状况、消费水平将客户分为优质客户、普通客户、高风险客户，这就是一个 $m=3, n=5$ 的分类问题。

基于独立性假设，朴素贝叶斯分类中使用的属性之间不存在依赖关系，所以是一种简单的概率图模型，可以使用图 8-9 所示的有向图表示它的模型结构，其中 a_i 是属性数据，c_j 是类别标签。

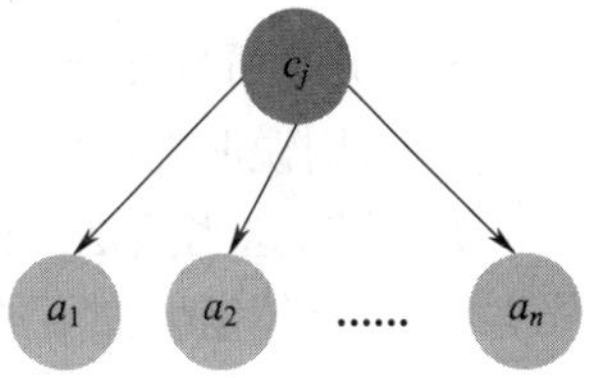

图 8-9　朴素贝叶斯模型结构

贝叶斯分类器通过概率计算分类损失，并据此对数据进行分类。具体地，用 l_{ij} 表示把本属于类别 C_i 的数据分到了第 j 类带来的损失，则分类器将样本 x 的类别标记为 C_j 产生的条件风险是：

$$R(C_j|x) = \sum_{i=1}^{N} l_{ij} P(C_i|x) \tag{8-19}$$

其中，$P(C_i|x)$ 表示样本属性取值与 x 相同的条件下，该样本实际属于类别 C_i 的条件概率。因此，对特定样本 x 的最佳分类方式就是将其归入使得条件风险最小的那个类别，用 $C(x)$ 表示该分类方式，给定样本 x 后，$C(x)$ 的取值是某个类别标记。则有：

$$C(x) = \arg\min_{C_j} R(C_j|x) \tag{8-20}$$

满足该条件的 $C(x)$ 称为贝叶斯最优分类器。

如果希望分类的错误率最小，l_{ij} 可以简单地定义成：

$$l_{ij} = \begin{cases} 0, & \text{如果 } i = j \\ 1, & \text{如果 } i \neq j \end{cases} \tag{8-21}$$

此时有：

$$R(C_j|x) = 1 - P(C_j|x) \tag{8-22}$$

最优分类器满足：

$$C(x) = \arg\min_{C_j}(1 - P(C_j|x)) = \arg\max_{C_j} P(C_j|x) \tag{8-23}$$

所以，对于每个样本 x，选择使得概率 $P(C_j|x)$ 最大的那个类别作为它的类别标记就可以了。

根据贝叶斯公式，有：

$$P(C_j|x) = \frac{P(C_j)P(x|C_j)}{P(x)} \tag{8-24}$$

其中 $P(x)$ 在给定样本后与类别无关，所以最大化 $P(C_j|x)$ 只需要最大化 $P(C_j)P(x|C_j)$。$P(C_j)$ 表示样本空间中类别 C_j 所占的比例，可以近似地用样本数据中第 j 个类别的样本出现的频率来估计，大数定理保证了这个估计是合理的。对于条件概率 $P(x|C_j)$，贝叶斯分类器使用极大似然估计来估计该分布的参数，然后再计算条件概率。

二、朴素贝叶斯分类

朴素贝叶斯是最简单的贝叶斯分类器，自 20 世纪 50 年代起就被广泛研究，并应用于文本分类任务。这种算法具有收敛速度快、所需训练数据少、分类准确性高的优点，所以直到现在，依然是在各种分类任务中使用的热门算法。

下面描述朴素贝叶斯在多分类问题中的实现方法。设样本 x 的属性取值是 $(a_1, a_2, \cdots, a_n)$，用 C_k 表示 x 属于第 k 个类别。通过贝叶斯公式计算如下条件概率：

$$P(C_1|x), P(C_2|x), \cdots, P(C_m|x) \tag{8-25}$$

根据贝叶斯分类器条件风险最小化的原则，若其中 $P(C_k|x) = \max\{P(C_1|x), P(C_2|x), \cdots, P(C_m|x)\}$，则说明在已知属性值的条件下，$x$ 属于第 k 个类别的概率是最大的，那么就判定它属于类别 C_k，这当然是一种非常合理的选择，朴素贝叶斯分类遵循这样的思路来实现预定的分类任务，具体需要如下的步骤和技巧。

首先，准备包含类别标记的训练数据。这可以理解为，训练数据中的每一个样本 x 对应到一个向量 $(C_x, a_1, a_2, \cdots, a_n)$，其中 C_x 表示它所属的类别，$a_1, a_2, \cdots, a_n$ 表示其属性值，样本所属的类别可以通过人工标注得到。

其次，利用标注数据计算 $P(C_1|x), P(C_2|x), \cdots, P(C_m|x)$。根据贝叶斯公式可知：

$$P(C_k|x) = \frac{P(x|C_k)P(C_k)}{P(x)} \tag{8-26}$$

计算 $P(x|C_k)$ 是一件相对复杂的事情，如果第 i 个属性的取值有 S_i 个，那么条件概率 $P(x|C_k)$ 由所有属性带来的参数一共有 $\prod_{i=1}^{n} S_i$ 个，这样的参数量级在许多实际任务中都是不能承受的。朴素贝叶斯使用独立性假设大大简化了该项计算工作，即假设各个属性之间是相互独立的。根据独立性的定义，可以得到在独立性假设下有：

$$P(x|C_k) = P(a_1|C_k)P(a_2|C_k)\cdots P(a_n|C_k) \tag{8-27}$$

可以看到,此时参数的数量为 $\sum_{i=1}^{n} S_i$。当然,各属性之间通常并非相互独立,独立性假设必然会带来分类准确性的下降。但实验表明,在特征独立假设下分类器依然能取得令人满意的准确率,所以同时权衡效率与性能,朴素贝叶斯的假设是可以接受的。

最后,使用朴素贝叶斯完成一个简单的论坛虚假账号识别案例。

在该问题中需要处理的是论坛所有的注册账号,账号分为 $C_1 = \{$真实账号$\}$ 和 $C_2 = \{$虚假账号$\}$ 两个类别,假设能够使用的属性有两个,分别是 $a_1 = \{$发文频率$\}$,$a_2 = \{$注册信息是否完备$\}$。

a_1 由发文篇数和注册天数的比值确定,为连续取值的变量。简单起见,我们将它转换成离散值。假设把发文频率分解成 $(-\infty, 0.05]$,$(0.05, 0.2)$ 和 $[0.2, +\infty)$ 三个区间,发文频率落在三个区间中分别对应到发文频率的取值为 $\{-1, 0, 1\}$ 三个离散值,然后计算发文频率取相应离散值的概率。之所以划分成这样三个区间,可认为是依据经验,这三个区间恰好对应到发文频率低、中、高三种情形。a_2 是一个布尔型取值的属性,取值为 $\{0, 1\}$,分别对应到注册信息不完备和完备两种情形。

假设通过人工标注的方式获得了 10 000 条训练数据,并且依据训练数据计算得到如下概率:

$$P(C_1) = 0.8, P(C_2) = 0.2$$
$$P(a_1 = -1 | C_1) = 0.2, P(a_1 = 0 | C_1) = 0.4, P(a_1 = 1 | C_1) = 0.4$$
$$P(a_2 = 0 | C_1) = 0.3, P(a_2 = 1 | C_1) = 0.7$$
$$P(a_1 = -1 | C_2) = 0.7, P(a_1 = 0 | C_2) = 0.2, P(a_1 = 1 | C_2) = 0.1$$
$$P(a_2 = 0 | C_2) = 0.8, P(a_2 = 1 | C_2) = 0.2$$

对朴素贝叶斯分类算法来说,有这些概率就相当于拥有了一个可用的分类器,可使用该分类器对未知类别的账号进行分类。例如现在有两个未知类别的账号,其一记为 x_1,发文频率为 0.01,注册信息不完备;其二记为 x_2,发文频率为 0.8,注册信息完备。即 $x_1 = (0, 0)$,$x_2 = (1, 1)$。对于 x_1,有:

$$P(x_1 | C_1) P(C_1) = P(a_1 = 0 | C_1) P(a_2 = 0 | C_1) P(C_1) = 0.4 \times 0.3 \times 0.8 = 0.096$$
$$P(x_1 | C_2) P(C_2) = P(a_1 = 0 | C_2) P(a_2 = 0 | C_2) P(C_2) = 0.2 \times 0.8 \times 0.2 = 0.032$$
$$P(x_1 | C_1) P(C_1) < P(x_1 | C_2) P(C_2) \tag{8-28}$$

因此 x_1 的分类结果是虚假账号。

对于 x_2 类似地可以得到:

$$P(x_2 | C_1) P(C_1) > P(x_2 | C_2) P(C_2) \tag{8-29}$$

所以 x_2 是一个真实账号。

在上述案例中,通过简单的划分把连续取值的属性 a_1 转换成了离散取值的属性。实际上,根据属性取值的不同情况可以采取多项式朴素贝叶斯、高斯朴素贝叶斯和伯努利朴素贝叶斯等多种处理方法。下面针对这三种不同的方法做简单说明。

(1) 多项式朴素贝叶斯:属性取值为离散值。此时通过训练数据计算 $P(C_k)$ 和 $P(x | C_k)$ 时,有可能出现由于训练数据中某些类别的数据为空,而导致相应的概率为 0 的情况,这会极大地干扰分类工作的进行。为了克服这种干扰,通常会引入一个大于 0 的平滑参数 λ。并通过

以下两式来计算相应的概率。

$$P(C_k) = \frac{N_{C_k} + \lambda}{N + m\lambda} \tag{8-30}$$

$$P(A|C_k) = \frac{N_{xC_k} + \lambda}{N_{C_k} + n\lambda} \tag{8-31}$$

式中: N 表示样本的总量;

N_{C_k} 表示训练数据中第 k 类样本的数量;

m 表示类别数量;

N_{xC_k} 表示在第 k 类样本中,属性为 x 的样本数量;

n 表示属性个数。

因为 $\lambda > 0$,所以即使某一类样本在训练数据中未出现,也不会出现它所对应的概率为 0 的情况。特别地,当 $\lambda = 1$ 时,称为拉普拉斯平滑。

(2) 高斯朴素贝叶斯:属性具有连续取值。除了可以像上述案例那样把连续取值离散化,还可以假设相应的属性取值服从正态分布(又称高斯分布)。

$$P(a_i|C_k) = \frac{1}{\sqrt{2\pi\sigma_{C_k}^2}} \exp\left\{-\frac{(a_i - \mu_{C_k})^2}{2\sigma_{C_k}^2}\right\} \tag{8-32}$$

式中: a_i 表示该属性的取值;

μ_{C_k} 表示该属性的均值,可以通过对应类别的样本数据的平均值来估计其大小;

$\sigma_{C_k}^2$ 代表该属性的方差,通过该类别的样本数据的方差来估计。

估计出参数后,就可以通过高斯分布来计算所需的概率了。

(3) 伯努利朴素贝叶斯:同样对应到属性取值为离散值的情形。但与多项式模型不同的是,在伯努利模型中,该属性的取值只能是 0 和 1。例如,上述案例中注册信息是否完备的取值即是此种情况。在伯努利模型中,属性取值为 0 和 1 时对应的两个条件概率满足:

$$P(a=1|C_k) + P(a=0|C_k) = 1 \tag{8-33}$$

在 Python 的可调用模块如 sklearn 中,针对具有不同特点的数据集可以通过设置相应的参数方便地实现这三种方法。

第四节　用朴素贝叶斯分类进行信用风险评级

信贷是银行的一项重要业务,使用机器学习方法构建自动化的信用评级模型,一方面可以更准确、更高效地识别高风险贷款业务,另一方面能为银行节约大量人工成本。本节使用 UCI 德国信用数据,通过朴素贝叶斯算法建立信贷信用风险评级模型,该数据集是信用评级建模中非常常用的一个数据集,原始数据可从 UCI 数据库(加州大学欧文分校用于机器学习的数据库)获取。本书所用的数据基于原始数据进行了适当的格式转换处理。

数据以 csv 格式保存,名称为 credit.csv。数据集共有 1 000 条数据,每条数据包含 20 个变量,记录了该笔贷款的各种属性,以及 1 个类别特征记录该笔贷款是否违约。具体包括:支票账户状态;借款周期;历史信用;借款目的;信用额度;储蓄账户状态;就业状态;分期付款占可支配收入百分比;性别与婚姻状态;担保信息;现居住地;财产状态;年龄;其他分期情况;房产状态;信用卡数量;工作状态;赡养人数;电话号码注册情况;是否有海外工作经历等。其中既有数值类型的属性,又有字符串类型的属性。类别属性用以表示该笔贷款是(2)否(1)违约。数据集示例如图 8-10 所示。

checking_bala	months_loan_duration	credit_history	purpose	amount	savings_balance	employment_length
< 0 DM	6	critical	radio/tv	1169	unknown	> 7 yrs
1 - 200 DM	48	repaid	radio/tv	5951	< 100 DM	1 - 4 yrs
unknown	12	critical	education	2096	< 100 DM	4 - 7 yrs
< 0 DM	42	repaid	furniture	7882	< 100 DM	4 - 7 yrs
< 0 DM	24	delayed	car (new)	4870	< 100 DM	1 - 4 yrs
unknown	36	repaid	education	9055	unknown	1 - 4 yrs
unknown	24	repaid	furniture	2835	501 - 1000 DM	> 7 yrs
1 - 200 DM	36	repaid	car (used)	6948	< 100 DM	1 - 4 yrs
unknown	12	repaid	radio/tv	3059	> 1000 DM	4 - 7 yrs
1 - 200 DM	30	critical	car (new)	5234	< 100 DM	unemployed
1 - 200 DM	12	repaid	car (new)	1295	< 100 DM	0 - 1 yrs
< 0 DM	48	repaid	business	4308	< 100 DM	0 - 1 yrs
1 - 200 DM	12	repaid	radio/tv	1567	< 100 DM	1 - 4 yrs
< 0 DM	24	critical	car (new)	1199	< 100 DM	> 7 yrs
< 0 DM	15	repaid	car (new)	1403	< 100 DM	1 - 4 yrs

图 8-10 贷款数据集示例

首先导入需要用到的三个模块,读取数据并预览数据集的前 3 条数据。其中 pandas 模块用以对 csv 格式的数据进行读取、存储和处理;导入的各个 sklearn 功能分别用于定义模型以及对模型效果进行评估。

```python
import pandas as pd
from sklearn import model_selection
from sklearn import metrics
from sklearn.naive_bayes import MultinomialNB
from sklearn.naive_bayes import GaussianNB
```

读入数据集,打印其中的前 3 条数据观察数据格式。

```
data = pd.read_csv('credit.csv')
data.head(3)

   checking_balance   months_loan_duration   ...   foreign_worker   default
0         1                    6              ...         0             1
1         2                    48             ...         0             2
2         0                    12             ...         0             1

[3 rows x 21 columns]
```

该数据集中的支票账户状态、历史信用、借款目的、储蓄账户状态、就业状态、性别与婚姻状态、担保信息、财产状态、其他分期情况、房产状态、工作状态、电话号码注册情况、是否有海外工作经历等均为字符串类型变量,需要使用整数对属性取值进行编码,以便于进行后续的分析工作。

```
dicts = { }
cols = ['checking_balance', 'credit_history', 'purpose', 'savings_balance',
      'employment_length', 'personal_status', 'other_debtors', 'property',
      'installment_plan', 'housing',  'job', 'telephone', 'foreign_worker']


dicts = {'checking_balance':{'unknown':0, '<0DM':1, '1−200DM':2, '>200DM':3}, 'credit_
history':{'critical':0, 'repaid':1, 'delayed':2, 'fully repaid':3,
   'fully repaid this bank': 4},
   'purpose':{'radio/tv':0, 'education':1, 'furniture':2, 'car(new)':3, 'car(used)':4,
        'business':5, 'domestic appliances':6, 'repairs':7, 'others':8, 'retraining':9},
   'savings_balance':{'unknown':0, '<100 DM':1, '101−500 DM':2, '501−1000 DM':3,
               '>1000 DM': 4},
   'employment_length':{'unemployed':0, '0−1 yrs':1, '1−4 yrs':2, '4−7 yrs':3, ' >7 yrs':4},
   'personal_status':{'single male':0, 'female':1, 'divorced male':2, 'married male':3},
   'other_debtors':{'none':0, 'guarantor':1, 'co−applicant':2},
   'property':{'real estate': 0,  'building society savings':1, 'unknown/none':2, 'other':3},
   'installment_plan':{'none':0, 'bank':1, 'stores':2},
   'housing':{'own':0, 'for free':1, 'rent':2},
   'job':{'unemployed non−resident':0, 'unskilled resident':1, 'skilled employee':2,
      'mangement self−employed': 3},
   'telephone': {'yes':0, 'none':1},
   'foreign_worker': {'yes':0, 'no':1}}


for col in cols:
    data[col] = data[col].map(dicts[col])
```

经过上述预处理后再打印前 3 条数据,可看到数据类型变成了如下形式:

```
data.head(3)
```

	checking_balance	months_loan_duration	...	job	default
0	1	6	...	2	1
1	2	48	...	2	2
2	0	12	...	1	1

[3 rows x 22 columns]

定义好类别标签与变量后,将数据集划分成训练数据和测试数据两部分。

```
label = data['default']
vector = data.loc[:, 'checking_balance':'foreign_worker']

x_train, x_test, y_train, y_test = model_selection.train_test_split(vector, label, test_size = 0.3, random_state = 1)
```

这里提到了训练数据和测试数据的概念。对于分类算法来说,训练完成后需要对训练结果的性能进行评价,如估计模型分类的准确率。为了估计准确率,需要在已知分类结果的数据集上对分类器进行测试,通过对比分类器给出的分类结果与真实的分类结果,对准确率进行评估。所以,在取得人工标注的数据集后,一种常用的处理方式是对其按一定的比例进行划分,其中一部分用来训练模型,叫作训练数据;一部分用来进行模型的测试,叫作测试数据。本案例将数据集按 7∶3 划分成训练数据和测试数据。

接下来先尝试使用多项式贝叶斯模型进行训练,使用 predict_prob 输出前 3 条测试数据是否违约的后验概率。

```
nb_multi = MultinomialNB( )
nb_multi.fit(x_train, y_train)
y_pred = nb_multi.predict(x_test)

print(nb_multi.predict_proba(x_test)[0:3])
```

输出结果如下,贝叶斯分类器会将该条数据归类到后验概率较大的类别。

```
[[7.08355206e−09 9.99999993e−01]
 [4.05129188e−26 1.00000000e+00]
 [9.79691264e−01 2.03087364e−02]]
```

使用 metrics 打印模型在测试集上的分类准确率、混淆矩阵以及指标评价报告。

```
print(' 多项式朴素贝叶斯分类准确率为 : ')
print(metrics.precision_score(y_test, y_pred))
print(' 混淆矩阵为 : ')
print(metrics.confusion_matrix(y_true = y_test, y_pred = y_pred, labels = list(set(label))))
print(' 该模型的指标评价报告为 : ')
print(metrics.classification_report(y_test, y_pred))
```

输出结果为:

```
多项式朴素贝叶斯分类准确率为:
0.7537688442211056
```

混淆矩阵为:

```
[[150  64]
 [ 49  37]]
```

该模型的指标评价报告为:

	precision	recall	f1−score	support
1	0.75	0.70	0.73	214
2	0.37	0.43	0.40	86
avg/total	0.64	0.62	0.63	300

可以看到,多项式朴素贝叶斯的分类准确率大约是 75.4%,并且对于违约样本的预测效果较差。为了改进模型,我们再尝试使用高斯贝叶斯重新训练模型。

```
nb_guass = GaussianNB( )
nb_guass.fit(x_train, y_train)
y_pred = nb_guass.predict(x_test)

print(' 高斯贝叶斯分类准确率为:  ')
print(metrics.precision_score(y_test, y_pred))
print(' 混淆矩阵为:  ')
print(metrics.confusion_matrix(y_true = y_test, y_pred = y_pred, labels = list(set(label))))
print(' 该模型的指标评价报告为:  ')
print(metrics.classification_report(y_test, y_pred))
```

高斯贝叶斯对应的输出结果如下:

高斯贝叶斯分类准确率为:
0.8046511627906977
混淆矩阵为:

```
[[173  41]
 [ 42  44]]
```

该模型的指标评价报告为:

	precision	recall	f1−score	support
1	0.80	0.81	0.81	214
2	0.52	0.51	0.51	86
avg/total	0.72	0.72	0.72	300

模型的准确率提升到了大约 80.5%,对于违约样本的分类效果也有了明显的改善,对于这个简单的案例,已经可以满足说明和展示贝叶斯分类方法的目的了。当然,高斯贝叶斯的模型效果与实际应用也有一定的差距。一方面,我们可以继续尝试其他分类模型,如决策树、对数概率回归等进行测试;另一方面,数据集有可能包含与该分类任务无强关联的属性,给分类带来干扰,因此也可以根据相关系数等要素对数据特征进行筛选。最后,来源于现实的分类任务能够使用的数据也许并未包含分类所需的所有信息,因此并不能预期得到一个完美的分类模型,只要分类效果可接受,就是有使用价值的模型。

本 章 小 结

现实世界数据的不确定性与随机变量联合分布的复杂性自然导致了概率论与图论的融合,使用概率图表示并简化随机变量之间复杂的依赖关系,在图像处理、故障分析、自然语言处理、数据挖掘等领域有广泛的应用。

使用概率图表征、学习和推理均有较高的难度,需要具有概率论基础并了解图论的基本概念。波尔兹曼机作为典型的概率图模型,它的联合分布的计算过程较为清晰,它所使用的模拟退火算法具有重要的理论和现实意义。

朴素贝叶斯分类是较为简单的概率图模型,也是被广泛使用的分类算法。本章较为详细地介绍了它的原理和使用方法。

关 键 名 词

概率图 极大似然估计 朴素贝叶斯分类

即 测 即 评

请扫码检测本章学习效果。

复习思考题

1. 各举出一个可以使用有向图和无向图结构描述的实际问题,说明其中的节点和边的实际含义。

2. 使用概率图模型对一个简单的实际问题进行建模,用条件概率写出其中各个变量之间的依赖关系。

3. 简述朴素贝叶斯分类的算法流程。

第九章

深度学习

章前导读

从 1956 年达特茅斯会议提出人工智能的概念(虽然这并不是人工智能的起点)至今已经超过半个世纪,人工智能的研究和应用从未如当前这样热门。这主要归功于深度学习技术在人工智能领域取得的巨大成功。本章从深度学习的源头——人工神经网络讲起,介绍深度学习的来龙去脉,然后介绍卷积神经网络、循环神经网络这两个典型的深度网络模型的原理、方法与应用,最后,基于自然语言处理介绍注意力机制。

本章学习目标

本章需要了解人工神经网络及深度学习的发展历史,掌握其中的概念并了解反向传播算法的原理,能够使用神经网络解决简单的实际问题;了解卷积的数学含义,了解卷积神经网络的构造与特点,熟悉它的应用场景;了解循环神经网络的基本概念、原理与特点,熟悉 RNN 的几个基本结构,了解其优缺点,理解门控机制;了解注意力机制的原理与作用。

第一节　人工神经网络与反向传播算法

一、生物神经元与感知器

20 世纪中叶到 70 年代,人们认为实现人工智能的关键在于让机器具有像人一样的逻辑推理能力并且对此信心满满。英国著名的哲学家、逻辑学家和数学家罗素曾说过:"我认为演绎逻辑中的所有事情,机器都能实现。"当时人工智能的主要研究方向是逻辑推理的自动化,在机器定理证明上取得了了不起的成就。1954 年,美国的数学家戴维斯写出第一个机器定理证明程序,这个程序可以证明:两个偶数之和还是偶数。四年以后,华裔数理逻辑学家王浩在 IBM-704 型计算机上运行他编写的程序,只需要不到九分钟,就证明了罗素和怀特海的《数学原理》中一阶逻辑部分的所有定理(超过 350 条)。这是数理逻辑和人工智能的重大进展。

1983 年,王浩因此获得人工智能国际联合会和美国数学会联合颁发的"里程碑奖"。我国著名的数学家吴文俊院士从 20 世纪 70 年代开始研究机器定理证明,他提出的方法被国际同行称为"吴方法"。鉴于他对人工智能做出的重要贡献,中国人工智能学会从 2011 年开始设立吴文俊人工智能科学技术奖。这一阶段,人工神经网络(简称神经网络)在符号逻辑推理的强大光环下处于萌芽期。

神经网络作为深度学习的基础,是受生物学大脑结构启发提出的一种模型,通过模拟大脑的信息处理方式,让机器学会人类的思维方式。大脑的基本单元是神经元,神经元主要由细胞体、树突和轴突构成。在轴突末端有许多突触,需要传递信息时它们能够与其他神经元进行接触。神经元之间有几种不同的连接方式,以轴突 – 树突型为例,神经元通过树突与其他神经元的突触接触,接收其他神经元发出的神经信号(电脉冲),并对信号进行整合。如果整合后的信号超过某个阈值,则该细胞被激活并产生一个电脉冲信号沿轴突向其他神经元传递,这构成了一个完整的输入输出过程。

依据大脑的这种工作方式,心理学家、控制论专家沃伦·麦克洛奇和数理逻辑学家瓦尔特·皮茨在 1943 年提出了人工神经网络(ANN)的概念和 MP 神经元的数学模型,这开创了人工神经网络研究的时代。1949 年,加拿大心理学家赫布在《行为组织学》一书中提出被称为"赫布法则"的学习机制,他认为两个神经元如果同时被激发,则它们的连接权重会被强化(2000 年诺贝尔医学奖得主肯德尔用动物实验证实了赫布法则)。沿着这个方向,康奈尔航空实验室的心理学家弗兰克·罗森布拉特发明了由两层神经元组合而成的感知器模型,如图 9-1 所示。

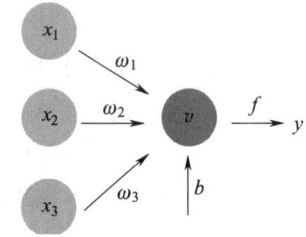

图 9-1 感知器模型

感知器的第一层只负责传输数据,称为输入层;第二层是输出层,又叫计算层,它负责对输入数据进行计算并输出结果。罗森布拉特在实验室完成了感知器的仿真,使得计算机能够识别一些字母。1958 年的《纽约时报》报道:"……一种电子计算机的雏形,它将能够走路、说话、看、写、自我复制并感知到自己的存在……据预测,不久以后,感知器将能够识别并叫出人的名字,能把演讲内容立即翻译成另外一种语言并记录下来。"这些事情在当时看起来似乎遥不可及,但是在深度学习理论大行其道的今天,这些其实都已经变成了现实。为了纪念罗森布拉特的贡献,2004 年美国电气电子工程师学会(IEEE)开始设立罗森布拉特奖,用于奖励神经网络领域的杰出贡献。

按照现代神经网络理论,感知器可以看作具有单层计算单元的神经网络。其中 x_1、x_2、x_3 是三个输入层神经元传递的信息,b 是输出层神经元的阈值,简单起见,也可以理解为从外部传递的信息。由于突触的连接性质不同,造成不同来源的信息在传递过程中突触对信息的加强或者衰减作用不同,这种差异在人工模拟时通过使用不同的连接权重 ω_1、ω_2 和 ω_3 来体现。在这里为了记号的统一,接下来把 b 记为 ω_0,用 $x_0 = 1$ 表示对应的输入。在此约定下,该感知器的输出神经元接收到的信息可以写成:

$$v = x_0\omega_0 + x_1\omega_1 + x_2\omega_2 + x_3\omega_3 \tag{9-1}$$

感知器借助特定的函数来表达神经元对信息的处理机制,该函数称为激活函数。例如,使用下述形式的阶跃函数:

$$y = f(v) = \begin{cases} 1, & v > 0 \\ -1, & v \leq 0 \end{cases} \tag{9-2}$$

当接收的输入信息 $v > 0$ 时,输出为 1 ;当输入信息 $v \leq 0$ 时,输出为 -1。

激活函数在增强神经网络的表示和学习能力中起到重要的作用,常用的激活函数包括下述几种类型:

(1) Sigmoid 函数。

$$f(x) = \frac{1}{1 + \exp(-x)} \tag{9-3}$$

它的函数图像如图 9-2 所示。

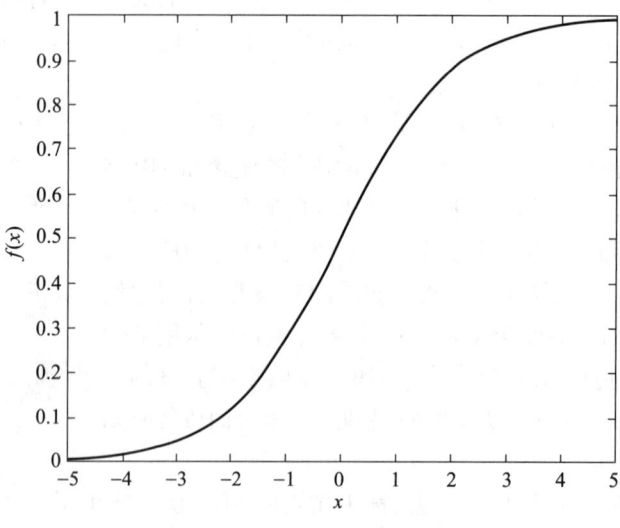

图 9-2　Sigmoid 函数图像

从中可以看到,Sigmoid 函数是 $(-\infty, +\infty)$ 到 $(0,1)$ 之间的映射,在使用神经网络解决二分类问题时,经常用它作为输出层的输出函数。

(2) tanh 函数。

$$f(x) = \tanh(x) = \frac{e^x - e^{-x}}{e^x + e^{-x}} \tag{9-4}$$

这个函数叫作双曲正切函数,它的函数图像与 Sigmoid 函数有些类似,如图 9-3 所示。

它和 Sigmoid 函数确实有紧密的联系:

$$\tanh(x) = 2\mathrm{Sigmoid}(2x) - 1 \tag{9-5}$$

但是 tanh 函数的取值范围变成了 $(-1,1)$,所以均值为 0。这是它与 Sigmoid 函数的一个主要区别。

(3) ReLU(Rectified Linear Unit)函数。

$$f(x) = \max(0, x) \tag{9-6}$$

它的函数图像如图 9-4 所示。

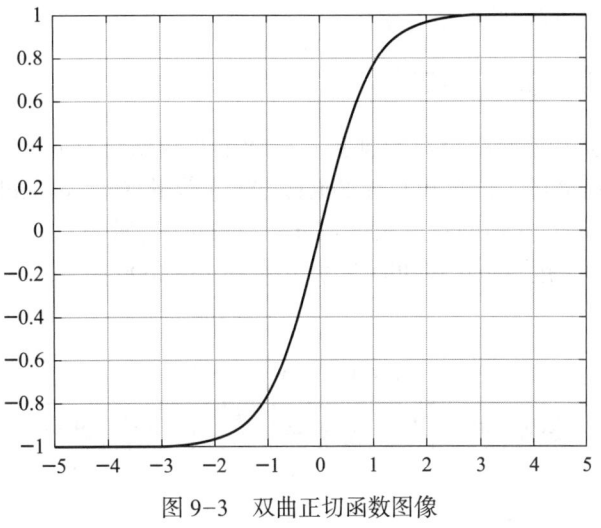

图 9-3 双曲正切函数图像

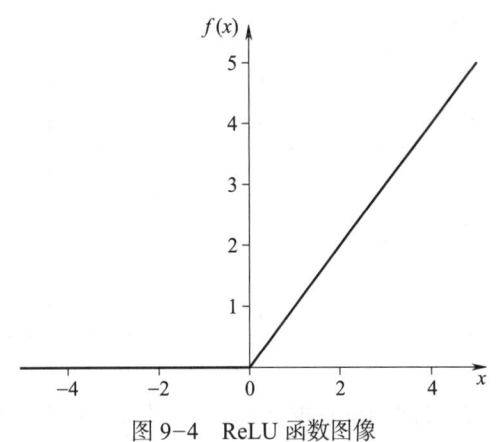

图 9-4 ReLU 函数图像

这也是从 $(-\infty,+\infty)$ 到 $(0,1)$ 的映射,当输入值 $x \leqslant 0$ 时,输出是 0;当 $x > 0$ 时,输出值等于输入值。这个函数经常被用作卷积神经网络(CNN)的激活函数。

(4) Softmax 函数。

这个函数稍微复杂一些,把它理解成关于 n 个自变量 $x_1, x_2, \cdots, x_n$ 的多元函数,表达式为:

$$f_i(x) = \frac{e^{x_i}}{\sum\limits_j e^{x_j}} \tag{9-7}$$

从表达式可以看出,当某个自变量 x_i 远远大于其他自变量时,对应的输出 f_i 就非常接近 1,而其他的输出就接近 0。这个函数经常被用作多分类(类别数大于 2)问题的输出函数。

更一般地,当有 n 个输入信息 $x_1, x_2, \cdots, x_n$ 并对应到 n 个连接权重 $\omega_1, \omega_2, \cdots, \omega_n$ 时,感知器模型可以表示为:

$$y = f\left(\sum_{k=0}^{n} x_k \omega_k\right) \tag{9-8}$$

即输入层将一些信号 (x) 使用不同的连接强度 (ω) 传递给输出层的神经元,输出层按照特定的处理方式(f)处理这些信号并输出。

二、感知器的学习算法与实现

下面基于机器学习领域的经典数据集——鸢尾花数据集(Iris 数据集),介绍感知器的学习算法。该数据集描述了山鸢尾(Iris Setosa)、杂色鸢尾(Iris Versicolor)和弗吉尼亚鸢尾三种鸢尾花的四个特征,分别是花萼长度(Sepal Length)、花萼宽度(Sepal Width)、花瓣长度(Petal Length)和花瓣宽度(Petal Width),三类共包括 150 条数据,每类 50 条,数据形式如表 9-1 所示。

表 9-1 鸢尾花数据集

Sepal Length	Sepal Width	Petal Length	Petal Width	Species
5.1	3.5	1.4	0.2	setosa
4.9	3	1.4	0.2	setosa
4.7	3.2	1.3	0.2	setosa
4.6	3.1	1.5	0.2	setosa
7	3.2	4.7	1.4	versicolor
6.4	3.2	4.5	1.5	versicolor
6.9	3.1	4.9	1.5	versicolor
5.5	2.3	4	1.3	versicolor
6.5	2.8	4.6	1.5	versicolor

感知器的学习过程,就是根据训练数据,学习合适的连接权重,从而可以使用合适的连接权重来提取正确的类别特征。对于分类问题,当一组连接权重可以根据特征的取值输出正确的类别时,当然就是合适的权重。为了更简单地说明感知器的学习法则,接下来只考虑两类鸢尾花——山鸢尾和杂色鸢尾,这样问题就变成一个二分类问题。用 1 表示山鸢尾,用 -1 表示杂色鸢尾。每一个输入信息(每一条数据)包含 4 个特征值和 1 个类别值,可以写成:

$$\chi = \{(x^1, c^1), (x^2, c^2), \cdots, (x^{100}, c^{100})\} \tag{9-9}$$

其中,$x^i = (x_1^i, x_2^i, x_3^i, x_4^i)$,$c^i = 1$ 或 -1。例如,上表的示例数据中的第一行,即是 $(x^1, c^1) = ((5.1, 3.5, 1.4, 0.2), 1)$。

为了使学习过程可以开始,需要先给定连接权重的初始值,记为 $\omega^0 = (\omega_0^0, \omega_1^0, \omega_2^0, \omega_3^0, \omega_4^0)$,其中第一个分量始终等于 b^0,即偏置。假设现在输入第 i 条数据 (x^i, c^i) 作为输入数据,此时感知器接收到的信息就是:

$$v_0 = \langle x^i, \omega^0 \rangle = \sum_{k=0}^{4} x_k^i \omega_k^0 \tag{9-10}$$

其中,$\langle x^i, \omega^0 \rangle$ 表示这两个向量的内积。使用阶跃函数作为激活函数,则感知器的输出为:

$$y_0 = \begin{cases} 1, & v_0 > 0 \\ -1, & v_0 \leqslant 0 \end{cases} \tag{9-11}$$

此时输出的结果与这条数据对应的真实类别值不一定相符,这是因为初始的连接权重并不合适,所以需要对它进行调整。接下来通过比较 c^i 与 y_0 来调整连接权重。共有如下四种情况:

(1) $c^i=1,y_0=1$,输出的类别正确,保持权重不变,$\omega^1=\omega^0$。

(2) $c^i=-1,y_0=-1$,输出的类别正确,保持权重不变,$\omega^1=\omega^0$。

(3) $c^i=1,y_0=-1$,输出的类别错误,应当调整权重使得 v_0 增大。由于 $\langle x^i,(\omega^0+\eta x^i)\rangle=\langle x^i,\omega^0\rangle+\eta\sum_{k=0}^{4}(x_k^i)^2\geqslant\langle x^i,\omega^0\rangle$,可以调整权重为 $\omega^1=\omega^0+\eta x^i$。

(4) $c^i=-1,y_0=1$,输出的类别错误,应当调整权重使得 v_0 减少。由于 $\langle x^i,(\omega^0-\eta x^i)\rangle=\langle x^i,\omega^0\rangle-\eta\sum_{k=0}^{4}(x_k^i)^2\leqslant\langle x^i,\omega^0\rangle$,可以调整权重为 $\omega^1=\omega^0-\eta x^i$。

其中,ω^1 表示调整后的权重;η 是一个大于零的正数,叫作学习速率。上述工作流程可以不断地迭代下去(由 ω^k 推出 ω^{k+1}),直到感知器输出的所有分类信息都是正确的,即可以停止更新权重,得到可用的分类器。当然在很多实际任务中,感知器即使经过很多次迭代,也未必能输出完全正确的分类信息,此时如果输出分类信息的正确率达到事先指定的水平,也可以停止继续迭代。

在上述的工作流程中,不同的初始权重对于算法的收敛性和收敛速度都会产生影响;更新权重的过程中出现的学习速率 η,也是一个重要的参数,它设定得过大可能造成算法不收敛,设定得过小会减慢收敛速度。罗森布拉特在 1958 年严格证明了感知器对于线性可分的问题经过有限步迭代一定会收敛到一个正确的分类器。简单地说,当平面上的两类数据可以用一条直线(称为决策边界)分开时,就称其为线性可分的,如图 9-5 所示。

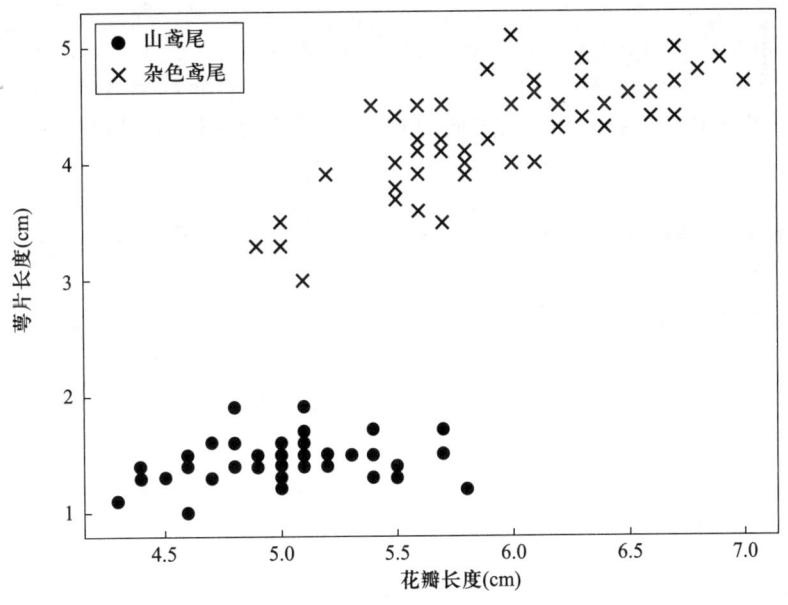

图 9-5 线性可分的鸢尾花散点图

下面使用 Python 实现鸢尾花数据的感知器分类算法。包含四个特征的鸢尾花三分类问题其实是非线性可分的，为了把它变成感知器可以解决的线性可分问题，接下来只关心山鸢尾和杂色鸢尾两类数据，并且只使用其中的花萼长度和花瓣长度两个特征进行分类。

首先导入将要使用的 Python 模块。其中 pandas 用来处理和分析数据，numpy 用来做数组与矩阵的运算。另外，为了简单起见，这里直接使用 sklearn 提供的感知器算法。接下来读取数据集，打印最后五条数据和数据形状，熟悉数据的存储格式。

```
import pandas as pd
import numpy as np
from sklearn.linear_model import Perceptron
data = pd.read_csv("iris.csv", header = None)


print(data.tail(n = 5))
print(data.shape)
```

输出结果是：

	0	1	2	3	4	5
146	146.0	6.7	3	5.2	2.3	virginica
147	147.0	6.3	2.5	5	1.9	virginica
148	148.0	6.5	3	5.2	2	virginica
149	149.0	6.2	3.4	5.4	2.3	virginica
150	150.0	5.9	3	5.1	1.8	virginica

(151, 6)

接下来从鸢尾花数据集中抽取需要使用的类别和特征数据。类别标签位于第 6 列，花萼长度和花瓣长度位于表格的第 2 列和第 4 列，我们使用这些数据训练分类器。

```
flower_class = data.iloc[1:101, 5].values
flower_class = np.where(flower_class == "setosa", −1, 1)
flower_shape = data.iloc[1:101, [1, 3]].values


plt.scatter(flower_shape[0:50, 0], flower_shape[0:50, 1], color = "red", marker = "o",
label = "setosa")
    plt.scatter(flower_shape[50:100, 0], flower_shape[50:100, 1], color = "blue", marker = "x",
label = "versicolor")
```

调用 sklearn 的感知器函数，使用上述数据训练分类器，迭代 10 次，学习速率设定为 0.1，训练完成后输出准确率。

```
flower_classifier=Perceptron(n_iter=10, eta0=0.1)
flower_classifier.fit(flower_shape, flower_class)

accuracy = flower_classifier.score(flower_shape, flower_class)
print(accuracy)
```

学习完毕后,计算并输出准确率,可以看到准确率为 100%。这表明,学习结束后得到的模型在这个数据集上的分类准确率达到 100%,也就是对这些数据可以给出完全正确的分类。通常应该把数据集划分为训练集和检测集,通过训练集学习,通过检测集评估结果。一是因为这个问题比较简单,二是可用的数据较少,所以在这里案例中并没有把数据划分成两部分。

对于这个简单的线性可分问题,使用感知器得到的决策边界如图 9-6 所示。

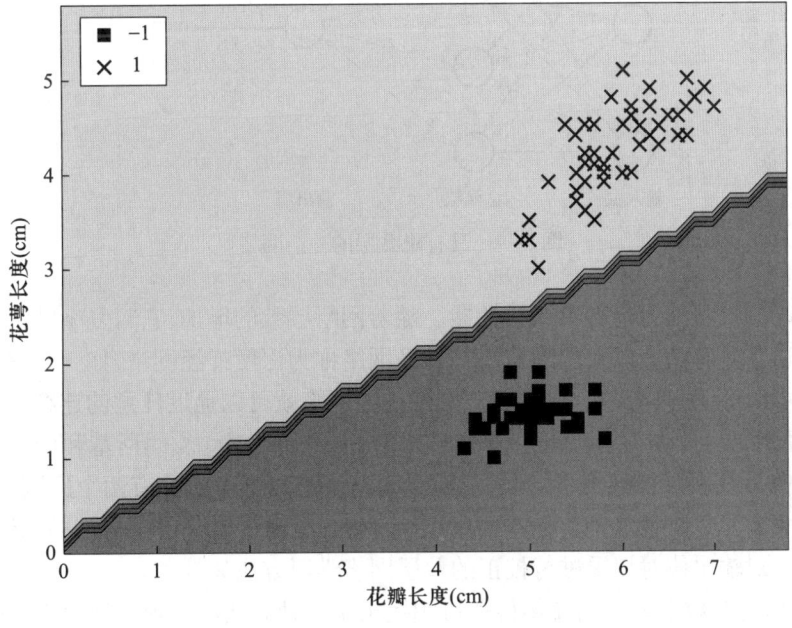

图 9-6　鸢尾花花瓣、花萼边界分割

三、神经网络的反向传播算法

虽然罗森布拉特最初对单层感知器抱有巨大的期望,但 1969 年明斯基和派珀特在他们合著的《感知器:计算几何导引》中指出,单层感知器完全不能处理非线性可分的问题。例如平面上的四个点,$(0,0)$ 和 $(1,1)$ 是一类,$(0,1)$ 和 $(1,0)$ 是另一类,这样一个非常简单的关于四个点的二分类问题,使用单层感知器也是解决不了的,原因就在于这样的分类问题是非线性可分的。读者可以从鸢尾花数据集中,选取不同于上节案例中的花的种类和特征属性,尝试用单层感知器算法分类,会发现并不总是能够给出具有很高的准确率的分类器。某些情况下,无论迭代多少次,学习速率设定为多大,总是存在一部分不能正确分类的数据。

　　现实生活中遇到的大量问题都是线性不可分的,由于单层感知器对处理这类问题束手无策,造成人工神经网络理论陷入一个时期的低潮。如何解决感知器理论的缺陷,将其应用于更复杂的问题呢?

　　既然感知器是参考生物神经系统提出的数学模型,当然应该对比一下两者的差异。人类大脑大约包含 860 亿个神经元,这些看似简单的神经元组合在一起才使人类具备了解决各种复杂问题的能力。而单层感知器只有一个计算层,因此通过增加网络层数改进其功能就是自然的想法。把多个感知器组合在一起,使得它具有多个计算层,就构成了多层神经网络,其中非输出层的计算层又叫作隐藏层。图 9-7 是具有一个隐藏层的神经网络的示意图。

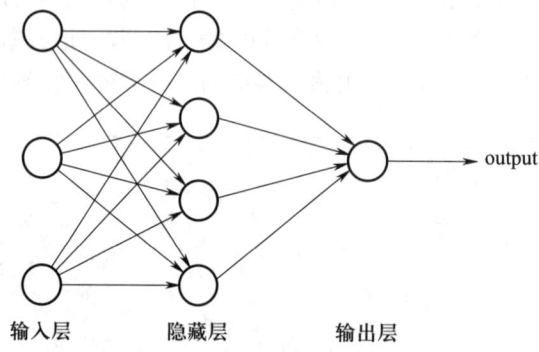

输入层　　　　隐藏层　　　　输出层

图 9-7　具有隐藏层的神经网络

　　多层网络的学习能力远超单层感知器。随着网络层数的增加,它对复杂特征的抽取能力逐渐增强。通常具有两个以上的隐藏层的神经网络称为深度神经网络,如图 9-8 所示。

　　理论上可以证明,具有两个以上隐藏层的神经网络就可以逼近任意的连续函数。这样看来,多层神经网络可以作为解决复杂问题的完美工具。但实际上,明斯基和派珀特否定感知器的同时也曾提及多层神经网络,人们没有沿着这一思路继续研究有两个原因:一是因为当时的计算能力不足以支持如此"复杂"的网络计算;二是由于隐藏层没有期望的输出值,所以罗森布拉特针对输出值对权重进行校正的单层网络学习方法失效了。

　　1965 年乌克兰数学家伊瓦赫年科和拉帕提出了一种有效的学习方法(GMDH)。利用这种方法,1971 年伊瓦赫年科在他的一篇文章① 中描述了一个深度网络(8 层)的构建过程,该网络从输入层开始,使用回归分析进行参数优化,同时利用最小二乘进行剪枝,直到能够实现正确的输出。

　　1982 年霍普菲尔德提出了以他名字命名的 Hopfield 网络,这是神经网络的另一个重要进展。它与多层感知器不同,不是根据输入和权重计算输出,而是在神经元之间建立对称的连接并且神经元只有 0 和 1 两种状态,借助能量函数的概念,通过依次更新网络节点的状态,最终使能量达到极小值。霍普菲尔德证明了,在恰当的条件下,能量极小的稳定状态总可以达到。沿着与 Hopfield 网络类似的方向,辛顿和谢伊诺斯基在 1983 年提出了 Boltzmann 机,

---

　　① Ivakhnenkc.Polynomial Theory of Complex Systems [J]. IEEE Transactions on Systems, Man and Cybernetics, 1971, smc-1(4).

它使用一种借鉴了热力学理论设计的巧妙学习算法,在学习过程中熵值不断减少,这就是我们在第六章介绍过的模拟退火算法。

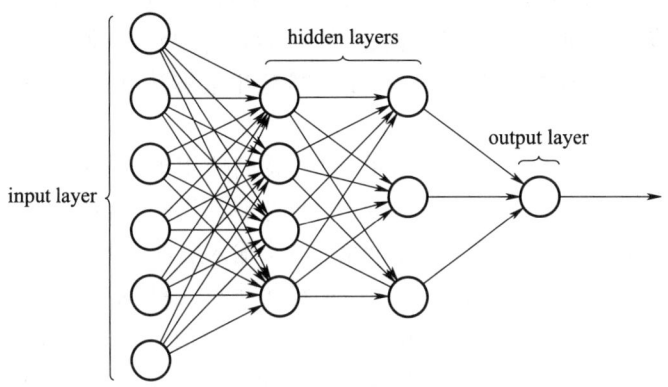

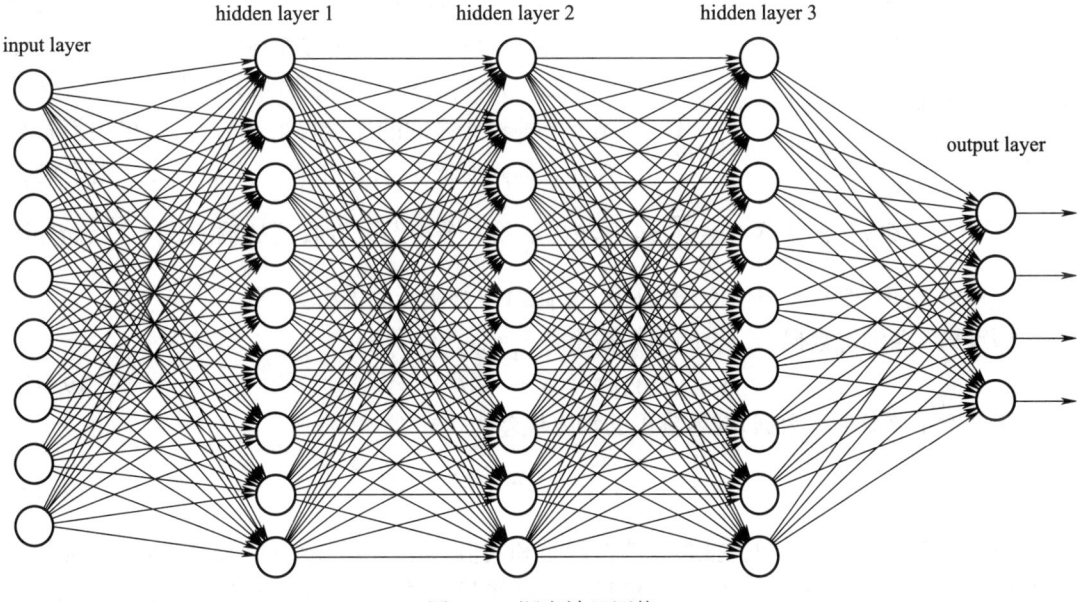

图 9-8 深度神经网络

随着各种神经网络和学习算法的出现,神经网络开始快速成长,并在某些领域初步显露出它的能力,比如 20 世纪 80 年代谢伊诺斯基领导的 Nettalk 项目(辛顿也有参与),构造了使用 203 个单元作为输入层、80 个单元作为隐藏层、26 个单元作为输出层的三层网络,使用反向传播算法训练,成功地让机器能够像人一样朗读书面文字,测试准确率达到 95%。温伯斯在他 1974 年的博士论文中,第一个详细分析了使用反向传播训练神经网络的可能性,但此时正值人工神经网络研究的低谷,所以并未得到人们的重视,包括他自己。直到 1986 年,鲁梅尔哈特、辛顿和威廉姆斯在他们发表的论文中[①]清晰地解释了如何把反向传播用于神经网

① D. E. Rumelhart, G. E. Hinton, R. J. Williams.Learning representations by back-propagating errors［J］.Nature, 1986,323.

络,大家才广泛地注意到这种学习方法。反向传播算法大大提高了求解神经网络模型的最优参数的效率,使得神经网络实现了从理论到工业应用的跨越。

多层神经网络的反向传播的思路是:首先利用损失函数求得模型的最终误差;接着再将误差自后向前层层传递,获取每个神经元的误差;最后将每层每个神经元的误差关于权重求偏导数,通过迭代最终得到权重的最优解,从而构建出能够达到最小损失的神经网络模型。

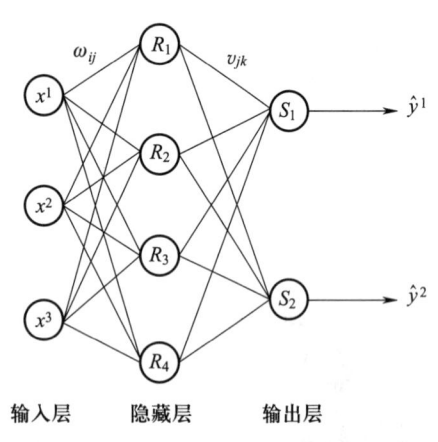

图 9-9　包含 1 个隐藏层的神经网络

简单起见,我们使用如图 9-9 所示的包含 1 个隐藏层的神经网络具体讲解反向传播算法。

该网络有 3 个输入层神经元、4 个隐藏层神经元、2 个输出层神经元,隐藏层和输出层的神经元都使用 Sigmoid 激活函数。对应地,它使用的训练数据是 $D = \{(x_1, y_1), (x_2, y_2), \cdots, (x_m, y_m)\}$,其中 $x_i = (x_i^1, x_i^2, x_i^3)$ 和 $y_i = (y_i^1, y_i^2)$ 分别是 3 维和 2 维向量,$i = 1, 2, \cdots, m$。输入层第 i 个神经元与隐藏层第 j 个神经元之间的连接权重记为 ω_{ij},隐藏层第 j 个神经元的阈值记为 β_j,$i = 1, 2, 3, j = 1, 2, 3, 4$。隐藏层第 j 个神经元与输出层第 k 个神经元之间的连接权重记为 v_{jk},输出层第 k 个神经元的阈值记为 γ_k,$j = 1, 2, 3, 4, k = 1, 2$。则隐藏层第 j 个神经元接收到的输入 $R_j = \sum_{i=1}^{3} \omega_{ij} x^i$,输出层第 k 个神经元接收到的输入 $S_k = \sum_{j=1}^{4} v_{jk} d^j$,其中 x^i 是输入数据的第 i 个属性值,d^j 是第 j 个隐藏层神经元的输出。

假设第 s 条训练数据 (x_s, y_s) 的网络输出是 $\hat{y}_s = (\hat{y}_s^1, \hat{y}_s^2)$,即:

$$\hat{y}_s = (\hat{y}_s^1, \hat{y}_s^2) = (f(S_1 - \gamma_1), f(S_2 - \gamma_2)) \tag{9-12}$$

因此对于该条训练数据,网络输出的均方误差为

$$E_s = \frac{1}{2} \left((\hat{y}_s^1 - y_s^1)^2 + (\hat{y}_s^2 - y_s^2)^2 \right) \tag{9-13}$$

该网络需要确定的参数包括各个连接权重和阈值 ω_{ij}、v_{jk}、β_j 和 γ_k,误差的反向传播确定这些参数的方式是类似的,我们以 v_{jk} 为例推导。训练目标是使得网络输出的误差最小,因此需要沿着均方误差 E_s 的梯度的反方向对参数进行调整,即以 η 为学习率,有:

$$v_{ji} = v_{jk} + \Delta v_{jk} \tag{9-14}$$

其中:

$$\Delta v_{jk} = -\eta \frac{\partial E_s}{\partial v_{jk}} \tag{9-15}$$

根据求导的链式法则,有:

$$\frac{\partial E_s}{\partial v_{jk}} = \frac{\partial E_s}{\partial \hat{y}_s^k} \frac{\partial \hat{y}_s^k}{\partial S_k} \frac{\partial S_k}{\partial v_{jk}} \tag{9-16}$$

因为 $S_k = \sum_{j=1}^{4} v_{jk} d^j$,所以 $\frac{\partial S_k}{\partial v_{jk}} = d^j$。另外,显然 Sigmoid 激活函数

$$f(x) = \frac{1}{1 + \exp(-x)} \qquad (9-17)$$

满足 $f'(x) = f(x)(1 - f(x))$，因此有：

$$g_k = \frac{\partial E_s}{\partial \hat{y}_s^k} \frac{\partial \hat{y}_s^k}{\partial S_k} = \frac{\partial \left(\frac{1}{2} \sum_{k=1}^{2} (\hat{y}_s^k - y_s^k)^2 \right)}{\partial \hat{y}_s^k} \frac{\partial f(S_k - \gamma_k)}{\partial S_k} = \hat{y}_s^k (1 - \hat{y}_s^k)(y_s^k - \hat{y}_s^k) \qquad (9-18)$$

最终可得：

$$\Delta v_{jk} = -\eta g_k d^j \qquad (9-19)$$

沿着该方向，以 η 为学习率，通过迭代更新权重 v_{jk}，并在恰当的时候停止更新，就可以得到网络参数的值了。

上述过程是针对每一条训练数据推导参数更新公式，也可以将所有数据的网络输出误差累积起来，直接使用累积误差的梯度更新参数。其方法是类似的，我们不再赘述。

四、深度学习的发展

在 20 世纪 90 年代到 21 世纪之前的这段时间，当前深度学习使用的几种主要方法，都已有了雏形甚至已经接近它现在的成熟状态。但是一方面，随着网络层数变多，链式法则会导致梯度爆炸或梯度消失的问题；另一方面，与这一时期出现的统计学习方法相比，神经网络并没有表现出明显的优势。所以 21 世纪前，神经网络并没有一骑绝尘成为人工智能领域的王者。

在此期间，杨立昆（Yann LeCun）首先证明了这种认识是不正确的。1989 年，杨立昆与他的合作者使用卷积神经网络，把手写邮政编码识别程序的错误率降到 5% 左右。此后，杨立昆与他的合作者在 1998 年的一篇文章中，系统地阐述了如何使用随机梯度下降和误差的反向传播训练卷积神经网络，并将其用于手写字符识别，在经典的手写字符数据集 MINIST 上，训练的准确率达到了 99.05%。虽然卷积的概念并不是杨立昆提出的，但他第一个成功地将其用于实际的图像识别任务。他曾在访谈中提到，20 世纪 90 年代后期，美国 10%~20% 的支票都是通过使用卷积神经网络的系统进行识别的。但是，由于人们对于层数过多的神经网络不能被有效训练一直抱有执念，很多研究团体选择了忽视杨立昆的结果。

这种观念真正被改变要归功于辛顿。2006 年，辛顿领导的研究组相继发表了两篇论文[1]，为了避免由于使用神经网络这样的词语而使他们的成果受到忽视，在这两篇文章中他们多次使用了深度（Deep）网络的概念，这可能是现在"深度学习"这一说法的开端。自此，深度学习的时代终于开启它的大幕。

辛顿提出的网络叫作深度信念网络，它使用无监督的方式进行预训练，每层是一个受限的 Boltzmann 机，预训练后再把它们逐层堆叠起来。深度信念网络在 MINIST 上取得了优于其他机器学习方法的成绩，准确率为 98.75%。正如读者所见，这个准确率其实比不上杨立昆在 1998 年使用卷积神经网络得到的结果，但辛顿的贡献更多的是由于他在此前后长达 30 多

---

① G.E.Hinton, S.Osindero, Y.W.Teh.A fast learning algorithm for deep belief nets [J]. Neural Computation, 2006, 18; G.E.Hinton, R.R.Salakhutdinov.Reducing the Dimensionality of Data with Neural Networks [J]. Science, 2006, 313.

年的时间里,始终保持对深度学习的能力坚信不疑并持续地推动它的发展。

2012 年,辛顿与他的两个学生将深度信念网络用于语音识别,并在语音识别数据集(TIMIT)上取得了 79.3% 的准确率,这是当时(2012 年)已知的最佳结果。此时,深度学习已经不仅仅是在学术界受到关注,同时吸引了科技企业的注意力,谷歌、微软、IBM 等跨国公司开始加入深度学习的研究行列。随着越来越多结果的发布,人们对深度学习有了更深入的新的认识。比如,人们发现辛顿所使用的预训练方法对于克服训练困难并不是本质的,更多的训练数据、更强的计算能力、更合适的激活函数,以及更先进的算法,都有助于提升神经网络的性能。同样在 2012 年,辛顿的团队使用深度卷积神经网络(AlexNet),在著名的图像识别竞赛 ImageNet 中取得了压倒性的胜利(准确率高出第二名将近 11%)。此后深度学习不断刷新各种人工智能任务的最佳纪录,成为学术界和工业界的主流方法。

第二节 卷积神经网络

深度学习在其发展过程中,出现了一系列在实际应用场景中取得巨大成功的网络模型。从本节开始,我们将逐个介绍其中的卷积神经网络、循环神经网络、注意力机制以及它们的各种变体。

一、卷积简介

卷积神经网络(Convolutional Neural Network,CNN)在深度学习崛起的过程中发挥了重要的作用,它最初多被用于各种图像和视频任务,如图像分类、物体及人脸识别、图像分割、视频理解等,并在这些视觉任务中展现了明显优于其他网络的性能;近年来随着对卷积网络的进一步理解以及各种网络架构的改进和融合,它也被成功地应用于更多领域,如语音识别、自然语言理解、推荐系统等。一般认为,无论卷积层是网络的主要构件还是只起辅助作用,只要是使用了卷积运算的网络都可以叫作卷积神经网络(简称卷积网络)。简单起见,我们只讨论前馈卷积网络,并聚焦于它的核心——卷积层。

首先需要了解卷积的概念。数学中的卷积是指作用在两个函数上的算子,以一元函数为例,$f(x)$ 和 $g(x)$ 的卷积 $f*g$ 定义为:

$$(f*g)(x)=\int_{-\infty}^{+\infty}f(t)g(x-t)dt \tag{9-20}$$

其中 $f(x)$ 叫输入,$g(x)$ 叫核函数。当我们将它用于神经网络时,会使用离散数据,并且输入和核函数往往只在有限点上有定义,卷积公式变成如下有限求和的形式:

$$(f*g)(x)=\sum_{k=1}^{n}f(k)g(x-k) \tag{9-21}$$

可以认为核函数在有限点之外函数值为 0,此时核函数不等于 0 的点的个数称为核的大小。

卷积并不是新鲜的概念,在数字信号处理、图像处理等领域早有应用。根据不同的问题背景,可以从不同的角度理解。例如,使用线性代数的知识把卷积看成矩阵乘积,把核函数作为某个随机变量的概率密度函数或信号的滤波器等,感兴趣的读者可以进一步阅读相关资料。在卷积网络中,可以简单地把它理解成一种加权求和。想象这样一个例子:从某天开始记录张三每天的碘摄入量,第 k 天的摄入量用 $f(k)$ 表示。碘在体内会逐渐代谢,摄入第 k 天后剩余百分比记为 $g(k)$,$g(k)$ 会随着 k 的增加逐渐减小。在第 n 天,张三体内的碘含量 $L(n)$ 是多少呢?显然,碘摄入的时间越早,对当前体内含量的贡献就越少,相应的权值越小,所以 $L(n)$ 是每天摄入量的加权求和:

$$\sum_{k=1}^{n} f(k)g(n-k) = f(1)g(n-1) + f(2)g(n-2) + \cdots + f(n)g(0) \tag{9-22}$$

这恰好是一种离散形式的卷积。

在深度学习中,卷积最常见的应用是处理图像数据。如果简单地把图像看成二维数据,用 $I(i,j)$ 表示在 (i,j) 位置的像素值。对二维数据,用二元的核函数 $K(i,j)$ 可以类似地定义二元函数的卷积 $C(i,j)$。

$$C(i,j) = (I*K)(i,j) = \sum_{m}\sum_{n} I(m,n)K(i-m,j-n) \tag{9-23}$$

此时核函数 K 在平面上的一个区域中不等于 0,区域大小叫作核的大小,用 $s \times t$ 表示。很容易验证 $I*K = K*I$,这是卷积的基本性质,叫可交换性。但是要注意,很多时候被冠以"卷积"名称的神经网络并不使用如上定义的卷积运算,而是使用这样一种运算:

$$C(i,j) = (I*K)(i,j) = \sum_{m}\sum_{n} I(i+m,j+n)K(m,n) \tag{9-24}$$

它来源于时间序列分析中的互相关函数,而不再是数学意义上的卷积运算,显然它不具有交换性。但是在神经网络中,这两种运算的主要作用都是从输入的局部区域提取局部特征。另外,卷积核在深度网络中通过训练学习参数,卷积与互相关函数的学习结果只差一个矩阵的翻转,所以在卷积网络中,它们本质上是等价的。最后,在实际场景中深度学习经常需要处理多通道数据(如彩色图像),此时即使使用严格的卷积运算,也不能保证整个运算在多通道数据上是可交换的。所以,使用这两种运算方式的网络在深度学习领域都被称为卷积神经网络。

下面用一个具体例子演示卷积的运算过程和卷积核的作用。假设如下矩阵表示一张 4×4 的图片,矩阵中每个元素代表图片中相应的像素点的灰度值:

$$\begin{pmatrix} a_{0,0} & a_{0,1} & a_{0,2} & a_{0,3} \\ a_{1,0} & a_{1,1} & a_{1,2} & a_{1,3} \\ a_{2,0} & a_{2,1} & a_{2,2} & a_{2,3} \\ a_{3,0} & a_{3,1} & a_{3,2} & a_{3,3} \end{pmatrix} = \begin{pmatrix} 8 & 8 & 0 & 0 \\ 8 & 8 & 0 & 0 \\ 2 & 2 & 4 & 4 \\ 2 & 2 & 4 & 4 \end{pmatrix} \tag{9-25}$$

该矩阵定义了卷积的输入 $I(i,j) = a_{i,j}$。本例使用一个 3×3 的核函数 $K(i,j) = b_{i,j}$,定义如下:

$$\begin{pmatrix} b_{-1,-1} & b_{-1,0} & b_{-1,1} \\ b_{0,-1} & b_{0,0} & b_{0,1} \\ b_{1,-1} & b_{1,0} & b_{1,1} \end{pmatrix} = \begin{pmatrix} \dfrac{1}{9} & \dfrac{1}{9} & \dfrac{1}{9} \\ \dfrac{1}{9} & \dfrac{1}{9} & \dfrac{1}{9} \\ \dfrac{1}{9} & \dfrac{1}{9} & \dfrac{1}{9} \end{pmatrix} \tag{9-26}$$

把像素矩阵左上角的 9 个值代入卷积公式可得：

$$C(1,1) = a_{0,0}b_{1,1} + a_{0,1}b_{1,0} + a_{0,2}b_{1,-1} + a_{1,0}b_{0,1} + a_{1,1}b_{0,0} + a_{1,2}b_{0,-1}$$

$$+ a_{2,0}b_{-1,1} + a_{2,1}b_{-1,0} + a_{2,2}b_{-1,-1} = \frac{40}{9} \approx 4 \tag{9-27}$$

类似地，可以计算出（四舍五入变成整数）：

$$C(1,2) \approx 3$$
$$C(2,1) \approx 4 \tag{9-28}$$
$$C(2,2) \approx 3$$

很容易看出，这个卷积核的作用是把像素的灰度值变成它周围点灰度值的均值。这个过程如图 9-10 所示，它把包含四块对比强烈的区域的图像平滑成一个相对柔和的图像。

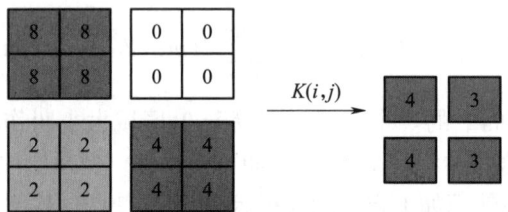

图 9-10　像素值变化示意图

使用不同的卷积核可以产生不同的效果或作用（见图 9-11），如边缘检测、锐化、去噪等。当然，实际应用场景使用的卷积核往往比较复杂，也有更多的细节问题需要解决。

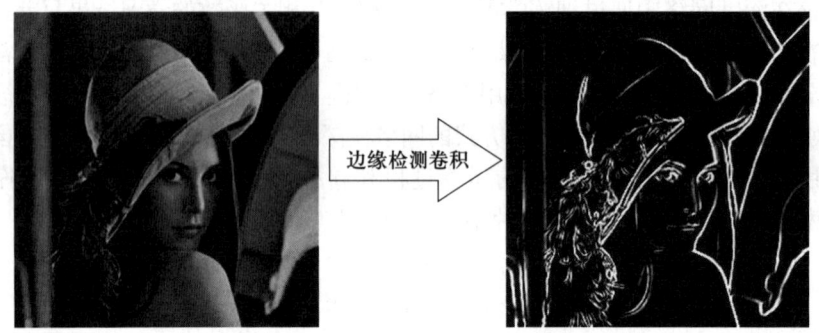

图 9-11　边缘检测卷积图

二、卷积层的构造

卷积层与其他类型的网络层相互连接，再搭配合适的输入和输出，就构成深度卷积网络。其中的卷积层是卷积网络的主要部分，它包括卷积和池化两个典型单元（见图 9-12）。下面具体介绍卷积层的构造方式。

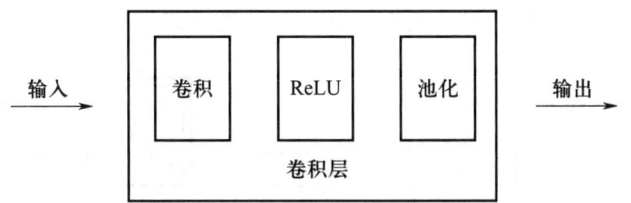

图 9-12　卷积层的典型构造

卷积单元使用卷积核在输入数据上的每个小区域进行卷积运算,提取出数据的局部特征。以手写字母识别为例,说明提取这种局部特征的意义。图 9-13 中有手写字母 Y 的两种书写方式,可以看到其中方框划出的部分,都具有相同的特征,使用合适的卷积层提取并对比两种书写方式中的局部特征,就可以判断它们是否是同一个字母。

细心的读者会发现,在前面的例子中我们对 4×4 的图像用 3×3 的卷积核做卷积后只剩下 2×2 个像素,它已经不能再使用同样大小的卷积核继续进行有效的卷积运算了。一般地,如果要求每次卷积只处理能够完全覆盖整个卷积核的区域,那么当输入数据的大小是 $m \times m$,卷积核大小是 $k \times k$ 时,它的输出会减少到 $(m-k+1) \times (m-k+1)$。深度卷积网络同时使用多个卷积层,把上层的输出作为下层的输入,每个卷积层都会造成有效数据的缩小。图 9-14 用一维数据展示了这个衰减过程,可以看到经过多次卷积后,数据宽度就变成 1,不能继续进行卷积运算了。我们当然可以通过减少网络层数或缩小卷积核避免这个问题,但这通常会导致网络性能变差,所以在进行卷积运算时,需要引入填充(Pad)方法。

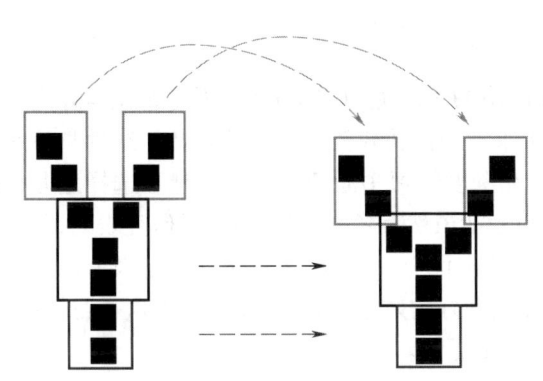

图 9-13　手写字符的局部特征示意

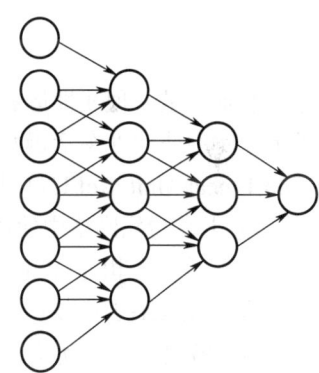

图 9-14　数据衰减过程示意图

所谓填充,指的是用 0 扩大输入数据的边界。根据填充数量和卷积开始位置不同,卷积有三种类型(见图 9-15)。第一种是相同(Same)卷积。它通过在输入数据的边界填充合适数量的 0,使得卷积的输出与输入大小保持一致。使用相同卷积,理论上可以设计包含任意层数的卷积网络。但此时边界数据的使用次数少于内部数据,所以输出数据对输入的边界存在欠表示。第二种是全(Full)卷积。与相同卷积相比,它填充更多数量的 0,从而部分弥补边界欠表示的问题。但此时输出数据的边界实际上只使用了少量真正的输入数据,所以有可能提取不出有效特征。最后,还有一种极端做法叫有效(Valid)卷积。它的填充方式是"不填充",上节的例子使用的就是这种方式。结合它们的优缺点,在实际任务中,通常会尝试介于有效卷积和全卷积之间的填充数量,最终根据网络的实际表现确定最佳填充数量。

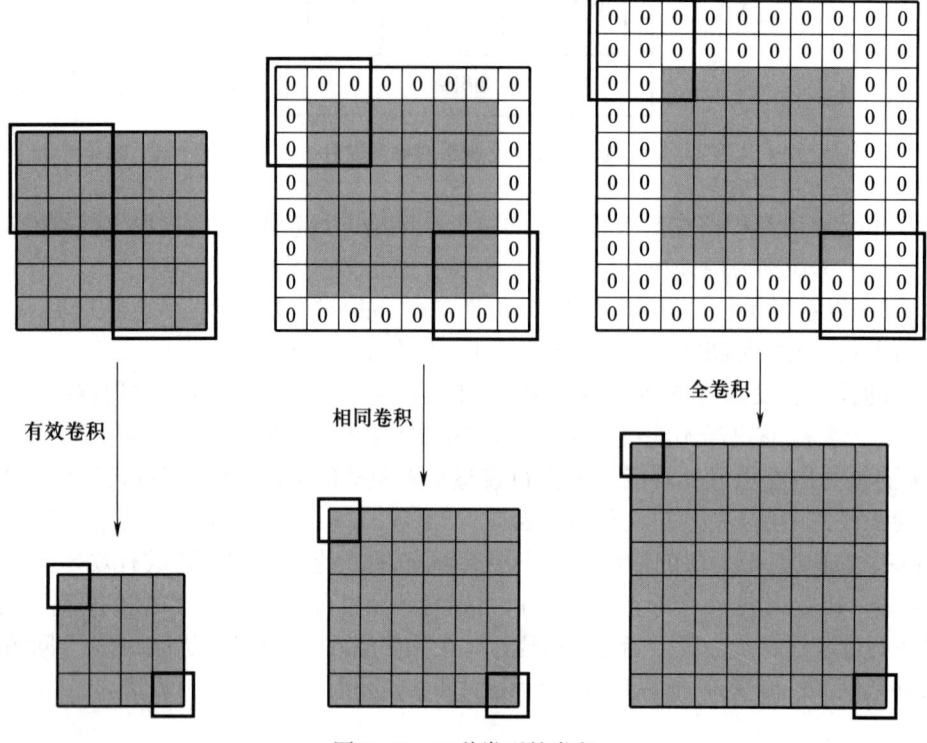

图 9-15　三种类型的卷积

　　卷积本质上是一种线性运算,由于线性网络的表示能力非常有限,因此卷积运算之后经常会紧接着使用非线性激活函数处理运算结果。当前比较流行的激活函数是线性整流函数(Rectified Linear Unit,ReLU)(见图 9-16)。在深度学习中激活函数的设计和选择是非常活跃的领域,关于在卷积网络中使用 ReLU 进行激活虽然有各种解释,但也有研究表明,与一些其他类型的激活函数相比,ReLU 并未展现出特别优势。所以,这可能仅仅是因为杨立昆最初在卷积网络 LeNet-5 中使用了这种函数并取得好的效果,后来者就沿用了这一习惯,这种由经验驱动并做出选择的现象在深度学习中是常见的。

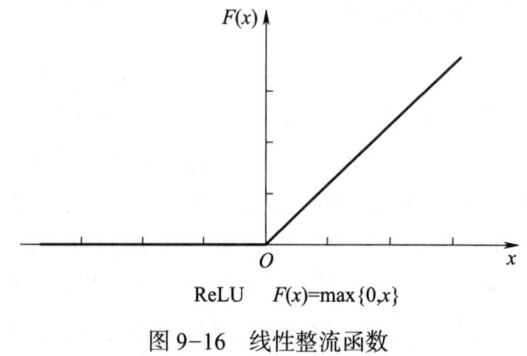

图 9-16　线性整流函数

卷积层的另一个单元是池化(Pooling),它用池化函数对卷积运算的输出进行调整,根据池化函数不同,常用的池化方式包括最大池化、L^2池化、平均池化和加权平均池化等。以最大池化为例,它从卷积输出的相邻k个结果中,选择最大值输出。图9-17展示了$k=3$时的最大池化过程。

池化主要有两个作用:一是对卷积输出的特征进行降维;二是产生某种不变性,特别是局部平移不变性。以相同卷积为例,它计算得到的特征维数(输出数据的大小)与输入数据的维数相同。如果输入数据是超高维数据,如超大的图像,使用它的高维特征进行图像分类,很容易造成过拟合,而池化处理后只使用其中的一部分重要特征进行分类,就不会过分拟合训练数据,从而提高模型泛化能力。局部平移不变性是指,当图像发生小的平移时,输出不发生改变。对比图9-17与图9-18可以看到,使用相同的卷积核和最大池化策略,当图像整体向下移动一个像素后只有部分输出发生变化。

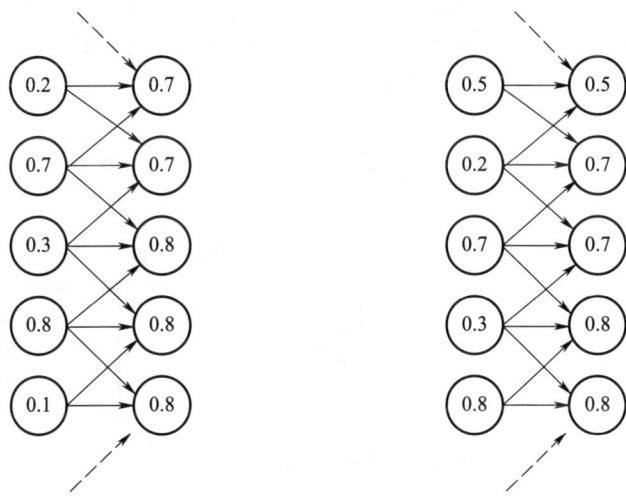

图9-17　最大池化过程($k=3$)　　　图9-18　整体向下移动后的输出示意图

这说明对于最大池化来说,特征的精确位置并不重要,它只反映某个特征是否出现。这在视觉任务中尤为重要。例如,识别动态视频中的人数时,期望输出的是“人”这个特征出现的准确数量,而它的微小位移不应该影响输出结果。最大池化天然具有这种局部平移不变性,进一步,结合其他方法,最大池化也能学到其他不变性。例如,对相同的图像数据集中的图像旋转不同角度后得到不同的数据集,分别使用卷积学习它们的特征,对卷积在不同数据集的输出执行最大池化,就可以学得旋转不变性,也就是无论同一物体出现的角度如何,池化单元都会给出相同输出(见图9-19)。

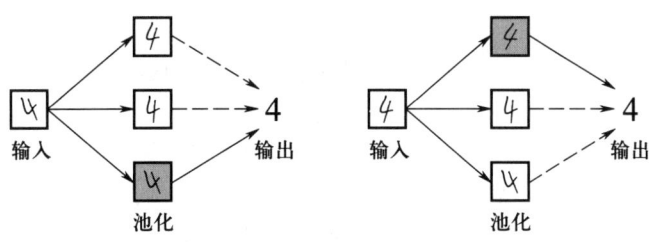

图9-19　不同角度物体的池化

根据数据特点和问题背景,使用不同的卷积核、激活函数、池化函数构成卷积层中的卷积单元和池化单元,然后把各种卷积层连接起来,再搭配使用全连接、循环等其他网络结构,最终使用合适的输出层进行输出,就得到一个完整的深度卷积网络。需要说明的是,并不是每个卷积层都要使用池化单元,这是因为池化单元的作用可以通过卷积及其变种实现,且随着数据核计算能力的激增,对降维的需求也不再十分强烈了。另外,同一个卷积层可以并行使用几个不同的卷积核,卷积核的个数叫作这一层卷积的深度,其中每个卷积核负责提取不同的局部特征。

三、卷积网络的优点

如何理解卷积网络呢?以图像识别任务为例,数据输入第一个卷积层后,这一层并行的几个卷积运算与池化操作会分别提取几种不同的局部特征作为下一个卷积层的输入,例如局部水平和垂直特征;下一个卷积层继续处理这些特征,提取出组合特征。如此继续,最终通过恰当的输出层输出物体类别。这一过程如图 9-20 所示。

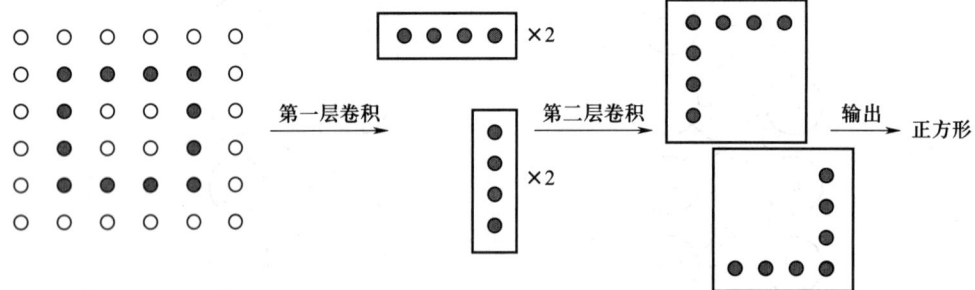

图 9-20　输出正方形示例

如果把卷积网络中没有连接起来的节点看成连接权重为 0 的节点,它不过是一种特殊的全连接网络,所以理论上,全连接网络完全可以实现卷积网络的功能。或者说,如果已经先验地认为可以通过局部特征的识别(卷积)达到我们的目的,在一个全连接网络的训练过程中,

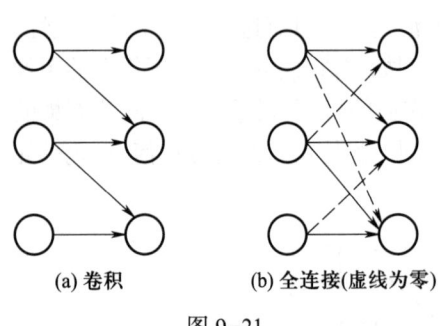

(a) 卷积　　(b) 全连接(虚线为零)

图 9-21

始终强制要求非局部连接的权重等于 0,那么该全连接网络与卷积网络是等价的(见图 9-21)。一方面,这提示我们能够使用卷积网络的前提是问题可以用局部特征描述;另一方面,会疑惑既然卷积网络可以当作特殊的全连接网络,为什么还要引入卷积网络呢? 这是因为设计算法不仅要考虑所用的原理,更要重视算法的效率,卷积网络的存储、训练和使用效率都远远高于全连接网络,接下来我们从多方面说明卷积网络的优点。

第一,每个卷积层中的参数是共享的。由于卷积网络的同一层只负责提取一个局部特征(假设深度为 1),所以该层中的核函数是使用相同的权重分别作用在数据的每个局部区域。整个卷积层的参数数量就是核的大小 k,而 k 通常远小于输入输出数据的维数。再看全连接层,如果 m 个神经元作为输入,n 个神经元作为输出,它的参数数量是 $m \times n$。经过多层的累积,两者之间的差异是巨大的。所以,无论从参数存储还是计算的角度看,卷积网络都能极大提升网络效率。例如图 9-22 中的卷积层,$k = 3$ 时只需要三个参数。

第二,卷积层是稀疏交互的。每个输入只影响 k 个输出,反过来,每个输出也只受 k 个输入的影响,整个网络中输入输出之间的交互是间接产生的。但这种稀疏性并不影响网络提取输入的复杂特征,以图 9-23 中的两层卷积为例,下一层网络中通过这种稀疏交互间接连接到第一层网络中更多的输入数据,所以这使得我们可以通过稀疏的交互来描述复杂关系。这种稀疏交互使得与全连接网络比较,卷积网络的算法运行时间从 $O(m \times n)$ 减少到 $O(k \times n)$。

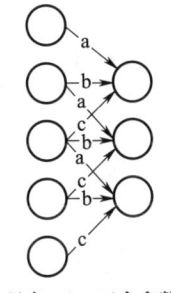

只有a、b、c三个参数

图 9-22 $k = 3$ 时的卷积层　　图 9-23 两层卷积示意图

第三,由于卷积是线性运算,所以具有对平移的等变性,这与池化的平移不变性是类似的。例如,把图像整体平移一个像素后做卷积,与先对图像做卷积再把输出结果平移一个像素,最终结果相同。还有一些变化,如缩放和旋转,对图像识别也是重要的,虽然卷积层并不直接具有这些等变性,但可以使用其他代数工具实现卷积对缩放和旋转的等变性。

卷积网络除了效率上的优势,还有个特别的好处,它能够处理可变大小的输入数据。全连接网络使用固定大小的矩阵乘法进行计算,所以当输入数据的大小不固定,如图像尺寸、序列长度不同时,必须通过数据裁剪或填充把数据变成相同格式,这会造成数据损失或者会增加不必要的噪声。而卷积只作用在数据的局部区域,图像尺寸不确定时,只是卷积核的次数不同而已,再结合池化策略,就可以很方便地应对数据尺寸的变化。

除了上述优势,卷积网络还可以根据具体问题灵活地拓展出各种变化形式。在前面例子中的卷积核都是逐个扫过输入数据中合适的区域,实际上,我们也完全可以跳过其中某些区域,这虽然会减少提取的特征数量,但可以进一步提高网络计算效率,而且通过选择恰当的跳跃幅度,并不会明显降低网络性能。我们形象地把两个相邻的卷积位置的间隔叫作步幅。图 9-24 对比了步幅为 1 和 2 的卷积。提高步幅在效果上等价于降采样操作,但它显然效率更高。池化也可以使用类似的降采样想法,因为池化本身就起到数据降维的作用,再加上降采

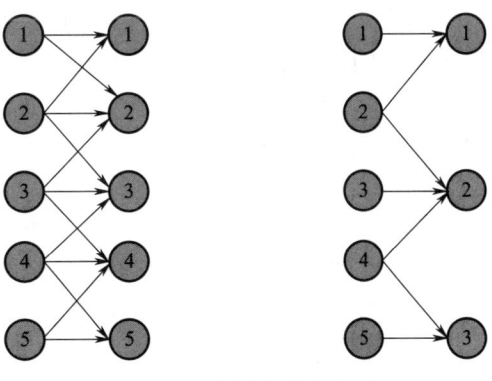

图 9-24 不同步幅的卷积对比

样,可以进一步提高统计效率。

还有一种"假"卷积,它同样通过局部连接,依次扫描数据中的小区域,这保留了卷积的稀疏交互性质。但是,它并不在卷积层共享参数,而是在每个局部区域使用不同的参数。这种结构介于全连接和卷积之间,叫作非共享卷积。当需要探测的特征只出现在数据的一部分区域,而其他区域并不会出现相同的特征时,使用非共享卷积就很恰当。例如,在人脸数据集中探测嘴的位置,那么只需要在图像的下半部分扫描就可以了。这种探测方式可以设计得更精致,如果只在一部分区域共享卷积核,而在整个数据上使用几种不同的卷积核,就叫作平铺卷积,它介于非共享卷积和卷积之间。可通过图 9-25 观察全连接、非共享卷积、平铺卷积和卷积的差异。

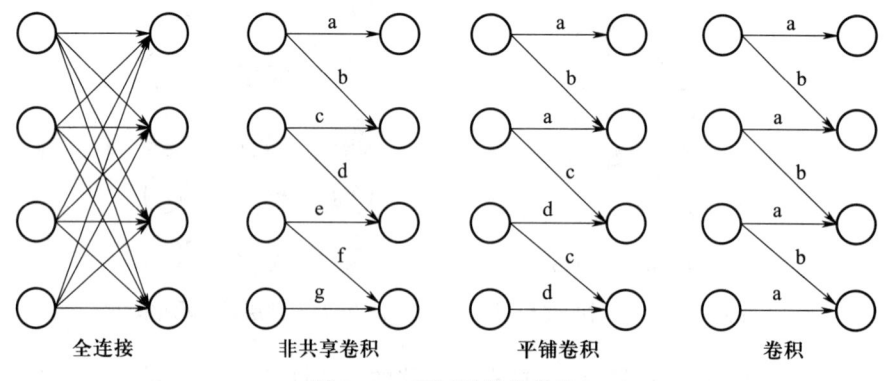

图 9-25   不同种类的卷积

正是因为卷积可以如此灵活地变化,所以组合出了各种各样的卷积网络,如 LeNet-5、AlexNet、GoogLeNet、ResNet 等。这些都是以卷积层为主的深度网络,如果再配合其他类型的网络层,那么就更是千变万化了。

四、卷积网络与生物视觉

如果从深度神经网络中挑选一种与生物神经实验结果吻合较好,能够互为佐证的网络结构,卷积网络是最佳选择。在卷积网络最成功的应用领域——计算机视觉中,它的工作方式与生物视觉系统是异曲同工的。

20 世纪 60 年代,神经科学家休伯尔和威泽尔研究了哺乳动物的大脑如何接收和重建眼睛捕捉到的视觉信号,特别是在神经元水平上解释了大脑的视觉处理过程[1],两人因此获得了 1981 年的诺贝尔生理学或医学奖。他们以及其他科学家的大量实验,反复证实了卷积网络与生物视觉系统的某种相似性(见图 9-26)。下面我们对比卷积网络的结构,简单地解释一下两者之间的联系。

输入层:视网膜对光线刺激进行光电转换,形成以电信号表示的图像,视网膜中的神经元以及大脑中的外侧膝状体(简称外膝体)会对图像进行简单的处理,然后将信号传递到大脑的视觉皮层,这一过程对图像的改变很少,识别过程主要是在接下来的视觉皮层中进行的。

---

① D.H.Hubel, T.N.Wiesel.Brain Mechanisms of Vision [J]. Scientific American, 1979, 241.

这可以看成生成输入数据和预处理的过程。

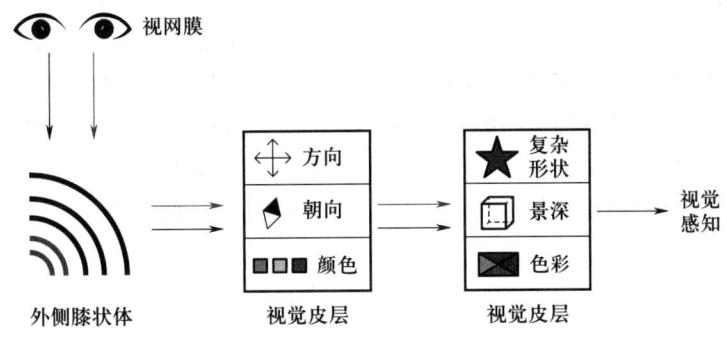

图 9-26 生物视觉系统

卷积层:视觉皮层对信息的处理是分区域、分层次进行的,它使用神经元对视觉图像进行扫描,并逐层提取、整合信息,这与卷积网络使用卷积核处理局部数据并叠加卷积层十分类似。以初级视觉皮层为例,它包含简单神经元和复杂神经元。每个简单神经元只处理图像中的一小块区域,叫作该神经元的感受野。简单神经元使用线性函数检测它的感受野的某种特征,如条纹、形状、颜色等,卷积运算就是模拟了这一步骤。接下来,复杂神经元会响应简单神经元的检测结果,实验表明,这种响应对检测出的特征位置的微小偏移具有不变性,卷积层中的池化操作就对应到这一处理过程。

输出层:视觉皮层通过多个层次反复执行上述操作,提取出图像中的复杂信息,如多物体间的相对位置、空间布局、前景、背景等,最终特定的神经元被这些复杂特征激活,完成识别任务,如识别出照片中的猫。这样的识别结果具有高度的不变性,与猫在照片中的位置、大小、明暗等没有关系。这就是卷积网络中的输出层。

当然生物视觉系统远远比深度卷积网络复杂,它还有大量的性质和机制是现阶段的卷积网络不能解释的。如何结合生理学实验和计算机建模,促进两个学科的共同发展,也是一个值得研究的问题。

本节只介绍了与卷积网络有关的几个基本概念,限于篇幅,还有很多重要并且有趣的话题被略去了,例如,如何使用少量数据进行迁移学习,如何在卷积网络中进行数据增强,等等。另外,卷积网络的训练方法是非常基本的问题,它的训练也是基于之前文章中提到的反向传播算法,但会涉及较多的数学推导,所以省略了这部分内容。随着深度学习的发展,卷积网络还在不断进化,感兴趣的读者可以进一步学习探索。

第三节 循环神经网络

当我们使用深度学习技术解决应用场景中的问题时,经常遇到具有特定顺序的数据,如语音、文本、股票价格等。这些数据按时间或语法等顺序排列,并且排在不同位置的数据之间是相互关联的,它们都是序列数据。循环神经网络(Recurrent Neural Network,RNN[①])是一

---

① RNN 也经常用来代表递归神经网络(Recursive Neural Network)的缩写,请读者不要混淆。

种具有"记忆力"的神经网络。在各种使用序列数据的场景,如语音识别、文本生成、文本分类、机器翻译、问答系统、音视频推荐等,循环神经网络应用广泛并且取得了巨大的成功。

本节首先说明序列数据的特点和处理这种数据的关键之处,然后结合图示说明简单循环网络的结构和它适用于序列数据的原因。在此基础上,介绍循环神经网络的几种变化形式。长期依赖是使用循环神经网络时普遍存在的问题,我们以长短时记忆网络(Long Short-Term Memory,LSTM)为例,说明如何通过门控机制缓解长期依赖问题。最后是关于编码–解码架构的内容,这是在机器翻译等任务中流行的一种架构。我们还会在这一节简单地介绍自编码器的含义和应用。

一、序列数据

如果把某只股票一天的价格波动情况记录下来,会得到一串按时间顺序排列的数据;分割一段语音的原始声波并提取声学特征后,得到的是按时间排序的特征;文本数据要遵循语法规则,必须按特定的顺序排列词汇才能表达特定的语义。无论按时间还是其他规则排列,上述数据都是有一定顺序和长度的序列,称为序列数据。一段长度为 τ 的序列数据用 $x_1, x_2, \cdots, x_\tau$ 表示,其中 $x_t (t = 1, 2, \cdots, \tau)$ 表示该序列在第 t 个位置的信息,它通常是一个向量。为了简单起见,在本节中无论序列是否按时间排列,第 t 个位置都统一称为 t 时刻。例如"中国金融科技研究中心",可以看成一个长度为 5 的序列 $(x_1, x_2, x_3, x_4, x_5)$,其中每个 x 是相应位置的词汇的词向量。例如 x_2 是"金融"这个词的词向量。

序列数据的一个特点是长度不固定。例如语音数据,语音时长不同对应的序列长度也不同,所以处理序列数据的神经网络需要能接收变长的输入序列、产生变长的输出序列。

序列数据当前的状态通常会受到过去或者未来一段时间内序列信息的影响。例如为了预测股票价格,使用该股票在之前较长一个时期的价格信息才可能有比较准确的预测结果。不同时刻的信息相互关联是序列数据的另一个特点,所以处理序列数据的神经网络还需要具有一定的"记忆"能力。进一步,序列数据内部的关联关系十分复杂,我们可以用文本数据为例直观地感受这种复杂性。例如"2017 年,中国金融科技研究中心成立了"与"中国金融科技研究中心成立于 2017 年",这是两段不同的文本序列,但它们包含了中心成立时间是"2017 年"这一相同特征。再如"小明要求小红今天必须完成任务"与"小红要求小明今天必须完成任务",这两段文本序列顺序的微小差异却造成了完全不同的语义特征。所以,适用于序列数据的神经网络需要具有捕捉序列内部的复杂特征的能力。

传统的前馈神经网络很难适应序列数据的这些特点。首先,前馈神经网络的输入输出维数都是固定的,所以不能直接处理变长的序列(见图 9–27)。如果简单地通过截断或填充来固定序列的长度,又会导致损失序列信息或者导致网络参数过多,很难得到有应用价值的模型。如果想让前馈神经网络能够记忆历史信息进而实现从序列的不同位置提

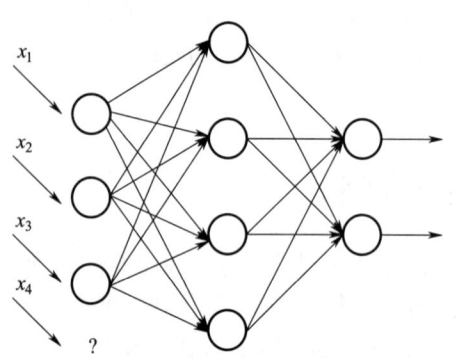

图 9–27　前馈神经网络输入维数与序列长度不匹配

取复杂的语义特征,网络参数和训练数据的数量都需要异常庞大,即使不考虑资源和效率的问题,这样训练出的模型也很可能由于过拟合而造成泛化能力很差。

二、简单循环网络

接下来我们用最基本的循环结构来解释循环神经网络的工作原理,如图 9-28 所示。

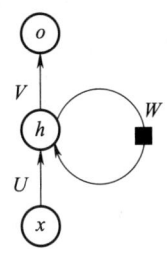

这样的循环神经网络称为简单循环网络。用来描述简单循环网络的图示叫作计算图,从计算图中可以直观地看出网络的计算方式。下面我们结合计算图看看简单循环网络是如何工作的(我们省略了计算过程中各个神经元的偏置,这样的处理方式可以让符号变得更简洁,同时对理解网络的工作原理没有影响)。

图 9-28　基本的循环结构

假设 $x_1, x_2, \cdots, x_\tau$ 是长度为 τ 的输入序列,在时刻 t,序列的当前值 x_t 输入网络后与连接权重 U 相乘得到的 Ux_t 是隐藏层的输入之一。如图 9-28 中箭头所示,隐藏层还有另一个输入来源于它自身,图中表示该输入的箭头中间有个黑色方块,它在计算图中表示一个延时器。在上一个时刻 $t-1$,隐藏层的输出 h_{t-1} 与权重 W 相乘后保存在这里。延时一步后,Wh_{t-1} 在当前时刻 t 与 Ux_t 共同构成隐藏层的输入。所以最终隐藏层的输入是:

$$Ux_t + Wh_{t-1} \tag{9-29}$$

隐藏层接收到输入信息后使用激活函数 f 生成当前时刻的状态 h_t,即:

$$h_t = f(Ux_t + Wh_{t-1}) \tag{9-30}$$

隐藏层生成的当前状态 h_t 有两个流向。一是继续向上传递给输出层并使用激活函数 g 给出网络当前时刻的输出值 o_t,即:

$$o_t = g(Vh_t) \tag{9-31}$$

二是与 W 相乘后将 Wh_t 保存在延时器,等待在下一个时刻 $t+1$ 输入隐藏层。

循环结构在各个时刻的计算过程是类似的。为了方便观察整个计算过程,可以按时间顺序把计算展开,这种计算图称为展开计算图(见图 9-29)。

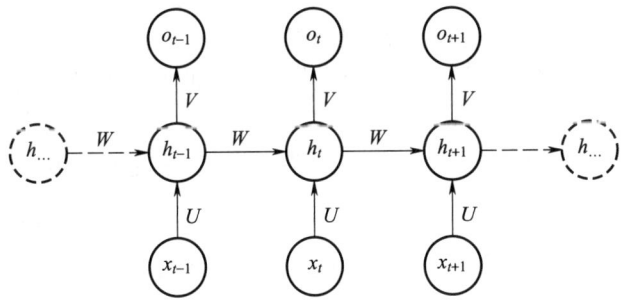

图 9-29　展开计算图

与传统的前馈神经网络相比,循环神经网络最大的不同在于引入了反馈机制。可以看到,简单循环网络的信息不再是单向传递,隐藏层一方面会接收当前的序列信息 x_t,另一方面,上一步的隐藏状态 h_{t-1} 也会作为输入信息反馈给隐藏层。这种反馈机制与人类的思考决策过程有某种相似性,当人们做决策时,除了审视当前情况,在过往经历中积累的经验也往往会影响决策结果。

循环神经网络是否适合序列数据的特点呢?首先,在展开计算图中可以看到,简单循环网络按顺序在每个时刻 t 接收序列中相应的 x_t 作为输入,序列有多长,这一步骤就重复多少次,所以理论上不需要对输入序列的长度做任何限制。在时刻 t,隐藏层的输出状态 h_t 同时依赖于当前的序列值 x_t 和上一步的隐藏状态 h_{t-1},可以用公式把依赖关系简单表示成:

$$h_t = f(x_t, h_{t-1}; \theta) \tag{9-32}$$

其中,θ 笼统地表示网络中的参数 U 和 W。h_{t-1} 又以同样的方式依赖于 x_{t-1} 和 h_{t-2},以此类推,h_t 对序列的依赖可以一直追溯到第一个输入数据 x_1,即:

$$h_t = f(x_t, f(x_{t-1}, \cdots f(x_1, h_0; \theta) \cdots, \theta); \theta) \tag{9-33}$$

所以,简单循环网络以这种方式记忆了所有的过往信息,并且通过合适的网络参数从中捕捉不同时刻的信息之间可能存在的关联,最终,这些关联会体现在当前时刻的输出状态 h_t 中。这是循环神经网络擅长处理序列数据的奥秘所在。

在式 9-33 中,简单循环网络在每个时刻都使用相同的参数 θ 和激活函数 f 处理输入数据,这是循环神经网络的另一个重要特点——参数共享。参数共享可以提高网络的训练和使用效率,更重要的是,参数共享有助于提取序列当前位置与其邻居间的局部特征,如果把序列数据想象成一维的图像数据,这与卷积神经网络中使用参数共享提取图像局部特征的方式是类似的。将循环神经网络与不使用参数共享的神经网络对比,循环神经网络需要的训练数据更少,而且训练出的模型会具有更好的泛化能力。

循环神经网络中的激活函数可以根据情况选择,如 tanh、Sigmoid 等。简单循环网络的参数包括 U、W 和 V,其中,输入层到隐藏层的参数 U 起到提炼和概括原始数据的作用;隐藏层到自身的参数 W 起到控制网络记忆能力的作用;隐藏层到输出层的参数 V 进一步提炼和概括隐藏层的状态后传递给输出层。

三、几种循环神经网络

通过简单循环网络了解了循环神经网络的基本结构之后,下面介绍几种在此基础上变化得到的循环神经网络,它们适用于不同的实际问题。

图 9-30 所示的计算图表示的是一个没有外部输入的循环神经网络,它可以用来解决文本生成问题。给定一个(或多个)词汇 y_0 作为种子,网络就可以开始运行,并通过过去 t 个时刻生成的词汇序列预测 $t+1$ 时刻的词汇,直至遇到停止符后完成文本生成。

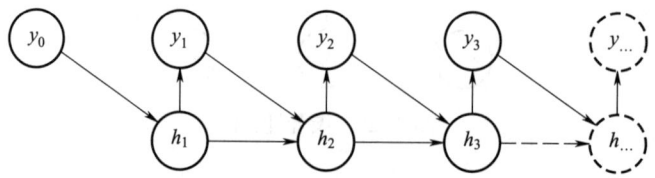

图 9-30 没有外部输入的循环神经网络

一个有趣的观点是用图模型来理解这种零输入的循环神经网络。图 9-31 是能够表示序列之间关系的一个全连接图模型,该图中每个观察值 y_t 都受到过去的所有观察值的影响。全连接图模型和零输入的循环神经网络都能表示出序列数据的这种关系,两者的差异在于:如果使用全连接图模型,参数数量随序列长度增长的速度是指数级的,这会带来高昂的计算和使用成本;循环神经网络由于使用了参数共享的想法,参数数量与序列长度无关,所以循环神经网络可以非常高效地实现全连接图模型的目的。

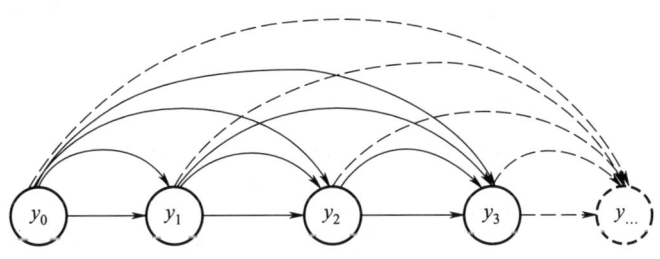

图 9-31　全连接图模型

单输入也是一种有用的输入方式(见图 9-32)。单输入循环神经网络在每个时刻用相同的向量 x 作为输入。在图片标注的任务中,我们经常使用单输入循环神经网络,所谓图片标注指的是自动生成描述图片内容的文本。进行图片标注时,固定的图片 x 在每个时刻都作为隐藏层的输入,最终输出的是描述图片内容的词汇序列。

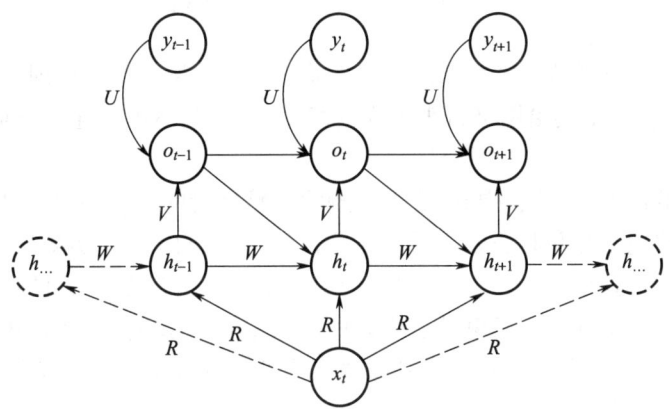

图 9-32　单输入循环神经网络

与单输入循环神经网络对应,还有单输出循环神经网络(见图 9-33)。它的隐藏层在中间时刻没有输出,只在序列结束时输出 o_τ。单输出循环神经网络经常被当作分类器用于文本分类、情感计算等任务,例如对商品评论自动评分,输出文本对应的情感分数。

从训练循环神经网络的角度考虑,也可以设置不同的连接方式。就像单输入循环神经网络的计算图中显示的那样,不但可以建立隐藏层之间的连接,还可以建立序列的真实值 y_t 和隐藏层之间的连接,这种连接方式的一般形式如图 9-34 所示。

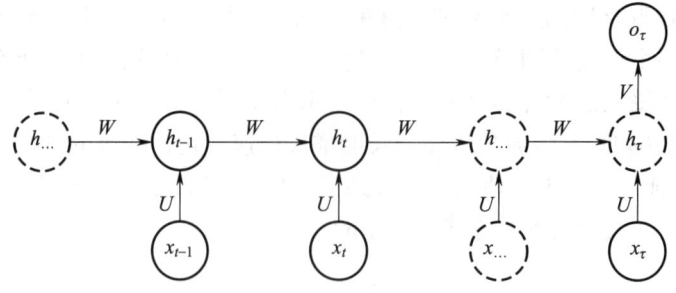

图 9-33　单输出循环神经网络

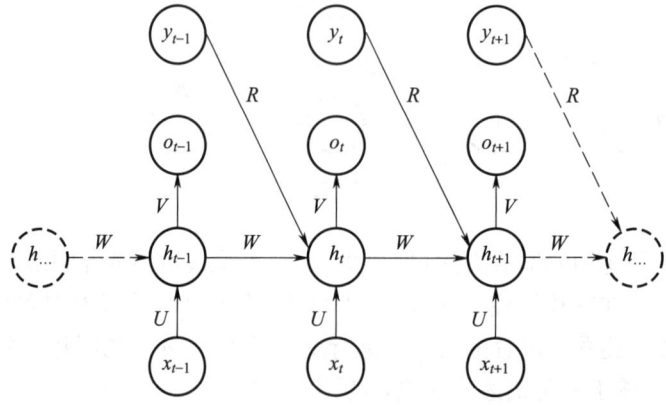

图 9-34　更丰富连接的神经网络

这种网络同时包含隐藏层过往状态到当前状态的连接以及真实序列 y_t 到当前隐藏状态的连接,连接方式更丰富会给网络带来更强的表示能力,当然由于连接增加,训练难度也会变大。

受上个例子的启发,自然会想到:能不能删除隐藏层之间的连接呢? 这当然也是可以的(见图 9-35)。它取消了隐藏状态 h 之间的连接,仅仅利用输出 o 将历史信息传播到未来,与简单循环网络相比,这种网络的表示能力会变弱。在隐藏状态之间有连接的情况下,网络可以将任何关于过去的信息放入隐藏状态中。而输出单元 o 原本是为了匹配训练目标 y 而设置的,它是经过进一步处理的隐藏状态,维数通常远小于隐藏状态 h 的维数,所以很难做到既匹配训练目标,又保留用来预测未来的所有历史信息。实际上,使用这种连接方式的循环神经网络不再具有图灵完备性。

既然有如此缺点,为什么还要考虑这种连接方式呢? 主要原因是它训练时在计算上有优势。在简单循环网络中,由于不同时刻的隐藏状态之间有先后依赖关系,只有先得到 h_t 才能继续计算 h_{t+1},所以不能使用并行计算的方式进行训练。而上述网络是如何训练的呢? 在 t 时刻,隐藏状态 h_t 需要 o_{t-1} 作为输入,由于训练数据提供了 o_{t-1} 的真实值 y_{t-1},所以可以用 y_{t-1} 代替 o_{t-1} 反馈给 h_t。这种使用训练数据中的真实值 y 驱动训练的方式称为导师驱动训练过程,它避免了误差沿时间方向的反向传播,从而解耦了不同时刻之间的关系,使得并行训练成为可能。导师驱动训练的计算图如图 9-36 所示。训练完成后,在实际使用模型时,由于 y 是未知数,再恢复使用输出 o 和隐藏状态 h 之间的连接进行预测就可以了(见图 9-37)。

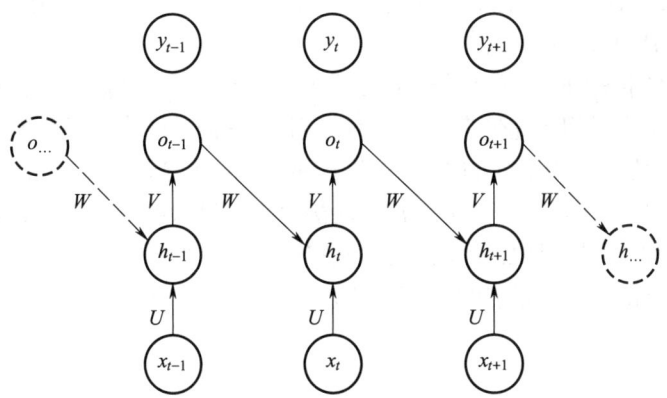

图 9-35　删除隐藏层之间的连接

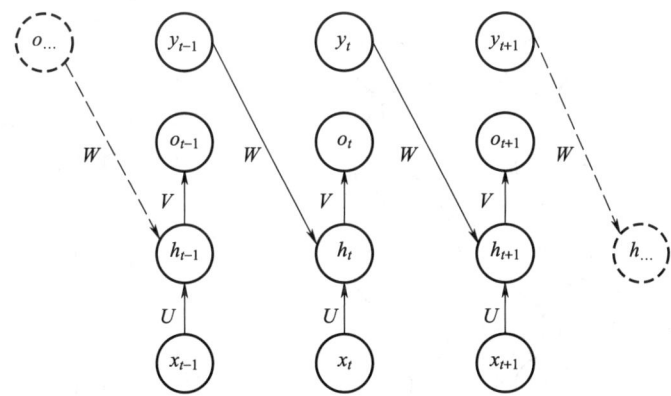

图 9-36　导师驱动训练

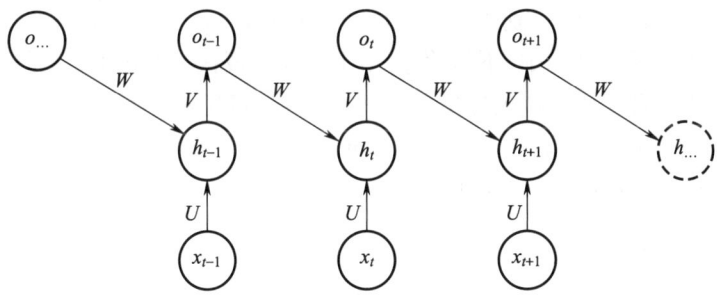

图 9-37　导师驱动训练完成后的使用

前面介绍的各种循环神经网络在时刻 t 的状态都依赖于过往的输入序列 $x_1,x_2,\cdots,x_{t-1}$ 以及当前输入 x_t。但在很多实际问题中,当前状态不但依赖于过往信息,还会依赖于未来信息。例如,在语音识别中,由于语音及语义的连贯性,当前发音对应的单词,与过往及未来的发音都有联系;理解文本时,同时结合之前和之后一段时间内的文本对当前句子的含义进行判断,结果会更准确。需要建立这种双向依赖关系时,应该使用双向循环神经网络(Bidirectional RNN)(见图 9-38)。

双向循环神经网络由两个循环神经网络叠加在一起,它的训练和使用与单向循环神经网络类似,但两个网络沿时间传递信息的方向恰好相反,它们共同决定网络的输出。

除了在单个网络层使用不同的方式构建循环神经网络,当然也可以拓展网络的深度,因为只使用一个隐藏层的循环神经网络通常不能满足提取复杂特征的需求,所以这种做法在实际任务中是个必要的环节。增加网络深度最直接的方法是叠加多个循环隐藏层,不同层之间的隐藏状态作为彼此的输入或输出(见图 9-39)。

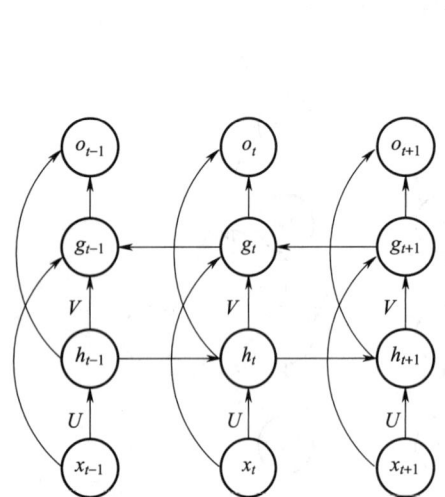

图 9-38 双向循环神经网络

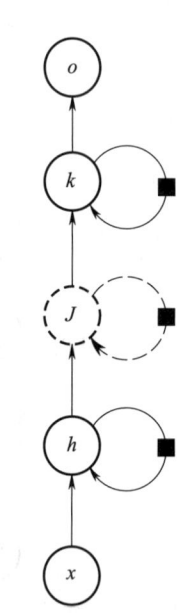

图 9-39 叠加多个循环隐藏层

更复杂一些,可以在隐藏层到隐藏层之间进行跳跃连接,还可以在循环结构中增加非线性处理单元。例如在循环结构中,不是简单地用 W 与隐藏状态 h 相乘,而是使用多层感知器(可深可浅)进一步处理当前生成的隐藏状态,然后再存储起来供下一个时刻使用。另外,我们还可以结合其他网络构件,如全连接、卷积、dropout 等,增加网络深度。所有使用循环结构的深度网络都可以称为深度循环神经网络。

四、长期依赖问题

循环神经网络解决了处理序列数据的问题,实际上,循环神经网络的反馈机制使得它构成一个动态的系统,可以证明它具有通用近似能力和图灵完备性。[1] 也就是说,只要隐藏层的神经元足够多,全连接循环神经网络可以模拟任意的非线性动力系统和图灵机,

---

[1] S.Haykin.Neural networks and learning machines [M]. 3rd ed.Upper Saddle River: Pearson, 2009; H.T.Siegelmann, E.D.Sontag. Turing computability with neural nets [J]. Applied Mathematics Letters, 1991, 4(6): 77−80.

所以循环神经网络在理论上是万能的神经网络。然而无数的经验告诉我们,完美的事情总是可遇而不可求,实际上循环神经网络同样有需要面对的困难,我们从它的训练方式谈起。

训练循环神经网络通常采用基于梯度下降的反向传播算法。初始化网络参数后,误差沿展开计算图的两个方向逆向传播:一是从最后一个时刻开始,与时间反向逐步传遍整个网络;二是在每个时刻,从输出层反向传递到输入层。因为这种误差传播与时间有关,所以叫作随时间的反向传播(Back-Propagation Through Time,BPTT)算法。这种训练算法与前馈神经网络的训练算法没有本质区别,按传播路径写清楚误差与参数的函数关系再求导就可以了,我们在此不做具体计算。

重要的是,循环神经网络在不同时刻的参数共享会给训练带来严重问题。很容易想象,循环神经网络的参数共享使得每个时刻的输入输出都对应到相同的函数,最终导致相同函数的多次复合(参见第三节中隐藏状态 h_t 的抽象公式)。当序列过长时,复合函数求导的链式法则很容易造成梯度消失,从而导致过于久远的历史信息与当前时刻的联系变得非常微弱(当然也有可能发生梯度爆炸的情况,在本节最后我们会给出一个应对梯度爆炸的简单策略)。

梯度消失会让网络优化变得十分困难,这是所有深度神经网络都要面对的一个困难。但是对于循环神经网络来说,这是尤其需要重视的问题。我们下面用一个极简的循环结构(图 9-40)来直观说明在循环神经网络中梯度消失是如何发生的。

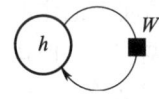

图 9-40 极简的循环结构

图 9-40 中的循环结构去除了外部输入,我们还假设它不使用非线性激活函数,并且假设参数矩阵 W 是一个对称矩阵,这样的结构并没有实际的应用价值,我们只是用它来简洁地说明问题。此时隐藏状态的计算公式变成了:

$$h_t = Wh_{t-1} \tag{9-34}$$

线性代数的知识告诉我们,对称矩阵 W 可以分解成:

$$W = Q^{\mathrm{T}}\Lambda Q \tag{9-35}$$

式中:Q 和 Q^{T} 分别是正交矩阵和它的转置;

Λ 是由 W 的特征值构成的对角矩阵。

由于参数共享,所以 h_t 对初始状态 h_0 的依赖关系是:

$$h_t = W^t h^0 = Q^{\mathrm{T}}\Lambda^t Q h_0 \tag{9-36}$$

式中:W^t 和 Λ^t 表示它们的 t 次方。

所以随着序列长度的增加,W 小于 1 的特征值会快速衰减到 0,这将导致隐藏状态 h_0 中与这部分特征值对齐的信息不能传递到距离较远的状态 h_t。前馈神经网络由于不使用参数共享,所以会是不同的参数矩阵相乘,它们的特征值大小各不相同,这会缓解矩阵相乘造成的快速衰减或爆炸的现象。

前面已经说过,循环神经网络的一大优势就在于可以学习序列中的依赖关系,但上述分析表明,循环神经网络很可能只能记住之前少数几步输入的信息,记忆力会随着时间跨度增加而快速衰减,所以它很难学习序列的长距离依赖关系,这称为循环神经网络的长期依赖(Long-Term Dependencies)问题。能够学习长距离依赖关系几乎是处理序列数据时必须具备的能力。例如,理解文本的语义时,当前句子的含义可能与很久之前的一句话有联系,如果不能克服长期依赖问题,就不可能准确理解句子的含义。所以,长期依赖问题是循环神经网络面临的主要挑战之一。

目前有几种比较流行的方案用来应对长期依赖问题,如多时间尺度、渗漏单元、梯度截断等。但这些方案只能起到改善的作用,循环神经网络的长期依赖问题并未完全解决。

多时间尺度有两种策略。一种策略是在保留相邻时刻隐藏层之间的连接的同时,增加较远的隐藏状态到当前状态的跳跃连接,通过跳跃连接捕捉更长跨度的历史信息;另一种策略是删除相邻隐藏状态之间的连接,只用时间跨度大于1的隐藏状态连接,这会强迫循环神经网络在更长的时间尺度上工作。两种策略的优缺点是明显的:第一种可以同时在短时间尺度和长时间尺度工作,但增加了连接数量,所以网络更复杂;第二种虽然连接数量减少,但失去了短时间尺度的信息。这两种策略可以结合使用。

渗漏单元通过使用线性自连接单元缓解长期依赖问题,简单地说,线性自连接单元可以写成:

$$h_t = \alpha h_{t-1} + (1-\alpha)x_t \tag{9-37}$$

当 α 接近1时,h_t 能记住过去较长一段时间内的输入信息(保存在 h_{t-1} 中);当 α 接近0时,h_t 更倾向于记住近期的输入信息 x_t。通过设置 α 的值,渗漏单元就实现了对历史信息记忆能力的调整。多时间尺度策略和渗漏单元都可以用相对简单的办法改变网络对大跨度历史信息的记忆能力,但渗漏单元的 α 不但能手动设置还可以作为网络参数的一部分自动调整,所以相对来说渗漏单元是更灵活的解决方案。

循环神经网络当然也有可能发生梯度爆炸,我们可以用梯度截断来缓解梯度爆炸的现象。所谓梯度截断,就是设置一个梯度上界 m,当梯度范数不超过上界时,梯度保持不变;当梯度范数超出上界时,保持梯度方向不变的同时强行将其大小设置为上界的大小。如果用 $\vec{g}$ 表示梯度向量,梯度截断可以用如下函数描述:

$$\vec{g} = \begin{cases} \vec{g}, & \text{如果 } \|\vec{g}\| \leqslant m \\ m\dfrac{\vec{g}}{\|g\|}, & \text{如果 } \|\vec{g}\| > m \end{cases} \tag{9-38}$$

五、门控循环神经网络

门控机制是一种非常有效的缓解长期依赖的方式,在循环神经网络中综合使用门控机制和前述策略,已经可以学习跨度为数百步的依赖关系。典型的使用门控机制的循环神经网络(门控循环神经网络)有两种,分别是长短时记忆(Long Short-Term Memory,LSTM)网络和门控循环单元(Gated Recurrent Unit,GRU)网络,GRU 结构比 LSTM 更简单,可以看成 LSTM 的改进算法,我们略去关于它的介绍,以 LSTM 为例介绍门控机制。

为了聚焦重点,我们只关注循环神经网络中的隐藏层。图 9-41 是简单循环网络的隐藏层和典型的 LSTM 单元的对比图。

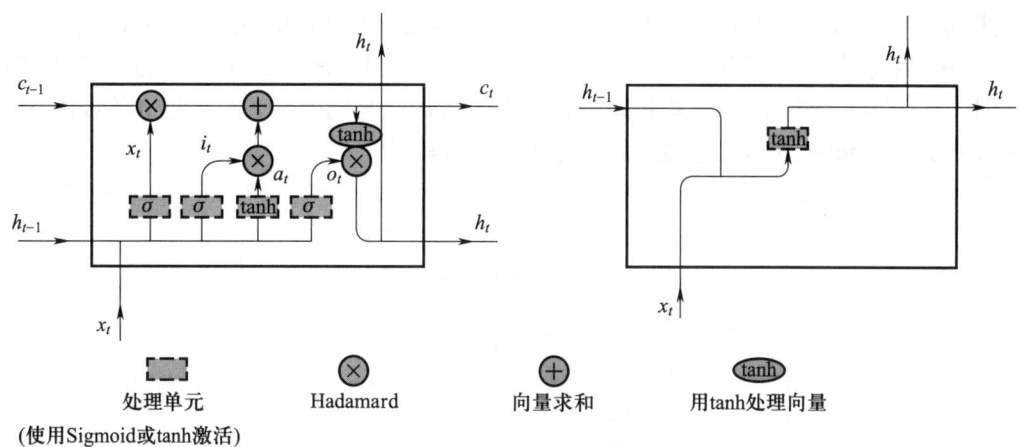

处理单元   Hadamard   向量求和   用tanh处理向量

(使用Sigmoid或tanh激活)

图 9-41 简单循环网络的隐藏层和典型的 LSTM 单元

从图 9-41 中可以看到,LSTM 引入了更复杂的隐藏层结构,设置这种复杂结构的目的依然是希望缓解梯度消失现象,使得网络可以记忆更长时间跨度的序列信息,这种复杂结构可以看成多时间尺度和渗漏单元的改进。多时间尺度通过手动设置固定的常量(大于 1)实现这个目的;渗漏单元通过参数 α 实现同样的目的,虽然 α 可以作为网络参数使用训练数据调节,但是参数调整完成后,在不同的时刻参数 α 是相同的,这会导致渗漏单元实现大跨度记忆的同时,也记住了很多无用的信息;LSTM 比渗漏单元更灵活,它在每个单元中设置三个具有不同功能的门(这些门由一些可训练的神经元和向量运算构成),通过门的输出值调控有多少历史信息可以从门中通过,从而实现在每一个时刻都能自我调节记忆能力。由于在不同的时刻 LSTM 的参数可以不同,所以如果在某些时刻出现冗余信息,LSTM 可以自动学会在该时刻遗忘这些冗余信息。

LSTM 要用到向量的 Hadamard 积来实现遗忘或者增强信息的功能,这种运算把两个向量对应的分量相乘,运算结果仍是向量。举个例子,假设历史信息被表示成向量 $(1,0,18)$,某个门的输出是 $(0.2,0.5,0.1)$,那么最终允许通过该门的信息为:

$$(1,0,18) \odot (0.2,0.5,0.1) = (1 \times 0.2, 0 \times 0.5, 18 \times 0.1) = (0.2,0,1.8) \tag{9-39}$$

其中的符号 $\odot$ 表示 Hadamard 积。

接下来我们具体说明 LSTM 的计算方法和相应的功能。通常会把一个 LSTM 单元叫作一个细胞(Cell),其中包括三个门,分别叫作遗忘门(Forget Gate)、输入门(Input Gate)和输出门(Output Gate)。在每个时刻 t,LSTM 细胞有两个输出:一个是与普通循环神经网络相同的隐藏状态 h_t,另一个叫作细胞状态(Cell State)c_t。

遗忘门在 LSTM 细胞中的位置如图 9-42 所示。当前的序列信息 x_t 和上一时刻的隐藏状态 h_{t-1} 是它的输入,遗忘门使用 Sigmoid 函数 σ 处理输入并得到 $[\,0,1\,]$ 之间的输出值,计算公式为:

$$f_t = \sigma(W_f h_{t-1} + U_f x_t) \tag{9-40}$$

公式中的 f 都是遗忘(Forget)的首字母。遗忘门的输出值代表遗忘上一个细胞状态 c_{t-1} 的概率,通过这个概率可以控制 c_{t-1} 中有多少信息会进入当前细胞状态 c_t。我们可以用文本数据具体解释遗忘门的用处。例如,有个冒险故事,在之前的文本中,主人公一直处于危险境地所以情绪很紧张,过往的细胞状态 c_{t-1} 很可能包含了表明这种紧张情绪的信息。但在当前句子中,主人公终于逃出生天,情绪变得安稳轻松,此时遗忘门就会输出接近 0 的数值,通过与 c_{t-1} 做 Hadamard 积实现遗忘过往的细胞状态中的紧张情绪。

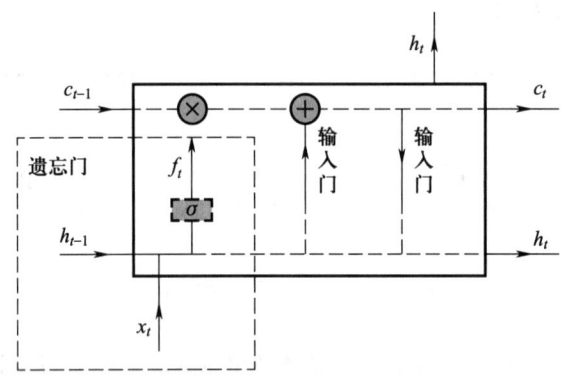

图 9-42　LSTM 细胞中的遗忘门

输入门如图 9-43 所示。它的计算主要分成两步,计算公式分别是:

$$i_t = \sigma(W_i h_{t-1} + U_i x_t) \tag{9-41}$$

$$a_t = \tanh(W_a h_{t-1} + U_a x_t) \tag{9-42}$$

其中 i_t 使用 Sigmoid 激活,它决定细胞状态中的哪些值需要更新,a_t 使用 tanh 激活,它负责从当前序列信息 x_t 中抽取有用的新信息,i_t 和 a_t 做 Hadamard 积后得到的就是从当前序列信息 x_t 中抽取出的有用并且需要更新的信息,它会将向量的加法运算作为新的记忆添加到细胞状态里并传递给下一个时刻的 LSTM 细胞。所以,输入门的作用是控制 x_t 中有多少信息可以进入 c_t。

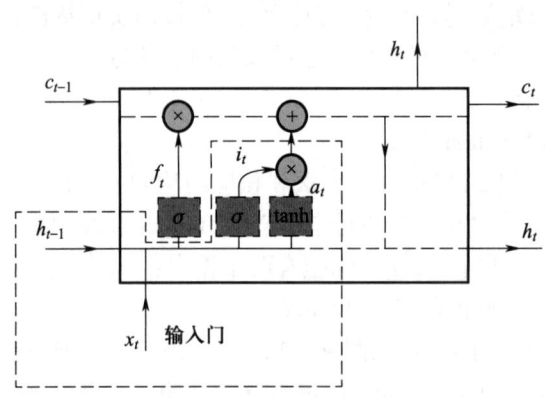

图 9-43　LSTM 细胞中的输入门

我们再看输出门(见图 9-44)。输出门的计算也分两个步骤,分别是:

$$o_t = \sigma(W_o h_{t-1} + U_o x_t) \tag{9-43}$$

$$h_t = o_t \odot \tanh(c_t) \tag{9-44}$$

输出门用来生成当前时刻的隐藏状态 h_t。计算公式中的第一步是确定应该输出细胞状态中的哪个部分；第一步的计算结果与细胞状态（经 tanh 处理）做 Hadamard 积后成为当前时刻的隐藏状态并输出。

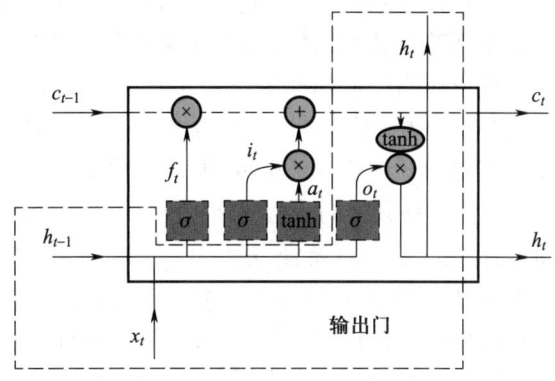

图 9-44　LSTM 细胞中的输出门

在 LSTM 细胞中，我们反复提到细胞状态 c_t，它贯穿所有的 LSTM 细胞（见图 9-45）。遗忘门和输入门的计算结果都通过细胞状态传递，使用遗忘门和输入门的计算结果可以得到细胞状态的更新公式：

$$c_t = c_{t-1} \odot f_t + i_t \odot a_t \tag{9-45}$$

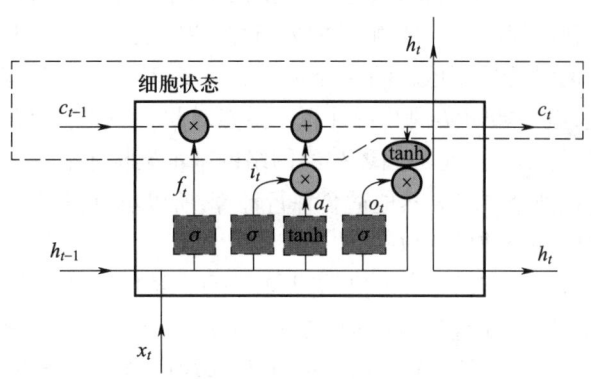

图 9-45　细胞状态

可以看到，细胞状态随时间变化而更新，每次更新时，通过 c_{t-1} 与遗忘门的输出 f_t 做 Hadamard 积来忘掉旧的细胞状态 c_{t-1} 中不再有用的信息，再通过向量加法，把输入门得到的需要记忆的新信息 $i_t \odot a_t$ 加入当前的细胞状态 c_t 中。

训练 LSTM 依然使用基于梯度下降的反向传播算法，与简单的循环结构相比，此时隐藏状态的函数由

$$h_t = \tanh(Wx_t + Uh_{t-1}) \tag{9-46}$$

变成了

$$h_t = o_t \odot \tanh(f_t \odot c_{t-1} + i_t \odot \tanh(Wx_t + Uh_{t-1})) \tag{9-47}$$

使用复合函数求导的链式法则就可以得到梯度的计算公式,当然计算会变得更复杂,我们在此不做详细推导。

门控循环神经网络是目前为止循环神经网络中最成功的模型,在语音识别、机器翻译、文本生成等许多领域都有实际应用。鉴于这种成功,门控循环神经网络现在依然是一个活跃的课题。一方面,人们仍在不断改进这种结构,期望寻找最优的门控结构。但是需要说明的是,门控循环神经网络能表现出优秀性能的原因其实并未完全搞清楚,虽然现在有各种基于LSTM 和 GRU 的变种,但这些变种并不能在广泛的任务中明显击败这两种原始架构。另一方面,实验表明门控机制确实可以缓解长期依赖问题,由于梯度消失的现象不仅在循环神经网络中出现,所以现在人们也尝试在其他的深层前馈网络中使用门控的想法。

读者可能觉得长短时记忆这个名字很奇怪,最后我们解释一下它的含义。简单循环网络中的隐藏状态 h 保存了序列的历史信息,可以看作一种记忆(Memory),但是它的隐藏状态在每个时刻都会发生变化,所以这种记忆是短时记忆(Short-Term Memory)。那么,什么是长时记忆呢? 循环神经网络的参数,如 U、W、V 等,都可以看成从整个训练集中学习到的经验,它们在训练完成后就固定下来不再改变,所以这是长时记忆(Long-Term Memory)。LSTM 的细胞状态 c 通过不断捕捉序列中的重要信息来更新,并且能够根据需要将历史信息保存较长的时间,它的记忆能力比短时记忆长,又比长时记忆短,所以被命名为长的短时记忆,简称长短时记忆。

六、发展趋势

早期的深度学习观点认为,卷积神经网络适用于图像任务,循环神经网络适用于自然语言等序列数据,但是随着对深度学习理解的深入,这种界限已经变得模糊。

我们对循环神经网络的长期依赖问题介绍得比较多,其实在实际应用中,它还会面临另一个很难解决的问题,就是如何实现并行计算。虽然对此有一些应对策略,如使用导师驱动训练的方法,但并行计算本质上是与循环神经网络的基本架构矛盾的,所以不太可能给出完美的解决方案。而卷积神经网络天然地适合并行计算,所以也有很多工作是用卷积神经网络处理序列数据,并且目前也取得了很好的效果。

虽然循环神经网络存在难以完全解决的问题,并且在某些领域出现了超越它的性能的新方法,但它依然是深度学习中最重要的方法之一。一方面,循环神经网络并未止步不前,它也在不断发展、不断进步;另一方面,作为基本模型,许多深度学习的新方法是在它的基础上发展而来的,只有对它足够了解,才能更多地创造和更好地使用新方法。

第四节　注意力机制

注意力机制(Attention Mechanism)是过去十年间深度学习取得的核心进展之一,许多研究方向都从中获益,特别地,自然语言处理(Natural Language Processing,NLP)借助注意力机制取得了一系列突破。博赫丹奥(Bahdanau)等人在 2014 年第一次将注意力机制用于机器翻译。[1] 他们在使用循环神经网络(Recurrent Neural Network,RNN)的编码—解码器中

---

① D.Bahdanau, K.Cho, Y.Bengio.Meural machine translation by jointly learning to align and translate, arXiv: 1409.0473.

加入注意力机制,训练出的机器翻译模型在长文本翻译中表现出优秀的性能。2017 年,谷歌研究团队宣称"Attention is all you need",在论文中提出了 Transformer 方法。[①] 该方法完全脱离循环或卷积神经网络,只需使用注意力机制,在机器翻译中取得了当时的最佳成绩,从而使得 Transformer 迅速成为深度学习的研究热点。紧接着在 2018 年,OpenAI 和谷歌分别发布了里程碑式的预训练语言模型 GPT 和 BERT[②],它们以不同的方式使用注意力机制和 Transformer 方法,都表现出令人吃惊的优异性能。以 BERT 为例,它在 11 个自然语言处理任务中都取得了当时的最佳成绩,甚至在某些任务的得分超过了人类。

我们在本节介绍注意力机制的动机和直观想法,并在不影响主旨的前提下对模型做了适当的简化。关于 Transformer 方法,我们侧重于解释注意力机制在其中起到的关键作用。最后,会以 BERT 为例对预训练模型进行简单介绍。

一、注意力机制概述

注意力机制能被称为核心进展,一定是解决了广受关注但此前又束手无策的核心问题,它解决了什么问题呢?

我们从机器翻译谈起。在使用注意力机制之前,机器翻译领域的主要模型如图 9-46 所示,它使用 RNN(或 LSTM、双向 RNN 等变种)进行编码和解码,在下文中把这个模型称为基本编码 - 解码器。

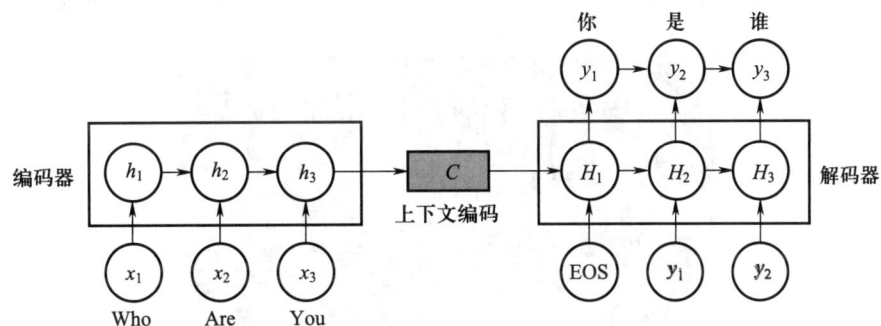

图 9-46　基本编码 - 解码器模型

用 $X=\{x_1,x_2,x_3\}$ 和 $Y=\{y_1,y_2,y_3\}$ 表示基本编码 - 解码器的输入和输出序列,其中 x_i 和 y_i 分别是英文单词"Who""Are""You"和中文词汇"你""是""谁"的词嵌入向量。解码器的 RNN 依次读入 x_i 并更新隐藏状态得到 h_i,处理完整个序列 X 后将最终的隐藏状态 h_3 作为整个英文句子 X 的上下文编码 C 输出,其中包含了 X 的语义信息。接下来,解码器在第 i 步根据上下文编码 C 和已输出信息 $\{y_1,\cdots,y_{i-1}\}$ 生成第 i 步的输出 y_i。

为了保证基本编码 - 解码器能输出准确的翻译,上下文编码 C 中必须包含英文句子 X 中对翻译有用的所有信息,然而这通常是难以保证的。首先,由于 RNN 的长期依赖,编码器最终输出的隐藏状态难以捕捉到输入序列早期的语义信息。虽然使用渗透单元、多时间尺度、

①　A.Vaswani, N.Shazeer, N.Parmar, et al.Attention is all you need [C]. NIPS 2017: 5998-6008.

②　分别是 Generative Pre-training 和 Bidirectional Encoder Representations from Transformers 的首字母缩写。

门控机制等方法可以改善 RNN 的长期依赖,但事实证明,它们不能彻底解决这个问题。所以编码器很难提取出包含英文句子的所有语义信息的上下文编码,当输入序列较长的时候更是如此。其次,在计算能力有限的情况下,C 的维数不能无限增加,所以它能容纳的信息有限。即使理论上编码器能提取出想要的信息,如果信息过于丰富(如长句子的语义信息),C 也未必能容纳得下。综上所述,长句子翻译一定会是该模型的一大困扰,实验结果也确实表明,使用基本编码 – 解码器翻译长句子时,性能会明显下降。最后,RNN 总是依次输入和输出信息,这种处理方式天然地不适宜并行计算,所以面对计算量超大的任务时,这也是个如鲠在喉的缺陷。

能发现问题就有希望解决问题。长期依赖和并行计算的问题看起来是 RNN 的结构决定的,所以如果能脱离 RNN 这两个问题就解决了。针对编码容量有限的问题,一方面可以不再使用固定的编码向量 C,而是使用编码向量的序列 $\{C_1, C_2, \cdots, C_n\}$,适当增加编码的容量,同时还可以通过筛选提高信息质量,尽量把有限的容量用于传递与当前输出 y_i 有关的关键信息 C_i。实际上,注意力机制正是沿着这样的思路,顺利地解决了基本编码 – 解码器存在的这些问题。

什么是注意力机制呢?当我们在嘈杂的环境中与他人聊天的时候,听觉系统会过滤周围的环境噪声,让我们专注于聆听对方的谈话内容,这就是注意力机制的一个直观解释。人类的视觉系统也会使用类似的机制,研究表明大脑会在扫描全局图像后筛选出需要重点关注的目标区域,然后抑制对其他区域信息的关注,将视觉神经系统资源集中在重点区域。视觉注意力如图 9-47 所示,观察左侧照片的时候,如果不是刻意为之,你的注意力会集中在向日葵区域,而不会关注图中有几片叶子、叶子的脉络等非重点信息,就像右侧的照片那样。

图 9-47　示例图

深度学习中的注意力机制复刻了与人类注意力类似的能力,它会从大量信息中筛选关键信息,并将注意力集中于处理这些关键信息。显然,在固定的处理能力下,这样的机制兼顾了效率和质量。深度学习中的注意力机制如何实现呢?请看图 9-48,这是一个经过修改的编码器和解码器。

与基本编码 – 解码器相比,图 9-48 中模型的进步之处在于,它没有把输入的句子 X 编码成固定的上下文向量 C,而是用向量的序列 $\{C_1, C_2, C_3\}$ 对它进行编码,这比单个向量包含的语义信息更丰富。解码器生成不同的输出 y_i 时,会使用包含不同语义的编码 C_i,C_i 通过设置不同的权重,突出在输出 y_i 时应该重点关注的输入信息,计算公式是:

$$C_i = \alpha_{i1} h_1 + \alpha_{i2} h_2 + \alpha_{i3} h_3 \tag{9-48}$$

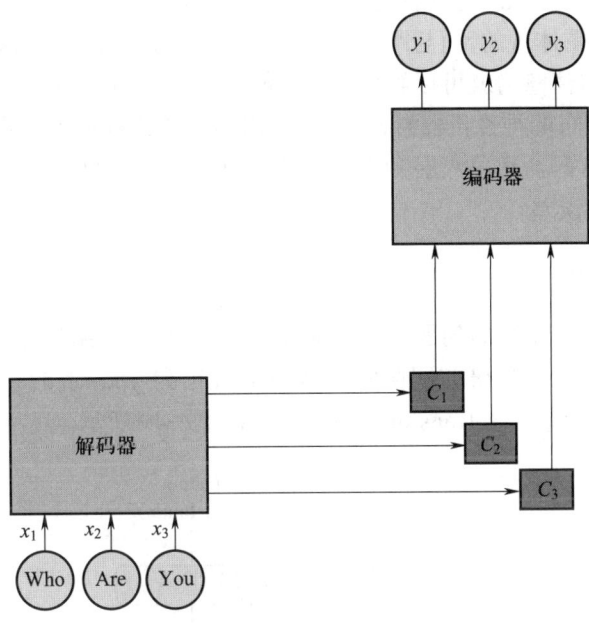

图 9-48　修改后的编码器与解码器

式中：h_i 是输入 x_i 后编码器 RNN 生成的隐藏状态，它主要包含第 i 个单词和它附近的语义信息；

$\alpha_{ij}(j = 1,2,3)$ 是解码器输出 y_i 时在三个英文单词上分配的权重。

例如，输出"谁"时使用的上下文编码 C_3 有可能是这样的：

$$C_3 = 0.65 \times h(\text{Who}) + 0.1 \times h(\text{Are}) + 0.25 \times h(\text{You}) \tag{9-49}$$

这说明对当前的输出"谁"来说，更应该关注"Who"和"You"，而"Are"对当前输出的影响较弱。权重是得到合理编码的关键因素，它的计算公式稍后会在注意力机制的一般方法中给出。有了上下文编码 C_i 后，图 9-48 中的解码过程可以概括成：

$$y_1 = D(C_1) \tag{9-50}$$
$$y_2 = D(C_2, y_1) \tag{9-51}$$
$$y_3 = D(C_3, y_1, y_2) \tag{9-52}$$

由于 C_i 中设置的权重 $\alpha_{i1}, \alpha_{i2}, \alpha_{i3}$ 不同，输出不同的 y_i 时对三个英文单词的注意力就不同。表 9-2 是这个例子中输出不同中文词汇时的注意力分配情况。

表 9-2　输出不同中文时的注意力分配情况

	你	是	谁
Who	0.2	0.2	0.65
Are	0.1	0.6	0.1
You	0.7	0.2	0.25

引入注意力机制,一个直接的好处就是网络具备了挑重点的能力,通过调整权重让 C_i 传递对当前输出最重要的信息。另外,在注意力机制中,输入序列中的各个单词对当前输出的影响力是直接通过权重体现的,而与距离当前位置的远近无关,自然也就不存在长期依赖的问题了。所以,只要有注意力就可以解决长期依赖,并不需要脱离 RNN 架构,这是一个意外之喜。2016 年谷歌发布的神经机器翻译系统,使用的就是这种加入注意力机制的编码 – 解码器,其中编码器和解码器都由八层 LSTM 堆叠而成。与谷歌的上一代机器翻译系统相比,该系统降低了 60% 的误差。

二、Transformer

现在可以回到并行计算的问题了。如果能搭建一种只使用注意力机制的架构,并行计算就是完全可行的。谷歌研究团队宣称 Attention is all you need,正是因为他们提出的 Transformer 实现了这个想法。Transformer 的架构如图 9–49 所示。

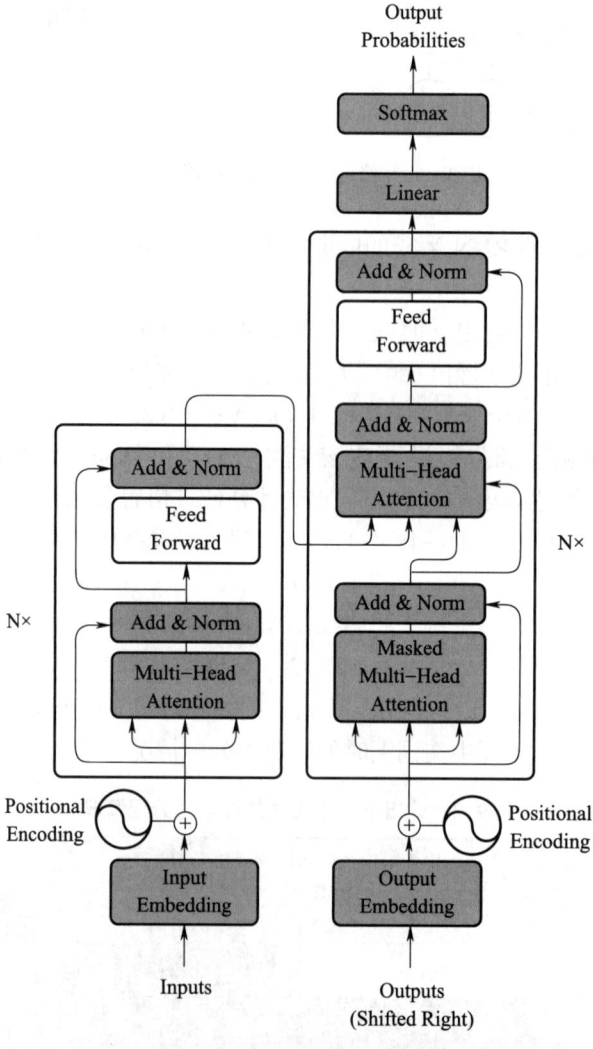

图 9–49　Transformer 的架构

Transformer 保留了编码 – 解码器的架构,其中编码器和解码器都堆叠了 N 层相同的神经网络,前一层的输出作为后一层的输入。在每一层中,前馈网络、层 Normalization 以及输出单元都是标准的,我们只解释其中的自注意力(Self-Attention)、多头注意力(Multi-Head Attention)和位置编码这三者。

根据计算方式、模型结构、关注区域等不同,注意力机制有许多不同的具体类型,自注意力和多头注意力就是其中的两种。所谓自注意力,就是使用注意力机制捕捉句子自身的内部关系。设想一下,在英汉翻译中,除了当前输出的汉语词汇与输入的英文句子之间的关系,如果还能获取输入的英文句子内部各单词之间的关系,对于提升翻译质量当然是很有帮助的,自注意力就是模拟这个过程。

接下来再看多头注意力。所谓多头注意力其实就是同时使用多个不同的自注意力结构,其中的每个注意力结构叫作一个头(Head)。每个注意力结构使用的转换矩阵不共享,基本的计算方法与单头的自注意力没有区别。为什么要使用多头注意力呢?它的好处在于,不同的头可以学习到不同的表示空间中的特征,例如有的头主要学习词义,有的头侧重学习语法,还有的头能够理解情感等,然后再将多头学到的结果拼接起来,用全连接层处理成合适的维数,就得到了比单头信息更丰富的特征。这有点像卷积神经网络中使用不同的卷积核抽取图像的不同特征。实际上已有研究表明,多头注意力可以实现任意卷积核的作用。通常认为,这种分别在不同的表示空间中学习后再拼接起来的特征抽取效果,优于一次性使用大量参数强行学习多个空间中特征的效果。

最后,我们从自注意力的一个明显缺陷出发,说说 Transformer 中位置编码的作用。从自注意力的计算方式可以看出,它与文本里的词出现的顺序无关,即使把句子中的词打乱顺序重新计算,每个词的注意力计算结果也是不变的。这对于语言模型来说是致命的缺陷,例如"我欠你钱"和"你欠我钱",词的顺序不同会导致完全相反的意思,但注意力却学不到这个差异。因此,Transformer 通过额外的手段引入了位置信息,这就是位置编码。

需要说明的是,Transformer 只有编码器部分是适用于平行计算的,这是由于它的解码器除了使用编码器的输出信息,还要使用解码器以前时间步的已输出信息,所以是依赖于输出顺序的。

三、预训练模型

预训练在深度学习中是常见的方法。它指的是在完成各种具体的下游任务之前,先通过训练让网络学习到具有通用性的基础特征,然后就可以结合下游任务的特点,直接使用训练结果或对训练结果进行微调后完成下游任务了。这与我们的认知习惯是相符的。例如把各种颜色当成基础知识,学会这个基础知识以后,可以用它完成绘画、过红绿灯等各种下游任务。

NLP 领域十几年前开始使用的词嵌入就是一种典型的预训练技术,但是词嵌入使用单一向量表示一个词,没有办法很好地区分多义词不同的含义。例如"中国指控学会"和"小明指控小强抄袭",使用同一个向量表示其中的"指控"一词的含义显然不合适。如何才能准确地分辨多义词的含义呢?当然是要根据上下文来判断。词向量之后的预训练模型,比如 ElMO、GPT、BERT 等,无一例外都使用了上下文信息帮助训练。

BERT 是 NLP 预训练模型的集大成者,可以说 BERT(以及 GPT)的出现,彻底改变了 NLP 的研究和使用习惯。因为它的定位是预训练模型,并不需要解决变化多端的下游任务,所以整体结构并不复杂,基本是复制了 Transformer 的编码器部分。这样一个看起来并不复杂的结构是如何令 BERT 在众多语言模型中出人头地的呢? 首先它使用了 Transformer 的编码器这样一个能够很好地捕捉全局信息的基本单元,但这只是它成功的基础,更重要的在于它装配了两个杀手锏,一是非常大,二是非常深。训练 BERT 的语料有 33 亿个单词,整个网络包含了 24 层,每层使用 16 头的注意力,共有参数 3.4 亿个(基础版参数 1.1 亿个)。这么庞大的训练数据和上亿个网络参数,对计算资源的消耗自然也是惊人的,最初版本的 BERT 使用了 16 个 TPU 集群,共 64 块 TPU,花了 4 天时间才训练完毕,要注意 TPU 是谷歌为其人工智能服务设计的专用处理器,处理速度是主流 GPU 的 15~30 倍。这么复杂庞大的模型,无论其中使用的理论知识,还是训练和使用方法,都有许多值得关注的亮点。但限于篇幅只谈它训练过程中的两个创新之处,分别是 MaskedLM(Masked Language Model)和 NSP (Next Sentence Prediction)。

MaskedLM 如图 9-50 所示。它随机选择语料中一部分单词,用掩码(Mask)代替原始单词,然后训练模型使其学会预测被抠掉的单词。因为预测单词使用的是表示能力比较弱的线性分类器,所以这会促使 BERT 训练完成后抽取语义特征的能力非常强大,否则就不能正确预测被抠掉的单词了。

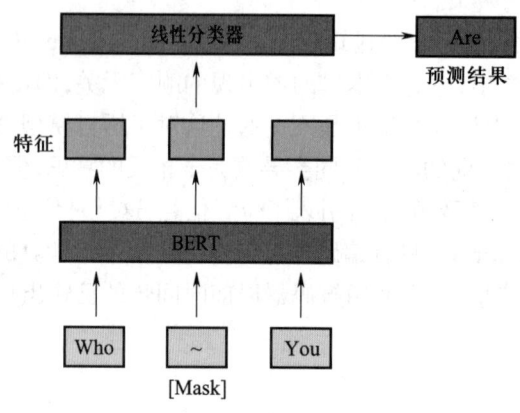

图 9-50　MaskedLM 模型

通过 MaskedLM 学到的是与单词有关的特征,但是完成某些 NLP 任务(如自动问答)时不仅需要了解单词的含义,还需要理解整个句子,为此 BERT 还使用了第二种训练方式 NSP。NSP 用真正连续的两个句子和随机拼接起来的两个无关的句子作为训练数据,把 BERT 当作二分类器(输出句子连续或不连续)来训练,从而使得模型具有句子级别的表示能力,如图 9-51 所示。无论是 MaskedLM 还是 NSP,只要有语料它们就可以开始训练,并不需要对数据进行标记。

从注意力机制用于机器翻译开始,在 NLP 领域 Transformer 和预训练模型已经成为绝对的主流技术,它们绝佳的使用效果令人无法抵抗。但另外,GPT 和 BERT 等预训练模型引领了以海量数据和超强算力解决问题的潮流,这让财富和团队力量成为人工智能发展中越来越重要的因素,星光闪耀的个人英雄主义时代似乎正在离我们远去。

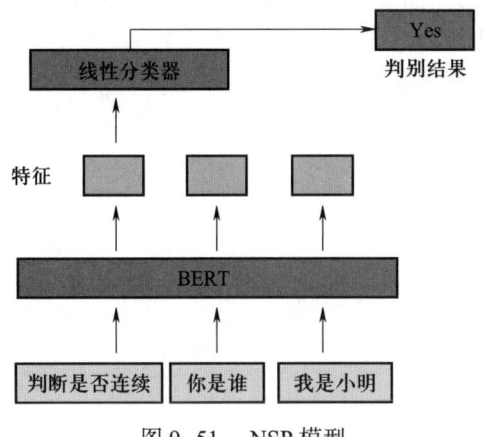

图 9-51　NSP 模型

本 章 小 结

　　本章介绍了深度学习的发展历史,以及与其有关的基本概念、原理与算法。在此基础上,介绍了卷积神经网络与循环神经网络的基本知识和应用场景,并简单介绍了注意力机制的原理与应用。本章的内容是当前人工智能的主流方法,具有一定的难度,同时也具有巨大的应用价值。

关 键 名 词

神经网络　反向传播算法　卷积神经网络　循环神经网络　注意力机制

即 测 即 评

请扫码检测本章学习效果。

复习思考题

　　1. 画出具有四个输入神经元、三个输出神经元的感知器的模型结构,并用公式描述它的输入输出过程。

　　2. 使用神经网络实现一个鸢尾花数据集的分类模型。

　　3. 设计几个简单的 3×3 的卷积核(矩阵),并使用它们对同一个 9×9 的矩阵进行卷积运算,对比运算结果的异同。

　　4. 思考池化在卷积层中的作用。

　　5. 简述卷积神经网络的优点。

6. 简述循环神经网络的几种常见结构。

7. 思考循环神经网络长期依赖的产生原因及常见的应对方法。

8. 简述门控机制的结构与原理。

9. 简述注意力机制的原理与优点。

第十章
自然语言处理技术

章 前 导 读

　　自然语言处理(Natural Language Processing, NLP)是人工智能中的一个核心问题,也是极其困难的问题。它融合了计算科学、语言学等多学科领域的知识,通过分析大量的自然语言数据对人类语言的认知和理解机制进行建模,从而实现让计算机理解人类语言这一根本任务。

　　自然语言处理的相关研究至少已有几十年的历史,在 20 世纪中叶,依赖于人工设计规则的理性主义方法在 NLP 研究中占主导地位,这种方法缺乏从数据中学习的能力,只能在特定的问题中发挥作用。从 20 世纪末开始,基于数据样本的统计方法取得了明显的性能优势,经验主义开始占据主导地位。这一时期的方法可以看作浅层机器学习方法,难以抽取数据中的深层特征,仍然难以与人类水平相比。21 世纪初,随着深度学习浪潮的兴起,NLP 也进入了深度学习的时代,序列到序列、注意力机制等方法在许多 NLP 任务中取得了巨大的成功。

本 章 学 习 目 标

　　本章首先概述自然语言处理的基本内容、难点与应用领域,然后介绍中文分词和词向量这两项自然语言处理中的基础方法,接下来介绍主题模型和文本情绪分析的深度学习方法,最后给出上述方法在金融领域的应用案例。通过本章的学习,可以了解自然语言处理的基本内容和发展历程,以及它的应用价值和难点;掌握中文分词和词向量技术;理解主题模型的基本原理并掌握其应用方法;了解利用词向量技术来实现舆情情绪的判定及其应用。

第一节　自然语言处理概述

一、自然语言处理简介

根据人工智能的研究内容和应用领域,可以把它分为感知和认知两大部分。人脸识别、语音识别这类问题都属于感知问题,在这个领域,人工智能在特定问题上的能力已经超越了人类的水平。但是对于一个智能系统来说,仅仅具有感知能力显然是不够的,具有能够理解和消化内容的认知能力才是智能系统真正意义上的核心。而在认知领域,人工智能还有很多具有挑战性的基本问题未能完全解决,自然语言处理(NLP)作为其中一个核心问题,被微软的创始人比尔·盖茨誉为"人工智能皇冠上的明珠",甚至有观点认为,自然语言处理体现了人工智能的最高境界,当计算机具备了完全的处理自然语言的能力时,才算实现了真正的智能。这一方面说明自然语言处理用处广泛,是很多领域迫切希望解决的问题,另一方面说明这是一个极有难度的方向。

所谓自然语言,指的就是人类进化过程中产生的书面或口头交流所使用的语言(包括书面文字、语音、视频等形式),如汉语、英语、德语等。自然语言处理的根本任务是让计算机读懂并能够使用或生成人类语言。它是一门典型的多学科交叉的技术,涉及计算机科学、语言学、数学、心理学等学科分支。

人类语言千变万化,自然语言处理面临的难点也十分复杂。以汉语为例,在命名实体识别任务中,人名、地名等的变化非常灵活,如李白、李太白、青莲居士、谪仙人等指的都是同一个人。词性标注和词义消歧也需要仔细分析上下文才能得到正确的结论,比如这样的对话:

"你这是什么意思?"

"没什么意思,意思意思。"

"你这人真有意思。"

"小意思小意思。"

自然语言处理,是希望通过数学、算法和编程语言这种规则化的语言,来理解自然语言这种不完全规则化的语言,这种矛盾给自然语言处理带来了非常大的困难。

自然语言处理需要完成的任务主要包括以下几类:

(1)句法语义分析。该项任务的一些典型内容包括:分词,将文本语料库①分离为单词、词汇、短语等单元;词性标注,判定词汇的语法属性,如名词、动词、形容词等;词义消歧,识别多义词的正确含义,例如"打酱油"和"打人"中的"打"就具有不同的含义;命名实体识别,从文本中提取人物、位置等实体,"今天我在银行存了两万元"将被标注为"今天(时间)我(人物)在银行(位置)存了两万(数量)元"。

(2)文本分类。使用标注了类别的数据,通过训练得到针对不同分类任务的模型。例如垃圾邮件识别、文本情绪分析、新闻分类等都属于这类任务。

(3)文本生成。使用语料库训练模型,实现输出新的文本的功能。文本摘要、机器写诗、智能客服、机器翻译等具体问题都可以看成文本生成任务。

此外,信息检索、智能推荐、语音识别、搜索引擎等问题也都属于自然语言处理问题或者与此密切相关。

二、自然语言处理的发展历史

自然语言处理与人工智能的发展历史基本是保持同步的,大体可以分为三个阶段。

---

① 通常将文本数据称为语料库(Corpora)或语料(Corpus)。

早期的 NLP 研究可以追溯到 20 世纪 50 年代,英国计算机科学家、数学家艾伦·图灵提出了一种判断机器智能的"图灵测试"方法,其实就是机器理解文本并做出符合人类逻辑的问答系统的测试方法。直到 20 世纪 70 年代,在与语言理解有关的项目中,基于规则的理性主义方法都占有主导地位。理性主义通过设计人工规则,将知识和推理机制融入 NLP 系统。MIT 人工智能实验室开发的 ELIZA 系统是这一时期的一个典型代表,这是世界上第一个真正意义上的聊天机器人,它使用预定义的模式模拟心理医生与人对话,有时候甚至能达到以假乱真的程度。这种方法的主要优势在于推理逻辑的可解释性,同时缺点也很明显,它需要语言学、语音学等各领域的专家配合,开发周期很长,缺乏从数据中学习的能力,无论从规则的复杂程度还是从计算能力的角度来看,都很难建立具有实用性的完整规则体系描述人类语言,只能用于特定的领域,泛化能力、容错能力都很低。

20 世纪 70 年代,基于经验(统计)的方法开始大放异彩并逐渐成为主流方法。这一时期的 NLP 基于语料数据,采用传统的机器学习或其他统计方法从数据中抽取自然语言的特征和结构,具有较强的学习和泛化能力。其间,大量基于统计的机器学习算法,如贝叶斯方法、隐马尔可夫、最大熵、支持向量机等,都被用于自然语言处理并取得了某种程度的成功。例如,IBM 采用统计的方法解决语音识别问题,将识别率从 70% 提升到 90%,使得语音识别有了从实验室走向实际应用的可能。另外,这条技术路线的模型容量有限,无法从超大规模的数据集中学习深层特征,模型性能也与人类的智能水平存在明显的差距。

21 世纪初,随着 AlphaGo 先后战胜李世石、柯洁等围棋名家,深度学习掀起了新一轮的人工智能热潮。随着大规模语料数据集的建立与计算能力的飞速发展,深度学习在 NLP 中的实用价值也被证实,成为当前 NLP 发展的主要推动力。首先,深度学习借助数据与深层模型自动完成特征抽取,不再依赖专家经验。并且,基于神经网络的深度学习模型与传统的机器学习模型相比,更容易设计。其中,序列到序列的学习、注意力机制以及大规模预训练模型是在这一时期出现的三个对 NLP 产生重要影响和巨大推动的技术。

随着自然语言处理技术的深入发展,它的应用领域也越来越广泛。通常在一个能够完成一个具体任务的系统中,需要完成多个不同的任务。例如现在已经进入我们日常生活中的智能音箱,在使用过程中就需要完成语音到文本的转换、情绪识别、智能推荐等各种自然语言处理任务。

当用计算机或手机输入文字的时候,输入法会进行拼写检查,更智能的输入法还会根据输入习惯进行联想提示,这个我们已经习以为常的事情其实就是语言理解的简单应用。例如,当我们寻找饭菜好吃的饭馆时,习惯于参考美食评论 App 中的评论数据。但也有人收集大量已有的人工评论数据,通过机器学习,提供机器自动发表好评的服务,这是一个机器写作的任务,不知大家有没有发现这种虚假评论的经历?魔高一尺,道高一丈,美食 App 为了保证评论的质量,也在不断更新虚假评论的识别算法,这也是自然语言处理。机器翻译也是一个重要的应用,近年来,不断有人工智能公司发布机器翻译工具,随身携带一个手机大小的翻译机器,出国的时候就可以无障碍地和其他语种的人交流了。各个导航工具提供的名人风格的语音播报,都是机器生成的语音,是典型的语音生成任务。越来越常见的智能客服,也是语言处理。自然语言处理与其他专业领域的结合也是其应用的一个重要方向,如金融领域中的投资热点挖掘、舆情分析、欺诈识别等,自然语言处理都可以发挥重要的作用。

第二节　中文分词与词向量

本节讲述在中文文本处理中常用的分词和词向量技术。接下来会以它们为基础,从舆情数据中进一步挖掘有价值的信息。

一、中文分词技术

在实际任务中所使用的数据,无论是公开数据集还是爬虫工具爬取的舆情数据,数据量都是巨大的,不可能通过人工进行舆情分析,而使用人工智能技术对舆情进行判别,本质是让机器学会理解这些数据中文本的含义,属于自然语言处理领域的问题。这是人工智能领域中的困难问题,因为无论数学符号还是编程代码,这些规则化的语言与不完全规则化的人类自然语言之间天然地存在不匹配的性质,尤其是中文的自然语言处理工作,由于中文极度复杂,更是增加了它的难度。另外,虽然时至今日自然语言处理仍没有完美的解决方案,但是也有很多方法可以较好地实现特定的目标,例如本章将要讲到的对文本情绪的识别。

在文本中,词是表达语义的最小单位,简单地说,中文分词就是将一个句子切分成一个个单独的词语。英文、德文等文本的词之间存在空格作为分界符,所以很容易识别出文本中的词,但在中文这样的不存在明确分界符的语言中,准确实现分词本身就是其他中文自然语言处理任务的基础,使用什么方式分词,分词结果准确与否,会直接影响下游任务的性能。

由于中文的复杂性,中文分词会面临一些特有的问题和困难。首先,中文语言自身的特点造成关于词的边界划分难以确定一个统一的、权威的标准,虽然国家技术监督局在 1992年发布了《信息处理用现代汉语分词规范》,但在实际应用中,分词依然会较大地受到主观想法、应用场景等的影响。在中文分词中,如何切分歧义词也是普遍存在的问题。例如,"大学生"可能存在"大 / 学生""大学 / 生"两种分词方式,"狼把猎物吃进口中"和"今年进口货物 15万吨"中的"进口"显然也需要使用不同的分词方式。另外,中文在使用中也不断地产生新的词汇和大量专有名词,如"内卷""凡尔赛""西直门三太子"等,准确识别这些词汇也是中文分词中较难解决的一个问题。

中文分词的相关研究较多,传统的分词方法多是基于规则和词典的,将待分词的文本与词典匹配,并根据一定的规则进行切分,这种方法速度快,但是模型规则和词典构建起来耗时耗力,并且在不同场景的适用性较差。现在较为常用的是基于统计的分词方法,如隐马尔可夫方法、最大熵模型等。它通过分析文本序列的统计规律和词的概率分布切分文本,能够利用上下文完成分词工作,分词效果和迁移性质较好,但是需要使用语料库作为训练数据,训练和分词速度较慢。此外,随着深度学习的发展,各类神经网络模型也已成为分词中常用的技术手段。

现在已有多种开源的中文分词工具可在具体工作中直接使用,例如盘古分词(PanGu),它可以支持字典管理与多种分词规则;HanLP 自然语言处理工具包,综合使用了多种分词方法,可以同时支持 Java、Python 等开发语言,除了分词,它还能实现词性标注、摘要抽取等功能。

特别地,结巴分词(jieba)安装简单,能方便地实现多种分词模式,并且支持关键词提取、词性标注等功能,是开发和研究人员使用较多的一个分词工具。结巴分词使用基于前缀词典实现高效的词图扫描,生成句子中汉字所有可能成词情况所构成的有向无环图(DAG),采用动态规划查找最大概率路径,找出基于词频的最大切分组合。对于未登录词,使用隐马尔可夫(HMM)模型和维特比(Viterbi)算法实现新词发现。在关键词提取中,主要使用了TextRank 和 TF-IDF 两种算法。

针对中文分词这一主要功能,结巴分词支持精确模式、全模式、搜索引擎模式以及paddle 模式四种分词模式。下面结合具体的例子讲解一下结巴分词在 Python 中的安装和使用方法。

结巴分词的安装十分简单,直接在命令行窗口执行:

```
pip install jieba
```

即可实现全自动安装。如果需要使用 paddle 模式下的分词和词性标注功能,需要通过:

```
pip install paddlepaddle-tiny == 1.6.1
```

先安装 paddlepaddle-tiny。

最简单地,可以直接使用下述命令对句子进行分词:

```
import jieba

text = " 中央财经大学设立金融科技专业 "
seg = jieba.cut(text)
print(''.join(seg))
```

jieba 默认使用精确分词模式,因此上述命令会给出精确模式下的分词结果:

```
中央财经　大学　设立　金融　科技　专业
```

注意:也可以使用 jieba.lcut 命令直接返回包含分词结果的 list。
如果使用全模式或搜索引擎模式,使用如下命令:

```
seg_cut_all = jieba.cut(text, cut_all = True)
seg_for_search = jieba.cut_for_search(text)
print(''.join(seg_cut_all))
print(''.join(seg_for_search))
```

分词结果如下:

```
中央　中央财经　财经　财经大学　大学　设立　金融　科技　技专　专业
中央　财经　中央财经　大学　设立　金融　科技　专业
```

对比上述结果可以看出,精确模式会将句子精确地切开,在进行文本分析时通常使用这种模式;全模式把句子中所有的可以成词的词语都扫描出来,不能解决一词多用等歧义问题;搜索引擎模式会在精确模式的基础上,对长词再次切分,提高召回率,适合用于搜索引擎分词。

jieba v0.40 及以上版本还支持 paddle 模式,该模式利用 paddlepaddle 深度学习框架,训练序列标注(双向 GRU)网络模型实现分词。安装 paddlepaddle-tiny 后,需要用 enable_paddle 启动 paddle 模式。具体命令及结果如下:

```
# 启动 paddle 模式,需要 jieba0.40 或更新版本
jieba.enable_paddle()
seg_paddle = jieba.cut(text, use_paddle = True)
print(''.join(seg_paddle))


Paddle enabled successfully......
中央财经大学  设立  金融  科技  专业
```

可以看到,与精确模式对比,paddle 模式对机构名称等专有名词的识别更为准确。

除此之外,为了增强歧义纠错能力,提高分词的准确性,结巴分词还支持使用用户自定义的词典。词典可使用 txt 或 csv 等文件格式,一个词占一行;每一行分词语、词频(可省略)、词性(可省略)三部分,用空格隔开,顺序不可颠倒。例如:

```
亚太经济合作组织 3 i
区块链 5
高尔基 nr
奥利给
```

结巴分词使用如下命令载入自定义词典:

```
# file_name 为文件类对象或自定义词典的路径
jieba.load_userdict(file_name)
```

二、词的分布式表示

词是表达语言含义的最小单位,完成分词只是自然语言处理任务的基础工作,更重要的是采用合适的方法让计算机正确理解词的含义。

一个直接的思路是像词典那样,通过人工方式逐个说明词的含义,将具有相同或类似含义的词归于同一组中,这在自然语言处理领域被称为同义词词典。WordNet 是一个著名的同义词词典工具,它由普林斯顿大学于 1985 年开始开发,定义了大量的同义词和词之间的层级关系,至今仍被广泛使用。但这种方法存在动态更新能力差、人力成本高等缺点,并且无法表示出词之间微妙的含义差异。

因为计算机擅长快速地处理数值数据,所以另一个合理思路是用合理的方式把词映射成数值向量,使得计算机能理解词的含义并提高模型的执行效率。

一种非常简单的词的向量表示方法是独热表示(One-Hot Representation)。它首先要建

立一个词表,这个词表可以理解成一个大而全的词典,文本中可能出现的词都被收录到词表中,其中每个词都具有唯一的编号。假设某个词表如表 10-1 所示,其中共有 5 个词,用这个词表就可以根据编号把其中的每个词表示成 5 维的向量。例如,"人民币"是词表中的第 1 个词,它对应的 5 维向量的第 1 个分量取值为 1,其他值为 0,即 $(1,0,0,0,0)$,而"美元"所对应的向量就是 $(0,0,0,1,0)$。

表 10-1 独热表示法词表

词	人民币	政策	影响	美元	汇率
编号	1	2	3	4	5

将这种简单明了的词向量表示方式与向量空间中距离的概念结合,可以用于文本分类、论文查重等自然语言处理任务。但是独热表示存在两个明显的缺陷:一是词表中词的数量通常会很多,表示向量维数过高并且非常稀疏。二是这种表示方式只以词表编号为依据,并未考虑词之间的相似性,即使是同义词对应的向量表示也有可能差异很大。例如,表 10-1 中的"人民币"与"美元"是具有密切联系的两个词,但是计算它们所对应的向量的余弦相似度很低(余弦值为 0),这与两个词的含义严重不符。

词的分布式表示(Distributed Representation)可以在很大程度上解决或缓解上述方法存在的问题。所谓的分布式表示基于 20 世纪 50 年代提出的关于语义的分布式假说:词的语义由其上下文决定,这里的上下文可以简单地理解成我们所关注的词周围的其他词语。分布式假说是一个直观的想法,例如"12 月,美联储降息"和"第三季度,央行降息",从上下文很容易判断出"美联储"和"央行"具有类似的含义。

分布式方法用低维的稠密向量表示词语,并且对句法和语义的捕捉较为准确,谷歌在 2013 年推出的 Word2Vec 是使用分布式方法生成词向量的代表性工具之一。Word2Vec 以文本语料作为输入,使用浅层的神经网络进行无监督学习,最终得到词的向量表示。

具体地,可采用 CBOW(连续词袋模型)和 Skip-Gram 两种模型。CBOW 与 Skip-Gram 在性能表现上各有优劣之处,CBOW 的学习速度较快,但许多情况下 Skip-Gram 的效果更好一些,因此需要根据问题的实际情况和使用效果综合判断使用哪种模型。其中 CBOW 根据前后各 k 个词来计算某个词出现的概率,也就是通过上下文来预测词。例如发现文本上下文中有"央行""利率",那么它们之间出现"银行"这个词的概率就比较大。Skip-Gram 与此相反,通过词来预测它的上下文。例如出现了"货币政策",那么它的上下文中出现"稳健""宽松"的概率就会比较大。这就改进了独热表示方法注意不到词与词之间关系的问题。

当使用神经网络进行训练时,在保留词的含义的前提下,还可以通过网络参数设置,压缩表示词的向量的维数,这个可以理解为抽取代表词的含义的主要特征,从而把词以较小维数的向量展示出来。这也避免了词向量维数过大的问题。

Word2Vec 的网络结构和训练方法的细节这里不再讨论,接下来我们使用中国银行保险监督管理委员会(简称银保监会)发布的《保险资产管理公司管理规定》作为简单的语料数据,使用 Python 中的 gensim 工具包介绍词向量的训练和使用方法。

如果未安装 gensim 工具包,需要通过在命令行窗口输入如下命令进行安装:

```
pip install gensim
```

首先使用结巴分词对文本进行分词处理,并使用停用词词典对文本进行必要的清洗,去除标点符号、数字以及"的""和"等词频较高但与文本主旨关联不大的词,可以使用本书提供的停用词 stop_words.txt,也可以使用各种开源的停用词表或针对不同的问题建立适用的停用词词典。处理完成后的文本保存为 finance-cut.txt。

```
import codecs
import jieba

result = codecs.open('finance-cut.txt', 'w', 'utf-8')
source = codecs.open("finance.txt", encoding = 'utf-8')

line = source.readline( )

while line! = " ":
    line = line.rstrip('\n')
    seg_list = jieba.cut(line, cut_all = False)        # 精确模式
    stopwords = [line.strip() for line in
                        open('stop_words.txt', encoding = 'utf-8'). readlines( )]
    output = " "
    for word in seg_list:
        if word not in stopwords:
            if word! = '/t':
                output+ = word
                output+ = " "
    result.write(output+' ')'
    line = source.readline( )
else:
    result.write('\r\n')
    source.close( )
    result.close( )
```

其中,codecs 可以用来处理在中文文本处理中经常会遇到的编码问题。打开和保存语料文件时,均使用 codecs 指定编码"utf-8"。经分词和去除停用词处理后的文本如图 10-1 所示。

第一条　　监督管理 保护 合法权益 经营风险 中华人民共和国 保险法 简称 保险法 中华人民共和国 公司法 简称 公司法 中国人民银行　中国银行 监督管理　中国证券监督管理委员会　国家外汇管理局 金融机构 意见 银发 2018 106 号

第二条　　指经 中国银行 监督管理 简称 保监会 中华人民共和国 境内 保险公司 发行 保值 增值 国务院 金融管理 金融机构

第三条　　勤勉 尽责 严格遵守 审慎 开展业务 合法权益 损害 公共利益

第四条　　保监会 依法 监督管理

图 10-1　处理后的文本

接下来,从 gensim 导入 Word2Vec 和 LineSentence,逐行使用经过分词后的语料数据进行训练。

```
from gensim.models import Word2Vec
from gensim.models.word2vec import LineSentence

inp = codecs.open('news.txt', 'r', 'utf-8')

model = Word2Vec(LineSentence(inp), size = 50, window = 7, min_count = 5)
```

其中,参数 size 是训练后获得的词向量的维数,window 是上下文所使用的窗口大小,mini_count 是词频阈值,只有词频超过这个值的词才会纳入训练过程。训练完成后,可以使用下述命令查看模型的整体情况:

```
print(model)
words=list(model.wv.vocab)
print(words)
```

该例得到的词向量模型的整体情况如下:

```
Word2Vec(vocab=71, size=50, alpha=0.025)
['监督管理','号','合法权益','金融机构','保监会','保险公司','审慎','依法',
'名称','公司章程','股东','持股','比例','注册资本','董事','监事','投资','风险管理',
'治理','内部','风险','营业','股权','违规','监管','发起人','低于','人民币','情形',
'关联方','提交','报告','筹建','出资','审计','出具','之日起','作出','不予','文件',
'未','任职','资金运用','受托','核准','基金','净资产','准备金','5%','撤销','事项',
'履行','首席','执行官','义务','履职','解散','董事会','利益冲突','利益输送','合规',
'按规定','建立健全','监事会','条','合同','约定','委托人','报送','检查','违反']
```

最终获得上述 71 个词的词向量。使用如下命令可以查看词表中每个词所对应的 50 维向量的具体数值。

```
print(model[' 金融机构 '])
[-0.00161525    0.0090653    -0.0007973    -0.0017332    -0.00154303    0.00571305
 -0.00454199    0.00113379    0.00627966    -0.00594425    0.00720154    0.00972145
 0. 00276822    0.00314489    -0.00905493    0.00342979    -0.00767381    0.00591164
 0.00489493    -0.00104509    -0.00542676    -0.00070794    0.00436104    -0.00059203
 -0.00973031    0.00972595    0.00881271    0.00387617    -0.00255477    -0.00677379
 0.00681464    0.00592608    -0.00405687    0.00053326    -0.00592523    -0.00186968
 0.00867363    0.00161217    0.00640567    0.00382808    0.00800833    0.00434029
 0.00011938    0.00089599    -0.00396349    -0.00620219    0.0011075    -0.00664065
 0.00194709    0.00331912]
```

仅从上述具体数值很难对训练结果进行评价,通过如下命令可以查看根据词向量计算出的与每个词的含义最接近的 10 个词。

```
model.wv.most_similar(' 金融机构 ')
```

输出结果如下:

```
[(' 准备金 ', 0.34262987971305847),
 (' 人民币 ', 0.3158330023288727),
 (' 报告 ', 0.23524153232574463),
 (' 违规 ', 0.22853289544582367),
 (' 任职 ', 0.18184033036231995),
 (' 首席 ', 0.17481014132499695),
 (' 投资 ', 0.15840594470500946),
 (' 发起人 ', 0.15432387590408325),
 (' 号 ', 0.13594256341457367),
 (' 风险 ', 0.12204322218894958)]
```

数值越大,表明该词与“金融机构”的含义越接近或关联越密切,训练结果能大体反映出词的含义,与该语料文本的内容吻合得较好。

需要说明,这只是用来介绍 Word2Vec 使用方法的简单示例,用于训练的语料文件大小仅有几十 KB,在实际应用中使用的语料数据规模远大于此,训练所得的词向量的使用效果也会远超示例中的结果。

使用 Word2Vec 得到的词的分布式表示并不仅仅能用于查找与其含义相近的词,它更重要的价值在于可通过迁移学习将词向量用于更好地解决其他自然语言处理任务。文本分类、词性标注、情感分析等典型的 NLP 问题,都可以首先使用大规模的语料库,如维基百科、网络新闻等训练词向量,在此基础上再使用支持向量机、神经网络等各种机器学习方法达成最终目的,通常词向量技术的加入都会使模型的最终性能明显提升。

第三节　关键词提取与主题模型

一、关键词提取

关键词指的是能反映文本主题思想的词语。多数自然语言处理工作都需要面对海量的文本数据,这些文本并没有预先给出它们的关键词。如果能自动、准确地提取出表征文本主题思想的几个关键词,对于快速理解文本内容,减少对计算资源的消耗,无疑都可以提供极大的便利。当我们使用搜索引擎检索所需的信息时,关键词是准确获取信息的重要环节。根据用户的使用习惯给出个性化的内容或商品推荐时,也需要用到关键词提取方法。此外,在文本的聚类、分类、自动摘要等各种 NLP 任务中,关键词也都能发挥重要的作用。

关键词提取算法可以分为有监督和无监督两类。有监督算法将关键词提取看成一个二分类问题,使用大量的标注数据训练分类器,从而实现关键词提取。与其他有监督算法一样,这种方法的人工标注成本很高,并且关键词表的动态更新能力差,所以当前常用的关键词提取算法都是无监督算法,如 TF-IDF、TextRank、基于 Word2Vec 的词聚类等。另外,接下来介绍的主题模型也是关键词提取中常用的一类方法。

词频－逆文本频率(Term Frequency-Inverse Document Frequency,TF-IDF)是一种统计方法。TF-IDF 通过评估一个词语对文档的重要程度来获取关键词。显然,对文档越重要的词越有可能成为该文档的关键词,所以这种做法是直观并且合理的。TF(词频,Term Frequency)指某一给定词语 w_i 在当前文本 d_j 中出现的频率,它的计算公式是:

$$TF_{ij} = \frac{n_{ij}}{\sum_k n_{kj}} \tag{10-1}$$

式中:n_{ij} 表示第 i 个词在第 j 个文档中出现的次数。

IDF 会统计一个词 w_i 在语料库的多少个文本中出现。它的计算公式是:

$$IDF_i = \log \frac{|D|}{1+|D_i|} \tag{10-2}$$

式中:$|D|$ 表示语料库中文本的总个数;

$|D_i|$ 表示出现了第 i 个词的文本的个数,公式中的分母加 1 是为了避免某些词从未在语料库中出现过从而导致分母为 0。

一方面,一个词在一个文本中出现的频率越高,这个词对文档的表征能力就越强;另一方面,一个词在越少数的文本中出现,则对文本的区分能力就越强。因此,TF-IDF 综合使用上述两个指标,从词频和逆文本频次两方面衡量词的表征能力,最终使用下述指标进行关键词提取:

$$TF \times IDF(i,j) = TF_{ij} \times IDF_i \tag{10-3}$$

即某文本中的一个词语对该文本的重要性与它在该文本中出现的频率成正比,与它在语料库中出现的频率成反比。

Python 中的机器学习工具包 sklearn 可以方便地计算文档中词的 TF-IDF 值,我们接下来使用该工具介绍一个使用 TF-IDF 提取关键词的简单实例。用于分析的文本是银保监会发布的五篇通知公告,分别是《中国银保监会关于 2021 年度机动车交通事故责任强制保险业务情况的公告》《中国银保监会关于〈企业集团财务公司管理办法(征求意见稿)〉公开征求意见的公告》《银保监会部署开展涉企违规收费专项整治行动》《中国银保监会关于加强商业银行互联网贷款业务管理提升金融服务质效的通知》和《中国银保监会办公厅关于扩大养老理财产品试点范围的通知》。将这些文档的序号(id)、标题(title)和内容(content)保存在 doc.csv 中。

首先导入必要的模块。除了分词之外,为了保证关键词的提取效果,还需要对文档做去除停用词等必要的处理。

接下来使用 sklearn 中的类 CountVectorizer 和 TfidfTransformer 计算词的 tf-idf 值并将提取出的关键词保存在 result 中。

```python
import numpy as np
import pandas as pd
import codecs
import jieba.posseg as pseg
from sklearn.feature_extraction.text import TfidfTransformer
from sklearn.feature_extraction.text import CountVectorizer


data = pd.read_csv('doc.csv', encoding = 'utf-8')        # 读入文本文件
stop_word = [w.strip() for w in codecs.open('stop_words.txt', 'r',
             encoding = 'utf-8').readlines()]            # 读入停用词
topK = 5                                                 # 每个文档提取 5 个关键词

id_list, title_list, content_list = data['id'], data['title'], data['content']
corpus = [ ]
for i in range(len(id_list)):                            # 清洗文本,去除停用词
    text = '%s。%s' % (title_list[i], content_list[i])    # 拼接标题和内容
    text_done = [ ]
    pos = ['a', 'i', 'j', 'n', 'nh', 'ni', 'nl', 'ns', 'nt', 'nz', 'v']
    text = pseg.cut(text)
    for word, tag in text:
        if word not in stop_word and tag in pos:
            text_done.append(word)
    text_done = ' '.join(text_done)
    corpus.append(text_done)
vectorizer = CountVectorizer()
tf = vectorizer.fit_transform(corpus)     # 构建词频矩阵,a[i][j] 表示第 j 词在第 i 文档
```

中的词频

```
transformer = TfidfTransformer( )
tfidf = transformer.fit_transform(tf)                    # 计算每个词的 tf-idf 值

word = vectorizer.get_feature_names( )                   # 获取词袋模型中的关键词
weight = tfidf.toarray( )         #tf-idf 矩阵，b[i][j] 表示第 j 词在第 i 文档中的 tf-idf 值

keys = [ ]                                                # 用于保存关键词

for i in range(len(weight)):
    df_word = pd.DataFrame(word, columns = ['word'])
    df_weight = pd.DataFrame(weight[i], columns = ['weight'])
    word_weight = pd.concat([df_word, df_weight], axis = 1)    # 整合词与对应的 tf-idf 值

    word_weight = word_weight.sort_values(by = 'weight', ascending = False)
                                                          # 根据 tf-idf 值排序
    keyword = np.array(word_weight['word'])
    keyword_weight = np.array(word_weight['weight'])
    word_split = [keyword[x] for x in range(0, topK)]     # 获取前 topK 个关键词
    word_split = ' '.join(word_split)
    keys.append(word_split)

result = pd.DataFrame({'id': id_list, 'title':title_list, 'key':keys}, columns = ['id', 'title', 'key'])
```

每篇文档提取 tf-idf 值最高的前 5 个词作为关键词。提取结果如下：

```
0   交强险   保险公司   机动车   交通事故   年度
1   征求意见   意见   注明   保监会   意见反馈
2   整治   收费   银行   部署   涉企
3   贷款   商业银行   互联网   银行   通知
4   试点   理财产品   人民币   通知   保监局
```

可以看到，提取结果基本符合文档的主旨。可视化地展示分析结果也是文本挖掘的一项重要工作，我们可以使用 pyecharts 将上述关键词以词云的形式展示。首先将上述关键词和它们的 tf-idf 值整合起来，保存成元组(tulpe)的列表(list)，即列表中的每个元素是一个元组，由关键词和它的 tf-idf 值构成。具体形式如下：

```
    keys_tulpe=[('交强险', 0.7073966481112731), ('保险公司', 0.3858527171516035), ('机动车',
0.2572351447677357), ('交通事故', 0.19292635857580176), ('年度', 0.19292635857580176), ('征
求意见', 0.7162581957713107), ('意见', 0.28893630120997976), ('注明', 0.2387527319237702),
('保监会', 0.170650434012727),
    ('意见反馈', 0.1193763659618851), ('整治', 0.5484063187213297), ('收费', 0.4866958413871345),
('银行', 0.3982056884076556), ('部署', 0.1645218956163989), ('涉企', 0.1645218956163989),
('贷款', 0.6670993262828612), ('商业银行', 0.46206458772536707), ('互联网', 0.41342621007006525),
('银行', 0.13734397894058906), ('通知', 0.1140079093099882), ('试点', 0.7939170967813107),
('理财产品', 0.5052199706790159), ('人民币', 0.10826142228836055), ('通知', 0.09667191499326225),
('保监局', 0.08734463383290333)]
```

调用 pyecharts 的 WordCloud 工具就可以画出相应的词云了。

```
from pyecharts.charts import WordCloud

wordcloud = WordCloud( )
wordcloud.add(" ", word_tulpe, word_size_range = [20, 100])
wordcloud.render_notebook( )
```

另一种提取关键词的算法 TextRank 是在 PageRank 的基础上提出的。PageRank 是谷歌的创始人拉里·佩奇（Larry Page）和谢尔盖·布林（Sergey Brin）在 1998 年发明的用于网页排名的算法，它的核心是认为网页重要性由两部分组成：① 链接数量，即一个网页被其他网页链接的数量越多就越重要；② 链接质量，即链接到某网页的其他网页排名越高则该网页越重要。2004 年，Mihalcea 和 Tarau 在研究自动摘要提取时，改进了 PageRank 算法，提出了用于关键词提取的 TextRank 算法。该算法将文本拆分为词汇，以词汇作为网络节点，组成词汇图模型，使用类似于 PageRank 的想法对词汇的重要性进行排序，从而抽取出文本的关键词。

使用 Word2Vec 给出的词向量也可以有效地抽取出文本的关键词。该算法的基本想法也很简单，它使用聚类算法在词向量所在的向量空间中完成词的聚类，并选择聚类中心以及与聚类中心最接近的几个词作为文本的关键词。

我们这里不再讨论 TextRank 和基于 Word2Vec 的词聚类算法的具体细节。

二、主题模型

主题模型也是自然语言处理中具有重要影响的模型之一。它通过语料库中文本与词语之间的关系发现文本的主题，从而实现对文本语义的理解，在推荐系统、图像处理、生物信息学等领域都有广泛的应用，当然它也是抽取文本关键词的一种重要方法。主题模型的代表算法有潜在语义分析（Latent Semantic Analysis，LSA）、概率潜在语义分析（Probabilistic Latent Semantic Analysis，PLSA）、潜在狄利克雷分配（Latent Dirichlet Allocation，LDA）等。

（一）潜在语义分析

潜在语义分析由 Deerwester 等人在 1990 年提出，它通过文本中的词语与文本主题之间的潜在关系分析语义，使用的是矩阵分解的方法。

与词向量的想法类似，当试图让计算机去理解一篇文章的含义时，需要对文本进行向量化表示。简单地，假设语料库中包含 n 个文本、m 个词语，则每个文本 d_j 可以对应到一个 m 维的列向量 x_j：

$$\begin{pmatrix} x_{1j} \\ x_{2j} \\ \vdots \\ x_{mj} \end{pmatrix} \tag{10-4}$$

其中每个分量 x_{ij} 是对应的词语 w_i 在文本 d_j 中出现的频数或权值。因为该向量表示出了文本中所有词语的出现情况，所以可以体现文本的语义。在此基础上，整个语料库将对应到一个 $m \times n$ 的矩阵 X，称为词语 – 文本矩阵：

$$\begin{pmatrix} x_{11} & x_{12} & \cdots & x_{1n} \\ x_{21} & x_{22} & \cdots & x_{2n} \\ \vdots & \vdots & \vdots & \vdots \\ x_{m1} & x_{m2} & \cdots & x_{mn} \end{pmatrix} \tag{10-5}$$

矩阵中的每一列代表某文本中各单词的出现情况，每一行代表某单词在各文本中的出现情况，矩阵中元素 x_{ij} 的取值通常可以使用 tf-idf 值。因为相对于整个语料库中的词语个数来说，每个文本中出现的词语较少，所以词语 – 文本矩阵是一个稀疏矩阵。

这种方法比文本向量化方法简单直接，但得到的向量的维数往往很高，会降低分析效率，更重要的是不能很好地处理多义词和同义词给文本语义带来的差异。例如：

苹果很好，我每天吃。

苹果很好，我每天用。

这两个句子对应的词语向量相似性很高，但是句子的语义却有明显差异。

潜在语义分析不直接使用文本中的词语构建向量，而是通过文本中的词语分析文本的主题，得到以主题形式表示文本的向量。

假设语料库中所有文本共包含 k 个主题，每个主题 t_l 是一个 m 维的列向量：

$$\begin{pmatrix} t_{1l} \\ t_{2l} \\ \vdots \\ t_{ml} \end{pmatrix} \tag{10-6}$$

其中的每个分量 t_{il} 表示词语 w_i 在第 l 个主题中的权值。所有的主题构成语料库的词语 – 主题矩阵 T：

$$\begin{pmatrix} t_{11} & t_{12} & \cdots & t_{1k} \\ t_{21} & t_{22} & \cdots & t_{2k} \\ \vdots & \vdots & \vdots & \vdots \\ t_{m1} & t_{m2} & \cdots & t_{mk} \end{pmatrix} \tag{10-7}$$

在此基础上，我们使用向量 y_j

$$\begin{pmatrix} y_{1j} \\ y_{2j} \\ \vdots \\ y_{kj} \end{pmatrix} \tag{10-8}$$

描述语料库中的某个文本 d_j 的语义，其中的分量 y_{lj} 表示该文本在第 l 个主题上的权值。语料库中所有的文本将对应到矩阵 Y，称为主题 - 文本矩阵：

$$\begin{pmatrix} y_{11} & y_{12} & \cdots & y_{1n} \\ y_{21} & y_{22} & \cdots & y_{2n} \\ \vdots & \vdots & \vdots & \vdots \\ y_{k1} & y_{k2} & \cdots & y_{kn} \end{pmatrix} \tag{10-9}$$

文本 d_j 中的词语向量 x_j 可近似地由该文本在每个主题上的权值以及每个主题中各词语的权值表示，即：

$$x_j \approx y_{1j}t_1 + y_{2j}t_2 + \cdots + y_{kj}t_k \tag{10-10}$$

因此词语 - 文本矩阵、词语 - 主题矩阵与主题 - 文本矩阵直接有如下近似关系：

$$X \approx TY \tag{10-11}$$

对于给定的语料库，词语 - 文本矩阵 X 是容易获取的，可通过矩阵分解得到 T 和 Y。常用的分解方法有奇异值分解和非负矩阵分解，这些都是线性代数中的常用方法。这里不再叙述细节。

通常语料库中主题的个数 k 会远远小于词语的个数 m，因此文本的主题向量维数较低。另外，潜在语义分析可以把同义词归于同一主题，多义词归于不同的主题，例如，前面所举的两个句子有可能被归入"食物"和"电子产品"两个不同的主题。因此，该算法可以较好地解决词语的多义和同义问题。

（二）概率潜在语义分析

在潜在语义分析的基础上，1999 年霍夫曼（Hofmann）提出了概率潜在语义分析方法，其核心思想是找到一个潜在主题的概率模型，采取概率方法替代矩阵分解来提取文本主题。与 LSA 的矩阵分解对应，PLSA 将文本 d_j 中出现某个词语 w_i 的概率 $P(w_i|d_j)$ 分解成某个主题 t_l 下出现该词语的概率与文本隐含该主题的概率的乘积，即：

$$P(w_i|d_j) = \sum_{l=1}^{K} P(w_i|t_l)P(t_l|d_j) \tag{10-12}$$

PLSA 含有隐藏变量，所以使用期望最大化（Expectation Maximization，EM）算法进行学习。实验结果表明 PLSA 比 LSA 的表现有明显进步，但在某些问题中会有比较明显的过拟合现象。

（三）潜在狄利克雷分配

潜在狄利克雷分配是概率潜在语义分析的贝叶斯版本，由 Blei 等人在 2003 年提出。它假设文本的主题分布以及主题的词语分布都以狄利克雷分布作为先验分布，先验分布的导入可以更好地应对训练过程中的过拟合现象。LDA 的训练也更复杂一些，作为一种概率图模型，通常使用 Gibbs 采样的方法来估计模型的参数。

当前 LDA 是最受欢迎并且通常是最有效的主题建模技术，sklearn 和 gensim 都提供了 LDA 算法的调用模块。下面我们使用 gensim 介绍如何使用主题模型实现简单的文本关键词提取任务。

从网上收集了关于职业教育和党建工作的 20 条新闻，将新闻标题作为语料库。首先对语料库中的文本完成分词和去除停用词的处理工作，获取候选关键词。

```python
import numpy as np
import codecs
import jieba
from gensim import corpora, models

# 处理语料数据，分词并去除停用词
corpus_cut = codecs.open('topic_cut.txt', 'w', 'utf-8')
corpus = codecs.open("topic1.txt", encoding = 'utf-8')

line = corpus.readline()
word_list = [ ]
words = [ ]
while line! = " ":
    line = line.rstrip('\n')
    seg_list = jieba.cut(line, cut_all = False)        # 精确模式
    words+ = list(jieba.cut(line, cut_all = False))
    stopwords = [line.strip() for line in
                    open('topic_stop_words.txt', encoding = 'utf-8').readlines()]
    output = " "
    for word in seg_list:
        if word not in stopwords:
            output + = word
            output+ = " "
    corpus_cut.write(output)        # 空格取代换行 '\r\n'
    line = corpus.readline()
else:
    corpus_cut.write('\r')
corpus.close()
corpus_cut.close()
```

接下来读入处理好的语料数据，建立词典和词袋。

```python
corpus_cut = open('topic_cut.txt', encoding = 'utf-8')        # 读入已经处理好的语料数据
```

```
text = [[word for word in line.split( )] for line in corpus_cut]
corpus_cut.close( )
Lt = len(text)
print(' 文本数目 :%d 个 ' % Lt)


# 使用语料建立词典
dictionary = corpora.Dictionary(text)
print(dictionary)
Ld = len(dictionary)
print(' 词的个数 :%d 个 ' % Ld)


# 建立词袋
corpus_bow = [dictionary.doc2bow(t) for t in text]
print(corpus_bow)


文本数目 :20 个
Dictionary(50 unique tokens:[' 发展 ', ' 教育 ', ' 数字化 ', ' 职业 ', ' 转型 ']...)
词的个数 :50 个
[(0, 1), (1, 1), (2, 1), (3, 1), (4, 1)]
```

输出结果显示,共有 20 个文本,处理完毕后词典中包含 50 个词语。其中第一个文本的向量化表示的含义是,在该文本中词典中的第 0 个词出现了 1 次,第 1 个词出现了 1 次,以此类推。最后,计算词语的 tf-idf 值,并使用 LDA 算法生成 2 个主题。

```
# 计算文档 TF-IDF
corpus_tfidf = models.TfidfModel(corpus_bow)[corpus_bow]
#LDA 模型拟合
num_topics = 2          # 定义主题数
lda = models.LdaModel(corpus_tfidf, num_topics = num_topics, id2word = dictionary,
alpha = 0.01, eta = 0.01, minimum_probability = 0.001,
update_every = 1, chunksize = 100, passes = 1)
# 打印主题的具体情况
for topic in lda.print_topics(num_words = 3):
    print(topic)
```

两个主题的具体情况是:

```
(0, '0.196*" 干部 "+0.066*" 发展 "+0.058*" 均衡 "')
(1, '0.099*" 职业 "+0.086*" 教育 "+0.047*" 职业技能 "')
```

输出结果给出了分属于两个主题的最重要的前 3 个词语,与语料库的情况基本吻合。这 3 个词语即可以分别作为两个主题中的文本的关键词。需要说明,本例使用的语料文本只有 20 个新闻标题,所以主题和关键词的提取均不是特别准确。在实际问题中,使用大量文本构成的语料库进行训练,可以更准确地提取文本主题,并获取更多、更准确的关键词。

第四节　文本分析案例

本节介绍文本情绪识别案例,它可以用于投资者情绪判定并将其作为一个变量用于计量分析。

自动识别金融舆情中的情绪,对判断市场走势和金融风险的用处是显而易见的。很多年前,投资者就把公众情绪作为预测股价走势的一个辅助手段。据媒体报道,2011 年,一家位于伦敦的投资公司(Derwent Capital Markets)专门成立了一个基于社交网络信息情绪的对冲基金,该基金进行对冲操作的依据就是舆情信息中的情绪与道琼斯指数的发展趋势之间的关系。

这一节将利用词向量技术来实现舆情情绪的判定。简单起见,我们只识别正、负两种情绪,所用的训练数据是从某电商网站评论区抓取的用户评论数据。该数据为人工标注数据,正面和负面评论各 10 000 条,存储为 Excel 表格,文件名分别是 pos.xls 和 neg.xls。图 10-2 是其中一部分正面评论。

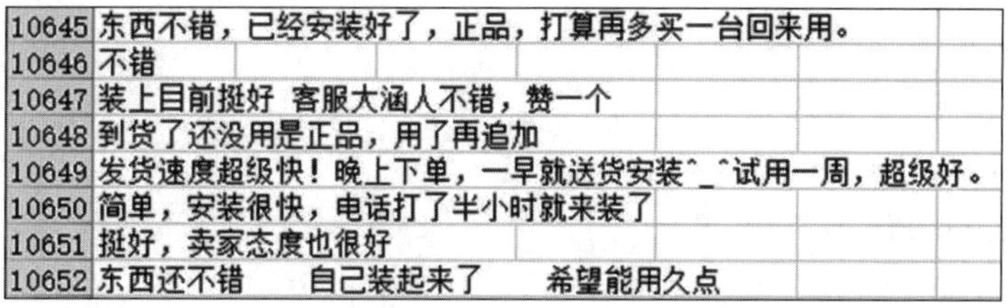

10645	东西不错,已经安装好了,正品,打算再多买一台回来用。	
10646	不错	
10647	装上目前挺好 客服大涵人不错,赞一个	
10648	到货了还没用是正品,用了再追加	
10649	发货速度超级快!晚上下单,一早就送货安装^_^试用一周,超级好。	
10650	简单,安装很快,电话打了半小时就来装了	
10651	挺好,卖家态度也很好	
10652	东西还不错　　　自己装起来了　　　希望能用久点	

图 10-2　正面评论

为了把这些评论文本转换成计算机能够计算的数据形式,并且保留评论的语义,首先需要对文本进行分词,然后用训练好的词向量把这些词用向量的形式表示。为了尽可能保留文本语义,这个案例使用的词向量是用大概 500 GB 新闻数据作为语料训练得到的词向量,读者可以利用上节所述的方法,使用自己抓取的数据训练词向量。文本向量化之后,就可以利用深度神经网络来提取其中的情绪特征了,在这里使用了自然语言处理任务中常用的长短时记忆结构(Long Short Term Memory,LSTM)。训练完成后,就可以使用模型来判别新的信息中包含的情绪了。

Keras 预置了 LSTM 网络层,可以大大提高网络搭建效率,所以接下来在 Keras 平台上进行实际的开发工作,并把代码分为训练和情绪判定两个模块,分别保存为 "train.py" 和 "use.py",直接运行相应的 Python 文件即可。在训练模块中,首先导入需要使用的各种包,设置网络的各种参数。

```
import sys
```

```
from sklearn.cross_validation import train_test_split
import multiprocessing
import numpy as np
from gensim.models.word2vec import Word2Vec
from gensim.corpora.dictionary import Dictionary

from keras.preprocessing import sequence
from keras.models import Sequential
from keras.layers.embeddings import Embedding
from keras.layers.recurrent import LSTM
from keras.layers.core import Dense, Dropout, Activation

import jieba
import pandas as pd

np.random.seed(1337)
sys.setrecursionlimit(1000000)
vocab_dim = 100
maxlen = 100
n_iterations = 1
n_exposures = 10
window_size = 10
batch_size = 30
n_epoch = 10
input_length = 100
cpu_count = multiprocessing.cpu_count()
```

定义用来加载训练数据的函数,返回评论文本和对应的情绪标签。

```
# 加载训练文件
def loadfile():

    pos = pd.read_excel('pos.xls', header = None, index = None)
    neg = pd.read_excel('neg.xls', header = None, index = None)

    combined = np.concatenate((pos[0], neg[0]))
    y = np.concatenate((np.ones(len(pos), dtype = int),
                        np.zeros(len(neg), dtype = int)))
```

```
        return combined, y
```

定义函数,用来对句子进行分词并去掉换行符。

```
#对句子进行分词，并去掉换行符
def tokenizer(text):

    text = [jieba.lcut(document.replace('\n', ''))for document in text]
return text
```

定义函数,用来创建词典。返回每个词的索引、词向量,以及每个句子中包含的词所对应的索引。

```
#创建词典，并返回每个词语的索引、词向量，以及每个句子所对应的词语索引
def create_dictionaries(model = None,
                        combined = None):
    if(combined is not None)and(model is not None):
        gensim_dict = Dictionary( )
        gensim_dict.doc2bow(model.wv.vocab.keys( ),
                            allow_update=True)
        w2indx = {v:k + 1 for k, v in gensim_dict.items( )}
        w2vec = {word:model[word] for word in w2indx.keys( )}

        def parse_dataset(combined):
            data = [ ]
            for sentence in combined:
                new_txt = [ ]
                for word in sentence:
                    try:
                        new_txt.append(w2indx[word])
                    except:
                        new_txt.append(0)
                data.append(new_txt)
            return data
        combined = parse_dataset(combined)
        combined=sequence.pad_sequences(combined, maxlen=maxlen)
        return w2indx, w2vec, combined
    else:
```

```
    print("No data provided...")
```

读取预先训练好的词向量模型,调用创建词典的函数,返回每个词对应的索引、词向量以及每个句子中包含的词对应的索引。

```
# 创建词典,并返回每个词语的索引、词向量,以及每个句子所对应的词语索引
def word2vec_train(combined):

    model = Word2Vec.load('word2vec_model.pkl')
    index_dict, word_vectors, combined = create_dictionaries(model = model,

combined = combined)
    return index_dict, word_vectors, combined
```

定义数据处理函数,返回向量化的评论数据、情绪标签,并把数据拆分成训练数据和检验数据。

```
def get_data(index_dict, word_vectors, combined, y):

    n_symbols=len(index_dict)+1
    embedding_weights=np.zeros((n_symbols, vocab_dim))
    for word, index in index_dict.items():
        embedding_weights[index, :]=word_vectors[word]
    x_train, x_test, y_train, y_test=train_test_split(combined,
                            y, test_size=0.2)
    print(x_train.shape, y_train.shape)
    return
n_symbols, embedding_weights, x_train, y_train, x_test, y_test
```

使用 Keras 的序贯模型搭建网络。

```
## 定义网络结构
def
train_lstm(n_symbols, embedding_weights, x_train, y_train, x_test, y_test):
    print("Defining a Simple Keras Model...")
    model=Sequential( )
    model.add(Embedding(output_dim=vocab_dim,
                        input_dim=n_symbols,
                        mask_zero=True,
                        weights = [embedding_weights],
```

```
                              input_length = input_length))
        model.add(LSTM(recurrent_activation = "hard_sigmoid",
                    activation = "sigmoid", units = 50))
        model.add(Dropout(0.5))
        model.add(Dense(1))
        model.add(Activation('sigmoid'))

        print("Compiling the Model...")
        model.compile(loss = 'binary_crossentropy',
                        optimizer = 'adam', metrics = ['accuracy'])

        print("Train...")
        model.fit(x_train, y_train, batch_size = batch_size,
                epochs = n_epoch, verbose = 1,
                validation_data = (x_test, y_test))

        print("Evaluate...")
        loss, accuracy = model.evaluate(x_test, y_test,
                                    batch_size = batch_size)
        model.save('lstm.h5', overwrite = True)
        print("\nLoss:%.2f, Accuracy:%.2f%%"%(loss, accuracy*100))
```

定义训练函数，调用 Train_lstm 进行训练并保存训练结果。

```
# 训练模型，并保存
def train():
    print("Loading Data...")
    combined, y = loadfile()
    print(len(combined), len(y))
    print("Tokenising...")
    combined=tokenizer(combined)
    print("Training a Word2vec model...")
    index_dict, word_vectors, combined = word2vec_train(combined)
    print("Setting up Arrays for Keras Embedding Layer...")

n_symbols, embedding_weights, x_train, y_train, x_test, y_test = get_data(
        index_dict, word_vectors, combined, y)
    print(x_train.shape, y_train.shape)
```

```
train_lstm(n_symbols, embedding_weights, x_train, y_train, x_test, y_test)
```

定义一个对句子进行分词并转换成词向量的函数,这个函数将在情绪判定模块中调用。因为它要使用训练模块中创建词典的函数,所以被定义在此模块中。

```
def input_transform(string):
    words=jieba.lcut(string)
    words=np.array(words).reshape(1, -1)
    model=Word2Vec.load('word2vec_model.pkl')
    _, _, combined=create_dictionaries(model, words)
    return combined
```

最后,定义主函数,运行 train 函数。

```
if_name_ =='_main_':
    train( )
```

将该模块保存为 train.py 后,在 IPython 控制台直接运行这个模块,就可以开始训练工作了,训练过程中的输出如下所示。不同的计算机由于环境不同,也许输出结果会有差异。

```
Using TensorFlow backend.
Loading Data...
Building prefix dict from the default dictionary...
21105 21105
Tokenising...
Dumping model to file cache
Loading model cost 0.922 seconds.
Prefix dict has been built succesfully.
Training a Word2vec model...
Setting up Arrays for Keras Embedding Layer...
(16884, 100)(16884, )
(16884, 100)(16884, )
Defining a Simple Keras Model...
Compiling the Model...
Train...
Train on 16884 samples, validate on 4221 samples
Epoch 1/10
16884/16884 [ ============================== ]-44s 3ms/step-
loss:0.6541-acc:0.6020-val_loss:0.4702-val_acc:0.7894
Epoch 2/10
```

```
16884/16884 [==============================]－42s 2ms/step－
loss:0.2957－acc:0.8888－val_loss:0.2601－val_acc:0.9029
Epoch 3/10
16884/16884 [==============================]－42s 2ms/step－
loss:0.1669－acc:0.9450－val_loss:0.2454－val_acc:0.9157
Epoch 4/10
16884/16884 [==============================]－42s 3ms/step－
loss:0.1224－acc:0.9640－val_loss:0.2627－val_acc:0.9154
Epoch 5/10
16884/16884 [==============================]－42s 3ms/step－
loss:0.0955－acc:0.9728－val_loss:0.2901－val_acc:0.9083
Epoch 6/10
16884/16884 [==============================]－42s 2ms/step－
loss:0.0749－acc:0.9801－val_loss:0.3316－val_acc:0.9078
Epoch 7/10
16884/16884 [==============================]－43s 3ms/step－
loss:0.0687－acc:0.9814－val_loss:0.3266－val_acc:0.9048
Epoch 8/10
16884/16884 [==============================]－42s 3ms/step－
loss:0.0493－acc:0.9877－val_loss:0.3791－val_acc:0.9119
Epoch 9/10
16884/16884 [==============================]－42s 2ms/step－
loss:0.0435－acc:0.9887－val_loss:0.4097－val_acc:0.9083
Epoch 10/10
16884/16884 [==============================]－42s 2ms/step－
loss:0.0378－acc:0.9911－val_loss:0.4326－val_acc:0.9029
Evaluate...
4221/4221 [==============================]－3s 636us/step
Loss:0.43, Accuracy:90.29%
```

　　从中可以看到训练所花费的时间、损失、精度等信息。经过 10 个 Epoch 的训练,最终在测试集上的精度为 90.29%。

　　接下来是情绪判定模块。同样需要先导入需要使用的包并设置参数。

```
import sys
from keras.models import load_model
import numpy as np
np.random.seed(1337)
from train import input_transform
```

```
import multiprocessing

vocab_dim = 100
maxlen = 100
n_iterations = 1
n_exposures = 10
window_size = 10
batch_size = 30
n_epoch = 10
input_length = 100
cpu_count = multiprocessing.cpu_count( )
argvs_length = len(sys.argv)
argvs = sys.argv


test_sentence = argvs[−1]
```

接下来载入训练好的判定模型,对输入的文本情绪进行预测,最终输出预测结果。

```
print("loading model......")
model = load_model('lstm.h5')
model.compile(loss = 'binary_crossentropy',
              optimizer = 'adam', metrics = ['accuracy'])

print(' 当前文本为 :', test_sentence)
data = input_transform(test_sentence)
data.reshape(1, −1)
result = model.predict_classes(data)
if result[0][0] = = 1:
    print(" 测试文本为正面情绪 ")
else:
    print(" 测试文本为负面情绪 ")
```

将上述模块保存为 use.py,在 IPython 控制台直接运行该文件并输入需要进行判定的文本,就可以输出判定结果了。

```
In[2]: run useit.py" 好棒啊 "
loading model......
当前文本为 : 好棒啊
测试文本为正面情绪
```

In[3]:run useit.py" 真是差劲 "
loading model......
当前文本为：真是差劲
测试文本为负面情绪

针对这个案例，最后做一些说明。首先在训练过程中，并不是训练的 Epoch 越多越好。虽然随着 Epoch 的增加，精度会不断提高，但如果检验精度同时不断下降，这往往说明已经出现了过拟合现象。此时如果继续训练，网络的实际判定效果反而会变差。另外，这个案例只是用来说明实现情绪判定的具体过程，远未达到可以实际应用的程度。读者可以尝试调整网络结构与参数、增加数据数量与质量等各种手段来提高判定精度，以真正在实际项目中应用这样的模型。

本 章 小 结

自然语言处理是人工智能领域中极为重要且十分困难的问题，经历了理性主义、统计方法、深度学习三个发展阶段。自然语言处理技术在各领域、各行业都具有巨大的应用价值，同时也面临诸多挑战。

与其他语言相比，中文具有更高的复杂性。分词是中文自然语言处理的一个独特问题，也是一个基本问题。现在，结巴分词等工具已经可以较好地处理中文分词工作。词语作为语言构成的基本单元，让计算机理解词语的含义是自然语言处理中的另一个重要的基本问题，使用分布式表示的词向量技术在实际应用中具有良好的效果。

上升到文本层面，本章介绍了文本的关键词提取技术，包括基于词频的 TF-IDF 和基于概率图的狄利克雷分配算法，同时 LDA 也是一种重要的主题模型。

关 键 名 词

自然语言处理　分词　分布式表示　词向量　关键词 TF-IDF　主题模型 LDA

即 测 即 评

请扫码检测本章学习效果。

复习思考题

1. 举例说明机器理解自然语言的困难。
2. 思考并设计一个自然语言处理技术的应用场景。
3. 常用的分词工具有哪些？
4. 简述词的分布式表示的优点。
5. 如何使用词向量计算文本的相似性？
6. 常用的关键词提取方法有哪些？

第十一章
半监督学习与强化学习

章前导读

　　半监督学习（Semi-Supervised Learning，SSL）和强化学习（Reinforcement Learning，RL）是机器学习领域的两个重要分支，分别对应了两种比较特殊的数据标签。半监督学习对应的是训练集中只有少量数据有标签的问题，而强化学习的标签以延迟奖励的形式给出。

　　半监督学习的历史从 20 世纪 70 年代的自训练（Self-Training）开始，其方法的初衷就是用尽可能小的人工标注成本完成尽可能准确的分类或回归任务。

　　强化学习的概念，在 AlphaGo 战胜人类围棋高手之后走入了大众的视野，成为人工智能领域的"新宠"。强化学习的训练思路是使智能体（学习器）在不断试错中尽可能获得更多的奖励，获得更少的惩罚，达到趋利避害的目的。

本章学习目标

　　本章介绍半监督学习、强化学习以及深度强化学习方法。通过本章的学习，可以了解半监督学习的发展历程及假设，掌握半监督学习的常用算法，理解强化学习的基本原理和重要概念，了解强化学习的算法，了解深度强化学习方法，掌握半监督学习和强化学习在金融场景中的应用。

第一节　半监督学习

　　半监督学习是模式识别和机器学习领域研究的重点问题，是监督学习与无监督学习相结合的一种学习方法。半监督学习使用大量的未标记数据，并同时使用标记数据，来进行模式识别工作。当使用半监督学习时，将会要求尽量少的人员来从事工作，同时又能够带来比较高的准确性，因此，半监督学习正越来越受到人们的重视。

一、半监督学习的概念及发展

（一）弱监督学习

半监督学习作为弱监督学习（Weakly Supervised Learning）的一种，近年来发展迅速，从弱监督学习这一机器学习的小众领域中脱颖而出，成为无论是学界还是业界都十分关注的热门方法。实际上，无论是半监督学习还是弱监督学习，都致力于解决实际训练任务中的几个问题：

（1）现实的数据往往缺乏标签；

（2）数据标记过程的高成本；

（3）很多任务很难获得如全部真实标签这样的强监督信息。

弱监督学习就是通过一系列训练技巧，从标记不完整的数据中学习到"真实"的模型。因此，在介绍半监督学习之前，需要先介绍弱监督学习的相关概念，以了解半监督学习在整个机器学习中所处的位置。

通常来说，弱监督可以分为三类：不确切监督、不准确监督和不完全监督。不确切监督是指只有粗颗粒度的标签。比如在某些分类任务中，把交通工具标记为"车"而没有指明是哪种车，这样粗颗粒度的标签在细颗粒度的任务中作用有限。不准确监督是指数据的标签不总是真实的，其中一部分标签要么是错误的，要么是模糊不清的。不完全监督是指在训练集中只有一部分数据有标签，其他数据则没有标签。半监督学习属于不完全监督的一种，但两者极为类似，在大多数语境下都是重合的。它们的关系如图 11-1 所示。

图 11-1 弱监督学习

（二）半监督学习的发展

早期的半监督学习主要是初步探索无标记样本在传统监督学习模型中的价值，学习算法多为对传统算法的改进，常常通过在监督学习中加入无标记样本来实现。半监督学习的研究历史可以追溯到 20 世纪 70 年代。这一时期，出现了自训练、直推学习（Transductive Learning）、生成式模型（Generative Model）等学习方法。到了 20 世纪 90 年代，人们对半监督学习的研究变得更加狂热，新理论的出现，以及自然语言处理、文本分类和计算机视觉中新应用的发展,促进了半监督学习的发展,出现了协同训练(Co-Training)和转导支持向量机(Transductive Support Vector Machine,TSVM)等新方法。Merz 等人在 1992 年提出了 SSL 这个术语,并首次将 SSL 用于分类问题。接着 Shahshahani 和 Landgrebe 展开了对 SSL 的研究。协同训练方法由 Blum 和 Mitchell 提出,基于不同的视图训练出两个不同的学习机,提高了训练样本的置信度。Vapnik 和 Sterin 提出了 TSVM,用于估计类标签的线性预测函数。为了求解 TSVM,Joachims 提出了 SVM 方法,Bie 和 Cristianini 将 TSVM 放松为半定规划问题从而进行求解。许多研究学者广泛研究将期望最大算法(Expectation Maximum,EM)与高斯混合模型(Gaussian Mixture Model,GMM)相结合的生成式 SSL 方法。

随后,半监督学习方法逐渐成熟,在传统监督学习模型的基础上有了更大的创新,图论、流形等概念被引入半监督学习之中。Blum 等人提出了最小割法,首次将图论应用于解决 SSL 问题。Zhu 等人提出的调和函数法将预测函数从离散形式扩展到连续形式。由 Belkin 等人提出的流形正则化法将流形学习的思想用于 SSL 场景。Klein 等人提出首个用于聚类的半监督距离度量学习方法,学习一种距离度量。

在半监督学习成为一个热门领域之后,出现了许多利用无类标签的样例提高学习算法预测精度和加快速度的学习方法,随之而来的是大量改进的半监督学习方法。Nigam 等人将 EM 和朴素贝叶斯结合,通过引入加权系数动态调整无类标签的样例的影响提高了分类准确度,建立每类中具有多个混合部分的模型,使贝叶斯偏差减小。Zhou 和 Goldman 提出了协同训练改进算法,不需要充分冗余的视图,而利用两个不同类型的分类器来完成学习。Shang 等人提出一种新的半监督学习方法,能同时解决有类标签样本稀疏和具有附加无类标签样例成对约束的问题。

近年来,深度学习的飞速发展,同样也带动了半监督深度学习的发展。在这一阶段,半监督学习具有浓厚的深度学习色彩。比如在无标签数据预训练之后使用有标签数据进行微调;或者利用从网络得到的深度特征对无标签数据进行分类,进而打上标签;再或者直接将自训练的方式引入深度学习的框架,把网络对无标签数据的预测,作为无标签数据的标签。深度学习的井喷式发展使半监督学习拥有更广阔的应用空间,这进一步促进了半监督学习理论的进步。

二、半监督学习的假设

在半监督学习的应用中,最重要的一点是:无标签数据必须是有意义的、具有潜在价值的样本而非无用的噪声样本。只有在这一前提下,我们才可以期望通过考虑未标记的点,得到一个更准确的预测。因此在应用半监督学习时,要时刻注意以下假设:

(1)平滑假设:位于稠密数据区域的两个距离很近的样例的类标签相似。所谓稠密数据区域,即样本之间的距离都比较接近,如图 11-2 中 O 点虽然离 A 区域比较近,但我们不能像聚类或者 k 近邻那样以距离的相对远近作为评价标准直接将其划归为其中一类,因为它们不属于同一稠密数据区域。

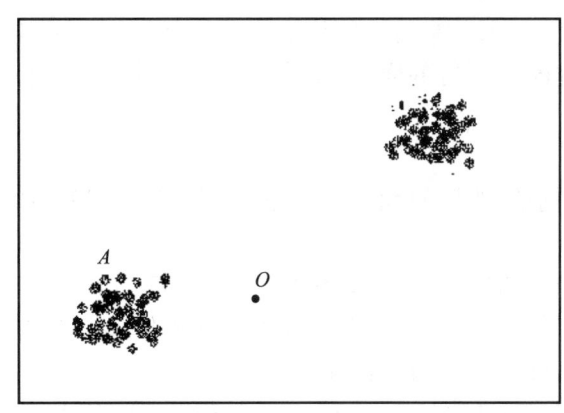

图 11-2 平滑假设

(2) 聚类假设：如果样本点在同一簇中，它们很可能属于同一类。实际上聚类假设属于平滑假设的一个特例。在平滑假设中，样本不一定要形成明显的簇。例如，整个样本空间都是稠密且均匀的，此时就没有了聚类的簇的概念，当样本空间中形成明显的簇时，聚类假设则派上用场。

(3) 流形假设：如果高维样本恰好可以映射到一个低维的流形结构上，此时在低维的流形空间中，前两大假设仍旧是可以成立的。

三、常用算法简介

在介绍算法之前，首先需要明确，大多数的半监督学习实际上是一种数据增强的方式，在这一框架下，并没有指定具体的机器学习方法。因此，我们可以根据实际问题的需要使用不同的机器学习乃至深度学习的方法完成半监督学习的过程。

多数半监督学习的算法都是在迭代中不断加入对原先未标记数据的标签的定义。在这个过程中需要注意的是，只有当初始和后续的类别正确地标记了绝大多数样本时，才能通过迭代改进分类的精度；否则，使用性能很差的分类模型或者回归模型只会预测出大量错误的标签，从而使得模型在迭代的过程中错上加错。

（一）自训练

自训练的思路是：在已标记的数据上训练，然后对未标记数据进行预测，取预测置信度最高的样本直接对其进行标签定义，而后将这类样本纳入当前训练样本中，重新学习以得到新的模型。这一过程不断迭代，直到满足终止条件（模型预测结果不再发生变化）。

具体地，针对分类问题的思路是：在原始未标记样本中选择预测最有把握的样本，将其标签作为真实的标签，将这一部分样本加入原始有标签样本中重新进行训练，再预测，如此迭代直到满足停止条件（如大部分甚至全部样本都被打上了标签）。

而针对回归问题的思路是：首先在原始无标签样本上进行第一轮预测，将预测结果作为暂时的标签。然后将所有数据合并进行训练，再进行第二次预测，计算两次预测的结果中，原先未标记样本的误差情况，取误差最小的部分样本打上标签，将这一部分样本加入原始有标签样本中重新进行训练。此后，按照上述思路反复迭代一直到误差收敛为止。

对于自训练以及大多数其他半监督学习方法,往往会存在许多变体。一种常见的变体是软标签方法——迭代过程中,无标签样本根据其预测概率划分为不同权重的多个样本进入模型重新训练。

(二)生成式模型

生成式模型是区别于判别式模型的一种方法。从本质上来说,生成式半监督模型是一种生成式模型。

由数据直接学习决策函数 $Y=f(X)$ 或者条件概率分布 $P(Y|X)$ 作为预测的模型,即判别式模型。判别方法关心的是对于给定的输入 X,应该预测什么样的输出 Y。典型的判别式模型包括 k 近邻、感知机、决策树、支持向量机等。

由数据学习联合概率密度分布 $P(X,Y)$,然后由 $P(Y|X)=P(X,Y)/P(X)$ 求出条件概率分布 $P(Y|X)$ 作为预测的模型,即生成式模型。典型的生成式模型有朴素贝叶斯和隐马尔可夫模型等。

基于生成式模型的方法假设所有数据均由相同的生成式模型产生,与自训练类似,借助模型参数将未标记数据与学习目标联系起来,不断迭代直到收敛。生成式模型通常利用 EM 算法根据极大似然来估计模型参数,典型的例子就是半监督版的高斯混合模型。

(三)直推学习

直推学习是相对于归纳学习的概念。归纳学习强调的是从大量的样本中学习到潜在的规律,然后去预测未知的样本,基于"开放世界"的假设,即模型进行学习的时候不知道未来要预测的示例是什么。而直推学习基于"封闭世界"的假设,即在很多情况下,人们并不关心决策函数在整个样本分布上的性能怎么样,而只是期望在给定的要预测的样本上达到最好的性能。后者比前者简单,因此,在学习过程中可以显式地考虑测试样本从而更容易地达到目的。与此同时,采用该方法训练的模型不具有泛化性,不能直接进行样本外的拓展。

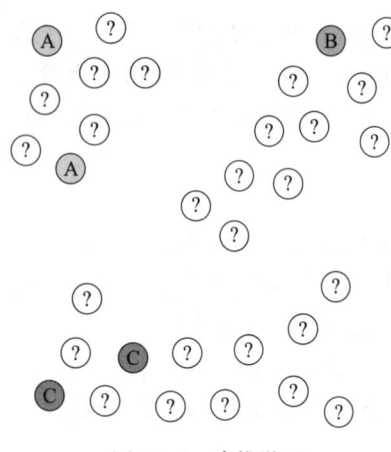

图 11-3　直推学习

在直推模型的训练过程中,模型首先观察全部数据,包括训练和测试数据,然后在有标签的训练数据集上进行学习,最后在测试集上做预测。值得注意的是,模型并不知道测试数据集上的标签,然而可以在训练时利用整个数据集上的模式和额外信息。

例如,在图 11-3 中,经典的归纳学习根据现有的有标签数据,对未知标签的点进行分类,在半监督的框架下,这就是一个典型的自训练过程。然而,对于直推学习来说,往往是直接观察出数据的分布,根据数据的分布特征打上相应的标签。

典型的直推学习方法有转导支持向量机和标签传播算法(Graph-Based Label Propagation Algorithms,LPA)。

(四)基于分歧的方法

基于分歧的方法通常是指使用多个学习器来对未标记数据进行利用,在学习过程中将未标记数据作为多学习器间信息交互的媒介,从而达到协同训练的目的。根据对特征的利用方式不同,基于分歧的方法可以分为多视图学习和单视图学习。

1. 视图

一个数据集可以包含多个充分冗余且条件独立的特征集,每一个特征集下的数据称为一个视图。例如,一幅图像上的所有信息都包含在图片及其图注中,此时图片是图像的一个视图,而图注是另一个视图。

充分冗余,即每个视图都包含足够的信息,此时对于某个视图来说,其他视图是冗余的。

条件独立,即在给定标签的情况下,视图之间相互独立。

2. 多视图学习

顾名思义,多视图学习就是利用数据的不同视图对无标签数据进行预测,从而达到半监督学习的目的。以最为经典的协同训练为例,该方法将数据集分为两个视图。首先分别在每个视图上利用有标记样本训练一个学习器,然后每个学习器从未标记样本中挑选若干置信度高的样本进行标记,并把这些伪标记样本加入另一个分类器的训练集中,以便对方利用这些新增的有标记样本进行更新。这个"互相学习、共同进步"的过程不断迭代进行下去,直到两个分类器都不再发生变化,或达到预先设定的学习轮数为止。

多视图学习的缺陷在于它的假设过于严苛,在日常的训练环境中常常难以满足。在数据集中找出两个充分冗余的视图就已经不是一件容易实现的事,更遑论要使其满足条件独立性。因此,尽管以协同训练为代表的多视图学习更为经典,但下面要介绍的单视图学习相对而言更具普遍意义。

3. 单视图学习

单视图学习是指利用不同的学习器对单个视图进行训练,以"少数服从多数"的形式对未标记数据进行标记。以三体训练法为例,该方法从单视图训练集中产生三个分类器,然后利用这三个分类器以投票形式来产生伪标记样本。因为在某些情形下,多数分类器的预测结果可能是错误的,所以需要满足一定的条件投票结果才能生效。之后的迭代与自训练类似,直到满足一定的停止条件(如所有数据均已标记)。

值得注意的是,单视图学习所用的多个分类器往往要求有较大的差异,甚至有时需要人为地引入差异。由上述介绍可知,单视图学习与集成学习有着极其相似的地方。事实上,单视图学习同时利用了半监督学习和集成学习机制,从而获得了学习性能的进一步提升,也成了半监督学习和集成学习沟通的桥梁。

四、代码实现

自训练是半监督学习的起源,也是半监督学习领域最经典的算法。尽管如今半监督学习百花齐放,但许多算法中依然带有自训练的思想。因此,详细了解自训练的算法细节有助于我们更好地了解半监督学习的过程,进而对其他复杂算法有更加深入的理解。

(一) 类的初始化

按照 sklearn 库中的编写习惯,一个模型通常以类的方式出现。因此我们首先进行自训练类的定义。在这之前,引入模型构建过程中所需的库。关于以下几个库或类的作用,在之后用到时会分别讲解。

```
from sklearn.base import BaseEstimator
from sklearn import metrics
import numpy as np
from sklearn.linear_model import LogisticRegression as LR
```

在学习器的初始化过程中,使用到了基类 BaseEstimator。该基类保存了一些学习器的状态和参数,与我们的算法并无直接关系。需要从外部导入的参数有:自训练框架下的机器学习模型、学习器的性质(回归或分类)、最高迭代次数、伪标签的确认条件以及停止迭代的误差容忍度。

```
class SelfLearningModel(BaseEstimator):
    def init_(self, basemodel, regressor = False, max_iter = 200, prob_threshold = 0.9, epsilon = 0.1):
        self.model = basemodel
        self.regressor = regressor
        self.max_iter = max_iter
        self.prob_threshold = prob_threshold
        self.epsilon = epsilon
        self.plattlr = LR( )
        self.labeledX = None
        self.labeledy = None
        self.unlabeledX = None
```

(二) 预测函数

预测函数会在模型训练的过程中反复调用,这是半监督学习算法的一个特点。预测标签的函数比较简单,直接调用内嵌的机器学习模型的相应函数即可。

```
def predict(self,X):
    return self.model.predict(X)
```

除了常用的预测标签的函数之外,在分类器中会用到预测概率的函数,以确定是否给该样本打上伪标签。通常情况下,我们也只需要调用内嵌机器学习模型的相应方法。但有的时候,内嵌模型并没有输出概率的方法,这时候可以使用一种经典的概率校准方法 platt scaling。

platt scaling 是指把模型的输出转化成一种基于类别的概率分布的方法,具体做法是用模型的输出(分类器预测的类别)对真实类别进行逻辑回归。

```
def predict_proba(self, X):
    if getattr(self.model, "predict_proba", None):
        return self.model.predict_proba(X)
    else:
        preds=self.model.predict(self.labeledX)
```

```
self.plattlr.fit(preds.reshape(−1, 1), self.labeledy)
preds=self.model.predict(X)
return self.plattlr.predict_proba(preds.reshape(−1, 1))
```

（三）训练

训练的第一步，是要把原始有标签和无标签的样本切分开来，我们假定无标签样本的标签为空值，定义函数 fit($self,X,y$)。

```
# 函数 fit(self, X, y)
self.unlabeledX = X[np.isnan(y), :]
self.labeledX = X[~np.isnan(y), :]
self.labeledy = y[~np.isnan(y)]
self.modcl.fit(sclf.lablcldX, sclf.labcledy)
unlabeledy = self.predict(self.unlabeledX)
error = [ ]
```

下面编写针对回归器的迭代过程。在回归器自训练的过程当中，伪标签标记和误差收敛的阈值在首次迭代中通过分位数确定。

```
# 函数 fit(self, X, y)
# regressor
i = 0
while(len(error) = = 0 or np.mean(error)>epsilon)\
and i<self.max_iter:
    unlabeledy_old = self.predict(self.unlabeledX)
    self.model.fit(np.vstack((self.labeledX, self.unlabeledX)), np.hstack((self.labeledy,
unlabeledy_old)))
    unlabeledy = self.model.predict(self.unlabeledX)
    error = np.abs(unlabeledy−unlabeledy_old)
    if i = = 0:
    threshold = np.percentile(error, (1−self.prob_threshold)*100)
    epsilon = np.percentile(error, self.epsilon*100)
uidx = np.where((error<threshold))[0]
self.model.fit(np.vstack((self.labeledX, self.unlabeledX[uidx, :])),
            np.hstack((self.labeledy, unlabeledy[uidx])))
i + = 1
```

而针对分类器，我们主要关注的是伪标签的预测概率和前后两次迭代未标记样本的伪标签变化。当预测概率高于人为设定的阈值时，就给样本做上标记。而最后的停止条件是样本的伪标签变化小于一定的范围。

```
# 函数 fit(self, X, y)
# classifier
self.labeledy = self.labeledy.astype(int)
unlabeledprob = self.predict_proba(self.unlabeledX)
i = 0
while(len(error)==0 or np.sum(error)/unlabeledy.size>self.epsilon) and i<self.max_iter:
    unlabeledy_old = np.copy(unlabeledy)
    uidx = np.where((unlabeledprob[:, 0]> self.prob_threshold)|
(unlabeledprob[:, 1]>self.prob_threshold))[0]
    self.model.fit(np.vstack((self.labeledX, self.unlabeledX[uidx, :])),
                    np.hstack((self.labeledy, unlabeledy_old[uidx])))
    unlabeledy = self.predict(self.unlabeledX)
    unlabeledprob = self.predict_proba(self.unlabeledX)
    error = np.abs(unlabeledy-unlabeledy_old)
i += 1
```

第二节　强 化 学 习

随着 DeepMind 公司开发的 AlphaGo 升级版 Master 战胜围棋世界冠军，其背后应用的强化学习思想受到了广泛关注。强化学习是一种最接近于人类的学习。强化学习的基本思想是通过试错（Trail-and-Error）来学习。试错学习分为两步：第一步，智能体（Agent）通过与特定的环境进行交互，观察结果，如获得奖励或惩罚。第二步，记住与特定环境交互的结果，得到自己的优化策略。优化策略的目标就是最大化奖励，即尽可能获得更多的奖励，受到更少的惩罚，这很像动物的趋利避害行为。因此，强化学习是一种以目标为导向、通过交互进行学习的学习方式。

一、强化学习简介

机器学习以知识的自动获取和产生为研究目标，是人工智能的核心问题之一，其与统计学、心理学、机器人学等许多其他学科都有交叉。其中，心理学与机器学习的交叉综合直接促进了强化学习理论与算法的产生和发展。图 11-4 描述了强化学习和各学科的关系。

机器学习包含四种主要的学习方式：监督学习、无监督学习、半监督学习和强化学习。强化学习和其他三种学习方式主要的不同点在于，强化学习训练时，需要环境给予反馈，以及对应具体的反馈值。它不是一个分类的任务，不是金融反欺诈场景中如何分辨欺诈客户和正常客户。强化学习主要是指导训练对象每一步如何决策，采用什么样的行动可以完成特定的目的或者使收益最大化。

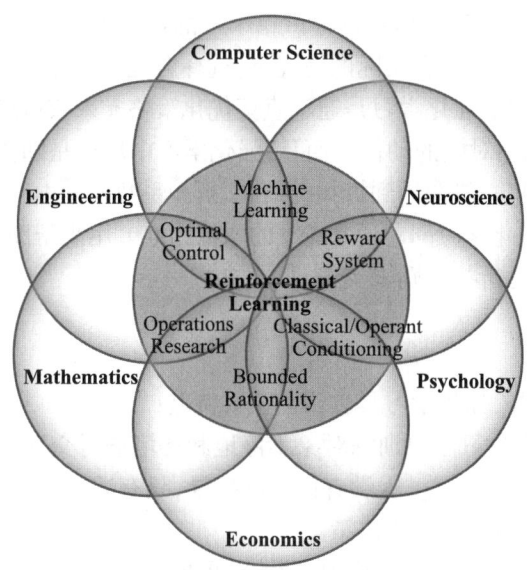

图 11-4　强化学习和各学科的关系

比如 Master 下围棋，Master 就是强化学习的训练对象，Master 走的每一步不存在对错之分，但是存在"好"和"坏"之分。当前这个棋面下，下得"好"，这是一步好棋；下得"坏"，这是一步臭棋。强化学习的训练基础在于 Master 的每一步行动环境都能给予明确的反馈，是"好"是"坏"，"好""坏"具体是多少，可以量化。强化学习在 Master 这个场景中最终训练目的就是让棋子占领棋面上更多的区域，赢得最后的胜利。

二、强化学习的基本原理

强化学习的主体是智能体，其主要思想是智能体与环境交互和试错，利用反馈信号实现决策的优化。当智能体的某个动作导致环境正的奖励，即为强化信号，则智能体以后产生这个动作的趋势便会加强；反之，智能体产生这个动作的趋势会减弱。强化学习通常用马尔可夫决策过程（MDP）模型来表述，该过程是一种特殊且连续做出决策的随机过程。环境处于时刻 t 的状态记为 s_t，智能体在状态 s_t 下执行某动作 a_t，智能体达到新的状态 s_{t+1}，同时在这个过程中，智能体得到反馈奖励 r_{t+1}，在状态 s_{t+1} 和反馈奖励 r_{t+1} 下再执行动作 a_{t+1}，这样重复地与周围的环境进行反馈，最终使得智能体在完成一系列的动作之后可以获得最大期望回报。这一过程如图 11-5 所示。

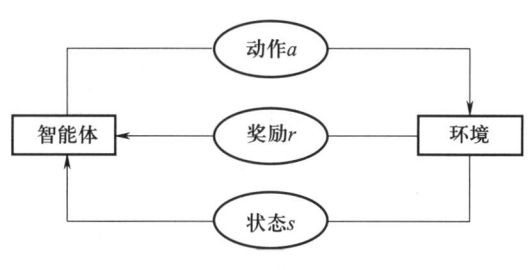

图 11-5　强化学习过程

强化学习在借助环境的反馈信息进行试错学习的过程中找到最优策略。策略 π 被看作智能体的动作函数,引导智能体在实际的情况下,选择合理动作的方式,选择策略的依据是实施某种策略后的累积回报。强化学习是通过直接优化策略 π 来获得最佳策略 π^*,再从最优策略 π^* 中寻找与当前状态相对应的动作。而且,强化学习中环境是随机不可知的,下一个状态也有可能是随机的。这里一般会用到折扣的概念,折扣系数通常由 γ 表示,取值范围是 $0\sim1$。在实际问题中,大多数强化学习问题通常令 γ 的取值为 0.9,用来帮助智能体更好地考虑具有不确定性的远期收益。总折扣奖励 R_t 定义为:

$$R_t = \sum_{k=t}^{T} \gamma^{(k-t)} r_k(s_k, a_k) \tag{11-1}$$

由以上基本原理可知,强化学习具有四个主要特点:

(1) 试错学习。强化学习需要训练对象不停地和环境进行交互,通过试错的方式去总结出每一步的最佳行为决策,整个过程没有任何的指导,只有冰冷的反馈。所有的学习基于环境反馈,训练对象去调整自己的行为决策。

(2) 延迟反馈。强化学习训练过程中,训练对象的"试错"行为获得环境的反馈,有时候可能需要等到整个训练结束以后才会得到一个反馈,比如 Game Over 或者是 Win。当然这种情况,我们在训练时一般都是进行拆解的,尽量将反馈分解到每一步。

(3) 时间是强化学习的一个重要因素。强化学习的一系列环境状态的变化和环境反馈等都是和时间强挂钩,整个强化学习的训练过程是一个随着时间变化,而状态和反馈也在不停变化的过程,所以时间是强化学习的一个重要因素。

(4) 当前的行为影响后续接收到的数据。单独把该特点提出来,也是为了和监督学习以及半监督学习进行区分。在监督学习和半监督学习中,每条训练数据都是独立的,相互之间没有任何关联。但是强化学习中并不是这样,当前状态以及采取的行动,将会影响下一步接收到的状态。数据与数据之间存在一定的关联性。

三、强化学习中的重要概念

(一) 马尔可夫决策过程

马尔可夫特性在强化学习中得到了广泛的应用。强化学习中的马尔可夫决策过程(MDP)是一种具有马尔可夫特性的随机过程,并能连续地进行决策。这里所说的随机过程指研究的是一组随机变量,并且这组随机变量之间存在着某种关系。马尔可夫决策过程本质可以被看作一种数学模型,用来模拟智能体可能实现的随机策略和奖励。即:

$$p(s_{t+1}|s_t) = p(s_{t+1}|s_t, \cdots, s_2, s_1) \tag{11-2}$$

马尔可夫决策过程可以分为五个部分 (S, A, R, P, γ),其中 S 是状态集,A 是动作集;在 s 状态下执行动作 a 所获得的奖励记为 $R(s,a)$;P 是状态转换概率,也就是在状态 s_t 下选取动作 a_t 后再转移到状态 s_{t+1} 的概率;γ 作为衰减系数,取 $0\sim1$ 的数值。马尔可夫决策过程满足以下状态转换:

$$P_{ss'} = Pr[s_{t+1} = s'|s_t = s, a_t = a] \tag{11-3}$$

$$R_{ss'} = R[r_{t+1}|s_t = s, a_t = a, s_{t+1} = s'] \tag{11-4}$$

MDP 的动作状态转移过程如图 11-6 所示。

$$s_0 \xrightarrow{a_0} s_1 \xrightarrow{a_1} s_2 \xrightarrow{a_2} s_3 \xrightarrow{a_3} \cdots\cdots$$

图 11-6　MDP 的动作状态转移过程

（二）回报函数

回报函数是强化学习中重要的一部分。回报函数包括状态动作回报函数和状态回报函数,两者都表示的是累积收益,即当前的状态或者行为存在的潜在回报。

状态动作回报函数为:

$$R(s_0,a_0)+\gamma R(s_1,a_1)+\gamma^2 R(s_2,a_2)+\cdots \tag{11-5}$$

状态回报函数(常用)为:

$$R(s_0)+\gamma R(s_1)+\gamma^2 R(s_2)+\cdots \tag{11-6}$$

从初始状态 s 开始,到结束时,通过一系列的状态转换,最后获得一条路径,而在每一次状态转换中,都会产生一个 R,所以 G 就是 s 从开始到结束的 R 的总和。由于离 s 越远的地方影响也越小,因此增加了一个折扣因子。G_t 是特定的 Episode 所得到的奖励。强化学习的目的是寻找一条最大的路径,也就是最大的累积回报。开始时智能体处于状态 s_t,智能体接着会进入一个新的状态 s_{t+1},然后再进入 s_{t+2} 状态。智能体之所以能够转移到 s_{t+2} 状态,s_t 是对此有贡献的。如果不是从 s_t 转移到 s_{t+1},就可能不会转移到 s_{t+2} 状态了。所以,评价当前状态 s_t 的好坏,需要后来发生的动作来反馈,这也就是 G_t 的含义,即:

$$G_t=R_{t+1}+\gamma R_{t+2}+\cdots=\sum_{k=0}^{\infty}\gamma^k R_{t+k+1} \tag{11-7}$$

利用强化学习的目的,就是要让智能体在做一系列的动作时,得到最大的回报。因此,就存在一个最优化问题,即求取最大期望回报:

$$E\left[R(s_0)+\gamma R(s_1)+\gamma^2 R(s_2)+\cdots\right] \tag{11-8}$$

（三）策略

通过优化期望回报函数来优化动作策略,从而使得智能体得到最优策略。可以定义: $S\rightarrow A$,即状态集映射到动作集。也就是在某个状态 s 中,通过最优策略 π 选择最好的动作 a,获得更好的回报。在状态 s 下,当策略 π 的值函数比其他策略更好时,策略 π 就是最优的策略。具体定义如下:

$$\pi^*(a|s)=\begin{cases}1,a=\max\ q(s,a)\\0,\text{others}\end{cases} \tag{11-9}$$

也就是说当结果取 1 时,使值函数最大的动作是由最优策略选取的,这时,智能体就获得了最佳决策。因此,每一个马尔可夫决策过程都有一个确定的最优策略 $\pi^*(a|s)$。

（四）值函数

在强化学习中,利用值函数来衡量当前状态下策略的优劣。定义值函数为:

$$V^\pi(s)=E\left[R(s_0)+\gamma R(s_1)+\gamma^2 R(s_2)+\cdots|s_0=s,\pi\right] \tag{11-10}$$

式中:π 为固定的某一个策略;

s_0 为起始状态。

根据给出的起始状态和策略,来生成动作,从而去到不同的状态。值函数代表了对将来累积回报的期望,即在目前的状态下,执行了所有可能的动作所带来的预期回报,定义值函数来表明当前状态下策略 π 的长期影响。有了策略就可以根据当前的状态求得下一步的动作,然后便可以获得状态转移概率 $P(s'|s,a)$,值函数也可以展开成贝尔曼方程的形式。

$V^*(s)$ 表示在所有策略产生的状态值函数中,选取使状态 s 价值最大的函数。最优的值函数为:

$$V^*(s) = \max\, q^*(s,a) \qquad (11-11)$$

$q^*(s,a)$ 表示从所有策略产生的动作值函数中,选取的使状态 – 动作价值最大的函数。最优状态 – 动作值函数为:

$$q^*(s,a) = R_s^a + \gamma \sum_{s' \in s} P_{ss'}^a V^*(s') \qquad (11-12)$$

最优值函数的实际表现为智能体所选择执行的最优动作。当马尔可夫决策过程的全部变量都为已知时,马尔可夫决策的问题就可以得到解决。

（五）贝尔曼方程

在已知的环境模式下,即所有状态、动作、奖励和转移概率都已知时,运用贝尔曼方程求出最优的值函数。贝尔曼方程是强化学习中常用的更新策略,也是强化学习算法设计的重要准则。

结合上一节中的式 11-11 和式 11-12,可得:

$$V^*(s) = \max_a \left[R_s^a + \gamma \sum_{s' \in A} P_{ss'}^a V^*(s') \right] \qquad (11-13)$$

$$q^*(s,a) = R_s^a + \gamma \sum_{s' \in A} P_{ss'}^a \max_a q^*(s',a') \qquad (11-14)$$

式中:$V^*(s)$ 表示最优状态值函数;

$q^*(s,a)$ 表示最优状态动作值函数的贝尔曼方程。

由上述两个公式可知,想要知道 $V^*(s)$,需要先知道 $V^*(s')$;想要知道 $q^*(s,a)$,需要先知道 $q^*(s',a')$。这是一个递归的过程。

基于最优策略可得到贝尔曼方程:

$$V^\pi(s) = R(s) + \gamma \sum_{s' \in s} P_{s\pi(s)}(s') V^\pi(s') \qquad (11-15)$$

式中:$R(s)$ 为当前状态所获得的奖励或者惩罚;

s' 为下一个状态;

P 为转移概率;

$V(s')$ 为下个状态的值函数。

这样就可以得到一个递归式子。换言之,最优化期望回报,也就是优化 π 策略使得值函数最大化:

$$V^*(s) = \max V^\pi(s) \qquad (11-16)$$

从而得到优化贝尔曼方程:

$$V^*(s) = R(s) + \max_{a \in A} \gamma \sum_{s' \in s} P_{sa}(s')V^*(s') \tag{11-17}$$

可以看到,优化的贝尔曼方程就是一个最优子结构,这样便可以使用动态规划去求解最优策略 π,以及最大化期望回报。

四、强化学习的两类算法

强化学习的算法根据不同的特征可以划分为不同的种类。如根据模型是否已知可以分为模型已知(Model Based)和模型未知(Model Free)两类;根据算法更新的方式可以分为单步更新和回合制更新两类;根据动作选择方式可以分为以值为基础(Value Based)的强化学习方式和以策略为基础(Policy Based)的强化学习方式;根据学习策略和执行策略是否为同一策略可以分为同策略(On Policy)学习和异策略(Off Policy)学习;根据参数化方式不同可以分为基于值函数的强化学习方法和基于直接策略搜索的强化学习方法。本节从参数化方式的角度来阐述基本的强化学习算法。

（一）基于值函数的强化学习方法

基于值函数的强化学习方法通过评估值函数,并根据值的大小来选择相应的动作,主要包括动态规划、蒙特卡洛、时间差分(Temporal Difference)、值函数逼近四类。在强化学习模型已知的情况下,选择动态规划法,在策略迭代和值迭代的过程中利用值函数来评估和改进策略。现实中大部分问题的模型是未知的。在模型未知的情况下,可以通过蒙特卡洛法利用部分随机样本的期望来估计整体模型的期望。在计算值函数时,蒙特卡洛法利用经验平均来代替随机变量的期望。

蒙特卡洛法虽然解决了模型未知的问题,但更新方式是回合制,学习效率很低。Sutton 等人提出了采用时间差分法来改善这个问题。[1] 时间差分法采用自举(Bootstrapping)方法,在回合学习过程中利用后继状态的值函数来估计当前值函数,使得智能体能够实现单步更新或多步更新,从而极大地提高了学习效率。目前大部分的强化学习研究都基于时间差分法,如 Q 学习、Sarsa 等相关算法。

动态规划、蒙特卡洛、时间差分三种方法应用的同一前提是状态空间和动作空间都必须离散,且状态空间和动作空间不能过大。当状态空间维数很大,或者为连续空间时,使用值函数方法会带来维数爆炸的问题。针对维数很大或连续空间的问题,可以使用函数逼近的方式来表示值函数,然后再利用策略迭代或值迭代方法来构建强化学习算法。

（二）基于直接策略搜索的强化学习方法

基于直接策略搜索的强化学习方法是将策略进行参数化,优化参数使得策略的累积回报期望最大。与值函数参数化方法相比,策略参数化更简单、具有更好的收敛性且能较好地解决连续动作选取问题,主要包括经典策略梯度、置信域策略优化(Trust Region Policy Optimization, TRPO)、确定性策略搜索三类。

经典策略梯度通过计算策略期望总奖赏关于策略参数的梯度来更新策略参数,通过多次迭代后最终收敛得到最优策略。在进行策略参数化时,一般使用神经网络来实现,在不断实

---

① Sutton R, Barto A.Reinforcement Learning: An Introduction［M］. Cambrige: MIT Press, 2017.

验的过程中,高回报路径的概率会逐渐增大,低回报路径的概率则会逐渐减小。策略梯度的参数更新方程式为:

$$\theta_{new}=\theta_{old}+\alpha\nabla_{\theta}J \tag{11-18}$$

式中:α 为更新步长;

J 为奖赏函数。

经典策略梯度最大的问题是选取合适的更新步长非常困难,而步长选取是否合适又直接影响学习的效果,不合适的步长会导致策略越学越差,最终崩溃。为了解决更新步长的选取问题,John Schulman 等人提出了 TRPO 方法。TRPO 将新的策略所对应的奖励函数分解为旧策略所对应的奖励函数和其他项两个部分,只要新策略中的其他项满足大于等于零,便可以保证新策略所对应的奖励函数单调不减,策略就不会变差。

经典策略梯度和 TRPO 采用的均是随机策略,相同的状态选取的动作可能不一样,这使得算法模型要达到收敛需要相对较多的实验数据。为了提高算法效率,Silver 等人提出了确定性策略方法。[①] 确定性策略利用异策略学习方式,执行策略采用随机策略来保证探索性,为了使状态对应的动作唯一,评估策略采取确定性策略,也称 AC(Actor-Critic)方法。这种方式所需要的采样数据较少,且能够实现单步更新,算法性能有较大提升。

五、强化学习环境配置与 Python 实现

(一) Gym 强化学习环境配置

本书以 Windows 10 系统为例,介绍如何配置 Gym 强化学习环境。

第一步,安装 Python 的独立开发运行环境——Anaconda。

由于该部分不是重点,这里就不赘述。默认读者已安装完毕 Anaconda,继续进行下一步骤。

第二步,使用 Anaconda 创建一个 Gym 环境。

打开 Windows10 系统的 cmd 界面,然后在其中输入以下命令,建立名为 "gym" 的环境。系统询问是否安装的时候,如确定安装输入 "y" 即可,如图 11-7 所示。

```
conda create -n gym python = 3.8.0
```

安装完成后,可以激活并进入所创建的 gym 环境 "activate gym",离开 gym 环境使用 "deactivate gym"。列出所有环境使用 "conda env list",删除环境使用 "conda env remove -n gym",与创建环境正好相反。

---

① Silver, D, Lever G, Heess N, et al.Deterministic policy gradient algorithms[C]//Proceedings of the 30th International Conference on Machine Learning, 2014.

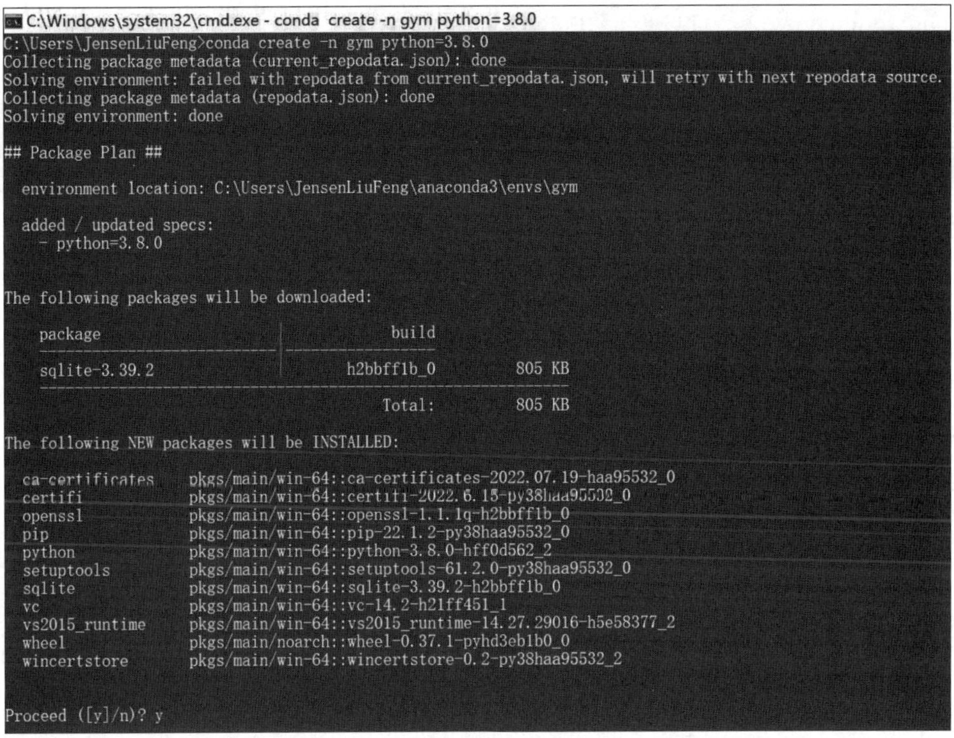

图 11-7　gym 安装界面

第三步，安装强化学习相关组件。

```
conda install pandas
conda install tensorflow
pip3 install gym matplotlib −i
https://pypi.tuna.tsinghua.edu.cn/simple
pip3 install gym[classic_control]
```

第四步，编写一个 Python 程序并运行。

新建文件 gym_tutorial.py。测试代码如下：

```
import gym
env = gym.make('CartPole−v0')
for i_episode in range(20):
    state = env.reset( )
    for t in range(1000):
        env.render( )
        print(state)
        action = env.action_space.sample( )
```

```
state, reward, done, _ = env.step(action)
if done:
    print('Episode#%d finished after %d timesteps'%(i_episode, t))
    break
```

如果出现图 11-8 所示效果，则表示 Gym 环境配置成功。

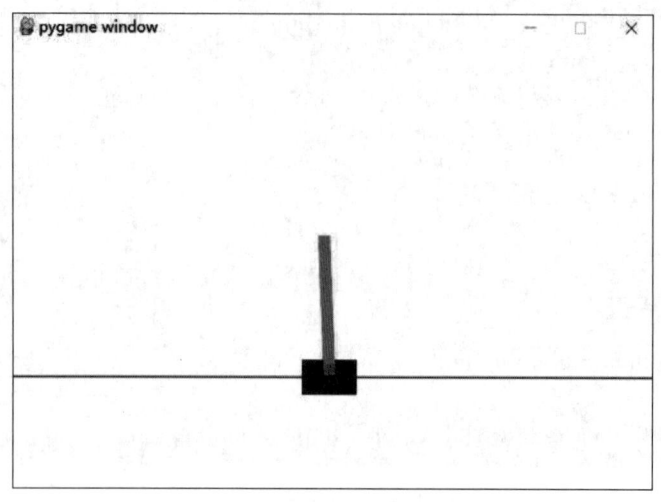

图 11-8　Gym 环境配置成功界面

（二）强化学习 Q-Learning 算法 Python 实现

1. 问题情境

问题情境是一个一维世界，在世界的右边有宝藏，探索者只要得到宝藏尝到了甜头，以后就记住了得到宝藏的方法，这就是用强化学习所学习到的行为。

Q-Learning 是一种记录行为值（Q-Value）的方法，每种在一定状态的行为都会有一个值 $Q(s,a)$，也就是说行为 a 在 s 状态的值是 $Q(s,a)$。s 在上面的探索者游戏中，就是 o 所在的地点了。而每一个地点探索者都能做出两个行为 *left*/*right*，这就是探索者所有可行的 a。

2. 导入必要库

```
import pandas as pd
import random
import time
```

3. 相关参数

```
epsilon=0.9        # 贪婪度 greedy
alpha=0.1          # 学习率
gamma=0.8          # 奖励递减值
```

262

4. 状态集

探索者的状态,即其可到达的位置,有 6 个。因此,定义:

```
states=range(6)    #状态集,从 0 到 5
```

在某个状态下执行某个动作之后,需要确定到达的下一个状态如何:

```
def get_next_state(state, action):
    ''' 对状态执行动作后 , 得到下一状态 '''
    global states

    #left, right = -1, +1    # 一般来说是这样 , 不过要考虑首尾两个位置
    if action == 'right' and state!=states[-1]:  #除最后一个状态 ( 位置 ), 皆可向右 (+1)
        next_state = state+1
    elif action == 'left' and state!=states[0]:  #除最前一个状态 ( 位置 ), 皆可向左 (-1)
        next_state = state-1
    else:
        next_state = state
    return next_state
```

5. 动作集

探索者处于每个状态时,可行的动作,只有"左"或者"右"2 个。因此,定义:

```
actions = ['left', 'right']      # 动作集。也可添加动作 'none', 表示停留
```

在某个给定的状态(位置),需要确定其所有的合法动作:

```
def get_valid_actions(state):
    ''' 取当前状态下的合法动作集合 , 与 rewards 无关 !'''
    global actions                          # ['left', 'right']

    valid_actions = set(actions)
    if state == states[-1]:                 #最后一个状态 ( 位置 ), 则
        valid_actions -= set(['right'])     # 去掉向右的动作
    if state == states[0]:                  #最前一个状态 ( 位置 ), 则
        valid_actions -= set(['left'])      # 去掉向左的动作
    return list(valid_actions)
```

6. 奖励集

探索者到达每个状态(位置)时,要有奖励。所以定义:

```
rewards = [0, 0, 0, 0, 0, 1]     # 奖励集。只有到达最后的宝藏所在位置才有奖励 1,
                                 其他皆为 0
```

7. Q Table

Q Table 是一种记录状态－行为值(Q Value)的表。常见的 Q Table 都是二维的。定义如下：

```
q_table = pd.DataFrame(data = [[0 for_in actions]for_in states], index = states,
columns = actions)
```

8. 环境及其更新

更新环境的目的,是让人们能通过屏幕观察到探索者的探索过程。定义如下：

```
def update_env(state):
    ''' 更新环境,并打印 '''
    global states

    env = list('----T')
    if state! = states[-1]:
        env[state] = 'o'
    print('\r{}'.format(''.join(env)), end = '')
    time.sleep(0.1)
```

9. Q-Learning 算法

Q-Learning 算法的伪代码如下：

```
Initialize Q(s, a)arbitrarily
Repeat(for each episode):
    Initialize s
    Repeat(for each step of episode):
        Choose a from s using policy derived from Q(e.g., ε -greedy)
        Take action a, observe r, s'
        Q(s, a) ← Q(s, a)+α[r+ γ max_a'Q(s', a')−Q(s, a)]
        s ← s';
    until s is terminal
```

其算法代码如下：

```
# 总共探索 13 次
for i in range(13):
    # 0. 从最左边的位置开始 ( 不是必要的 )
    current_state = 0
    # current_state = random.choice(states)        # 亦可随机
    while current_state! = states[-1]:
        #1. 在当前状态下的合法动作中, 随机 ( 或贪婪 ) 地选一个作为当前动作
```

```
        if(random.uniform(0, 1)>epsilon)or((q_table.ix[current_state] == 0).
all()):        #探索
            current_action = random.choice(get_valid_actions(current_state))
        else:
            current_action = q_table.ix[current_state].idxmax()        #利用（贪婪）
        # 2.执行当前动作，得到下一个状态（位置）
        next_state = get_next_state(current_state, current_action)
        # 3.取下一个状态所有的 Q value，待取其最大值
        next_state_q_values = q_table.ix[next_state, get_valid_actions(next_state)]
        # 4.根据贝尔曼方程，更新 Q table 中当前状态 - 动作对应的 Q value
        q_table.ix[current_state, current_action] += alpha*(rewards[next_state] +
gamma*next_state_q_values.max()-q_table.ix[current_state, current_action])
        # 5.进入下一个状态（位置）
        current_state = next_state

    print('\nq_table:')
    print(q_table)
```

第三节　深度强化学习方法

一、深度强化学习概述及分类

深度强化学习可以直接根据输入的原始数据进行动作选择，是一种更加接近人类思维方式的人工智能算法。深度学习通过学习深层的非线性网络结构和数据集的本质特征，实现函数的逼近。智能体在与环境交互的过程中，利用强化学习通过不断试错和最大化累积奖励来生成最优的行为策略。近年来，深度强化学习已经成功应用到围棋、视频游戏和多智能体等多个领域。

表 11-1 对主流的深度强化学习算法进行了归纳和对比。表中的所有算法名称均为缩写形式，更加详细的介绍见"二、经典深度强化学习算法"。

表 11-1　深度强化学习算法比较

算法名称		无模型算法		基于模型的算法	特点	优点	实验环境
		基于策略	基于价值				
DQN	原版		√		目标网络，经验池	减小数据相关性	Atari 2600 游戏
	Double DQN		√		解耦动作价值计算和动作选择	解决了价值过高估计	Atari 2600 游戏

续表

算法名称		无模型算法		基于模型的算法	特点	优点	实验环境
		基于策略	基于价值				
DQN	Dueling DQN		√		价值函数,优势函数	速率快且收敛效果好	Atari 2600 游戏
	C51		√		直接对价值期望建模	提高了学习稳定性	Atari 2600 游戏
	QR-DQN		√		分布式,分位数回归	提高了稳定性和精度	Atari 2600 游戏
AC	原版	√	√		集成值函数估计和策略搜索算法	相比值函数算法更快	Atari 2600 游戏
	A3C	√	√		异步,多线程	解决 AC 算法难以收敛的问题	Atari 2600 游戏等
	SAC	√	√		熵正则化	增加探索,加快学习速度	OpenAI Gym 平台
DDPG	原版	√	√		DQN + AC	稳定性高,连续动作空间中表现好	MuJoCo 仿真器
	TD3	√	√		双 Q 网络,"演员"延迟更新,策略平滑化	解决 Q 值高估问题,鲁棒性强	OpenAI Gym 平台
	MA-BDDPG			√	动态概率决定数据类型	减小模型数据的负面作用	MuJoCo 仿真器

二、经典深度强化学习算法

(一)深度 Q 网络算法

强化学习的经典 Q 学习算法和神经网络结合形成 DQN(Deep Q Network)算法,有效地解决了 Q 学习算法计算效率低和数据内存受限的问题。DQN 算法的亮点是目标网络和经验池,结构示意图如图 11-9 所示。DQN 算法的网络结构由目标网络和估计网络组成,这 2 个网络的结构相同但参数不同。估计网络具有最新的网络参数,计算当前状态 - 动作对的价值,并且定期更新目标网络的参数,使其计算目标 Q 值。双网络结构打破了数据之间的相关性,使得 DQN 算法具有更好的泛化性。经验回放部分储存了智能体历史行为信息,打破了经验池中数据相关性和非静态分布局面。

DQN 算法的更新方式如下:

$$Q(s,a) \leftarrow Q(s,a) + \alpha(r + \gamma \max_{a'} Q(s',a') - Q(s,a)) \tag{11-19}$$

式中:s' 和 a' 分别表示下一时刻的状态和动作;

r 和 γ 分别表示行为奖励和折扣因子。

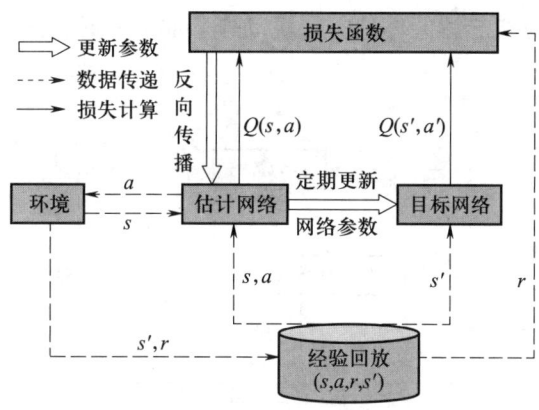

图 11-9 DQN 算法

DQN 算法的损失函数为：

$$L(\theta)=E\left[(r+\gamma\max_{a'}Q(s',a';\theta)-Q(s,a;\theta))^2\right] \tag{11-20}$$

DQN 算法的行为策略为：

$$a_t=\arg\max_aQ(\phi(s_t),a;\theta) \tag{11-21}$$

式中：$\phi(s_t)$ 表示状态的特征向量；

θ 表示网络参数。

DQN 算法一般通过贪婪策略的最大化原则选择 Q 值，但这会导致算法过度估计，并且产生较大的偏差。

为了解决策略过度估计价值问题，Van Hasselt 等人提出 Double DQN（DDQN）算法，该算法解耦动作价值计算和动作选择。相比于 DQN 算法，DDQN 算法首先通过估计网络选择最大 Q 值对应的动作，然后利用该动作在目标网络中计算目标 Q 值。DDQN 算法有效地解决了 DQN 算法过度估计的问题。

Wang 等人提出 Dueling DQN 算法，优化了 DQN 算法结构。该算法将网络分成价值函数和优势函数两部分。价值函数仅与状态有关，与具体采取的动作无关；优势函数与状态和动作都有关。Dueling DQN 算法将价值函数和优势函数的线性组合作为最终输出，相对于 DQN 算法具有较强的表达能力。

Bellemare 等人提出了 C51（Categorical 51-Atom DQN）算法，直接对价值的分布进行建模，采用 KL 散度（Kullback-Leibler Divergence）作为损失函数。不同于 DQN 算法直接对价值期望建模，C51 算法对价值的分布进行建模，其优势是提高了学习稳定性，而且近似分布降低了基于非平稳策略开展学习所造成的影响。不同于 DQN 算法直接对价值期望结果进行建模，C51 算法对价值分布进行建模，其优势是提高了学习稳定性，其延伸版本是 Dabney 等人提出的 QR-DQN（Quantile Regression DQN）算法。该算法通过损失函数拟合价值的分位数，进行反向传播计算，其稳定性和精度均优于传统的 DQN 算法。

（二）演员 – 评论家算法

演员 – 评论家（Actor-Critic, AC）算法的原理是演员部分通过探索环境生成动作集合，然后根据动作概率函数选择动作；评论家部分负责评估演员的动作；演员根据评论家的评分优化动作概率函数,最终指导智能体选择最优动作。演员－评论家算法的结构示意图如图 11-10 所示。

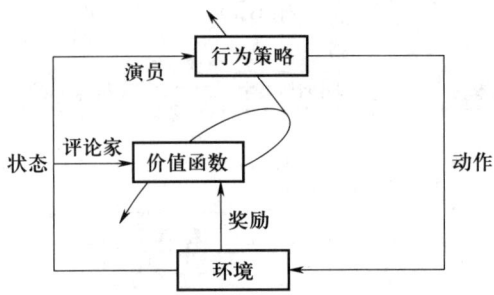

图 11-10　演员－评论家算法的结构示意图

AC 算法采用时序差分误差为评估点,演员的策略函数更新方式为:

$$\theta = \theta + \alpha \nabla_\theta \log \pi_\theta(s_t, a_t)\delta(t)E(t) \tag{11-22}$$

式中:$\delta(t)$ 为时序差分误差;

　　　$E(t)$ 为状态的资格迹。

$$\delta(t) = R_{t+1} + \gamma V(s_{t+1}) - V(s_t) \tag{11-23}$$

$$E(t) = \gamma\lambda E_{t-1}(s) + 1, s_t = s$$

$$= \begin{cases} 0, t < k \\ (\gamma\lambda)^{t-k}, t \geqslant k \end{cases} \tag{11-24}$$

式中:$V(s_t)$ 为 t 时刻的状态价值;

　　　λ 和 $\gamma \in [0,1]$。

评论家根据估计动作值和实际动作值的均方差更新网络参数,损失函数为:

$$L = \frac{1}{n}\sum_{i=1}^{n}\delta_i^2 \tag{11-25}$$

A3C（Asynchronous Advantage Actor-Critic）算法相对于 AC 算法的改进包括训练框架异步化、网络结构优化以及评估点优化等。A3C 算法借鉴 DQN 算法的经验回放并利用多线程的方法,使多个智能体同时与环境进行交互,并将智能体的学习数据汇集到公共空间,以使得每个智能体都能从公共空间采样并共享数据,指导自身的策略学习,解决了 AC 算法难以收敛的问题。

SAC（Soft Actor-Critic）算法是当今最有效的无模型算法之一,通过最大熵方法保证算法的稳定性和有效性。在 SAC 算法中,演员同时最大化期望和策略分布的熵,并且在选取最优行为的同时保证行为策略的随机性。相对于 AC 算法,SAC 算法高效且稳定,对不同环境具有更强的鲁棒性。

（三）深度确定性策略梯度算法

Lillicrap 等人在确定性策略梯度（Deterministic Policy Gradient,DPG）算法基础上,借鉴 DQN 算法和 AC 算法的思想,提出了 DDPG（Deep Deterministic Policy Gradient）算法,其结

构示意图如图 11-11 所示。

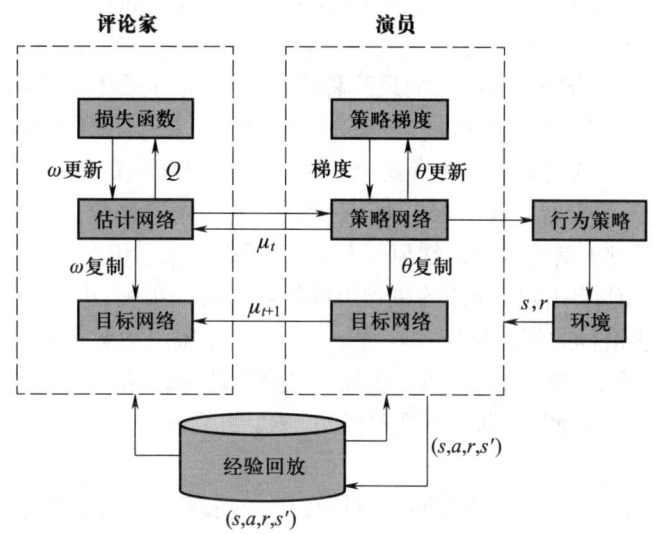

图 11-11 DDPG 结构示意图

DDPG 算法的网络结构分为评论家模块和演员模块,包含了四个神经网络。评论家模块采用时序差分误差(Temporal Difference Error,TD-Error)的方式更新网络参数 ω,并且定期复制 ω 到目标网络。演员模块采用 DPG 算法的方式更新网络参数 θ,并且行为策略根据其策略网络的输出结果来选择动作作用于环境。DDPG 算法与 DQN 算法、AC 算法相比具有良好的稳定性,而且能够处理连续动作空间任务。但是 DDPG 算法对超参数的变化很敏感,需要经过长时间的参数微调才能实现较好的算法性能,而且评论家的 Q 函数存在高估 Q 值的问题,会导致行为策略学习不充分,收敛到非最优状态。

双延迟深度确定性策略梯度(Twin Delayed DDPG,TD3)算法对 DDPG 算法的优化包括三部分:采用双 Q 网络的方式解决了评论家中 Q 函数高估 Q 值的问题;通过延迟演员的策略更新使得演员的训练更加稳定;利用目标策略平滑化的方法在演员的目标网络计算 Q 值的过程中加入噪声,使网络准确且鲁棒性强。

MA-BDDPG(Model-Assisted Bootstrapped DDPG)算法将 DDPG 算法中的经验池分为传统经验池和想象经验池,想象经验池数据来自动力学模型生成的随机想象转换。训练前,智能体计算当前状态行为序列 Q 值的不确定性。Q 值的不确定性越大,则智能体从想象经验池中采集数据的概率越大。该方法通过扩充训练数据集显著加快了训练速度。

第四节 智能金融应用

一、协同训练分析信用卡审批数据

(一)场景介绍

互联网技术发展改变了传统的消费方式,人们开始倾向于使用手机、银行卡等方式消费。

在消费方式和经济发展的共同作用下,信用卡这种便捷的小额贷款业务受到了更多人的欢迎。在 20 世纪 50 年代时,美国富兰克林国民银行发行了第一张信用卡,从此信用卡业务给富兰克林国民银行带来了巨大收益。

给银行信用卡业务带来经济损失的风险种类有很多,最主要的是信用风险,又称违约风险,是指信用卡申请人通过银行的审核,转变为信用卡持有人后,由于不具备还款能力或还款意愿等原因而不能按照约定时间偿还贷款,给银行带来经济损失的风险。由于信用卡具有无担保、无抵押的特征,消费者对其需求扩大,各大银行对市场迅速抢占,导致市面上出现了很多类型的信用卡,但对于信用卡的潜在风险却有所忽视。当信用卡申请审核门槛变低时,虽然银行的客户变多,但其中隐藏的违约风险可能给银行带来损失,也可能扰乱信用卡市场的健康发展,而且商业银行的管理机制存在漏洞,信用卡被盗用和恶意透支的情况屡见不鲜。因此,目前迫切需要研究如何加强信用卡业务的风险管理,探索信用卡违约的影响因素,并提前进行信用卡违约行为预测,帮助银行规避风险,减少银行损失,建立更完善的客户信用卡风险评估体系。

半监督学习在信用卡违约预测方面的应用在于,一家银行的信用卡违约记录很可能不是完整的,因为它无法获知持卡人在其他银行的违约记录。因此对于某家银行来说,这是一个不完全监督的问题。我们可以人为地收集少部分样本,并打上标签,使用半监督学习的方法对违约模型进行训练。

(二)外部库导入与分类器定义

在这里需要对 CoTrain 做一个简单的介绍。这个文件可能看起来比较陌生,是 Github 上的开源代码,里面包含了协同训练分类器的实现。关于 CoTraining-Classifier 这个类,本书用到了其中的两个参数:一个是内嵌的分类器,另一个是最大迭代次数。

```
import pandas as pd
import numpy as np
from xgboost import XGBClassifier
from cotrain import CoTrainingClassifier
from sklearn.metrics import confusion_matrix, accuracy_score


classifier = CoTrainingClassifier(
XGBClassifier(use_label_encoder = False, max_depth = 6, eval_metric = ['logloss']), k = 1000)
```

(三)数据处理

本书使用的数据是 Kaggle 上的信用卡申请数据。协同训练的数据处理分为两个步骤:数据清洗和视图划分。与其他机器学习方法相同,半监督学习的数据清洗需要对数据进行空值、极端值处理,分类变量的编码或嵌入,这里不再赘述。

视图划分的部分其实是协同训练的关键,好的视图划分是协同训练成功的必要条件。实际处理过程中,既可以使用统计方法进行视图划分,也可以在其中加入自身对于问题的理解。不过通常来说,视图划分是一件非常难的事,需要大量的尝试,或者是长期从业经验的积累。在以下部分,本书仅使用随机切分的方法进行划分,因此该代码仅供结构上的参考,并不具备实际应用的价值——从结果也能看到，其实随机切分的效果并不佳。

```
epsilon = 0.01                                    # 防止精确率和召回率等于 0
ln = 5000                                         # 设置有标签样本的数量
data = np.array(pd.read_csv('features_default_sample.csv', index_col = 0))
n = data.shape[0]
p = data.shape[1]−1
idx = np.random.permutation(n)                    # 样本随机排序
col = np.random.permutation(p)                    # 特征随机排序
X = data[idx[: int(n*3/4)], 1: ]
X1 = X[:, col[: int(p/2)]]
X2 = X[:, col[int(p/2): ]]
y = np.array(data[idx[: int(n*3/4)], 0], dtype = int)
y[ln: ] = −1                                       # 无标签样本的标签设为 −1
```

（四）评价指标

与其他机器学习方法类似，协同训练需要通过交叉验证的方式来得到模型的合理评价。在这里本书展示协同训练十折交叉验证的代码，代码输出的评价指标有 F1−Score 和准确率。对于信用卡审批来说，"宁杀一千，不漏一个"，所以模型的召回率即有多少违约样本被成功预测是至关重要的指标。从这个意义上来讲，包含召回率的 F1−Score 比单纯的准确率更为重要。

```
idxs = np.split(np.array(range(ln)), 10)
f1s = [ ]
accs = [ ]
for i in idxs:
    train = np.r_[: i[0], i[−1] + 1: X.shape[0]]
    trainX1 = X1[train]
    trainX2 = X2[train]
    trainy = y[train]
    valX1 = X[i]
    valX2 = X[i]
    valy = y[i]
    classifier.fit(trainX1, trainX2, trainy)
    val = classifier.predict(valX1, valX2)
    mat = confusion_matrix(valy, val)
    precision = mat[1, 1]/np.sum(mat[:, 1]) + epsilon
    recall = mat[1, 1]/np.sum(mat[1, :]) + epsilon
    f1s.append(2*precision*recall/(precision + recall))
    accs.append(accuracy_score(val, valy))
```

```
print('F1 score:', np.mean(f1s))
print('Accuracy:', np.mean(accs))
```

二、强化学习在解决金融时序问题中的应用

(一)场景应用介绍

由前面章节内容可知,强化学习是关于 Agent 与环境之间进行的互动,通过不断与环境状况的交互来进行"学习",在诸多的场景都取得了成功,如 AlphaGo、Master 等。同样地,在金融市场中通过交互来捕捉股票市场特征,用于指导交易进程也一定有效。

本案例应用 Q-Learning 思想,将动作空间变为[买入,卖出,观望],状态空间为时间窗口中的股票行情数据,通过最大化收益来指导强化学习。最终,给出一个基于 Q-Learning 强化学习模型的股票交易策略。

(二)准备工作

1. 工具包安装与加载

在构建模型之前,需要提前准备以下 Python 工具包:

```
import numpy as np
import pandas as pd
import tensorflow as tf
import matplotlib.pyplot as plt
import seaborn as sns
from collections import deque
import random
```

2. 数据说明并导入数据

案例所采用的数据为某只股票在 2016 年 11 月 2 日—2017 年 11 月 1 日的行情数据,具体包括时间戳、开盘价、最高价、最低价、收盘价和成交量。图 11-12 展示了数据的样式结构。

```
df = pd.read_csv('stockdata_year.csv')          # 时间戳、开盘价、最高价、最低价、收盘价、成
                                                   交量

df.head( )
```

	Date	Open	High	Low	Close	Adj Close	Volume
0	2016/11/2	778.200012	781.650024	763.450012	768.700012	768.700012	1872400
1	2016/11/3	767.250000	769.950012	759.030029	762.130005	762.130005	1943200
2	2016/11/4	750.659973	770.359985	750.560974	762.020020	762.020020	2134800
3	2016/11/7	774.500000	785.190002	772.549988	782.520020	782.520020	1585100
4	2016/11/8	783.400024	795.632996	780.190002	790.510010	790.510010	1350800

图 11-12　某股票数据结构

（三）模型构建与代码实现

构建 Agent 类的核心代码如下：

```
class Agent:
    def _init_(self, state_size, window_size, trend, skip, batch_size):
        self.state_size = state_size                        #状态空间
        self.window_size = window_size                      # 滑动窗口大小
        self.half_window = window_size//2
        self.trend = trend                    #data
        self.skip = skip                      # 采取动作的步长，1 代表每个时刻都操作
        self.action_size = 3                  # 动作空间——买入、卖出、观望
        self.batch_size = batch_size
        sclf.memory = deque(maxlen = 1000)    # 双向队列
        self.inventory = []                   # 仓位
        self.gamma = 0.95                     # 奖励衰减
        self.epsilon = 0.5                    # 贪婪系数
        self.epsilon_min = 0.01               # 阈值
        self.epsilon_decay = 0.999            # 低于阈值将损失部分系数
        tf.compat.v1.disable_eager_execution()
        tf.compat.v1.reset_default_graph()
        self.sess = tf.compat.v1.InteractiveSession()              # 交互式 session
        self.X = tf.compat.v1.placeholder(tf.float32, [None, self.state_size])    # 状态
        self.Y = tf.compat.v1.placeholder(tf.float32, [None, self.action_size])    # 动作
        feed = tf.compat.v1.layers.dense(self.X, 256, activation = tf.nn.relu)
        self.logits = tf.compat.v1.layers.dense(feed, self.action_size)    # 计算 3 种动
                                                                          作的概率
        self.cost = tf.reduce_mean(tf.square(self.Y-self.logits))    # 计算损失函数
        self.optimizer = tf.compat.v1.train.Gradient Descent Optimizer(1e-5).
minimize(self.cost)                                   # 优化器
    self.sess.run(tf.compat.v1.global_variables_initializer())
    def act(self, state):                                # 选择动作
        if random.random() <= self.epsilon:              # 小于 epsilon 就随机探索
            return random.randrange(self.action_size)    # 不然就选择最好的动作
        return np.argmax(
            self.sess.run(self.logits, feed_dict = {self.X: state})[0]
        )
    def get_state(self, t):                              # 某 t 时刻的状态
        window_size = self.window_size + 1
```

```
            d = t−window_size + 1
            # 早期天数不够窗口大小，用 0 时刻来凑，即填补相应个数
            block = self.trend[d: t + 1]if d > = 0 else−d*[self.trend[0]] + self.trend[0: t + 1]
            res = [ ]
            for i in range(window_size−1):
                res.append(block[i + 1]−block[i])        # 每步收益
            return np.array([res])                        # 作为状态编码
    def replay(self, batch_size):
            mini_batch = [ ]
            l = len(self.memory)
            for i in range(l−batch_size, l):
                mini_batch.append(self.memory[i])#memory
            replay_size = len(mini_batch)
            X = np.empty((replay_size, self.state_size))
            Y = np.empty((replay_size, self.action_size))
            # 新旧状态及 Q 值计算
            #[state, action, reward, next_state, done], 故 0 和 3 分别获取新旧
            states = np.array([a[0][0]for a in mini_batch])
            new_states = np.array([a[3][0]for a in mini_batch])
            Q = self.sess.run(self.logits, feed_dict = {self.X: states})
            Q_new = self.sess.run(self.logits, feed_dict = {self.X: new_states})
            # 更新 Q 表
            for i in range(len(mini_batch)):
                state, action, reward, next_state, done = mini_batch[i]
                target = Q[i]
                target[action] = reward
                if not done:        # 如果没有结束
                    target[action] + = self.gamma*np.amax(Q_new[i])
                # 结束了代表没有后续动作，直接等于
                X[i] = state
                Y[i] = target
            cost, _ = self.sess.run(
                [self.cost, self.optimizer], feed_dict = {self.X: X, self.Y: Y}
            )
                # 调整贪婪系数
                if self.epsilon > self.epsilon_min:
                    self.epsilon* = self.epsilon_decay
                return cost
```

```python
    def buy(self, initial_money):
        starting_money = initial_money        # 启动资金
        states_sell = []
        states_buy = []
        inventory = []          # 仓位
        state = self.get_state(0)         # 初始状态
        for t in range(0, len(self.trend)-1, self.skip):
            action = self.act(state)    # 根据状态选动作
            next_state = self.get_state(t + 1)# 得到下一个状态
            #action = 1 为买入，资金够用，且剩下的长度足够
            if action == 1 and initial_money >= self.trend[t]and t <(len(self.trend)-self.
half_window):
                inventory.append(self.trend[t]) # 买入
                initial_money-= self.trend[t]  # 交易
                states_buy.append(t)   # 记录
                print('day%d: buy 1 unit at price%f, total balance%f'%(t, self.trend[t],
initial_money))
            #action = 2 为卖出
            elif action == 2 and len(inventory):
                bought_price = inventory.pop(0)# 卖出
                initial_money += self.trend[t]# 交易
                states_sell.append(t)# 记录
                #计算收益率
                try:
                    invest = ((close[t]-bought_price)/bought_price)*100
                except:
                    invest = 0
                print(
                    'day%d, sell 1 unit at price%f, investment%f%%, total balance%f, '
                    %(t, close[t], invest, initial_money)
                )
            state = next_state# 下一状态
        #计算收益
        invest = ((initial_money-starting_money)/starting_money)*100
        total_gains = initial_money-starting_money
        return states_buy, states_sell, total_gains, invest
    def train(self, iterations, checkpoint, initial_money):
```

```
                    #迭代多次
                    for i in range(iterations):
                        total_profit = 0# 累积利润
                        inventory = [ ]
                        state = self.get_state(0)
                        starting_money = initial_money
                        for t in range(0, len(self.trend)−1, self.skip):
                            action = self.act(state)
                            next_state = self.get_state(t + 1)
                            if action == 1 and starting_money >= self.trend[t]and t <(len(self.
trend)−self.half_window):
                                inventory.append(self.trend[t])
                                starting_money− = self.trend[t]
                            elif action == 2 and len(inventory)> 0:
                                bought_price = inventory.pop(0)
                                total_profit + = self.trend[t]−bought_price
                                starting_money + = self.trend[t]
                            invest = ((starting_money−initial_money)/initial_money)
                            self.memory.append((state, action, invest,
                                            next_state, starting_money < initial_money))
                            state = next_state
                            batch_size = min(self.batch_size, len(self.memory))
                            cost = self.replay(batch_size)
                        if(i + 1)%checkpoint == 0:
                            print('epoch: %d, total rewards: %f.3, cost: %f, total money:
%f'%(i + 1, total_profit, cost, starting_money))
```

（四）模型训练

将股票收盘数据输入 Q-Learning 强化学习模型，用于训练。其代码如下：

```
close = df.Close.values.tolist( )        #选取收盘数据做测试
initial_money = 10000
window_size = 30
skip = 1
batch_size = 32
agent = Agent(state_size = window_size,
              window_size = window_size,
              trend = close,
```

```
                    skip = skip,
                    batch_size = batch_size)
    agent.train(iterations = 200, checkpoint = 10, initial_money = initial_money)
```

（五）模型结果输出与可视化分析

最后，输出 Q-Learning 强化学习模型的"学习"结果，即在不同时点上给出相应的股票交易策略（指令）。具体代码如下：

```
    states_buy, states_sell, total_gains, invest = agent.buy(initial_money = initial_money)
    fig = plt.figure(figsize = (15, 5))
    plt.plot(close, color = 'r', lw = 2.)
    plt.plot(close, '^', markersize = 10, color = 'm', label = 'buying signal', markevery = states_
buy)
    plt.plot(close, 'v', markersize = 10, color = 'k', label = 'selling signal', markevery = states_
sell)
    plt.title('total gains%f, total investment%f%%'%(total_gains, invest))
    plt.legend( )
```

基于 Q-Learning 强化学习模型的股票交易策略在观测期中获得了 44.435 的绝对收益，收益率也达到了 0.444%，如图 11-13 所示。

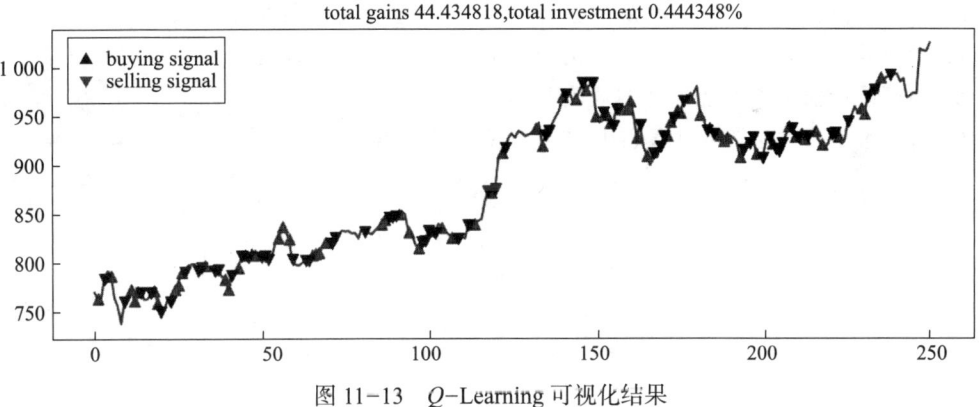

图 11-13　Q-Learning 可视化结果

本 章 小 结

半监督学习是模式识别和机器学习领域研究的重点问题，是监督学习与无监督学习相结合的一种学习方法。半监督学习使用大量的未标记数据及标记数据来进行模式识别工作。半监督学习的假设是平滑假设、聚类假设和流形假设。常用的半监督学习方法有自训练、生成式模型、直推学习以及基于分歧的方法。

强化学习主要是指导训练对象每一步如何决策，采用什么样的行动可以完成特定的目的或者使收益最大化。强化学习的主要特点是：试错学习，延迟反馈，时间是一个重要因素，当前行为影响后续接收的数据。从参数化的角度来说,强化学习可以分为基于值函数的强化学习方法和基于直接策略搜索的强化学习方法。深度强化学习是深度学习和强化学习的结合,是一种更加接近人类思维方式的人工智能算法。在强化学习的基础上,该方法利用了深度学习的优点——通过学习深层的非线性网络结构和数据集的本质特征,实现函数的逼近。经典的深度强化学习算法包括:深度 Q 网络算法、演员 - 评论家算法、深度确定性策略梯度算法。

关 键 名 词

弱监督学习　半监督学习　自训练　直推学习　多视图学习　协同训练　强化学习
深度强化学习　智能体　马尔可夫决策过程　环境交互　试错学习　贝尔曼方程　值函数

即 测 即 评

请扫码检测本章学习效果。

复习思考题

1. 简要介绍弱监督学习的构成。
2. 基于分歧的半监督方法与集成学习有共通之处,请对比二者。
3. 什么是强化学习? 它和常规的监督学习、无监督学习的区别是什么?
4. 请列举出三个强化学习的应用例子。对于这些例子,环境是什么? 智能体是什么?
5. 如何评价强化学习智能体的表现?
6. 请列举出三种主流的深度强化学习算法并对比其特点。

第十二章
图数据分析

章前导读

图结构数据作为一种典型的非结构数据,可有效描述对象与对象之间复杂的关联关系。近年来,使用图结构数据表示现实数据、分析其中的结构化特征并挖掘其中蕴含的模式与规律已成为模式识别与机器学习领域的研究热点。

作为一种通用的数据表示形式,图结构数据可用于描述许多现实应用中对象的交互关系,同时对象的原始数据还可以作为图结构中节点的特征全部保留,因此它们在描述许多现实场景时都显示出了强大的能力。近年来,越来越多的学者尝试将图结构与机器学习算法结合,利用图强大的结构化表达能力,来提升原来使用向量数据完成的研究任务的性能,并在生物化学、脑图分析、金融风险管理等许多领域取得了诸多成功的应用。

本章学习目标

本章围绕图数据分析的核心概念和方法展开介绍。通过本章学习,可以了解图数据的定义和典型应用场景,熟悉图数据分析的图核方法、图卷积网络的主要模型以及上述方法的典型应用场景,为后续学习和深入研究打下坚实的基础。

第一节　图数据的概念与应用场景

一、图数据及其定义

在图论(Graph Theory)中,图是用来构建对象与对象间复杂关系的重要方法,是目前模式识别与机器学习领域重要的研究对象。近年来,使用图数据表示现实数据、分析其中的结构化特征并挖掘其中蕴含的模式与规律已成为模式识别与机器学习领域的研究热点。

图是计算机数据结构中常见的一种存储结构,它可将事物对象以节点的形式表示,并利用节点间的边来刻画对象间的关联关系。按照节点的类别,图结构可以分为属性图

（Attributed Graph）和非属性图（Un-attributed Graph）。按照边的类别分类,图结构又可分为有向图（Directed Graph）和无向图（Un-directed Graph）。此外,还可以根据边的特征细分为带权图（Weighted Graph）和无权图（Un-weighted Graph）。无论哪个类别的图结构,都可以用同一套通用的数学语言来描述图结构具体的拓扑关系,即邻接矩阵。为了便于描述,下面对图结构给出统一形式化定义,即:使用 $G(V,E)$ 来表示一个图结构,其中 V 是图结构 G 的节点集合,$E \subseteq V \times V$ 是图结构 G 的边的集合,图的邻接矩阵 A 是一个 $|V| \times |V|$ 的矩阵。

$$A(i,j) = \begin{cases} 1 & 若 (v_i, v_j) \in E \\ 0 & 否则 \end{cases} \tag{12-1}$$

属性图中的各个节点都有自己的属性特征,这些特征可以是连续型的数值、离散型的节点标签,还可以是多个特征组成的多维向量。比如在使用图表示分子结构时,这种图结构就是属性图,每个节点都代表一个原子,原子的名称可以作为节点的离散型的标签,同时原子本身也有质量,原子的质量可以作为节点的连续型的数值特征,因此在构造表示分子结构的图时可以选择将离散型标签与连续型数值组成多维向量作为最终节点的属性。我们使用 $X \subseteq \mathbb{R}^{|V| \times C}$ 表示所有节点的特征,其中 C 为节点特征的向量维度（也称信道数）,$X = \{x_1, \cdots, x_{|V|}\}$。

非属性图的定义较为简单,有些对象没有明显的划分界限且缺少额外的特征信息,其转化为图结构的节点后就没有具体的属性特征,每个节点都被平等地对待,也可以说非属性图就是节点属性集为空的属性图。比如,在使用图结构表示社交网络的用户关系时,每个用户都是独立的个体,如果使用离散型标签来标注用户的话这些标签不会出现重复的部分,也就失去了标记的意义,或者可以认为因为用户对象都属于同一个类别——人,所以每个节点的标签都是一样的,也失去了标记的意义。

有向图是指节点间的边存在方向,由一个节点（作为起点）指向另一个节点（作为终点）,这种图结构往往可以表示有先后顺序的对象间的关系。相应地,在描述有向图时可以从两个角度表示:

（1）从边的出发点的角度记录节点间的连接关系。

$$A_{out}(i,j) = \begin{cases} 1 & 若边由 v_i 指向 v_j \\ 0 & 否则 \end{cases} \tag{12-2}$$

（2）从边的终点的角度记录节点间的连接关系。

$$A_{in}(i,j) = \begin{cases} 1 & 若边由 v_j 指向 v_i \\ 0 & 否则 \end{cases} \tag{12-3}$$

可以看出,一个有向图的出发点邻接矩阵和终点邻接矩阵是互为转置关系的,即 $A_{in} = A_{out}^{T}$。

无向图则是不区分边的方向,也可以将无向图看作有向图的特例,即所有出发点又是终点:$A_{in} = A_{out}$。

上述示例边的取值均为 0 和 1,这是以二值逻辑确定的,有边则为 1,无边则为 0,属于无权图。带权图是指节点间的边并不是简单的 0-1 二值逻辑,而是由具体数值标识的。例如,使用图结构表示一个区域的几个发电厂以及电网连线关系时,其中的节点代表电厂,节点间的连线则表示电厂间的电网连接,因为发电厂距离的远近对于输电的损耗影响不同,节点间的边还应体现出发电厂间的距离,这时可以使用发电厂间的物理距离作为图结构中边的权

重,设发电厂间的物理距离由矩阵 $Dist \subseteq \mathbb{R}^{|V| \times |V|}$ 记录,则带权图的邻接矩阵 A 由式 12-4 表示。

$$A(i,j) = \begin{cases} Dist(i,j) & 若(v_j, v_i) \in E \\ 0 & 否则 \end{cases} \tag{12-4}$$

与基于向量表示的数据相比,图结构数据可以包含更多对象间的关联信息。我们可以使用图结构的节点来表示向量数据所代表的各个对象,进而将向量数据所包含的内容作为图结构的节点特征来存储。此外,原始数据蕴含的对象间的交互关系或利用向量数据计算得到的对象间的相关性就可以使用图结构的邻接矩阵表示,因此向量结构的数据可以看作图结构数据在缺少邻接矩阵情况下的特例,图结构可以包含更多信息。

二、图数据的应用场景

作为一种通用的数据表示形式,图结构数据可用于描述许多现实应用中对象的交互关系,同时对象的原始数据还可以作为图结构中节点的特征全部保留,因此它们在描述许多现实场景时都显示出了强大的能力。近年来,越来越多的学者尝试将图结构与机器学习算法结合,利用图强大的结构化表达能力,来提升原来使用向量数据完成的研究任务的性能,并在生物化学、脑图分析、金融风险管理等许多领域取得了诸多成功的应用。

例如,Duvenaud 等人利用图结构表示材料学中的分子结构,其中图的节点为分子结构中的原子,节点间的边为分子结构中原子间存在的化学键,使用这种图结构结合机器学习方法来学习分子指纹从而达到区分不同分子结构的目的。Luo 等人在原始图片的像素数据中提取 Delaunay 图结构,其中图结构的节点代表原始图像一些重要的特征点、语义边缘,这些节点间的边则是根据 Delaunay 三角定理计算出的特征点间的欧氏距离,使用这种图结构可以进行计算机视觉的特征点匹配任务。

第二节 核方法与图核方法

一、核方法

首先根据 Schölkopf 等人的定义回顾正定核的概念。令 x 表示非空模式集,核函数 k: $x \times x \rightarrow \mathbb{R}$ 是一个对称函数,即 $k(y_p, y_q) = k(y_q, y_p)$,这个函数将一对模式 y_p 和 y_q 映射为实数值。核函数 k 被称为正定核(Positive Definite,PD),当且仅当满足下式条件:

$$\sum_{p,q=1}^{N} c_p c_q k(y_p, y_q) \geq 0 \tag{12-5}$$

其中,N 为模式集合 x 的元素个数,$\{c_1, \cdots, c_N\} \subseteq \mathbb{R}$,$\{y_1, \cdots, y_N\} \subseteq x$。

需要注意的是,正定核函数通常也被称为有效核,除此之外,还可以将两个模式之间的核视为两个模式之间的相似性度量。在文献中,已经针对向量空间情况下的非空模式集 x 总结了一些常见的标准核函数:① 线性核函数。② 高斯径向基(RBF)核函数。③ 多项式核函数。④ Sigmoid 核函数。给定向量空间非空模式集 x 中的任意一对向量 y_p 和 y_q($y_p, y_q \subseteq x$),上述核函数可以按如下公式计算。

(1) 线性核函数：

$$k_{<>}(y_p, y_q) = <y_p, y_q> \tag{12-6}$$

其中，为 < > 为内积运算符。

(2) RBF 核函数：

$$k_{RBF}(y_p, y_q) = e^{-\gamma \| y_p - y_q \|^2} \tag{12-7}$$

其中，$\gamma > 0$。

(3) 多项式核函数：

$$k_{poly}(y_p, y_q) = (<y_p, y_q> + c)^d \tag{12-8}$$

其中，$d \subseteq N$ 且 $c \geq 0$。

(4) Sigmoid 核函数：

$$k_{sig}(y_p, y_q) = \tanh(\alpha <y_p, y_q> + \beta) \tag{12-9}$$

其中，$\alpha > 0$ 且 $\beta < 0$。

上述核函数中，线性核函数、RBF 核函数和多项式核函数是正定的，Sigmoid 核函数在数学上并不总是有效核。不过，Sigmoid 核函数已经被广泛应用于实际任务中，如果 α 接近 0 且 β 足够小，则 Sigmoid 核函数的表现往往类似于 RBF 核函数。

实际上，基于已有的这些核函数，我们还可以利用闭包属性来计算一些更复杂的核函数，从而更好地表示数据。例如，假设 k_1 和 k_2 是 $x \times x$ 上的两个有效核函数，k_3 是 $\mathcal{H} \times \mathcal{H}$ 上的有效核函数，$\varphi : x \to \mathcal{H}$ 和 $f : x \to \mathbb{R}$ 是两个映射，并且 $a \in \mathbb{R}^+$。则以下核函数都是有效核函数：① $k(y_p, y_q) = k_1(y_p, y_q) + k_2(y_p, y_q)$。② $k(y_p, y_q) = k_1(y_p, y_q) k_2(y_p, y_q)$。③ $k(y_p, y_q) = k_3(\varphi(y_p), \varphi(y_q))$。

接下来，我们回顾如何使用给定的核函数 k 来计算核矩阵。设 $\{y_1, \cdots, y_N\} \subseteq x$ 为包含 N 个元素的训练集，则核矩阵 K 是一个 $N \times N$ 方阵：

$$K = \begin{bmatrix} k_{11} & k_{12} & \cdots & k_{1N} \\ k_{21} & k_{22} & \cdots & k_{2N} \\ \vdots & \vdots & & \vdots \\ k_{N1} & k_{N2} & \cdots & k_{NN} \end{bmatrix} \tag{12-10}$$

其中，矩阵的每个元素 $k_{p,q} (1 \leq p, q \leq N)$ 都是由 $k_{p,q} = k(y_p, y_q)$ 计算出来的实数。

核矩阵在基于核函数的方法（如 SVM 和 Kernel PCA）中起到了核心的作用，因为所有原始数据的可用信息都包含在核矩阵 K 中。因此，核矩阵 K 是连接核方法和原始模式空间 x 的接口。

二、图核方法

核函数可以在高维空间中隐式表征特征，因此具有高效保留信息的能力。在过去的 20 多年中模式识别方法飞速发展，涌现出一大批优秀的基于核的工作，这也使得图核方法在图分析领域占据了长期的主导地位。核函数的高维映射如图 12-1 所示。

一般来说，大多数现有的图核方法通常是根据 R 卷积的框架来设计的，R 卷积是将图结构所有分解后的子图对进行比较来定义图核函数的通用方法。换而言之，所有新设计的图分解方法都可以被用来定义一个新的图核函数。例如，通过比较所有已分解的图结构的游走访问顺序、图结构的节点间最短路径以及图结构的受限子图或子树结构的对，来定义图核函数。

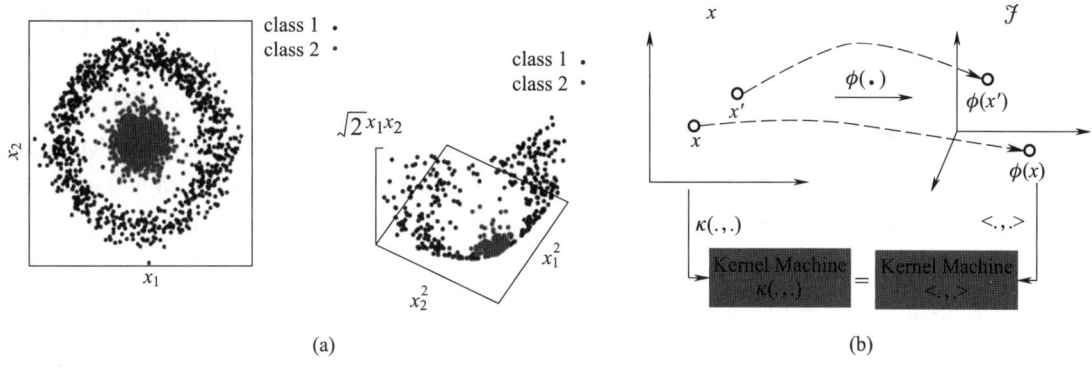

图 12-1　核函数的高维映射

在这种情况下,Kashima 等人通过比较一对图中同构的随机游走对,提出了一个随机游走图核。随机游走类型的图核函数有一个主要缺点,就是回溯摇摆(Tottering)问题:当图上随机的访问游走沿一个方向移动然后立即通过相同的节点和边,就有可能发生多次返回到起始位置的情况,从而对游走的结果产生噪声影响。为了克服这个缺点,Borgwardt 等人通过对两个图中具有相同长度的成对最短路径的数量进行计数,提出了最短路径图核函数。Aziz 等人使用 Ihara Zeta 函数对图结构进行标识,通过计算一对图的周期定义了一个无回溯问题的图核。该方法虽然使用无回溯子结构(图中的最短路径或周期)克服了回溯摇摆问题,遗憾的是,最短的路径和周期在结构上过于简单并且只能有有限的拓扑信息。此外,对于大规模的图结构(如节点个数超过 1 000 的图),上述两种图核的计算效率都会趋于繁重。

为了解决效率低下的问题,Shervashidze 等人使用 Weisfeiler-Lehman(WL)测试算法计算图结构的子树结构,通过对比两个图结构的子树结构对开发了一种快速子树图核函数。可惜的是,与随机游走的图核函数类似,基于 WL 同构的子树图核函数也会遭受回溯摇摆问题的影响,这是因为通过 WL 测试算法识别的子树可能还包含通过同一边连接的同一对成对节点的多个副本。此外,Costa 和 Grave 通过计算成对同构邻域子图的数目,定义了邻域子图成对距离核函数。上述的 WL 快速子树图核和邻域子图图核,都可以在多项式时间内计算。还有一些特殊形式的基于 R 卷积框架的图核,包括:Harchaoui 和 Bach 开发的分段图核函数;Bach 开发的点云图核函数;由 Kriege 和 Mutzel 开发的子图匹配图核函数;Bai 等人开发的基于有向子树同构测试的超图图核函数。值得注意的是,前面描述的基于 R 卷积框架的图核大部分只能处理非属性图(图的节点和边没有属性特征),这意味着即使原图结构数据中节点和边包含具体的标签信息,这类算法也不能处理这些信息,这造成了严重的信息损失。其中也包含一些可以处理属性图的方法,包括 WL 快速子树图核、最短路径图核、随机游走图核、子图匹配图核和超图图核。

根据 R 卷积设计的图核有一个显著缺点,它们折中地使用了有限大小的图的子结构,这些图的子结构只能大致捕获原始图的拓扑排列,一旦为了保留更多的拓扑信息而选择尽可能大的子结构时,R 卷积的弊端带来的计算复杂性问题就会显现。构造图核的另一种方法是借助信息论的指标如 Jensen-Shannon 散度来测量图和图之间的互信息。在信息论中,Jensen-Shannon 散度是概率分布之间的一种不相似度量,即与概率分布相关的非扩展熵差。它不仅是对称的,而且有完备的定义和界限。在以前的工作中,有学者根据复合图结构的熵与单个图的熵之间的熵差定义了一对图之间的 Jensen-Shannon 散度,从而设计了图的 Jensen-Shannon 核函数。与 R 卷积图核不同的是,Jensen-Shannon 图核函数可以在不将图分解为子结构的情况下计算与单个图的概率分布相关的熵。因此,一对图之间的 Jensen-Shannon 图核的计算避免了比较所有子结构对所涉及的繁重度量。随后,还有研究改进了 Jensen-Shannon 图核,提出基于层次深度的图结构表示,不但可以对比两个图的全局相似性,还可以区分图结构局部拓扑信息。

但受限于核方法的数学原理,所有图核方法都不可避免地要将全部训练集的核矩阵提前计算,这使得图核方法不能处理超大规模的图数据集。并且图的分类、聚类等具体任务的训练过程,与图核函数计算核矩阵是分离的两个阶段,不能使用端到端的技术让机器学习工具自适应地学习具体任务需要的特征,这也增加了设计一个有效的图核函数的难度。

第三节　图神经网络

在过去的几年中,神经网络在应用领域(如图像分类)的普及率不断提高,如何将图表征学习任务迁移到深度神经网络中成了非常热门的研究话题,相关研究尚处于起步阶段。图神经网络(GNN)最早的尝试性工作于 2009 年被提出。它扩展了当时已有的循环神经网络结构,网络中输入的对象以节点为单位,该方法中每个节点的输入特征为节点本身以及固定数量邻域节点的属性,通过局部转移函数更新节点状态,并通过不断叠加所有节点的状态、特征使用全局转移函数计算全图的状态,这里使用了一个虚拟的节点代表全图。由于当时的 GPU 的计算能力有限,深度学习并没有得到良好的发展。尽管这次尝试的实验结果表明 GNN 是用于对结构数据进行建模的强大工具,但这个原始的 GNN 存在过多局限性,例如,多层网络共享同一组权重,神经网络的输出被强制设置为不动点输出,等等。这导致后面很长一段时间都没有新的 GNN 被提出。

随后在 2013 年 Bruna 等人受启发于传统的卷积神经网络,为 GNN 定义了两种策略:基于频域(Spectral)的卷积和基于空域(Spatial)的卷积。现在新发展出的 GNN 主要都是在这两个策略的框架下设计的。

一、基于频域的图神经网络

基于 Spectral 策略的图神经网络,将图信号变换到谱域与滤波器可训练权重进行相乘再做逆变换,Bruna 等人的谱图网络通过计算图拉普拉斯算子的特征分解,在傅里叶域中定义卷积运算,可以将运算定义为信号的乘法,给定大小为 N 的图的所有节点信号 $x \subseteq \mathbb{R}^N$,以及可训练的对角阵权重 $\theta = \mathrm{diag}(\theta), \theta \subseteq \mathbb{R}^N$,谱图卷积公式为:

$$\theta * x = U\theta(\Lambda)U^\mathrm{T}x \tag{12-11}$$

式中:U 是归一化图拉普拉斯矩阵 L 的特征向量的矩阵,$L = I_N - D^{-\frac{1}{2}}AD^{-\frac{1}{2}} = U\Lambda U^\mathrm{T}$,$D$ 是图的度矩阵,A 是图的邻接矩阵;

Λ 是归一化图拉普拉斯矩阵的特征值组成的对角矩阵。

该操作包含图拉普拉斯矩阵的特征分解,尤其是在计算特征向量时有较高的计算复杂

度。Defferrard 等人提出了利用切比雪夫多项式 P 阶近似展开,将上述谱图卷积进行化简:

$$\theta * x \approx \sum_{p=0}^{P} \theta_p T_p(\tilde{L}) x \qquad (12-12)$$

式中,$\tilde{L} = \dfrac{2}{\lambda_{\max}} L - I_N$,$\lambda_{\max}$ 表示归一化图拉普拉斯矩阵 L 中最大的特征值取值,$\theta \subseteq \mathbb{R}^P$ 是一个长度为 P 的可训练的切比雪夫权重向量。切比雪夫多项式的递归展开可写为 $T_p(\tilde{L}) = 2x T_{p-1}(\tilde{L}) - T_{p-2}(\tilde{L})$。其中 $T_0(\tilde{L}) = 1$,$T_1(\tilde{L}) = \tilde{L}$,可以看出按照化简后的切比雪夫 P 阶展开式计算图的卷积可以避免计算拉普拉斯矩阵的特征向量。

随后 Kipf 等人在切比雪夫 P 阶展开式的基础上又做出了近似计算,使得谱图卷积得到了进一步的化简:

$$\theta * x \approx \theta \left(I_N + D^{-\frac{1}{2}} A D^{-\frac{1}{2}} \right) x \qquad (12-13)$$

这里将式 12-12 中的 P 阶限制在了 1 阶,同时将最大特征值估计为 $\lambda_{\max} \approx 2$,上述切比雪夫权重向量限制为 $\theta = \theta_0 = -\theta_1$,随后将式 12-13 又做了化简:$I_N + D^{-\frac{1}{2}} A D^{-\frac{1}{2}} \to \tilde{D}^{-\frac{1}{2}} \tilde{A} \tilde{D}^{-\frac{1}{2}}$,令 $\tilde{A} = I_N + A$ 则 $\tilde{D}_{jj} = \sum_j \tilde{A}_{ij}$,最终若给出 C 个信道的图的所有节点信号 $X \subseteq \mathbb{R}^{N \times C}$,卷积操作输出的信号为 Z 信道数 F,即 $Z \subseteq \mathbb{R}^{N \times F}$,经过化简后的切比雪夫卷积公式为:

$$Z = f\left(\tilde{D}^{-\frac{1}{2}} \tilde{A} \tilde{D}^{-\frac{1}{2}} X \theta \right) \qquad (12-14)$$

式中,$\theta \subseteq \mathbb{R}^{C \times F}$ 为可训练权重,$f()$ 为激活函数。

后续的基于谱图理论的图神经网络工作,大部分都是对式 12-12 和式 12-14 的改进,例如将切比雪夫展开替换为其他展开式,或将傅里叶变换替换为小波变换等。

二、基于空域的图神经网络

基于 Spectral 策略的方法处理的图结构常常是固定大小的,并且主要解决的是节点分类问题。然而现实中图数据的大小往往不固定,基于 Spatial 策略的图卷积操作可以直接定义在邻居节点上,通过采样或排序的方式将邻居节点聚合从而学习图的拓扑特征。2015 年,Duvenaud 等人通过在图结构的 1 阶邻居节点上定义空间图卷积运算来模拟传统的圆形指纹,提出了基于 Spatial 的 GNN 模型。随后 Niepert 等人借助已有的节点着色算法对图结构的节点排序,将原始的图结构按信道展开为固定大小的向量,向量中的每个元素都对应一个节点在该信道的信号,超出固定大小部分的节点被舍弃,不足固定大小的图结构在向量剩余元素中补。按照这种方法将图结构排列为有序的类似图片的网格结构,直接应用传统的卷积神经网络对网格结构进行学习。

Atwood 和 Towsley 通过以节点为根,在不同阶层的邻域上执行空间图卷积运算,提出了新的基于 Spatial 的 GCN 模型(见图 12-2)。尽管这些基于 Spatial 的 GNN 模型可以直接应用于现实数据的图分类问题,但它们仍需要进一步将从图卷积层中学到的多尺度特征转换为固定大小的表示形式,以便标准分类器可以直接读取分类的表示形式。其实现的一种方法是通过求和池化(Sum Pooling)层,将来自图卷积操作的学习到的所有局部节点特征直接求和。由于很难从全局特征中学习丰富的局部节点拓扑信息,因此这些与求和池化相关的 Spatial 策略的方法在图分类方面的性能相对较差。

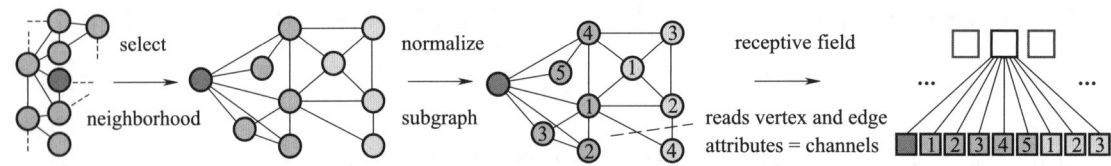

图 12-2　基于空域的 GCN 模型对邻居节点的卷积操作示例

为了克服现有上述模型的缺点,Zhang 等人已经开发了一种新颖的基于 Spatial 的图卷积神经网络(DGCNN)来保留更多的节点信息。具体来说,他们提出了一个新的池化方法,将网络层学习到的无序节点特征转换为固定大小的局部顶点网格结构,这是按特征的数值大小顺序保留固定数量节点完成的。利用固定大小的图的网格结构,可以直接采用传统的 CNN 模型进行图分类。尽管 DGCNN 模型在图分类任务上更多地关注了局部节点特征,但该方法倾向于根据每个单独的图结构对节点进行排序,忽略了图结构之间的拓扑对应关系。目前,开发有效的 Spatial 策略方法来学习图表示仍然是一个重大挑战。

第四节　基于图的机器学习算法的金融应用举例

经济、金融数据中蕴含着很多时间序列数据,如股票交易价格等。本节主要关注如何将金融领域的时间序列数据转化为图结构数据,并使用基于图的机器学习算法分析上述数据,挖掘其中蕴含的趋势与规律,进行可视化分析。

一、多元时间序列转化为图结构

首先我们介绍如何将多元时间序列转化为图结构,并利用图核函数(Graph Kernels)进行可视化分析。如何将多元时间序列转化为图结构也是一个值得研究的内容。我们先给出单一变量的时间序列定义,这里的变量指的是时间序列的被观测对象本体。例如,观测某一区域的每日气温变化,这里指定区域的气温就是被观测对象,也就是时间序列的变量,气温每日的观测值则组成了这个时间序列的数据。可以看出时间序列有几个必要的元素,首先是被观测对象(变量),其次是被观测对象的观测值(数据),还有一个重要的元素就是离散型的时间范围(观测值的个数)。设一个单一变量的时间序列的时间范围为 $T \subseteq \mathbb{R}$,变量为 S,则该时间序列可记作 $[S(1), \cdots, S(T)]^T$ 的向量。

以此类推,多元时间序列即为对多个不同的对象,在相同时间范围内进行观测,记录的多组独立的观测值。设变量个数为 $N \subseteq \mathbb{R}$ 的多元时间序列 SE 的变量集合为 $\{S_1, \cdots, S_N\}$,时间范围为 $T \subseteq \mathbb{R}$,则该多元时间序列可以由一个 $T \times N$ 的矩阵表示:

$$SE = \begin{pmatrix} S_1(1) & \cdots & S_N(1) \\ \vdots & & \vdots \\ S_1(T) & \cdots & S_N(T) \end{pmatrix} \tag{12-15}$$

如何将时间点 $t \subseteq T$ 的多元时间序列数据转化为一个图结构是值得研究的问题。首先可以确定一个统一的框架:

(1) 将变量与节点一一对应,使用变量名作为节点的离散型标签。

（2）设置一个时间窗口大小 $Win \subseteq \mathbb{R}$，选定该时间序列在时间点 t 到时间点 $t+Win-1$ 的所有数据，由此可以将时间序列的每个变量表示成长度为 Win 的向量，并且由于每个变量都有对应的数值向量，可以将这个向量作为对应节点的连续型数值属性特征，全部节点的属性特征构成节点的特征矩阵 $X \subseteq \mathbb{R}^{N \times Win}$，如图 12–3 所示。

节点标签　　　　　　　　时间窗口 Win

时间	S_1	S_2	S_3	S_4	S_5	S_6	S_7	S_8	⋯
1	$S_1(1)$	$S_2(1)$	$S_3(1)$	$S_4(1)$	$S_5(1)$	$S_6(1)$	$S_7(1)$	$S_8(1)$	⋯
2	$S_1(2)$	$S_2(2)$	$S_3(2)$	$S_4(2)$	$S_5(2)$	$S_6(2)$	$S_7(2)$	$S_8(2)$	⋯
3	$S_1(3)$	$S_2(3)$	$S_3(3)$	$S_4(3)$	$S_5(3)$	$S_6(3)$	$S_7(3)$	$S_8(3)$	⋯
4	$S_1(4)$	$S_2(4)$	$S_3(4)$	$S_4(4)$	$S_5(4)$	$S_6(4)$	$S_7(4)$	$S_8(4)$	⋯
5	$S_1(5)$	$S_2(5)$	$S_3(5)$	$S_4(5)$	$S_5(5)$	$S_6(5)$	$S_7(5)$	$S_8(5)$	⋯
6	$S_1(6)$	$S_2(6)$	$S_3(6)$	$S_4(6)$	$S_5(6)$	$S_6(6)$	$S_7(6)$	$S_8(6)$	⋯
⋯	⋯	⋯	⋯	⋯	⋯	⋯	⋯	⋯	⋯

图 12–3　时间窗口示例

（3）给定一种距离度量方式，计算两两向量间的距离，由此可以得到图结构中各个节点间边的权重，这时得到的图结构是无向带权属性图，如图 12–4 所示。

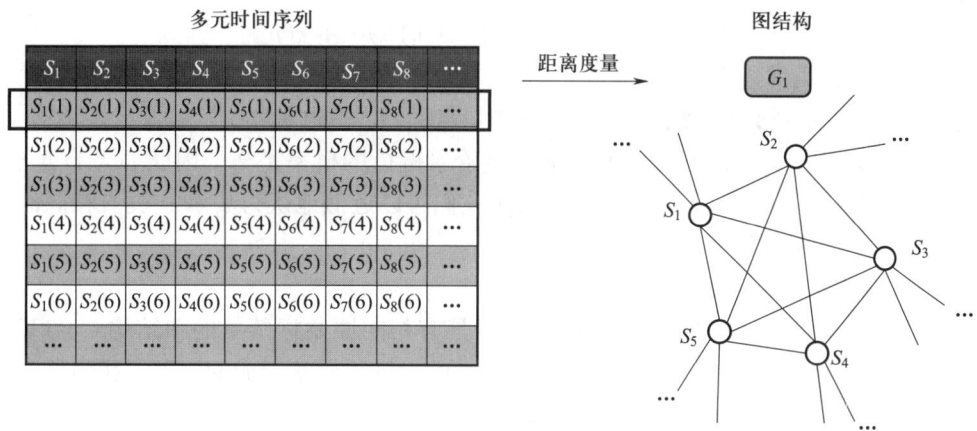

图 12–4　无向带权属性图示例

（4）根据特定要求，对边的权重或数量进行删减，可以得到对应的无权图或有向图等。

按照上述框架，我们可以将时间点 1 到时间点 $T-Win+1$ 的所有时间序列数据都转化成对应的图结构，由于时间序列的变量是固定数量和相同顺序的，因此转化后的所有图结构都有相同的节点数量以及节点顺序。图结构的边随时间点的变化而改变，图结构节点的连续型数值特征也在变化，这样分析多元时间序列数据的任务就转变为了分析这些图结构的拓扑结构以及属性特征的变化。这样做的好处是：图节点的属性特征包含了原时间序列的全部数据，在此基础上图结构还增加了边的信息，即时间序列变量间的关联关系，分析图结构可以利用更加丰富的信息。

二、基于邻居哈希图核函数的金融股市交易数据可视化分析

(一) 邻居哈希函数的基本定义

邻居哈希核函数(Neighborhood Hash Kernel,NHK)的实质是定义了一个被称为 Neighborhood Hash 的哈希函数,通过一系列逻辑运算将图结构中节点的标签映射为二进制标签,然后根据两个图结构经过哈希函数映射后的两组二进制标签集的相似度计算核函数值。因此在介绍 NHK 图核函数具体算法之前,首先给出 Neighborhood Hash 相关定义:

1. 二进制标签

给定图结构 G 的节点标签集 $X=\{X_1,X_2,\cdots,X_n\}$。对于任意 $X_i \in X$,均有长度为 D 的二进制编码 $L_i=\{b_1,b_2,\cdots,b_D\}$ 唯一与之对应,其中 $2^D-1 > |X|$ 且 $b_i \in \{0,1\}$,$|X|$ 表示标签集 X 中的元素个数。L_i 即为标签 X_i 的二进制标签。

2. ROT 运算

对于给定长度为 D 的二进制标签 $L=\{b_1,b_2,\cdots,b_D\}$,ROT 运算将二进制标签 L 转换为一个新的长度为 D 的二进制标签:

$$ROT_k(L)=\{b_{k+1},b_{k+2},\cdots,b_D,b_1,\cdots,b_k\} \tag{12-16}$$

3. Neighborhood Hash

给定一个节点 v 以及它的相邻节点集合 $\{v_1,v_2,\cdots,v_d\}$,$l(v)$ 表示节点 v 对应的二进制标签,Neighborhood Hash 可由式 12-17 定义:

$$NH(v)=ROT_1(l(v)) \oplus l(v_1) \oplus \cdots \oplus l(v_d) \tag{12-17}$$

其中,$\oplus$ 是常见的逻辑运算"异或"。上述哈希函数通过逻辑运算将节点原始的二进制标签映射为一个具有相同长度且包含邻接节点信息的新二进制标签。

相关文献中提到,Neighborhood Hash 发生哈希碰撞的概率是 2^{-D},因此如果 D 足够大,给定两个节点 v_i 和 v_j,且满足 $NH(v_i)=NH(v_j)$,我们可以近似地认为 v_i 和 v_j 具有相同的拓扑结构(除非发生哈希碰撞)。

(二) 邻居哈希图核函数的定义

基于 Neighborhood Hash 的定义,给定两个具有相同原始标签集的图结构 $G_1=(V_1,E_1,L_1)$ 和 $G_2=(V_2,E_2,L_2)$,其中 L_i 表示 V_i 中所有节点的二进制标签组成的序列。我们可以很容易计算出所有节点经过 Neighborhood Hash 之后更新的二进制标签组成的序列 L_i':

$$L_1'=\{NH(v_1),NH(v_2),\cdots,NH(v_{n_1})\}$$
$$L_2'=\{NH(v_1'),NH(v_2'),\cdots,NH(v_{n_2}')\} \tag{12-18}$$

正如上文所述,如果两个节点具有相同的 Neighborhood Hash 值,可近似认为两个节点具有相同的拓扑结构。两个图结构间的 NHK 图核函数值与其按相同方式分解后子图拓扑结构的相似度有关,具体计算公式如下:

$$k(G_1,G_2)=J(L_1',L_2') \tag{12-19}$$

其中 $J(L_1',L_2')$ 是 Jaccard 相似系数,式 12-19 也可写为:

$$k(G_1,G_2)=\frac{|L_1' \cap L_2'|}{|L_1' \cup L_2'|}=\frac{|L_1' \cap L_2'|}{|L_1'|+|L_2'|-|L_1' \cap L_2'|} \tag{12-20}$$

（三）对比方法

我们将 NHK 图核函数应用于基于图结构的多元时间序列数据可视化分析,对比方法包括两个经典基于向量的核方法,即 RBF 核函数、Sigmoid 核函数,以及一个经典时间序列核方法,即动态时间规整核函数(Dynamic Time Warping,DTW)。我们选择的多元时间序列数据来自中国 A 股市场,由沪深 300 指数所包含的股票的日收盘涨跌幅组成。时间跨度为 1990 年 12 月 19 日至 2016 年 5 月 20 日共计 6 218 天。由于沪深 300 指数中不断包含一些新上市的股票,我们剔除了沪深 300 中缺少一半及以上日收盘数据的股票,最终保留的时间序列数据集为 263 只 A 股股票,在 6 218 天内的日收盘涨跌幅,共计 1 635 334 个数据。[①] 我们截取了其中部分时间点的部分股票日收盘涨跌幅,如表 12-1 所示。

表 12-1　部分 A 股股票日收盘涨跌幅

单位:%

日期	SZ000703	SZ000707	SZ000721	SZ000722
2016-05-09	−8.355 6	−6.250 0	−4.324 8	−3.034 1
2016-05-06	−4.499 2	−4.402 5	−4.064 4	−5.555 6
2016-05-05	−0.674 5	−0.934 6	3.687 4	0.058 5
2016-05-04	1.022 1	−0.925 9	−0.870 3	−0.870 1

（四）实验设置

在将股票日收盘涨跌幅数据转化为金融时序图结构的过程中,有两个参数需要设置:第一个是滑动的时间窗口(Time Windows)的大小。我们将时间窗口设定为 25 天,即每次抽取的数据都是从当前时间点到之前 24 天所有的共计 25 天数据。第二个是计算两个时间序列向量相关性的指标。我们选择了协方差作为计算节点间边的权重,并最终保留权重绝对值为前 10% 的边并将边权重置为 1。使用 NHK 图核函数计算任意两个金融时序图结构间基于核函数的相似度,并构建相应的核矩阵。通过调用 Kernel PCA 将核矩阵映射至三维空间展示金融时序图结构分布。

在对比方法 RBF 核函数和 Sigmoid 核函数中有几个超参数需要调整,由于这两种基于向量的核函数都是很常见的核方法,我们选用了 Python 开源工具 Scikit-Learn 中对于这两个函数预设的超参数,因为在很多情况下预设超参数都是经过多次检验选择的,适用范围较广。与 NHK 图核函数应用于金融时序图结构类似,可通过使用 RBF 核函数、Sigmoid 核函数,以及 DTW 核函数计算原始时间序列向量间基于核函数的相似度,并构建相应的核矩阵。通过调用 Kernel PCA 可将原始时间序列向量映射至三维空间展示其分布情况。

接下来主要向读者介绍 NHK 图核函数的 Python 代码,读者亦可自行查阅 NHK 图核函数原作者 Hido 与 Kashima 等人开源的 Python 源代码,根据文献的设置进行实验。关于 RBF、Sigmoid、DTW 核函数,以及 Kernel PCA 源代码,读者可自行查阅 Python 开源机器学

---

① 读者可自行设计相应的爬虫算法收集数据,或使用其他机构提供的各国股市交易数据进行分析。

习库 Scikit-Learn 提供的相关函数代码。由于 NHK 图核函数代码较长(超过 500 行),这里主要展示核心部分代码。

(1) 代码初始化及代码中核心参数说明。如下所示。

```
# 调用相关函数
import collections
import warnings
from grakel.graph import Graph
from grakel.kernels import Kernel
from sklearn.utils import check_random_state
from sklearn.utils.validation import check_is_fitted
# Python 2/3 cross-compatibility import
from six import itervalues
from six import iteritems
```

```
# 源代码中相关参数设置的说明
[docs]class NeighborhoodHash(Kernel):
    """
    Parameters
    _____

    R : int, default=3
        The maximum number of neighborhood hash.
nh_type : str, valid_types={"simple", "count_sensitive"}, default="simple"
        The existing neighborhood hash type as defined in : cite:'Hido2009ALG'.
    bytes : int, default=2
        Byte size of hashes.
    random_state : RandomState or int, default=None
        A random number generator instance or an int to initialize a RandomState as a seed.
    Attributes
    _____

    NH_ : function
        The neighborhood hashing function.
    random_state_ : RandomState
        A RandomState object handling all randomness of the class.
    """
```

(2) ROT 运算核心代码。如下所示。

```
def ROT(self, n, d):
    m = d % self.bits
    if m > 0:
        return (n << m) & self._mask | \
                ((n & self._mask) >> (self.bits−m))
    else:
        return n
```

（3）Neighborhood Hash 代码。如下所示。

```
def neighborhood_hash_simple(self, G):
    vertices, labels, neighbors = G
    new_labels = dict( )
    for u in vertices:
        if (labels[u] is None or
                any(labels[n] is None for n in neighbors[u])):
            new_labels[u] = None
        else:
            label = self.ROT(labels[u], 1)
            for n in neighbors[u]:
                label ^= labels[n]
            new_labels[u] = label
    return tuple(self._vertex_sort(vertices, new_labels)) + (neighbors, )


def neighborhood_hash_count_sensitive(self, G):
    vertices, labels, neighbors = G
    new_labels = dict( )
    for u in vertices:
        if (labels[u] is None or
                any(labels[n] is None for n in neighbors[u])):
            new_labels[u] = None
        else:
            label = self.ROT(labels[u], 1)
            label ^= self.radix_sort_rot([labels[n] for n in neighbors[u]])
            new_labels[u] = label
    return tuple(self._vertex_sort(vertices, new_labels)) + (neighbors, )
```

（4）核矩阵的运算代码。如下所示。

```
# Transform – calculate kernel matrix
# Output is always normalized
km = self._calculate_kernel_matrix(out)
self._is_transformed = True
return km
```

（五）实验结果

在实验设置中我们提到，可以通过调用 Kernel PCA 将金融时序图结构核矩阵以及金融时间序列向量核矩阵分别映射至三维空间。为进一步说明金融时序图结构与金融时间序列向量的空间分布特点与股市重大事件的相关性，我们首先回顾中国 A 股市场历史，注意到在 1993 年 2 月 16 日和 2015 年 6 月 12 日均出现了较为严重的股票市值全面下跌的现象，两次事件在国内主流媒体上均有文字报道，且下跌后均发生了较为持久的股市低迷现象，选取这两个时间点的前后数据进行可视化。如果可视化的方法恰当，可以看到金融时序图结构的分布出现了较为明显的两极分离现象。

具体来说，我们选定了这两个时间节点（1993 年 2 月 16 日和 2015 年 6 月 12 日），并选取了这两个时间点前后各 100 天的数据对应的核矩阵，分别将这两次全面下跌基于 Kernel PCA 进行三维空间可视化。具体实验效果如图 12-5 所示。图 12-5 展示了使用 Sigmoid 核函数和 RBF 核函数对 1993 年 2 月 16 日前后 100 天的数据进行可视化的效果。图 12-5 中的左侧为 Sigmoid 核函数，右侧为 RBF 核函数，三维空间中的每个点都代表原时间序列数据的一个时间点（一天），其中圆圈标记的是下跌发生前的数据，五角星标记的是下跌发生后的数据，可以看到无论是 Sigmoid 核函数还是 RBF 核函数都不能有效地将下跌发生前后的数据区分开。这是由于输入这两种核函数的信息是向量数据，即使核函数可以将原始数据映射到高维空间获取更多的非线性特征，但是时间序列数据的特殊性导致变量间的相关关系也是非常重要的信息，而两种基于向量的核函数都不能考虑变量间的交互关系。

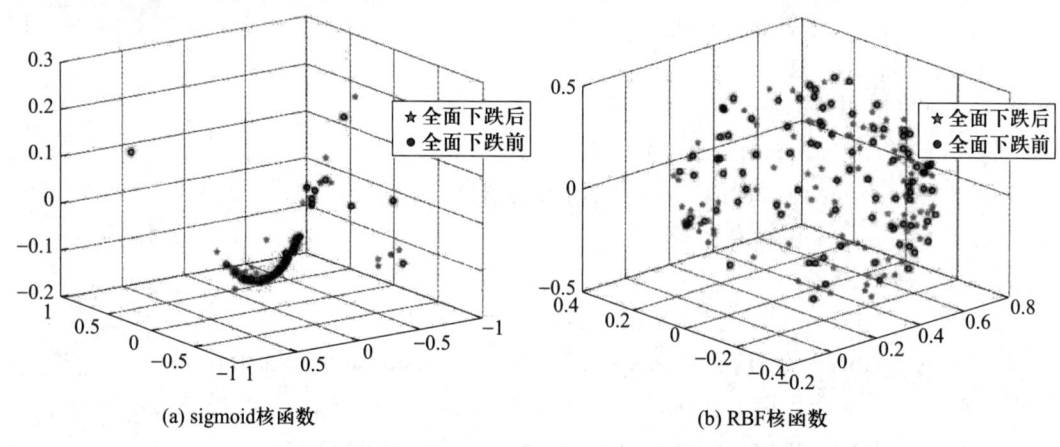

(a) sigmoid核函数　　　　　　　　　　(b) RBF核函数

图 12-5　Sigmoid 和 RBF 核函数对 1993 年相关数据可视化

图 12-6 展示了使用 Sigmoid 核函数和 RBF 核函数对 2015 年 6 月 12 日前后 100 天的

数据进行可视化的效果,左侧为 Sigmoid 核,右侧为 RBF 核,可以看出和 1993 年的金融危机可视化效果类似,都不能有效地将圆圈和五角星区分开。

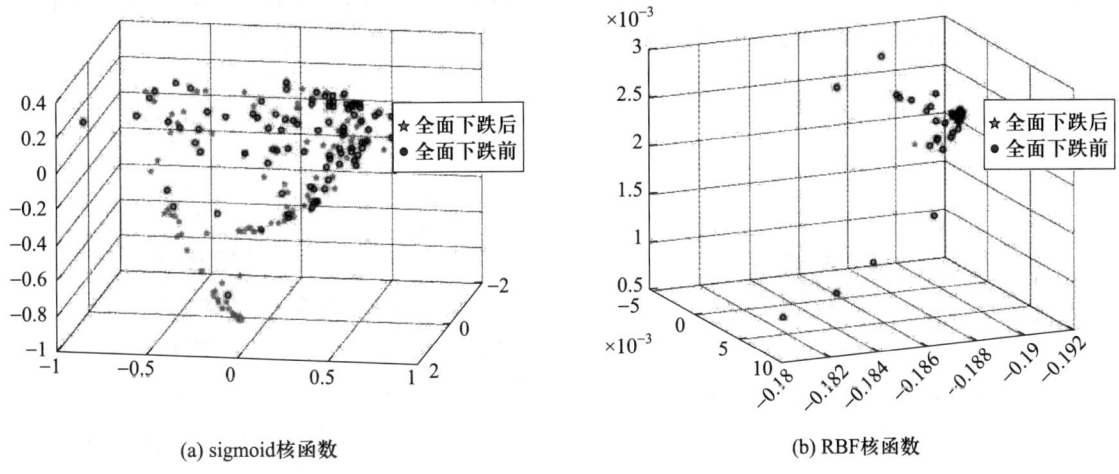

(a) sigmoid核函数　　　　　　　　　　　　　　　(b) RBF核函数

图 12-6　Sigmoid 和 RBF 核函数对 2015 年相关数据可视化

图 12-7 展示了使用 DTW 核函数和 NHK 图核函数对 1993 年 2 月 16 日前后 100 天的数据进行可视化的效果,左侧为 DTW 核,右侧为 NHK 核。可以看出专门用于处理时间序列的核函数 DTW 在对 1993 年的下跌进行可视化时,代表下跌发生前的圆圈有一部分聚集在一起,但是剩余部分还是和代表下跌发生后的五角星混合在了一起。右侧使用 NHK 图核进行可视化的效果就比较明显。值得注意的是,左右两个实验图中使用的数据量相同,但 NHK 图核可视化后可见的点较少,这说明有很大一部分数据点都重叠在了相同的三维空间中。同时可以看到,NHK 图核可视化的数据中五角星和圆圈呈现出明显的分离状态,这表明使用 NHK 图核对 1993 年的下跌进行可视化分析能够更有效地区分出下跌发生前后的数据变化。这是由于 NHK 图核处理的对象是图结构,其中包含了丰富的变量间的关联信息,能够有效捕捉与金融时间序列向量内部所蕴含的复杂结构关联的关系。

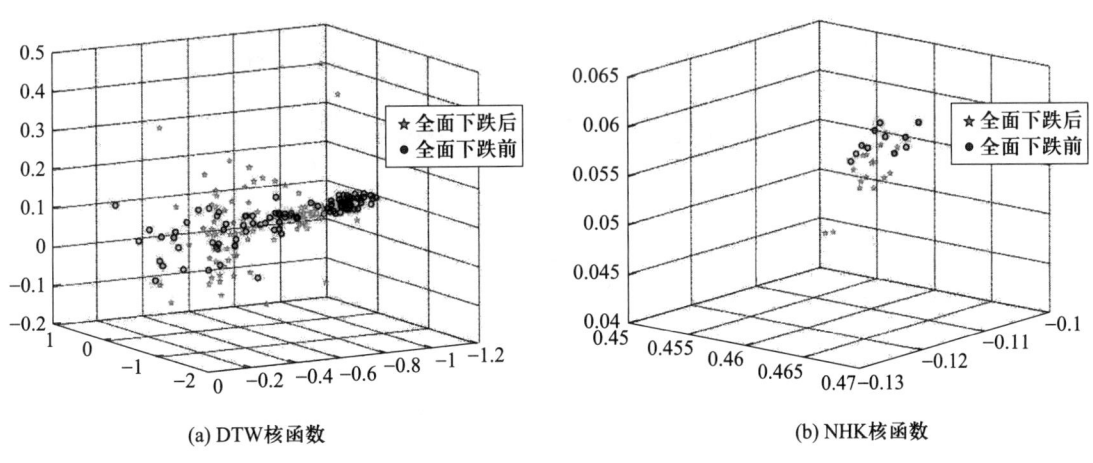

(a) DTW核函数　　　　　　　　　　　　　　　(b) NHK核函数

图 12-7　DTW 和 NHK 核函数对 1993 年相关数据可视化

图 12-8 展示了使用 DTW 核函数和 NHK 图核函数对 2015 年 6 月 12 日前后 100 天的数据进行可视化的效果,左侧为 DTW 核,右侧为 NHK 核。可以看出两侧大部分五角星和圆圈都有效地分离开,两种方法都表现出了较好的效果。

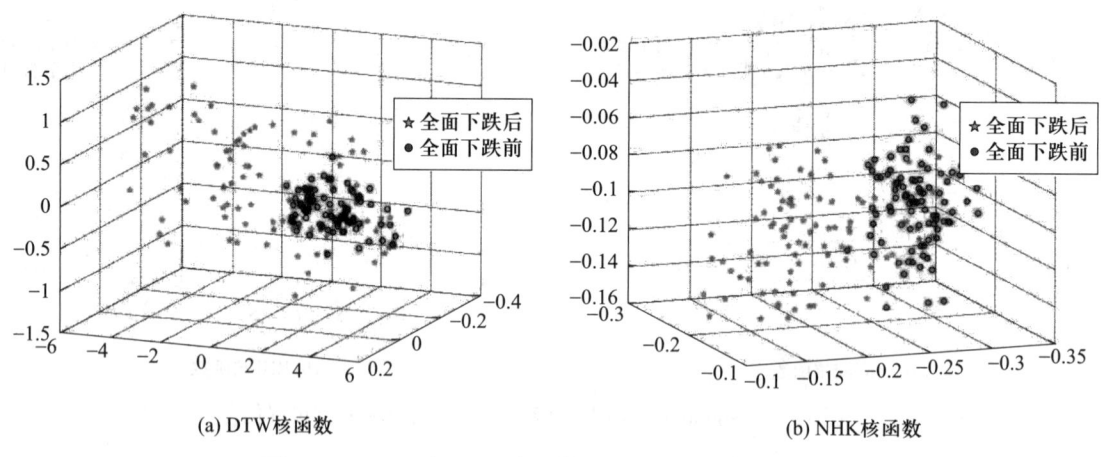

(a) DTW核函数　　　　　　　　　　　　　　(b) NHK核函数

图 12-8　DTW 和 NHK 核函数对 2015 年相关数据可视化

通过以上实验可以发现,相比于经典向量核函数,NHK 图核函数在进行金融时间序列可视化时能够表现出更好的实验效果。我们对 NHK 图核函数方法进行了进一步的考察,发现在 2015 年 6 月 12 日之后,国家很快出台了相应政策对股市发展进行干预,具体政策的出台时间是同年的 7 月 8 日(属于 6 月 12 日之后 100 天内)。因此,我们对于 6 月 12 日前后 100 天的数据按照发生前、发生后以及政策发布后三个阶段进行可视化,其中圆点代表金融危机发生前,三角形代表金融危机发生后且没有政策发布,方块代表政策发布后的数据。NHK 图

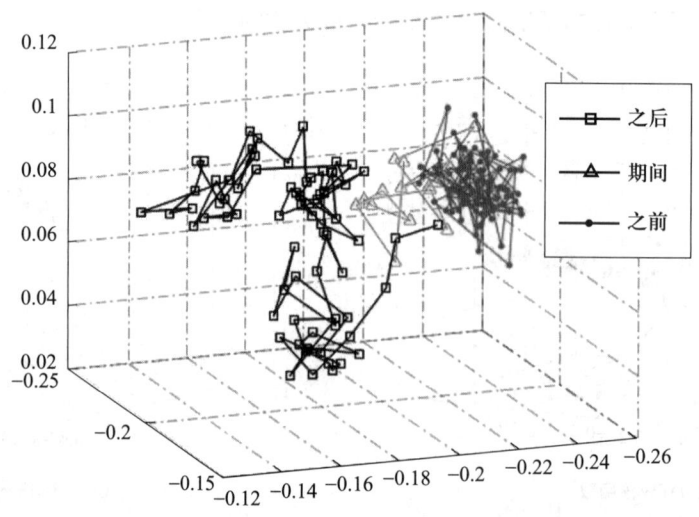

图 12-9　SGAE 模型和 MHK 核函数对 2015 年下跌前后相关数据可视化

核函数的可视化效果如图 12-9 所示,可以看出该方法能够有效地展现出三个阶段的发展轨迹。下跌发生前圆点聚集在一起,金融危机发生后三角形开始偏离圆点簇向外发散分布,随着政策的发布,方块首先呈现聚集的趋势,随后慢慢返回圆点的簇,这说明政策的发布对于股市回归稳定起到了积极的作用。

本 章 小 结

本章围绕图数据分析的核心概念和方法展开介绍。首先介绍了图数据的定义和典型应用场景;其次介绍了图核方法以及图卷积网络的主要模型;最后介绍了上述方法的典型智能金融应用场景。在智能金融应用中,图数据可以进行交易数据可视化分析,从而发现相关特征与规律。

关 键 名 词

图数据　图核函数　图卷积网络　空间策略　谱分析策略

即 测 即 评

请扫码检测本章学习效果。

复习思考题

1. 图数据和向量数据的不同之处在哪里?
2. 图核函数的基本原理是什么?
3. 常见的图核函数有哪些?
4. 图卷积网络模型主要分为哪两类? 其区别主要是什么?
5. 列举一个典型的使用图数据分析方法分析金融时序网络的例子。

第十三章
隐私计算

章 前 导 读

　　随着互联网技术、大数据技术的不断发展,可存储、可处理的数据量不断增大,应用这些数据可以为用户提供精准、个性化的服务,给人们生活带来极大便利。但是大部分应用在采集用户信息时,往往包含病史、收入、身份、兴趣及位置等个人敏感信息,用户隐私存在泄露风险,给用户带来了极大的威胁和困扰。

　　随着个人隐私保护成为大众关注的焦点,面向隐私信息全生命周期保护的计算理论和方法——隐私计算正逐步发展并得到应用。目前,以安全多方计算、联邦学习、可信执行环境三大技术为代表的隐私计算技术成为保护隐私数据的重要解决方案,在金融、医疗、政务等领域得到广泛应用。

本章学习目标

　　本章介绍了隐私计算的基本含义及几个不同类型的隐私计算方法,包括安全多方计算、联邦学习、可信执行环境等,并探索了以上技术在实际中的应用案例。通过本章的学习,可以了解隐私计算产生的现实依据及其发展历程,了解不同类型的隐私计算技术和方法,熟悉它们各自的基本原理和具体应用,并进一步探索隐私计算在金融领域的发展现状和未来前景。

第一节　隐私计算的产生、分类与应用

一、隐私计算的产生

　　2019 年 10 月,党的十九届四中全会决议通过的《中共中央关于坚持和完善中国特色社会主义制度、推进国家治理体系和治理能力现代化若干重大问题的决定》,首次增列“数据”为生产要素。次年 4 月,《中共中央　国务院关于构建更加完善的要素市场化配置体制机制的意见》发布,再次明确指出要引导各类要素协同向先进生产力集聚,数据作为一种新型生产要素被写入文件中,与土地、劳动力、资本、技术等传统要素并列。数据资源的开放共享、交换流通逐渐成为重要趋势。但是在拥抱数据价值之前,这一过程中的数据安全威胁也不可忽视,尤其是 2021 年 9 月《中华人民共和国数据安全法》的颁布和实施,对企业合规安全地使用数据提出了更高的要求。

根据《隐私计算白皮书(2021 年)》,目前数据要素市场化配置处于起步阶段,存在部分障碍:一是数据权属的界定不明确,导致供需双方由于产权争议和难以监管的风险望而却步;二是数据流通的安全风险高,出于对国家安全、个人信息和商业秘密的保护,企业参与数据流通的积极性不高;三是如何确保流通过程中的安全合法仍较难把握,现有监管要求未给出数据对外提供和处理的合法依据和参考指引,企业仍对数据可流通的对象、范围、方式等问题存在困惑。这些障碍造成了数据流通在数据质量、数据定价等方面的诸多问题。①

为解决以上问题,政府部门和大数据行业从业者进行了艰辛的探索,试图利用技术手段加以解决,如提出数据标识加密技术、数据标识关联技术和有效授权技术等方法保护个人信息,但这些技术往往不能抵御数据流通后被反推和滥用的风险,数据流通仍然障碍重重。在这一背景下,以安全多方计算、联邦学习、可信执行环境三大技术为代表的隐私计算技术成为保护数据,使数据"可用不可见"的重要解决方案,在精准营销、联合风控、供应链金融等金融领域得到应用。

二、隐私计算分类

隐私计算是指在提供隐私保护的前提下,对数据进行分析计算的一系列信息技术,是一套包含人工智能、密码学、数据科学等在内的众多领域交叉融合的跨学科技术体系,它能够保障数据在流通和融合过程中"可用不可见"。目前主流的隐私计算技术分为三大方向:第一类是以安全多方计算为代表的基于密码学的隐私计算技术;第二类是以联邦学习为代表的人工智能与隐私保护技术融合衍生的技术;第三类是以可信执行环境为代表的基于可信硬件的隐私计算技术。

隐私计算技术为数据隐私保护计算提供了丰富的解决方案,可以从底层硬件、基础层和算法应用等不同角度加以区分,整个体系如图 13-1 所示。

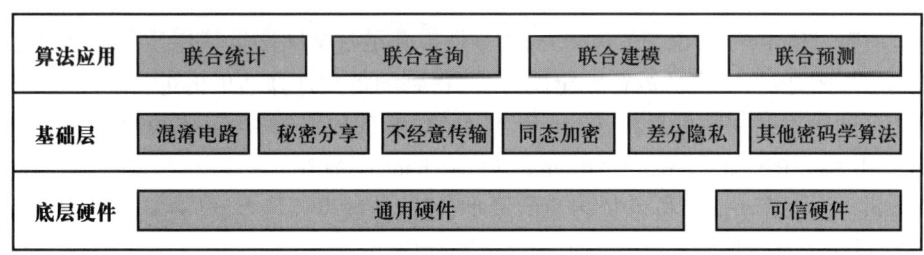

图 13-1　隐私计算技术体系

①　隐私计算联盟,中国信息通信研究院云计算与大数据研究所.隐私计算白皮书(2021 年)［R］.

从底层硬件来说,安全多方计算与联邦学习通常从软件层面设计安全框架,以通用硬件为底层基础架构;可信执行环境以可信硬件为底层技术实现隐私计算方案。

从基础层来说,安全多方计算利用各类基础密码学工具设计不同的安全协议;联邦学习除了将安全多方计算协议作为其隐私保护的技术支撑外,还将基于噪声扰动的差分隐私技术纳入安全框架中;可信执行环境通常与密码学算法、安全协议相结合,为多方数据提供隐私保护。

从算法应用来说,联邦学习主要应用于联合建模和联合预测场景;安全多方计算和可信执行环境可作为更加通用的技术方案,设计用于联合统计、联合查询、联合建模和联合预测等多种场景。

通过分析安全多方计算、联邦学习和可信执行环境三大主流方向的基本方案架构、具体算法应用和技术特点等方面,总结出这三个技术之间的主要区别,如表 13-1 所示。

表 13-1　隐私计算三大技术主要对比

技术	性能	通用性	安全性	可信方	整体描述	技术成熟度
安全多方计算	低~中	高	高	不需要	通用性高,计算和通信开销大,安全性高,研究时间长,久经考验,性能不断提高	已达到技术成熟的预期峰值
联邦学习	中	中	中	均可	综合运用安全多方计算、差分隐私、同态加密方法,主要应用于 AI 模型训练和预测	快速增长的技术创新阶段
可信执行环境	高	高	中~高	需要	通用性高,性能强,开发和部署难度大,需要信任硬件厂商	快速增长的技术创新阶段

除了三大主流技术外,同态加密、零知识证明、差分隐私、区块链等技术也常应用或辅助于隐私计算。

同态加密(Homomorphic Encryption,HE)是指满足密文同态运算性质的加密算法,即数据经过同态加密之后,对密文进行特定的计算,得到的密文计算结果再进行对应的同态解密后的明文等同于对明文数据直接进行相同的计算,实现数据的"可算不可见"。该概念最早在 1978 年由 Ron Rivest、Leonard Adleman 和 Michael L.Dertouzo 提出,已发展出各种半同态加密和全同态加密算法。该技术具有通信量小、通信轮数少等特点,已在安全多方计算、联邦学习、区块链等存在数据隐私计算需求的场景落地应用。

零知识证明(Zero-Knowledge Proof,ZKP)指的是证明者能够在不向验证者泄露任何有用信息的情况下,使验证者相信某个论断是正确的技术。它在 20 世纪 80 年代初由 S. Goldwasser、S. Micali 和 C. Rackoff 首先提出。作为一种两方或多方的协议,零知识证明具有安全性高、隐私性强的特点,广泛应用于各类安全协议的设计,是各类认证协议的基础。

差分隐私(Differential Privacy,DP)是在源数据或计算结果上添加特定分布的噪声,确保各参与方无法通过分析得出某一样本是否包含于数据集中。它由 Dwork 在 2006 年针对数据库隐私泄露问题提出。差分隐私分为本地差分隐私和计算结果差分隐私。前者指在汇聚和计算前就将噪声加入数据中,用于数据收集方不可信的场景下;后者指最终计算结果发布前对其添加噪声。该技术的计算和通信性能与直接明文计算几乎无差别,安全性损失依赖于噪声的大小,正处于快速增长的技术创新阶段。

区块链(Block Chain,BC)是一种不依赖于第三方,通过自身分布式节点进行网络数据的存储、验证、传递和交流的技术方案。作为比特币的底层技术,它本质上是一个去中心化的数据库,具有数据可溯源、难以篡改、公开透明、智能合约自动执行等技术特点。该技术与隐私计算都综合运用了密码学、分布式系统等技术,具有相似之处又各有特点。将隐私计算和区块链结合,既能实现隐私保护,又能为数据真实性、数据确权等合规问题提供解决方案,实现"1 + 1 > 2"。[①]

三、隐私计算应用

根据中国信息通信研究院统计,目前典型的隐私计算应用场景包括联合风控、联合营销、智能医疗、智能政务等热点应用,也包括智慧能源、智慧城市、工业互联网等探索性应用。此处主要探讨在金融领域的应用。

(一)联合营销:跨行业数据融合重构用户画像

进入互联网时代,应用于营销的数据维度不断增加,应用场景也不断丰富,然而不同行业的用户画像数据往往是割裂的,需要进行整合,从而构建更加立体的用户画像,实现资源优势互补、开拓市场广度和挖掘市场深度的营销目的。隐私计算在这一场景下可以帮助机构在不输出原始数据的基础上实现数据共享,进行营销模型计算,根据建模结果制定营销策略,实现双赢。

在构建营销模型时,利用隐私计算技术可以对交互的标签、特征、梯度等数据进行密码学处理,保证密文接收方或外部第三方无法恢复明文,且能够直接基于密文进行计算并得到正确的计算结果,从而达到各参与方无须共享明文数据即可实现联合构建营销模型,进一步丰富用户画像,进而实现精准营销。

在高价值用户识别时,可以利用隐私计算技术,通过联合统计、隐匿查询等方式将内部和外部数据进行安全融合,打通多方"数据孤岛",利用外部数据更精准地对客群进行分类,识别高价值客户,制定更加精准的营销策略。

(二)联合风控:引入外部数据优化金融风控模型

一般而言,出于保护客户隐私、国家安全和商业机密等原因,机构往往不愿共享数据资源,金融机构之间、金融机构与其他行业机构之间的数据融合壁垒较高,"数据孤岛"现象严重,而用户在单个机构的金融业务数据往往难以满足金融风控需求,提升了金融机构的风险识别难度,难以降低融资成本。

利用隐私计算技术,可以实现跨机构数据价值的联合挖掘,实现数据的"可用不可见",

---

①　中国信息通信研究院安全研究所,阿里巴巴集团安全部,北京数牍科技有限公司.隐私保护计算技术研究报告(2020 年)[R].

让各机构更好地分析客户综合情况,交叉验证交易真实性等业务背景,降低欺诈和合规风险,从而提升风控能力。

在构建风控模型时,利用隐私计算,一方面,可以实现多个金融机构之间数据融合,解决单个金融机构样本量有限的问题,形成在相关场景中的全局意识,提升模型的准确度;另一方面,可以综合利用金融机构和其他行业数据,在各方原始数据不出域的前提下建立金融风控模型,形成对业务的多维度认识,提高风控质量。

在信息核验时,可以通过隐私计算实现多方黑名单数据共享,对具有诈骗、洗钱、骗贷等行为的黑名单客户进行匿踪查询,即查询方隐藏被查询对象关键词或客户 ID 信息,数据服务方提供匹配的查询结果却无法获知具体对应哪个查询对象,保证数据不出域却能计算,杜绝数据缓存、数据泄露和数据贩卖的可能性,从而提升客户背景调查的安全可信程度。[①]

第二节 安全多方计算

一、安全多方计算基本介绍

(一)安全多方计算的产生与发展

安全多方计算(Secure Muti-Party Computation,MPC、SMC 或 SMPC)问题首先由华裔计算机科学家、图灵奖获得者姚期智教授于 1982 年通过"百万富翁问题"提出。百万富翁问题需要帮助两个富翁在不暴露彼此财富的前提下比较出谁更富有。

20 世纪 80—90 年代是安全多方计算的理论研究阶段。这一时期有关安全多方计算的研究大多集中在理论层面,提出了许多重要概念和协议。如 Rivest 于 1978 年提出同态加密概念,Shamir 于 1979 年提出门限秘密分享协议,姚期智于 1982 年提出安全多方计算协议解决了百万富翁问题,Chor 于 1995 年提出 PIR 协议等。[②]

2000—2009 年,前期提出的协议得到进一步改进,计算机技术的发展也帮助不断优化计算成本,安全多方计算的研究进入了实验室阶段。这一阶段开始,学者们将安全多方计算的理论研究和实际问题结合,出现了著名的安全多方计算平台 Fairplay。

2009—2017 年进入应用初创阶段,出现了成功应用 MPC 的实例,丹麦甜菜拍卖、隐私保护网络安全监控、波士顿工资平等研究等问题都是在这一时期提出的。同时,也有一些行业巨头开始利用 MPC 解决数据安全交换的问题。

2018 年至今则是规模化发展阶段。在多个国家、地区的数据保护法规要求下,安全多方计算被用来解决数据的合规性问题。金融、医疗、政务等领域开始关注安全多方计算。基于 TensorFlow 的安全多方计算框架开源、谷歌开源安全多方计算工具 Private Join and Compute、Facebook 开源安全多方计算框架 CrypTen 等相继提出。

(二)安全多方计算的定义

安全多方计算是指在无可信第三方的情况下,多个参与方协同计算一个约定函数,除计

---

① 开启新纪元:隐私计算在金融领域应用发展报告 2021[R/OL]. 零壹财经.

② 隐私计算技术解析:多方安全计算(MPC)发展脉络及应用实践[EB/OL]. 洞见科技.

算结果以外,各参与方无法通过计算过程中的交互数据推断出其他参与方的原始数据。其数学描述为:有 n 个参与者 $P_1, P_2, \cdots, P_n$,要以一种能够同时保证输出结果的正确性和输入信息、输出信息的保密性的安全的方式共同计算一个函数。每个参与者 P_i,都有专属的保密输入信息 X_i,n 个参与者要共同计算一个函数 $f(X_1, X_2, \cdots, X_n)=(Y_1, Y_2, \cdots, Y_n)$,计算结束时,每个参与者 P_i 只能了解 Y_i,而无法获得其他参与者的保密信息。

安全多方计算的技术框架如图 13-2 所示。

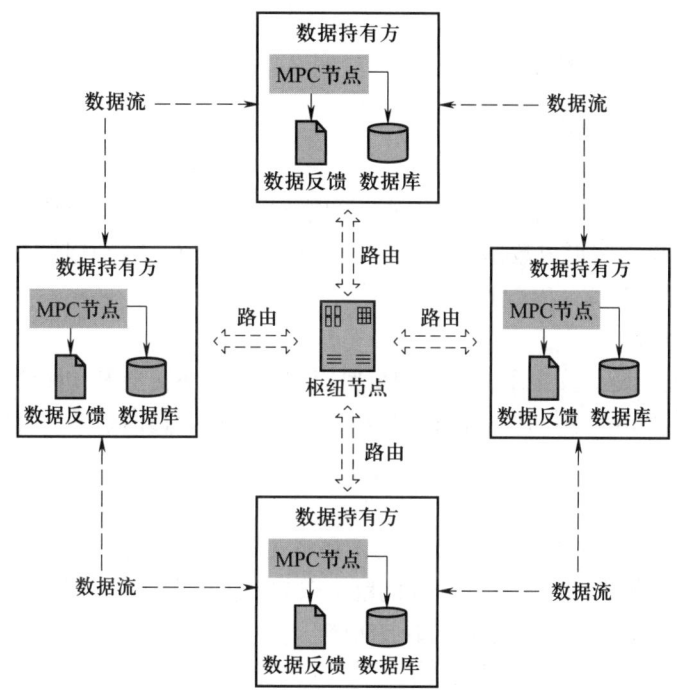

图 13-2　安全多方计算的技术框架

MPC 任务提出后,枢纽节点传输网络及信令控制。每个数据持有方发起协同计算任务。通过枢纽节点进行路由寻址,选择相似数据类型的其余数据持有方进行协同计算。数据持有方的 MPC 节点从本地查询所需数据,共同针对 MPC 任务进行协同计算。这样能够保证在隐私输入的前提下,各方得到正确的数据反馈。[①]

(三) 安全多方计算的特征

安全多方计算理论主要研究参与者间协同计算及隐私信息保护问题,其特点包括输入隐私性、计算正确性及去中心化等。

1. 输入隐私性

安全多方计算研究各参与方如何在协作计算时保护隐私数据,在计算过程中必须保证各方独立、私密输入且计算时不泄露任何本地数据。

① 中国信通院. 数据流通关键技术白皮书[R]. 2018.

2. 计算正确性

安全多方计算的每个参与方根据某一约定计算任务,通过约定 MPC 协议进行协同计算,计算结束后,各方得到正确的数据反馈。

3. 去中心化

传统的分布式计算由中心节点协调各用户的计算进程,需要收集各用户的输入信息。但是在安全多方计算中,各参与方地位平等,不存在任何有特权的参与方或第三方,提供一种去中心化的计算模式。

二、安全多方计算的应用

(一)安全多方计算的适用场景

1. 数据可信交换

安全多方计算理论提供了一套在协同计算网络中的信息索引、查询、交换和数据跟踪的统一标准,帮助机构之间形成数据的可信互联互通,解决数据安全性、隐私性问题,在数据的持有者和需求者之间建立了有效通道。

2. 数据安全查询

数据安全查询问题是安全多方计算的重要应用领域。在安全多方计算技术的支持下,数据查询方能在数据库一方不知道具体查询请求的情况下得到查询结果,并且不知道数据库内的其他信息。

3. 联合数据分析

随着大数据技术的发展,社会活动中的信息量迅速增加,但现有的数据分析算法无法防止信息泄露,数据分析中的隐私和安全性问题也引起了极大关注。安全多方计算的引入能够改进已有数据分析算法,保护敏感数据不被泄露。

(二)安全多方计算的应用范围

1. 金融业

金融与风险息息相关,风控与征信是金融业管理风险的重要手段。在传统数据分析模式下,数据采集范围有限、平台更新不及时、接入门槛高。应用 MPC 征信模式,能够进行数据本地采集,填补传统征信中数据时效性差、风险评估状况滞后的缺陷。同时,还可以进行多样化的协同计算,将医疗、保险、交通等领域的信息纳入征信评价体系,从而得到更广泛、更饱满的社会信用评价画像。

2. 制造业

制造业的数字化改造大大提高了制造业的效率,但是由于行业内供给、生产、维修等数据受全球分布的影响,很难共享,所以往往面临产能过剩的问题。而 MPC 技术可以让数据不再受国家限制,能够对行业整体和市场需求进行深度挖掘和多维度综合分析,帮助优化全球制造供应链和准确配置全球生产体系和市场投放,更好地把握产业动向。

3. 医疗业

医疗数据具有独特的敏感性,这导致医疗机构、保险公司、制药企业、医疗设备供应商之间的数据难以高效共享,数据的利用效率和研究深度不足。MPC 技术可以帮助医疗数据参与方建立安全可信的数据交换网络,最大化医疗数据价值。

4. 电子选举

电子选举是安全多方计算的典型应用,得到了研究者的广泛重视。在电子选举这一场景中,MPC 保证了计票的完整性、投票过程的鲁棒性、选票内容的保密性、不可复用性和可证实性。安全多方计算协议可以在其他需要保证裁判公正的多方参与场景中代替裁判,如网上拍卖等。

第三节　可信执行环境

一、可信执行环境基本介绍

(一)可信执行环境的产生与发展

可信执行环境(Trusted Execution Environment,TEE)的概念起源于 Open Mobile Terminal Platform(OMTP)于 2006 年提出的一种保护移动设备上敏感信息安全的双系统解决方案,在传统系统运行环境(Rich Execution Environment,REE)之外,提供一个隔离的安全系统用于处理敏感数据。2009 年,OMTP 将可信执行环境定义为"一组软硬件组件,可以为应用程序提供必要的设施"。相关实现需要支持两种安全级别中的一种:第一个安全级别(Profile 1)目标要求可以抵御软件级别的攻击。第二个安全级别(Profile 2)目标要求可以同时抵御软件和硬件攻击。

Global Platform(致力于安全芯片的跨行业国际标准组织,简称 GP)对 TEE 系统的应用接口、应用流程、安全存储、身份认证等功能进行了规范化,制定了硬件安全的技术标准,其制定的国际标准被称为 GP 标准。GP 将可信执行环境定义为"一个与设备操作系统并行,但相互隔离的执行环境"。TEE 可以保护其中的数据不被一般的软件攻击。

Mohamed Sabt 等人使用"分离核"给可信执行环境一个更一般的定义。分离核最早用于模拟分布式系统,其需要满足数据独立、时间隔离、信息流控制和故障隔离的安全性准则。基于此,TEE 被定义为"一个运行在分离核上的不可篡改的执行环境"。

尽管 TEE 的定义形式多样,但所有 TEE 的定义中都包含独立执行环境和安全存储这两个关键点。可信执行环境可以通俗地理解为:在设备上一个独立于不可信操作系统而存在的可信的、隔离的、独立的执行环境,为不可信环境中的隐私数据和敏感计算提供了一个安全而机密的空间。[①]

(二)可信执行环境的特征

可信执行环境的核心思想是建立一个独立于操作系统的可信的、隔离的安全隐私空间,通过可以信赖的硬件保障空间的安全,并且仅在安全空间内进行数据计算。这一技术最本质的属性是隔离,通过芯片等硬件技术和上层软件协同保护数据的同时,保留与系统运行环境的算力共享。[②]

基于硬件的 TEE 技术具有很高的实现效率,但也比较依赖底层硬件架构。与一般的安全多方计算相比,TEE 具有如下优势和劣势:

---

① 宁振宇,张锋巍,施巍松.基于边缘计算的可信执行环境研究[J].计算机研究与发展,2019,56(7):1441-1453.

② 闫树,吕艾临.隐私计算发展综述[J].信息通信技术与政策,2021,47(6):1-11.

（1）优势：可信执行环境的可信硬件部分可支持多层次、高复杂度的算法逻辑实现；可信执行环境的运算效率更高，还能够抵御恶意敌手。

（2）劣势：可信执行环境的方案实现依赖底层硬件架构，在进行更新升级时，需要同步进行软硬件升级。另外，不同厂商的 TEE 技术各不相同，目前没有形成统一的行业标准。

二、可信执行环境的分类

随着可信执行环境的兴起与发展，各大厂商提供了各种不同的可信执行环境。宁振宇等根据实现技术不同将这些可信执行环境分为三大类：[①]

（一）基于内存加密的可信执行环境

此类解决方案直接在应用层进行隔离，Intel 软件防护扩展和 AMD 内存加密技术都是使用这类可信执行环境。Intel 通过将一系列扩展指令和内存访问机制加入 Intel 处理器实现软件防护扩展。在这种扩展的支持下，应用程序可以在内存中创建受保护的围圈（Enclave），其机密性和完整性受到加密的内存的保护。而 AMD 提出安全内存加密和安全加密虚拟化，使选择性加密成为可能。

（二）基于 CPU 模式的可信执行环境

此类解决方案通常使用额外的 CPU 模式来实现内存隔离，独立于不可信操作系统存在。这种方式需要使用硬件来建立内存区域的访问权限，而不可信区域和可信执行程序内的程序以时间片的方式共用 CPU。Intel 系统管理模式和 ARM TrustZone 技术都采用了这种可信执行环境。

（三）基于协处理器（Co-Processor）的可信执行环境

此类解决方案使用额外的协处理器来提供执行环境，并且这种执行环境有独立的内存，不受主处理器和主内存的影响，为可信执行环境提供了更强有力的保障。典型实例有 Intel 管理引擎和 AMD 平台安全处理器等。

三、可信执行环境的应用

可信执行环境技术具有较强的算法通用性和较小的性能损失，已经在许多需要隐私数据计算的场景中得到应用。根据可信执行环境的特性，它更适用于具备以下特征的应用场景：

（1）计算逻辑相对复杂，算法难以通过同态加密等技术进行改造，或者改造过后效率下降过多。

（2）数据量大，数据传输和加解密的成本较高。

（3）性能要求较高，要求在较短时间内完成运算并返回结果。

（4）需要可信第三方参与的隐私计算场景，且数据（部分或间接）可被可信第三方获取或反推。

（5）数据的传输与使用环境与互联网直接接触，需要防范来自外部的攻击。

（6）数据协作的各方不完全互信，存在参与各方恶意攻击的可能。

其中最常见的具体应用场景包括：隐私身份信息的认证比对、大规模数据的跨机构联合

---

① 宁振宇,张锋巍,施巍松.基于边缘计算的可信执行环境研究[J].计算机研究与发展,2019,56(7):1441-1453.

建模分析、数据资产所有权保护、链上数据机密存储和计算等。

1. 隐私身份信息的认证比对

身份信息的认证比对需要通过使用者的指纹、脸部图像、声音等数据验证使用者的真实身份以确保安全性。在这个过程中,用户的个人信息不可避免地被采集并上传,这使得用户隐私存在泄露风险,甚至可能危害用户的财产、人身安全。

TEE 技术在各类终端的应用可以帮助减少用户信息泄露的风险。摄像头、指纹识别器等设备采集个人身份数据,这些数据加密后传输到基于 TEE 技术生成的隐私计算环境中,并在其中进行解密、相似性比对等操作,只有比对结果和再次加密的数据会被上传至服务器端。

在这个过程中,明文数据的计算仅在用户终端设备的 TEE 中完成,在保障用户隐私信息安全的同时,防止终端设备上其他应用对校验过程进行干扰,产生作弊行为。

2. 大规模数据的跨机构联合建模分析

随着社会数字化进程和大数据技术的发展,各领域对数据维度和数据量的要求不断扩大,单个机构自身业务产生的数据可能已经无法支撑其分析需求,因此联合多方数据分析建模已经成为一个重要趋势。但是数据共享时往往涉及企业的用户数据和经营数据,企业希望能够充分保护原始数据中这些隐私信息,实现数据的可用而不可见。

在这一类型的场景中,可以通过分布式部署在多个机构间的 TEE 节点网络,实现数据的隐私求交和计算。各方通过本地的 TEE 节点从数据库中获取数据,并通过一个基于 TEE 可信根生成的加密密钥对数据进行加密,该密钥在多个节点的协商下产生,仅在各节点的 TEE 安全区域内部可见。加密后的数据在 TEE 节点网络间传输,并最终在一个同样由 TEE 节点组成的计算资源池中,然后在 TEE 中进行数据的解密、求交和运算。在运算完成后,TEE 节点仅对外部输出计算结果,而原始数据和计算过程数据均在 TEE 内部就地销毁。

在 TEE 技术支持下的多方数据联合建模不仅可以实现数据共享,还可以保证企业的隐私数据不被探知。与此同时,和其他的分布式计算或纯密态计算的方案相比,基于 TEE 的方案算法更加通用且性能更强大,对大数据的处理效果更好。

3. 数据资产所有权保护

数据是一种数字化资产,具有可复制、易传播的特性。如何在数据资产共享和交易过程中保护数据资产的所有权,是数据生产要素市场化亟待解决的首要问题之一。

将 TEE 技术与区块链技术结合,可以很好地保证数据使用权与所有权分离。使用区块链技术追溯和监管数据的交易,记录数据所有权。当数据的使用权与所有权分离时,保证数据在 TEE 内部使用并通过 TEE 中的程序可信度量值的存证确定双方是否根据约定使用数据。计算结束后,原始数据将在 TEE 内部销毁,保障数据所有权不会丢失。

4. 链上数据机密存储和计算

传统的存证方式存在成本高、效率低、采信困难等问题,逐步被区块链电子存证取代,数据的存储、提取、出示、比对等环节都在链上公示,因此需要解决链上公示数据的安全性问题。

TEE 节点可以帮助实现链上数据的机密存储和计算。链上的各方通过仅节点内部可见的加密密钥进行数据的加密存储。需要使用数据时,该数据信息通过 TEE 节点网络传输并在 TEE 中解密、比对,保证数据没有被恶意篡改后进行运算。计算结束后同样就地销毁原始数据,保证数据的安全。

第四节　联　邦　学　习

一、联邦学习基本介绍

（一）联邦学习的产生背景

AlphaGo 的成功，使人工智能技术发展迎来第三个高峰期，大家真正看到了 AI 所蕴含的巨大潜力，也越发憧憬这一技术能够在更多、更复杂的领域施展拳脚。海量训练数据是现代人工智能技术在各个领域中应用获得成功的重要条件之一。大多的 AI 算法都依赖于大规模标记良好的数据集以获得较好的处理效果，然而在一些应用领域如医疗、经济金融以及政务，可用的训练数据往往有限，难以达到人工智能技术的数据数量和质量要求。数据有限的主要原因包括：第一，针对机器学习算法的数据标注任务需要专业的知识和经验、充足的人力和时间才能完成，这种预处理任务成本高，使得实际业务应用中往往无法获得充足的标注数据供给模型使用。第二，数据源间存在难以打破的壁垒。人工智能实际落地应用所需数据会涉及多个领域，但由于在大多数行业中数据以孤岛的形式存在，哪怕是同一公司的不同部门数据整合都会存在很大的阻力和成本，进而限制了数据共享，数据孤岛逐渐成为各行各业数据的常态现象。

另外，随着大数据技术的不断发展，对于数据隐私和安全的重视成了世界共同的趋势。各国都在不断加强对于数据安全和隐私的保护。2017 年开始实施的《中华人民共和国网络安全法》中也指出网络运营不得泄露、篡改、毁坏其收集的个人信息，并和第三方进行数据交易时需确保拟订的合同中明确约定拟交易数据的范围和数据保护义务。各个行业对数据隐私和数据安全保护的意识也愈发强烈，这给人工智能技术的发展带来了前所未有的挑战。

例如，用户手机上的智能软件服务的背后往往都依靠模型，而模型需要不断基于用户产生的数据进行训练优化，从而实现应用功能优化乃至达到"智能水平"，提升用户使用体验。以往的模型训练方法是将用户产生的行为数据实时或定时上传至云服务器，在云服务器上基于上传的数据实现模型训练和更新，实际应用更新则需要本地请求云端服务完成，这一方式叫作"集中式模型训练"。其缺点在于：一是无法保证用户的数据隐私，服务商将用户的数据全部采集到服务器上进行统一管理，在监管机构对个人数据隐私管控逐渐趋严的情况下，这一方式会越来越受限；二是实时性难以保证，模型应用时需要通过网络请求云端的模型，在网络延迟或者没有网络的情况下，模型没办法发挥作用。为此出现了分布式模型训练，也就是联邦学习（Federated Learning，FL）。

（二）联邦学习的提出及定义

联邦学习最早由谷歌在 2017 年提出。其目的是解决用户终端设备上的模型训练更新问题，使用户数据不离开本地，在本地存储设备上完成所有模型的训练工作，将本地训练得到的模型参数等通过加密的方式上传至云端，由云端完成统一聚合并将新的结果更新下发至本地，由此实现模型的优化训练。

微众银行发布的《联邦学习白皮书》中对联邦学习给出如下定义："在进行机器学习的过程中，各参与方可借助其他方数据进行联合建模。"联邦学习本质上是一种保护隐私的分布式机器学习技术，多方参与、共同学习，更好地应对数据共享领域出现的新问题，如数据孤岛，在确保隐私保护和数据安全的前提下，实现数据的高效使用。联邦学习架构如图 13-3 所示。

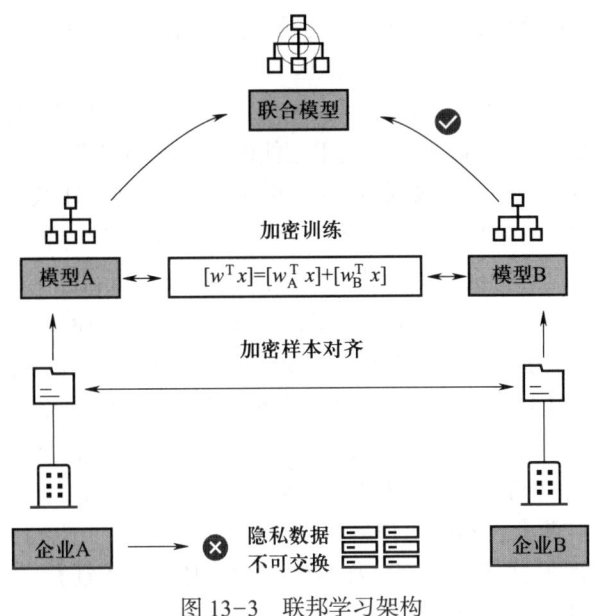

图 13-3　联邦学习架构

（三）联邦学习的特征

结合联邦学习的基本解决思路,可以得出联邦学习具有如下特征。

1. 多方协作

有两个或以上的联邦学习参与方协作构建一个共享的机器学习模型。每一个参与方都拥有若干能够用来训练模型的训练数据。

2. 各方平等

联邦学习的各参与方之间都是平等的,并不存在高低贵贱之分。

3. 数据隐私保护

在联邦学习模型的训练过程中,每一个参与方拥有的数据都不会离开该参与方,即数据不离开数据拥有者。

4. 数据加密

联邦学习模型相关的信息能够以加密方式在各方之间进行传输和交换,并且需要保证任何一个参与方都不能推测出其他方的原始数据。

（四）联邦学习的分类

在这里,以孤岛数据的分布特点为依据对联邦学习进行分类,具体分为三类:横向联邦学习、纵向联邦学习以及联邦迁移学习。

横向联邦学习,其本质是样本的联合,把数据集按横向(用户维度)切分,提取特征基本一致而用户样本不同的数据进行训练。横向联邦学习适用于参与者间业态相同但触达客户不同的场景,即特征重叠多、用户重叠少的场景。例如不同地区银行业务数据,用户群体由于来自不同的地区,相互交集很小,但业务特征基本一致。谷歌在 2017 年提出的正是横向联邦学习,通过联邦学习实现特征维度相同的各数据拥有方建立联合模型实现手机模型的更新。

纵向联邦学习,本质上是特征的联合,适用于用户重叠多、特征重叠少的场景。纵向联邦学习能够有效解决工业界广泛面临的数据孤岛问题。例如,假设同一地区有两个不同的机构——银行和电商,它们的用户群体可能都包含该地区的大部分居民,用户交集大,但银行存储的是用户的收支行为和信用评级数据,而电商则保有用户的浏览和购买历史,因此特征交集较小。如果两个机构间共享数据,双方的业务模型效果都能够得到大幅提升,但实际中企业出于利益和数据监管限制等目的,通常不会进行数据共享。纵向联邦学习能够让双方在不交换源数据的前提下,将不同的特征在加密的状态下加以聚合,用于提升各自模型的效果。即在训练过程中参与方不知道另一方的数据和特征,且在训练结束后参与方仅得到自己侧的模型参数,即半模型。最终双方都获得数据保护,共同提升模型效果,且模型无损失。目前,逻辑回归模型、树形结构模型和神经网络模型等众多机器学习模型已经逐渐被证实能够建立在纵向联邦学习体系上。

联邦迁移学习,适用于参与者的特征和样本重叠都很少的场景,将联邦学习和迁移学习的思想结合,通过迁移学习来克服数据或标签不足的局限,同时保证各方数据的隐私安全。为方便理解,举例如下:有两家不同的机构,一家是位于中国的银行,另一家是位于美国的电商,由于受到地域限制,两家机构的用户群体交集很小。同时由于机构类型不同,两者数据特征重叠少。在这一情况下,要想实现有效的联邦学习,必须引入迁移学习解决单边数据规模小和标签样本少的问题,从而提升模型的效果。

(五)联邦学习开源框架

目前业界主要的联邦学习框架有 FATE、TensorFlow Federated、PaddleFL、Pysyft 等,其对比如表 13-2 所示。

表 13-2　联邦学习开源框架对比

开源框架	FATE	TensorFlow Federated	PaddleFL	Pysyft
受众定位	工作产品 / 学术研究	学术研究	学术研究	学术研究
牵头公司 / 机构	微众银行	Google	百度	OpenMined
联邦学习类型	横向联邦学习 纵向联邦学习 联邦迁移学习	横向联邦学习	横向联邦学习 纵向联邦学习	横向联邦学习
联邦特征工程算法	特征分箱 特征选择 特征相关性分析 支持	不支持	不支持	不支持
机器学习算法	LR、GBDT、DNN 等	LR、DNN 等	LR、DNN 等	LR、DNN 等
安全协议	同态加密 SecretShare RSA DiffieHellman	DP	DP	同态加密 SecretShare
联邦在线推理	支持	不支持	不支持	不支持
Kubernetes	支持	不支持	不支持	不支持
代码托管平台	Github	Github	Github	Github

二、联邦学习应用

近年来,联邦学习以其独特的技术优势和应用潜力,逐渐成为隐私计算领域的热门技术,从隐私保护等伦理道德层面为探索之路保驾护航。

（一）智慧医疗

近年来,医疗资源紧张,医生收入水平与工作强度难以匹配,同时医患纠纷频发。在分级医疗体系下,不同级别医院的医疗水平差异较大,实力较强的医院能够提供更好的基础设施和有竞争力的薪资,从而不断吸引更多的病例,提升医疗科研水平,而实力较弱的医院则相反,形成恶性循环。此外,随着医疗电子化发展,基于大数据的人工智能医疗成为必然趋势,但是其中涉及大量患者隐私,保护这些高敏感度信息是各方的共同责任。

通过引入联邦学习,能够利用患者健康信息、化验和检查信息,建立横向联邦学习模型,保证患者数据仅留存在就诊医院系统内,同时帮助医生提高诊断疾病的准确率。基于联邦学习的智慧医疗,能够赋能实力较弱的医院,提高检测质量并辅助医生诊断,降低医生工作负担,更好地留住本地患者,同时减少患者省外就医的成本,减轻患者和家属额外的就诊负担。以中国每年近200万名异地（跨省）就医患者为例,如果基于联邦学习的疾病预测能够覆盖其中10%的人群,在前期确诊阶段每年可节约大约2亿元的费用。此外,以脑卒中为例,通过引入联邦学习,在病例量较小的医院,相比仅使用该医院病例作为训练样本,检测准确率提升10%~20%。随着越来越多医院病例样本的加入,联邦学习模型的准确率将进一步提高。

联邦学习在智慧医疗中的应用,将以极低的成本促成优质医疗资源的下沉,提升中西部地区和基层医疗机构的医疗服务能力和水平。

（二）金融领域

作为联邦学习目前在业界落地的最大领域之一,金融行业数据的特点使其存在巨大的联邦学习应用前景。

1. 信贷风控

在信贷风控领域,因审核过程中需要调用不同的数据接口,所以单客户的信贷审核成本较为高昂。例如对于消费金融、小微企业信贷等行业,审核中的核身、征信等接口的调用费用极高。此外,银行等金融机构面对小微企业的信贷需求时,往往会因为小微企业缺乏充足且可信度高的有效数据,导致小微企业融资难、融资贵、融资慢。同样的情况也出现在消费金融类企业的风控业务中,由于缺乏互联网行为画像等有效数据,随着贷款客户逐步下沉,客户的信用资质也越发参差不齐。

通过联邦学习能够有效实现小微企业共享普惠金融,以及拉近消费金融公司到支付和消费场景的距离。通过融合多方数据增强信贷风控模型能力,风控模型效果约提升12%,从风险源头切入,帮助信贷公司过滤非目标贷款客户,进一步降低贷款审批流程后期的信审成本。消费金融类企业的信贷审核成本,整体预计下降5%~10%,且更加丰富的样本数据进一步增强了风控能力。对于信贷公司而言,通过有效提升信贷风控能力,初审筛除无效客户,预计节省接口调用成本20%~30%。通过联邦学习建模,能够有效链接金融机构和信贷机构的数据孤岛,在合法合规的前提下最大化各方数据价值,使金融机构进一步靠近支付和消费场景并增强信贷机构的核心竞争力。目前,联邦学习已实现参与风控流程的各个环节,包括反欺诈、白名单初筛、信贷预审、贷中和贷后预警评分等,根据具体需求进行多维度合作。未来,联邦学习有望通过深入信贷风控审核主流程,进一步使用联邦学习建模渗透到信贷审核的各个环节,实现数据隐私保护下的数据连接和合作。

2. 车险定价

随着中国保险行业进入快速发展阶段,日益激烈的市场竞争环境、快速发展的新产品种类,对保险业的风险识别、精准定价能力提出了更高的要求,传统保险风险识别不能完全满足业务需求,甚至影响产品盈利能力。

以车险为例,传统车险定价方式从车定价,根据车的品质确定保费,但实际上,车辆使用情况、行车区域环境等方面也是影响保期内赔付风险的重要因素。由从车定价到从人定价,是车险市场的大趋势。然而强监管下的保险行业,影响定价精确性的数据分布十分分散,往往只有垂直场景的交易数据,缺乏有效机制将数据链接整合起来,因此难以实现从人出发的精准定价。通过引入联邦学习机制建模,能够保护各合作机构和企业的用户隐私数据在不出库的前提下,安全合规地接入多方数据源,打破数据壁垒。建立丰富且有效的风险特征体系,实现风险的有效判别,提升赔付成本预测的准确性,并为客户提供个性化的定价服务。

未来,联邦学习有望助力保险行业实现上下游业务场景的深度结合,解决保险企业、中介机构和代理人数据孤立、客户体验差等问题,有效降低营销运营成本,提升数据服务效率,助力保险市场数字化健康有序发展。

(三) 智慧安防

在中国,共有 83% 的地级城市,总计超过 500 个城市明确提出或正在建设智慧城市。作为智慧城市的重要组成部分,智慧安防是一大关键方向。传统安防以摄像头作为收集基础数据的最主要来源,通过 IT 系统和多处理器处理信息,设置监控室并辅以人工检测非安全举动,这一排查流程冗长、人力成本高且效率较低。此外,社区人员的出行情况存在不可预知性,特殊人群(如老人等)的异常情况无法及时发现,社区安全应对滞后,且现有的异常定义依赖人工规则,预警往往存在误差和漏判。虽然各个社区通过摄像头、门禁卡等方式,收集了大量用户社区通行数据,但彼此间互不关联,无数社区陷入分散破碎的数据孤岛,难以充分挖掘其中的数据价值。

智慧安防作为城市建设的第一步和核心模块,通过预设算法训练模型能够进行事前预警,实现实时高精度重点拍摄、位置判断、动作识别及行为分析,预测社区居民的出行轨迹和异常行为,进而提升社区安全管理效率。引入联邦学习,联合多社区数据进行安防模型建立和训练,能够实现多个社区间的信息互联互通,让智慧安防建设在同维度的一张网络上,并结合大数据分析和云计算,实现事后总结和自我学习,不断积累安防经验,提升事前预警能力。通过联邦学习建模,基于 10 个社区的样例数据表现,模型性能均优于单个社区建模效果,其中样本数据较少的两个社区,联邦学习模型精确度高出单独模型约 3%。

(四) 自动驾驶

随着 Google 无人车项目 Waymo 上线,特斯拉推出自动辅助驾驶系统 Autopilot,百度推出 Apollo 自动驾驶平台,Uber、滴滴等共享出行头部公司布局无人驾驶,自动驾驶达到空前热度。伴随各大车企通过辅助驾驶进行差异化竞争,车联网和路联网技术的发展,未来无人驾驶将持续成为一个具有较高的社会和经济价值的技术方向。

车辆受限于驾驶的时间和空间,通常获取到的传感器信息存在局限性。通过引入横向联邦学习,融合不同车辆的摄像头、超声波传感器、雷达等传感器信息,更快速地建立起场景信息,有助于提高模型的鲁棒性。近年来,大家逐渐意识到无人驾驶不应是简单学习或复制人类的驾驶能力,还能够和车联网、车路协同,甚至整个交通系统共同交互,以此创造更好的驾驶环境和体验。车辆与系统环境交互学习,可以辅以其他城市道路信息,如摄像头、红绿灯等,通过纵向联邦学习方式在保护隐私的前提下融合不同来源信息,提升无人驾驶体验。

通过联邦学习建模,基于 NVIDIA-Jetson RC 实验车,联邦学习在避障、道路规划等项目上性能显著优于单车的学习。在避障子项上,基于联邦学习的实验车性能优于普通实验车 48% 以上。

未来,基于联邦学习有望实现更敏锐的自动驾驶,同时在社会层面建设一个高效、安全、低成本的智慧交通环境。

三、联邦学习的现状和未来前景

目前联邦学习在实际应用中还面临很多问题,特别是隐私保护和性能中的一些瓶颈。但是,对于多参与方、小样本数据、数据分布差异大、已标记样本缺乏等大量存在的实际应用场景来说,联邦学习有着非常好的应用价值。

世界正在经历互联网第四次信息革命,海量数据和信息等待使用人工智能技术来解读并为人类生产生活带来变革,但是数据的孤岛分布和数据隐私保护与监管力度不断加大正在逐渐成为人工智能的下一个挑战。联邦学习的出现为打破数据屏障和人工智能进一步发展提供了新的思路方向。作为未来人工智能发展的底层技术,联邦学习在依靠安全可信的数据保护措施的前提下,连接各个数据孤岛,充分利用数据的价值来推动人工智能发展和创新。

期待在不远的将来,联邦学习在更大范围和更多行业场景打破数据的壁垒,进行应用和渗透,形成一个个安全有效的数据和知识共享体,将人工智能带来的红利落到各个实处,在更高层面上对人类社会产生影响。

第五节 联邦学习初步实践

一、联邦学习架构介绍

联邦学习架构的基本形式包括一个负责调度训练活动的中心服务器,以及可以达到数百万数量的客户端,客户端以边缘设备为主。客户端每次迭代训练时至少与中心服务器进行两次通信,第一次通信是从服务器接收全局模型权重,而第二次通信是将各自本地训练后的更新参数传输到服务器上进行汇总。服务器和客户端之间的通信循环一直持续到达到预先设定的循环周期数(Epoch)或是准确度(Accuracy)条件为止。在联邦平均算法中,汇总意味着取平均。

本节利用 tensorflow 库构建一个简单的联邦学习框架,并在 Kaggle 的 MNIST 数据集上进行训练。

MNIST 是一个手写体数字的图片数据集,包含四个文件,分别为 60 000 张图像 / 标签的训练集和 10 000 张图像／标签的测试集，由美国国家标准与技术研究所发起整理，一共统计了来自 250 个不同人的手写数字图片，其中 50% 是高中生，50% 来自人口普查局的工作人员。

由于直接下载的数据格式为"idx1-ubyte"和"idx3-ubyte"，本节所需数据格式为"jpg"，需要进行一定的转换。首先在当前工作路径下建立文件夹存储下载的图片数据，如图 13-4 所示，本节在"FL/dataset/train"路径下分别建立了存储 10 个类别图片的文件夹。

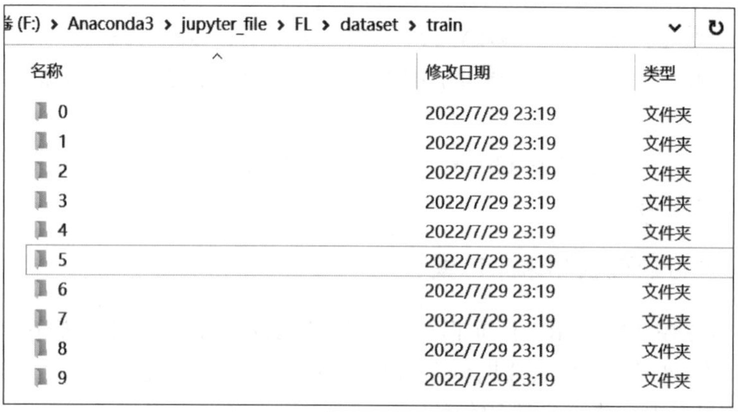

图 13-4　建立文件夹

然后，运行以下代码：

```
from tensorflow.keras.datasets import mnist
from PIL import Image

(x_train_original, y_train_original), (x_test_original, y_test_original) = mnist.load_data( )
root_path = 'F:\\anaconda3\\jupyter_file\\FL\\dataset\\'
def mnist_train_save( ):
    for i in range(60000):
        if(y_train_original[i] == 0):
            img = Image.fromarray(x_train_original[i])
            img.save(root_path+'train\\0\\'+str(i)+'.jpg')
        elif(y_train_original[i] == 1):
            img = Image.fromarray(x_train_original[i])
            img.save(root_path+'train\\1\\'+str(i)+'.jpg')
        elif(y_train_original[i] == 2):
            img = Image.fromarray(x_train_original[i])
            img.save(root_path+'train\\2\\'+str(i)+'.jpg')
        elif(y_train_original[i] == 3):
```

```
        img = Image.fromarray(x_train_original[i])
        img.save(root_path+'train\\3\\'+str(i)+'.jpg')
    elif(y_train_original[i] = = 4):
        img = Image.fromarray(x_train_original[i])
        img.save(root_path+'train\\4\\'+str(i)+'.jpg')
    elif(y_train_original[i] = = 5):
        img = Image.fromarray(x_train_original[i])
        img.save(root_path+'train\\5\\'+str(i)+'.jpg')
    elif(y_train_original[i] = = 6):
        img = Image.fromarray(x_train_original[i])
        img.save(root_path+'train\\6\\'+str(i)+'.jpg')
    elif(y_train_original[i] = = 7):
        img = Image.fromarray(x_train_original[i])
        img.save(root_path+'train\\7\\'+str(i)+'.jpg')
    elif(y_train_original[i] = = 8):
        img = Image.fromarray(x_train_original[i])
        img.save(root_path+'train\\8\\'+str(i)+'.jpg')
    else:
        img = Image.fromarray(x_train_original[i])
        img.save(root_path+'train\\9\\'+str(i)+'.jpg')


mnist_train_save( )
print(' 图片保存完成 ')
```

通过运行上述代码,我们获得 MNIST 数据集图片格式数据,用于构建联邦学习。类 0 的数据如图 13-5 所示。

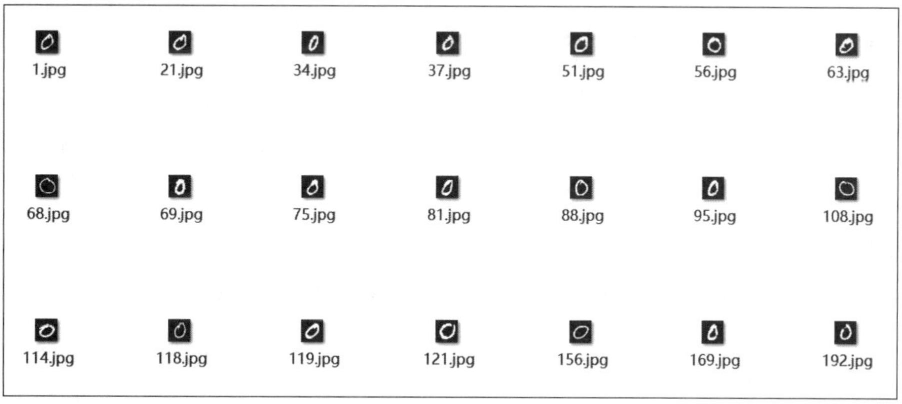

图 13-5　MNIST-train 数据集类 0

智能金融

二、联邦学习架构逐步实现

（一）工具包安装与加载

在构建模型前，需要提前准备以下 Python 工具包。本节所用 Python 版本为 3.6，各工具包版本为：imutils 0.5.3，cv2 4.6.0.66，numpy 1.19.5，sklearn 0.24.0，tensorflow 2.4.0。其中，tensorflow 是一个用于高性能数值计算的开源软件库，具有可以在多种平台上工作、受到所有云服务支持、允许部署到工业生产中且易于使用、已与高级神经网络 API Keras 整合等特点。

```python
import numpy as np
import random
import cv2
import os
from imutils import paths
from sklearn.model_selection import train_test_split
from sklearn.preprocessing import LabelBinarizer
from sklearn.model_selection import train_test_split
from sklearn.utils import shuffle
from sklearn.metrics import accuracy_score

import tensorflow as tf
from tensorflow.keras.models import Sequential
from tensorflow.keras.layers import Conv2D
from tensorflow.keras.layers import MaxPooling2D
from tensorflow.keras.layers import Activation
from tensorflow.keras.layers import Flatten
from tensorflow.keras.layers import Dense
from tensorflow.keras.optimizers import SGD
from tensorflow.keras import backend as K
```

（二）读取和预处理 MNIST 数据集

采用的 MNIST 训练数据包含 10 个数字类，共 60 000 张数字图像，每个类别保存在单独的文件夹下。我们将其加载到内存中，并保留 10% 的数据进行稍后的全局训练，提高训练效率。

```python
def load(paths, verbose = -1):
    '''expects images for each class in separate dir
    e.g all digits in 0 class in the directory named 0'''
    data = list( )
    labels = list( )
    #loop over the input images
```

```
for(i, imgpath)in enumerate(paths):
    #load the image and extract the class labels
    im_gray = cv2.imread(imgpath, cv2.IMREAD_GRAYSCALE)
    image = np.array(im_gray) . flatten( )
    label = imgpath.split(os.path.sep)[-2]
    #scale the image to[0, 1]and add to list

#1

    data.append(image/255)
    labels.append(label)
    #show an update every 'verbose' images
    if verbose>0 and i>0 and(i+1)%verbose = = 0:
        print("[INFO]processed{}/{}.format(i+1, len(paths)))
    #return a tuple of the data and labels
    return data, labels
```

导入函数中,我们从磁盘读取每个图像为灰度"cv2.IMREAD_GRAYSCALE",对其进行降维操作".flatten( )",然后分割图像路径获得类 ID "label"。在标注 1 的地方,我们将图像缩放到[0,1],以减弱像素亮度变化的影响。

利用定义的 load( ) 函数,我们读取图像列表,并将其类别 ID 进行 one-hot 编码,得到内存存在形式如[0,1,0,0,0,0,0,0,0,0,0],以便使用 tensorflow 中的交叉熵损失作为我们模型的损失函数。同时,我们利用 train_test_split( ) 函数将数据拆分为比例为 9∶1 的训练集 trian 和测试集 test。

```
#declear path to your mnist data folder
img_path = 'dataset/train'
#get the path list using the path object
image_paths = list(paths.list_images(img_path))
#apply our function
image_list, label_list = load(image_paths, verbose = 10000)
#binarize the labels
lb = LabelBinarizer( )
label_list = lb.fit_transform(label_list)
#split data into training and test set
X_train, X_test, y_train, y_test = train_test_split(image_list,
                        label_list,
                        test_size = 0.1,
                        random_state = 42)
```

（三）联邦成员（客户端）

在联邦学习实际实现中,每个联邦成员拥有独立的数据,而模型目标是将其模型传递给数据,因此我们撰写 create_clients() 函数,将训练集 train 分为 10 个碎片,分别给到 10 个客户端。代码如下:

```
def create_clients(image_list, label_list, num_clients = 10, initial = 'clients'):
    '''return:a dictionary with keys clients'names and value as
            data shards-tuple of images and label lists.
    args:
            image_list:a list of numpy arrays of training images
            label_list:a list of binarized labels for each image
            num_client:number of fedrated members(clients)
            initials:the clients'name prefix, e.g, clients_1
    '''

    #create a list of client names
#2
    client_names = ['{}_{}'.format(initial, i+1)for i in range(num_clients)]
    #randomize the data
    data = list(zip(image_list, label_list))
    random.shuffle(data)

    #shard data and place at each client
    size = len(data)//num_clients
    shards = [data[i:i + size]for i in range(0, size*num_clients, size)]

    #number of clients must equal number of shards
    assert(len(shards) = = len(client_names))

    return { client_names[i]:shards[i]for i in range(len(client_names)) }

#create clients
clients = create_clients(X_train, y_train, num_clients = 10, initial = 'client')
```

在标注 2 处,我们使用前缀字符串创建了客户端名称列表,而后将数据和标签进行压缩,将所得的元组列表随机化并分片为所需数量的客户端(num_clients)。最后,我们返回一个字典,以客户端名称为键值,以得到的数据分片作为值。

此处需要将每个客户端的数据处理为 tensorflow 数据集并进行批处理,我们将该过程封装至 batch_data() 函数中。而为了与 TFDS API 兼容,本节将 create_clients() 函数得到的元组进行拆分,得到单独的数据和标签训练,同时对 test 数据集做相应处理。

```
def batch_data(data_shard, bs = 32):
    '''Takes in a clients data shard and create a tfds object off it
    args:
        shard:a data, label constituting a client's data shard
        bs:batch size
    return:
        tfds object'''
    #separate shard into data and labels lists
    data, label = zip(*data_shard)
    dataset = tf.data.Dataset.from_tensor_slices((list(data), list(label)))
    return dataset.shuffle(len(label)).  batch(bs)


#process and batch the training data for each client
clients_batched = dict( )
for(client_name, data)in clients.items( ):
    clients_batched[client_name] = batch_data(data)


#process and batch the test set
test_batched = tf.data.Dataset.from_tensor_slices((X_test, y_test)).  batch(len(y_test))
```

（四）创建模型

本节使用 Keras API 创建 2 层多层感知器（MLP）作为分类任务模型。在调用时，需要输入数据形状和类别数量作为参数，同时我们编译定义了随机梯度下降（SGD）优化器、损失函数（categorical_crossentropy）和度量（accuracy）。其中，comms_round 为全局循环周期数量。

```
class SimpleMLP:
    @staticmethod
    def build(shape, classes):
        model = Sequential( )
        model.add(Dense(200, input_shape = (shape, )))
        model.add(Activation("relu"))
        model.add(Dense(200))
        model.add(Activation("relu"))
        model.add(Dense(classes))
        model.add(Activation("softmax"))
        return model


#create optimizer
```

```
lr = 0.01
loss = 'categorical_crossentropy'
metrics = ['accuracy']
optimizer = SGD(lr = lr,
            decay = lr/comms_round,
            momentum = 0.9)


#initialize global model
smlp_global = SimpleMLP( )
global_model = smlp_global.build(784, 10)
```

在本例中简单采用组件级参数平均,根据每个参与客户端贡献的数据点比例进行加权。联邦平均方程如下:

$$f(w) = \sum_{k=1}^{K} \frac{n_k}{n} F_k(w) \, where \, F_k(w) = \frac{1}{n_k} \sum_{i \in P_k} f_i(w) \tag{13-1}$$

其中,右侧式子是根据单个客户端持有的数据点上记录的损失值来估计权重参数,左侧式子是缩放了所有客户的参数并进行结果求和。将这些过程封装为以下三个函数:

```
def weight_scaling_factor(clients_trn_data, client_name):
    client_names = list(clients_trn_data.keys( ))
    #get the bs
    bs = list(clients_trn_data[client_name])[0][0].shape[0]
    #first calculate the total training data points across clinets
    global_count = sum([tf.data.experimental.cardinality(clients_trn_data[client_name]).
numpy( )for client_name in client_names])*bs
    #get the total number of data points held by a client
    local_count = tf.data.experimental.cardinality(clients_trn_data[client_name]).
numpy( )*bs
    return local_count/global_count

def scale_model_weights(weight, scalar):
    '''function for scaling a models weights'''
    weight_final = []
    steps = len(weight)
    for i in range(steps):
        weight_final.append(scalar*weight[i])
    return weight_final
```

```
def sum_scaled_weights(scaled_weight_list):
    '''Return the sum of the listed scaled weights.The is equivalent to scaled avg of the weights'''
    avg_grad = list( )
    #get the average grad accross all client gradients
    for grad_list_tuple in zip(*scaled_weight_list):
        layer_mean = tf.math.reduce_sum(grad_list_tuple, axis = 0)
        avg_grad.append(layer_mean)

    return avg_grad
```

（五）模型训练

训练逻辑为两个循环,外循环用于全局迭代,内循环用于迭代每个客户端的本地训练。全局模型在前文已经建立,此处直接调用。

```
for comm_round in range(comms_round):
#get the global model's weights-will serve as the initial weights for all local models
#3
global_weights=global_model.get_weights( )

#initial list to collect local model weights after scalling
scaled_local_weight_list=list( )

#randomize client data-using keys
client_names=list(clients_batched.keys( ))
random.shuffle(client_names)

#loop through each client and create new local model
for client in client_names:
smlp_local=SimpleMLP( )
local_model=smlp_local.build(784, 10)
local_model.compile(loss=loss,
optimizer=optimizer,
metrics=metrics)

#set local model weight to the weight of the global model
local_model.set_weights(global_weights)
```

```
#fit local model with client's data
local_model.fit(clients_batched[client], epochs = 1, verbose = 0)

#scale the model weights and add to list
scaling_factor = weight_scalling_factor(clients_batched, client)
scaled_weights = scale_model_weights(local_model.get_weights( ), scaling_factor)
scaled_local_weight_list.append(scaled_weights)

#clear session to free memory after each communication round
K.clear_session( )
#4
#to get the average over all the local model, we simply take the sum of the scaled weights
average_weights = sum_scaled_weights(scaled_local_weight_list)

#update global model
global_model.set_weights(average_weights)

#test global model and print out metrics after each communications round
for(X_test, Y_test) in test_batched:
global_acc, global_loss = test_model(X_test, Y_test, global_model, comm_round)SGD_
dataset = tf.data.Dataset.from_tensor_slices((X_train, y_train)) . shuffle(len(y_train)) . batch(320)
```

在标注 3 处, 获得全局模型初始化权重, 而后随机化客户端字典顺序并进入客户端训练。对于每个客户端, 初始化新的模型对象, 将其初始化权重设置为全局模型参数, 然后对每个局部模型进行一个 epoch 训练, 训练结束后将新权重缩放至 scaled_local_weight_list 中。在标注 4 处, 回到外循环, 获得所有缩放后的局部训练权重总和, 并将全局模型进行更新, 结束一个全局 epoch 训练(根据 comms_round 参数设定, 一共进行 100 次全局训练循环)。

其中, test_model( ) 函数对每次训练好的全局模型进行测试。代码如下:

```
def test_model(X_test, Y_test, model, comm_round):
    cce = tf.keras.losses.CategoricalCrossentropy(from_logits = True)
    #logits = model.predict(X_test, batch_size = 100)
    logits = model.predict(X_test)
    loss = cce(Y_test, logits)
    acc = accuracy_score(tf.argmax(logits, axis = 1), tf.argmax(Y_test, axis = 1))
    print('comm_round:{}|global_acc:{:.3%}|global_loss:{}'.format(comm_round, acc, loss))
    return acc, loss
```

（六）模型训练结果

一共有 10 个客户端，每个客户端运行一个本地 epoch，并进行 100 次全局通信，测试结果如图 13-6 所示。

```
comm_round: 90 | global_acc: 96.917% | global_loss: 1.5093238353729248
comm_round: 91 | global_acc: 96.933% | global_loss: 1.5091832876205444
comm_round: 92 | global_acc: 96.883% | global_loss: 1.5089722871780396
comm_round: 93 | global_acc: 96.883% | global_loss: 1.5090546607971191
comm_round: 94 | global_acc: 96.967% | global_loss: 1.508809208869934
comm_round: 95 | global_acc: 96.933% | global_loss: 1.5087463855743408
comm_round: 96 | global_acc: 96.933% | global_loss: 1.5087183713912964
comm_round: 97 | global_acc: 96.933% | global_loss: 1.5085517168045044
comm_round: 98 | global_acc: 96.933% | global_loss: 1.5085365772247314
comm_round: 99 | global_acc: 96.933% | global_loss: 1.5083818435668945
```

图 13-6　训练结果

联邦学习模型测试结果显示 100 轮通信后准确率达到 96.9%。为了对比效果差异，我们采用标准 SGD 模型对相同数据集进行训练和测试。代码如下：

```
smlp_SGD = SimpleMLP( )
SGD_model = smlp_SGD.build(784, 10)

SGD_model.compile(loss = loss,
          optimizer = optimizer,
          metrics = metrics)

#fit the SGD training data to model
_ = SGD_model.fit(SGD_dataset, epochs = 100, verbose = 0)

#test the SGD global model and print out metrics
for(X_test, Y_test) in test_batched:
    SGD_acc, SGD_loss = test_model(X_test, Y_test, SGD_model, 1)
```

结果显示，标准 SGD 模型在经过 100 次迭代后精度达到 94.5%，说明联邦学习模型更优。事实上，现实应用结果可能较差，因为在我们的例子中客户端持有的数据是独立同分布的，没有"client_1 只有数字 1 的图像，client_2 只有数字 2 的图像"这种情况，测试准确率偏高。

三、总结

实际上，由于联邦学习在金融领域的应用涉及多方隐私数据，在业界的具体实践中，往往公开内容仅涉及联邦学习解决业务难题的思想和方法论，较难获取到介绍如何在金融具体业务场景上布局联邦学习的实践案例。故本书仅介绍联邦学习框架的 TensorFlow 思路，读者可以结合自身可获取的相关数据源和业务场景进行实践和应用。

本 章 小 结

隐私计算是指在提供隐私保护的前提下,对数据进行分析计算的一系列信息技术,是一套包含人工智能、密码学、数据科学等在内的众多领域交叉融合的跨学科技术体系,它能够保障数据在流通和融合过程中"可用不可见"。目前主流的隐私计算技术有以安全多方计算为代表的基于密码学的隐私计算技术、以可信执行环境为代表的基于可信硬件的隐私计算技术、以联邦学习为代表的人工智能与隐私保护技术融合衍生的技术三类。

安全多方计算指在无可信第三方的情况下,多个参与方协同计算一个约定函数,除计算结果以外,各参与方无法通过计算过程中的交互数据推断出其他参与方的原始数据。安全多方计算最早由百万富翁问题提出,具有输入隐私性、计算正确性及去中心化等特点。

可信执行环境指在设备上一个独立于不可信操作系统而存在的可信的、隔离的、独立的执行环境,为不可信环境中的隐私数据和敏感计算提供了一个安全而机密的空间。基于硬件的 TEE 技术具有很高的实现效率,但也比较依赖底层硬件架构。

联邦学习指在进行机器学习的过程中,各参与方可借助其他方数据进行联合建模。各方无须共享数据资源,即数据不出本地的情况下,进行数据联合训练,建立共享的机器学习模型。联邦学习具有多方协作、各方平等、数据隐私保护、数据加密的特征,并可以分为横向联邦学习、纵向联邦学习以及联邦迁移学习三类,分别适用于不同场景。

关 键 名 词

隐私计算　安全多方计算　可信执行环境　联邦学习

即 测 即 评

请扫码检测本章学习效果。

复习思考题

1. 为什么企业参与数据流通的主动性不强?
2. 隐私保护计算技术有哪些?
3. 安全多方计算的特点有哪些?
4. 安全多方计算还可以应用在哪些场景?
5. 可信执行环境的定义共同点是什么?
6. 可信执行环境技术是否可以与联邦学习结合?
7. 联邦学习主要可以分为哪几类?
8. 通过本章介绍和学习,说说你认为联邦学习可以在现实生活中应用的场景及其基本思路。

第十四章
智能金融行业实践

章前导读

　　科学技术不断进步,智能时代随之而来。人工智能作为引领未来的战略性技术,推动各行各业实现跃迁式成长,发展潜力巨大,商业价值可观。而金融业正值数字化转型如火如荼的时期,金融产品和服务模式的日新月异呼唤人工智能等新兴技术为其"加薪助燃"。同时,金融业丰富的应用场景也为人工智能的落地生根创造了"天然基质"。

本章学习目标

　　本章介绍智能金融在银行业、证券业和保险业的具体实践。通过本章的学习,读者可以了解智能金融在银行业前台、中台、后台的应用,特别是反洗钱、反欺诈等风险管理领域的应用;可以了解智能金融在证券行业中的应用,了解我国量化投资的发展;可以了解智能金融在保险业的具体应用和场景实践。

第一节　智能金融在银行业的实践

一、人工智能在银行业的运用

　　银行的运行模式决定它非常适合采用人工智能来取代人工。目前为止,银行使用人工智能的产品已经非常普遍了,如智能客服、智能外呼、智能营销、智能风控、智能运营等。目前中国工商银行提出"e-ICBC 3.0 智慧银行",中国建设银行提出"5G 智慧银行",平安银行提出三大阶段打造"AI Bank",由此可见人工智能对银行科技战略的深刻影响。智能金融目前在中国整体仍处于"浅应用"的初级发展阶段,主要是对流程性、重复性的任务实施智能化改造,人工智能技术应用正处在从金融业务外围向核心渗透的过渡阶段。

　　人工智能技术的应用涉及银行前台、中台、后台等业务部门,前台可用于客户服务,中台可用于支持授信及金融交易分析决策,后台可用于风险防控和监督,覆盖了银行存、贷、汇、监等业务场景,改变了现有金融服务格局,使其趋向于个性化与智能化。

(一)前台赋能交互,提升用户体验

用户是商业银行生存和发展的基础。其体验提升主要体现在用户交互感知方面,借助计算机视觉、自然语言处理、语音识别等成熟的人工智能技术,银行与用户的智能交互变得频繁且自然。计算机视觉技术接收图片、视频等数据并进行类别、内容的识别;自然语言处理以语义理解模块接收文本信息、理解文本的内容与情感并进行相应反馈,以此弥补因人力、精力不足而导致的人工服务的缺失,将用户服务做到极致。

不同金融场景用户交互的技术应用也不尽相同,包括身份识别、手势识别等在内的计算机视觉技术已应用到手机银行登录、远程开户、刷卡、取款、VIP客户识别等多个场景;人脸识别技术在各大商业银行的手机银行、柜台、自助发卡机、智慧柜员机、VTM等已有布局,在提升客户体验的同时可减少重复单一的客户服务工作。商业银行通过语音识别、自然语言处理、知识图谱等人工智能技术实现语音转写工作、语义理解、问答服务、敏感词识别、情绪识别、实体识别等功能,落地到交互机器人、智能客服等金融场景。智能交互机器人可理解客户的语音指示、回答客户相关问题、引导客户办理不同的业务,同时通过知识图谱实现相应的知识推理、类似问题回答推荐等功能,从而节省行内人工成本,使人工客服可以专注于解决更为复杂的问题。

(二)中台赋能产品,推动流程重塑

人工智能技术与金融业深度融合,在提升金融机构服务效率的同时,实现了金融服务的智能化、个性化与定制化。人工智能辅助商业银行通过全方位了解用户完成对原产品的完善、原业务的优化。结合大数据进行的用户画像深度挖掘数据价值,突破传统产品和服务模式广而泛的局限,为用户更为精准地匹配产品和服务。

借助人工智能,商业银行逐步实现了对产品设计的精准化、业务流程的再优化。感知智能通过大数据、机器学习、深度学习感知客户、环境,实现对公、对私客户的精准刻画。认知智能通过图计算、机器学习、深度学习等技术,结合已有的金融数据、环境数据、业务知识,实现智能风控、智能营销、智能投研、智能合约等。产品业务认知中的智能风控,将业务知识、历史数据与经验嵌入应用和流程中,重塑贷款管理流程,对客户、交易等进行风险预测、欺诈识别、反洗钱监控,打造端到端的智能风控体系,使风控从"人控"向"机控"转变,从而降低风险、提升效率。

(三)后台赋能运营,提速提质提效

随着人力成本不断攀升,商业银行在运营管理中对降本增效的诉求日益增强。人工智能技术可辅助将有限的人力资源从业务量大、操作一致、重复度高、数据格式固定、规则标准明确、耗时长、处理过程枯燥的领域中解放出来,投入需要高度判断力、想象力的附加值更高的工作中去,实现业务流程自动化、智能化,以"数字员工"的"一岗多责""多岗多责"有效提高运营效率,提升精细化管理水平。

在后台运营感知方面,机器学习、计算机视觉等技术可帮助银行从业者大幅提升工作效率、减少工作误差。由于银行业在办理业务的过程中会积累大量的纸质票据、表单以及身份证护照等的复印件、影像等资料,计算机视觉技术中的OCR(光学字符识别)可自动识别提取影像资料中的文字信息,业务人员不再需要将大量的纸质文件手动输入转化为电子信息,因此,各大商业银行都将OCR识别技术应用到相关业务流程中。RPA(机器人流程自动化)则可帮助银行员工自动、高效地完成大量重复性的工作。在后台运营认知方面,各大商业银行的数据中心已开始智能运维的布局与应用,通过语义分析工单、实时分析应用数据进行挖掘建模、模型迭代,让运维管理具备算法和机器学习能力,提高运维效率,降低生产风险。

专题 14-1

中国工商银行知识图谱技术构建智能金融基石

随着移动互联网、物联网等技术快速发展,金融行业的数据呈现爆炸式增长态势,利用大数据与人工智能等技术挖掘数据价值、赋能业务,成为金融行业智能化转型的新常态。知识图谱技术作为深化人工智能应用的重要手段,以一种更贴近人类视角的方式来描述客观世界实体及其相互关系,深度挖掘数据背后的价值,进而赋予机器理解数据、识别概念、发现知识的能力,是实现认知智能的重要基石。目前,知识图谱技术已在众多行业广泛应用。

中国工商银行自2018年起率先运用知识图谱技术以来,已打造出同业领先、安全可控、功能完备的企业级知识图谱平台,沉淀企业级金融知识图谱数据资产,并将该平台广泛应用于客户服务、风险防控、产品创新等各业务领域,在获客增收、风险防控、降本增效等方面取得良好成效。

围绕全面风险防控、GBC联动战略、第一个人金融银行战略等全行重点战略,中国工商银行知识图谱技术已广泛应用于GBC客户(G端(政务)、B端(产业)、C端(消费))资金闭环等50余类重点场景,日均调用量超过100万笔,业务成效显著。

场景1:构建智能精准的风控体系,提升风险防控水平

中国工商银行深入应用机器学习、知识图谱等技术,持续构建"主动防,智能控,全面管"的智能风险防控体系,进一步推进操作风险、信用风险、合规风险、交叉风险等防控的数字化、自动化和智能化转型,推动单点预测向"一点出现、全面防控"转变,使风险防控更智能、更精准。

一是同业首创利用知识图谱进行普惠贷后资金流向自动化监测。中国工商银行利用知识图谱技术构建信贷资金流向智能监测模型,挖掘贷款资金流向房市、民间借贷等违禁领域的交易链条,助力贷款资金用途管理,防范资金脱实向虚。模型上线以来共预警超过5 000人,预警准确率达90%。

二是实现电信欺诈对公账户的"一点出险,全面防控"。中国工商银行运用机器学习、知识图谱等技术,构建了"群体性开户识别""黑账户资金交易监控"等5个智能模型,累计识别700余个群体性开户黑账户,并基于"黑种子"累计对3.5万余个账户进行管控。在中国人民银行最新的涉诈对公账户统计中,中国工商银行的涉诈对公账户占比从2020年年初的42.8%下降至目前的5%。

三是提升信用卡申请团伙反欺诈风险防控水平。中国工商银行综合运用知识解析、图计算等知识图谱技术,构建了信用卡团伙识别智能模型,提高了信用卡申请团伙欺诈的

识别能力。模型上线后共识别疑似欺诈团伙近 600 个，涉及申请单 20 000 多笔，其中拒绝申请近 7 000 笔，申请欺诈识别准确率超过 30%，较传统专家规则提升 3 倍。

场景 2：助力 GBC 协同联动发展，强化市场营销能力

中国工商银行综合运用图数据库、图计算等知识图谱技术，构建"一点接入，全集团响应，全流程服务"的 GBC 全链条营销服务体系，拓户增存效果明显。

一是创新突破 GBC 联动营销业务模式。中国工商银行运用知识图谱技术，构建涵盖个人、机构、法人的全网络资金流向知识图谱，快速、精准定位资金漏损点，提升全链条拓户增存能力。该知识图谱自 2019 年年底上线以来，成功拓户 8 000 余户，带动新增存款约 600 亿元，实现了"源头客户精细管理、业务场景精准施策、下游账户精确发力"的目标。

二是创新群体营销模式。中国工商银行利用知识图谱技术，挖掘潜在顶层及上下游客户，以点带面实现客户群体营销。以缴费类产品拓户营销为例，某分行在一个月的营销周期内，成功营销顶点单位 10 余户，带动下级单位用户约 40 户，活跃 C 端缴费用户超过 10 万户。

场景 3：打造智能化客户服务体系，提升产品创新能力

中国工商银行围绕产品智能化、服务智能化等方面，创新金融产品，实现"融 e 行"手机银行、远程银行知识服务平台等的智能化升级，不断提升客户体验和产品竞争力。

一是提升手机银行个性化智能服务水平。基于用户画像、功能菜单及用户操作行为构建知识图谱，运用图表示学习等知识图谱技术，实现手机银行智能菜单推荐模型，极大提升了用户的黏性和活跃度。

二是建立智能、高效的知识搜索引擎。利用知识图谱问答技术提升金融知识库搜索能力，将原有简单规则匹配模式优化为"规则 + 图谱 + 语义识别"智能引擎，搜索准确率由 60% 提升到 90% 以上，助力提升远程银行中心客服知识检索效率。

在后续工作中，中国工商银行将继续紧跟业界知识图谱技术发展趋势，聚焦超大规模图计算、图联邦等前沿技术，进一步拓展知识图谱技术创新应用的广度与深度，助力全行智慧银行转型升级。

二、智能金融在银行反洗钱、反欺诈方面的应用实践

银行优先考虑人工智能以减少风险有三个原因。第一，未能发现欺诈和洗钱是代价高昂的。近几年，全球监管机构对违反反洗钱规定的行为罚款高达数十亿美元。第二，良好的风险检测系统使银行客户变得轻松，并提高了银行的声誉，使得客户更有可能利用银行来防范网络攻击。第三，银行可以通过使用人工智能实现某些法规遵从性、欺诈检测和网络安全活动的自动化，实现显著的时间和成本节约。研究表明，在人工智能第三方供应商在银行领域获得的 30 亿美元合同中，有 50% 以上是应用于防范欺诈、网络安全、合规和风险管理。

接下来，我们分析三家银行——汇丰银行、摩根大通和丹斯克银行如何利用人工智能来打击欺诈、遵守反洗钱规定，以及防范网络威胁。然后，我们简要介绍用于异常检测的特定机器学习技术。

专题 14-2

人工智能打击洗钱、防范网络威胁和欺诈

场景 1：汇丰银行利用 AI 打击洗钱

汇丰银行(HSBC)已与一家机器学习软件公司 Ayasdi 合作,开发一种基于人工智能的反洗钱(AML)解决方案。该软件是由汇丰银行内部 IT 团队和 Ayasdi 的数据科学家合作开发的,以确定历史数据中表明洗钱的模式。当提供当前支付数据时,它可以识别欺诈模式并提醒员工阻止这些支付。该软件分析了支付的来源和目的等因素,以识别偏离正常行为的情况。

汇丰银行的 IT 员工帮助 Ayasdi 了解内部 AML 数据,建模团队帮助 Ayasdi 创建准确的客户行为模型。这种协作意味着,汇丰可以轻松地将 Ayasdi 的模型应用于自己的业务实践,从而克服插入供应商产品的共同挑战。传统的基于规则的检测系统经常产生假正例警报,在这些警报中,无辜的交易被错误地标记为可疑的。调查这些警报对工作人员来说是时间密集型的。Ayasdi 称,他们的软件帮助汇丰将假正例调查减少了 20%,而不会放松合规标准。

场景 2：摩根大通开发网络钓鱼和恶意软件预警系统

摩根大通(JPMorgan Chase)的研究人员利用深度学习和其他人工智能技术开发了一个"早期预警"系统,用于检测恶意软件、木马和网络钓鱼活动。该检测系统据称在网络钓鱼电子邮件实际发送给员工之前很久就能识别出可疑行为。深度学习的异常检测技术可以了解什么是正常行为,并识别以前没有见过的异常活动。研究人员说,特洛伊木马攻击公司网络通常需要大约 101 天的时间。在实际攻击发生之前,早期探测系统将提供充分的警告。

据报道,该系统可以识别通过域生成算法创建的大规模网络钓鱼活动,还可以通过将恶意 URL 与已知的可疑流量模式、混乱的 URL 和网络钓鱼活动的拼写错误进行比较来识别恶意 URL。虽然该系统是使用网络钓鱼 URL 的公共数据集进行培训的,但其深度学习算法使其能够比传统安全系统更好地检测威胁。在黑客准备向员工发送网络钓鱼电子邮件以感染网络时,该系统还可以提醒银行的网络安全团队。

场景 3：丹斯克银行使用深度学习打击欺诈

丹麦最大的银行丹斯克银行(Danske Bank)与分析公司 Teradata 合作,实施了一种基于深度学习的欺诈检测系统。根据一项 Teradata 的案例研究,丹斯克银行的旧的基于规则的欺诈检测系统的成功率仅为 40%,每天生成 1 200 个假正例。此外,银行调查的 99.5%的可疑案件不是欺诈案件。这些死胡同调查需要时间和资源,可以用来打击实际的欺诈行为。

丹斯克银行与 Teradata 合作,实施了深度学习工具,增加了 50%的欺诈检测能力,并将假正例减少了 60%。该系统还自动执行了许多决策,同时将一些案例交给人工分析人员进行进一步检查。案例研究提到,该系统使用"冠军 / 挑战者"方法来检测异常。每个

模型(挑战者)学习指示欺诈的交易特性,并被提供附加数据,如客户位置,以提高准确性。当一个模型胜过其他模型时,它就成为"冠军",并帮助训练其他模型。这种改进过程可能重复。

银行和人工智能第三方供应商很少宣传在异常检测背后的特定机器学习技术,但是可以推断他们使用了以下技术的一些组合。

(一)分类算法

分类算法将记录标记为属于某些类别。例如,当应用于异常检测时,算法可以将交易标记为"可疑"或"合法"。

k 近邻(k–NN)是一种常用的异常检测分类技术。它使用其数据集中最相似的记录(如最近邻)对事务记录进行分类。如果新的交易与先前已知的可疑交易有相同的特点,那么它也被归类为可疑交易。相似性是由图上两个数据点之间的距离决定的,相似的记录的距离更近。k–NN 算法易于实现,在给出充足的训练数据时性能良好。然而,随着引入更多的数据,k–NN 算法变得越来越慢,并且在计算上更加密集。这种缺点使得仅使用 k–NN 无法在实际中快速分类,例如需要检测成千上万的传入交易中的欺诈。

因此,银行可以将 k–NN 与其他算法相结合。逻辑回归是另一种流行的分类技术。二值分类器将观察标记为属于具有一定概率(如欺诈 / 合法)的两个组之一。例如,它可以用来检测可疑的网络流量和恶意软件。

(二)聚类算法

聚类技术将记录分组到"群集"中,以便群集中的记录与其他群集中的记录更相似。K–Means 是一种流行的聚类技术,它将记录集中到 k 个组中。属于这些群体之外的记录被标记为可疑的。用于异常检测的其他聚类技术包括 DBSCAN 和高斯混合模型。

聚类技术特别强大,因为它们是无监督学习方法。与分类技术不同的是,在分类技术中,人类必须将训练数据标记为属于一个类别或另一个,而聚类技术根据相似性自动对数据点进行分组。这允许聚类算法识别人类分析师可能看不到的关系。

(三)神经网络

神经网络是尝试模仿人脑对物体进行分类和检测模式的方法。当用于异常检测时,神经网络可以将金融交易或网络流量模式分类为"正常"或"可疑"。

神经网络的基本结构包含输入层、一个或多个处理层和输出层。深度学习是指具有许多处理层的神经网络,因为更多层可以解决更复杂的问题。自编码器是人工神经网络的一种类型。它们获取输入数据,对其进行解构,学习组成数据的关键维度,然后使用这种简化的理解进行重构。当输入常规(非欺诈)交易数据时,自编码器准确地重构初始交易数据,因为它理解常规交易的结构和组成部分。当提供不定期(欺诈性)交易时,重建工作将存在缺陷,这将提醒分析师们调查可疑交易。诸如卷积神经网络的其他神经网络和深度学习技术也可用于欺诈检测。

（四）决策树

决策树使用 IF-ELSE 语句序列对记录进行分类或预测结果。在许多决策树技术中,隔离森林和 XGBoost 树算法比较适合异常检测。

隔离森林类似于随机森林,它构建了许多决策树,并采用了通常出现在单个树中的分类。然而,隔离森林是使用集成的二值决策树来构造的,以识别异常而不是分析常规观测。它们可以处理具有许多变量的大型数据集,这使它们对识别金融交易中的异常非常有用。

XGBoost 是一种功能强大的决策树技术,它允许使用所有 CPU 核心的并行树结构,同时优化硬件使用。它还可以处理丢失的值,避免过度拟合,并在不牺牲分类能力的情况下减少树的长度。最终结果是强大的预测能力,加上相对较短的训练时间,使得 XGBoost 成为在非常大的事务数据集中检测欺诈或异常的一个好选择。

第二节 智能金融在证券业的实践

一、机器学习预测资产价格

机器学习在预测 A 股市场资产价格上有较为广泛的运用。通过使用中国 A 股市场的历史数据,现有研究比较了经典的 OLS 模型与多种机器学习和深度学习模型,发现机器学习算法可以更好地挖掘因子与股票未来收益间的线性与非线性关系,依据预测构建的投资组合能够获得更好的绩效,并且交易摩擦类因子在 A 股最为重要,但价值因子不重要。

具体来说,通过历史数据可以选取数以百计的公司特征变量代理异象因子,并按照因子属性分为交易摩擦因子、动量因子、价值因子、成长因子、盈利因子、财务流动因子共六大类。考虑的算法包括普通最小二乘(OLS)、线性机器学习算法(岭回归、Lasso 回归、弹性网络回归、偏最小二乘)、非线性机器学习算法(支持向量机、XGBoost、GBDT)、深度学习算法(深度前馈网络 DFN、循环神经网络 RNN、长短期记忆网络 LSTM)等。

现有研究有以下发现:第一,线性机器学习模型表现均略优于 OLS,显示机器学习算法确实可以更好地识别因子与股票未来收益之间的相关性,虽然提升幅度并不是非常大。非线性机器学习模型表现显著优于线性机器学习模型。深度学习算法普遍表现出色,总体上优于机器学习算法,其中 DFN 表现最好。所有机器学习模型都高度显著,且显著优于经典的规模因子,而规模因子是众所周知的 A 股市场表现最好的单因子,因此机器学习模型在 A 股市场确有重要价值。

第二,驱动可预测性的核心因素有显著的差异。美股中,趋势类因子是最重要的特征,尤其是在线性模型中。而对于 A 股市场,交易摩擦类因子最为重要,这使得交易费用的影响变得非常重要。但是,在考虑了交易费用后,机器学习算法在 A 股市场的预测能力仍然非常显著。

第三,中国股市中大量国有企业的存在可能显著影响交易行为和定价。在分别考察了国有企业和非国有企业中的可预测性后发现,非国有企业在短期(月频)的可预测性更高,但在长期(年度频率),国有企业的可预测性反而更高。

二、自然语言预测资产价格

作为新的大数据来源,文本大数据有如下三个特征:

一是数据来源多样化。相对于主要由政府和机构主导收集的传统数据,文本大数据的发布主体有个人(如投资者、消费者)、企业、媒体、机构和政府相关职能部门等;其具体形式丰富多样,如微博,论坛帖子,消费者对产品的评价,微信公众号,上市公司年报,电话录音文稿,招聘广告,公司年报、季报、公告,IPO 招股说明书,分析师研究报告,会议纪要,有影响力的政治、经济、金融领域人物的演讲,央行等政府机构定期和不定期发布的各类信息等。

二是数据体量呈几何级增长。囿于数据收集成本,传统数据收集往往需要借助纸质媒介,体量较小。随着文本信息从纸质媒介向以互联网为媒介的方式转移,文本数据收集和传输成本大幅度降低,为计算机领域的自然语言处理方法提供了应用场景。

三是频率高。传统数据需要经过系统性的组织和安排来收集,常用的经济和金融领域数据多为年度、季度、月度、周度数据,频率更高的数据可得性不足,不足以满足对经济和金融领域高频数据分析的应用需要。而文本大数据的频率可以高达秒级(如网民在网络平台上发布的消息和观点的时间颗粒度),这为高频研究提供了数据基础。

使用文本大数据预测资产价格需要构建金融情感词典。一般会将国外经典的 Loughran and MacDonald(LM)金融情感词典进行全面客观的中文翻译,通过对比应用较为广泛的通用情感词典与中文 LM 词典的表现,可以发现中文 LM 词典的表现优于通用情感词典。此外,针对中文语境还可以对 LM 词典进行扩展与完善,通过对通用情感词典进行筛选构建更全面的中文金融情感词典。

接下来,根据金融情感词典与文本分析技术,可以构建中国股票市场媒体文本情绪指数。文本情绪指数与文本情绪分析技术具有以下突出优点:相较于可公开获得的金融市场交易数据,文本情绪信息互补性强;文本数据规模极大,从这一海量数据来源中聚合情绪信息有利于减少测量误差;文本情绪属于直接情绪测度;文本数据更新高频,可以构建日频甚至分钟频率等更高频的情绪指数。通过使用权威纸质媒体和主流互联网网站上的经济金融新闻报道数据库,可以构建较为长期、覆盖较广的文本情绪指数。

最后,可以检验文本情绪指标对股票市场的预测能力。研究发现,情绪指标在样本内与样本外都可以显著正向预测股票市场回报。同时,在控制了常见的经济指标后,文本情绪依然可以显著预测市场回报,说明媒体文本情绪中含有对预测市场回报有帮助的增量信息。而且上述结果只在以金融情感词典计算的媒体文本情绪中才显著。使用通用情感词典计算的文本情绪的实证表现明显弱于金融情感词典文本情绪,没有显著的预测能力。这是因为通用情感词典含有大量在金融语境下不适用的词汇,还会遗漏许多金融专业词汇,使用这种词典不能捕捉到真实准确的金融文本情绪信息。此外,文本情绪指标对于资产配置也有着重要作用,它可以提高均值方差投资者所能获得的效用,这说明文本情绪指标具有较强的实际投资价值。

专题 14-3

光大证券"中文云"金融文本量化研究平台在股票期权投资中的应用

2015 年 2 月 9 日，A 股市场第一只股票期权产品——50ETF 期权上市交易，标志着 A 股市场正式进入期权交易时代。在国际成熟证券市场中，股票期权交易具有高流动性、带杠杆、成本低、T＋0 和风险－收益的不对称性等多项特征，从而受到广大机构和个人投资者的青睐。

简单地说，股票期权能够实现的金融功能包括资产保值、单边投机和套利。股票期权的推出，将大大丰富 A 股市场的交易手段，从而提升市场交易的活跃程度，并且提升高频数据的重要性。这对传统的数据源提出了挑战，并且对期权参与者的技术准备提出了非常高的要求。

光大证券"中文云"金融文本量化研究平台（简称"中文云"），是目前业内最为成熟的金融文本研究系统。从 2010 年 6 月至 2022 年，中文云积累了 36 万篇以上的研究报告、300 多万篇财经新闻以及 2 800 万条以上论坛帖子，形成了业内最为完整的金融文本数据库储备。以高性能文本数据库为依托，光大证券金融工程团队开发出一系列量化策略，主要包括普通投资者情绪择时模型、关注度因子选股模型、概念套利模型、新闻套利模型，以及广义事件套利模型等。

中文云概念套利可以与各种期权交易策略相结合，极大地丰富交易手段和策略内容。比如，看多概念可以买入对应股票的看涨期权，从而在风险可控的前提下博取杠杆化的高收益。当股票期权推出之后，我们还可以根据股票的关注度因子及其波动率的历史关系挖掘规律，从而构建股票的期权交易模型。

三、量化交易在中国的实践

随着大数据、人工智能等技术迅速发展，量化交易、程序化交易、高频交易等依靠计算机构建数据模型进行交易的方式蓬勃发展。

量化交易是指，以先进的数学模型替代人为的主观判断，利用计算机技术从庞大的历史数据中海选能带来超额收益的多种"大概率"事件以制定策略。量化交易极大地减少了投资者情绪波动的影响，避免在市场极度狂热或悲观的情况下做出非理性的投资决策。

程序化交易是指，根据特定的交易数据、数理模型、交易策略等利用计算机系统寻找交易机会并使用交易指令的技术手段进行的交易。程序化交易按照交易频率可以分为高频和低频交易，按照交易目的可以分为套利、做市、算法交易等。

高频交易更加强调通过大量小单指令累计微小价格变化获利。在美国股票市场中可为日内毫秒级的交易频次，而在中国 A 股市场，由于 T＋1 制度的存在，高频交易主要是指策略换手率相对较高的交易。

总体来说，据估算，中国股票市场量化交易等方式目前约占股票市场交易额的 10%，相对于美国等成熟市场仍处于较低水平，未来发展潜力巨大。

从发展历程看,量化交易大体可以划分为两个阶段。第一阶段为 2010—2015 年,以多因子策略作为主要策略形式,量化 1.0 时代是国内量化机构经历的初始红利期。然而 2015 年第三季度以后,由于国内市场股指期货对冲成本大幅提升、传统因子模型 Alpha 难度增加等困难,量化私募基金逐渐转向"量价"选股,通过机器学习、大数据分析等工具,国内量化发展进入 2.0 时代。

从机构分类看,量化机构在这些年逐步发展壮大,并大致划分为两大派系——具有海外投资经验的海归量化和脱胎于国内高校的本土量化。

从策略类型看,国内量化私募基金的策略类型包括指数增强策略、量化多策略、市场中性策略、CTA 策略等。这种市场中性策略量化私募基金具有业绩表现稳健和低相关性两大特征,可成为类固收产品的替代选择;与其他策略业绩具有较低的相关性,可以优化组合风险收益比,相对于主观多头策略,整体风险较低。

从市场规模看,A 股的量化交易策略大多数是挂钩指数的中性策略或者指数增强。与主观多头策略集中持有股票不同,这种策略主要是按照指数的比例配置股票,同时叠加一些日内增强策略,捕捉市场失效机会,因此很难造成市场的大幅波动。量化交易高度依赖于市场流动性,交易量通常不会超过全市场流动性的 30%,这基本上是交易容量的上限。也正因如此,随着全 A 股市场的提升和整个流通市值不断扩大,量化交易在 A 股中的重要性不断增加。

但量化交易发展再快,也总是离不开监管机制的保驾护航。我国自 2010 年起在股指期货、期货交易、股票期权交易、股票市场等各类交易中不断完善程序化交易的有关监管制度,不断提升对于程序化监管的有效性。2019 年修订的《中华人民共和国证券法》也关注到了程序化交易,规定通过计算机程序自动生成或者下达交易指令进行程序化交易的,不得影响证券交易所系统安全或正常交易秩序。

专题 14-4

九坤量化私募基金

在量化私募圈,素有"北九坤,南幻方"的说法。经过市场多轮大浪淘沙,头部阵营重新洗牌,九坤投资公司(简称九坤)成长为规模超过 400 亿元的量化私募巨头。综观量化领域的几家巨头,论综合实力,九坤一直处于中国量化投资行业的第一梯队,连续多年获得中国私募金牛奖。论优势,九坤拥有丰富的交易策略、具有竞争力的策略和技术、完善的人才梯队建设、国内市场领先的交易基础架构。

据了解,九坤是国内量化界最早进行大量因子统计挖掘的私募。他们有一批富有因子挖掘和组合优化经验的因子模型研究员,数万的因子积累 Alpha 是家常便饭。近几年,九坤还厚积薄发重金投入人工智能算法,他们招聘的投研技术人员中 70% 都具有人工智能方面的研究经验或工作背景,并投资过亿元建成了用于策略研究和交易的人工智能超算集群,60% 的投资已经由人工智能算法驱动。

目前,九坤的交易策略非常丰富,涵盖股票量化对冲、量化指数增强,以及期货 CTA 等。近年,九坤还重点推出了股票优选策略产品。相较于当前常见的沪深 300、中证 500

指数增强等策略,九坤股票优选策略放开了对特定指数增强风格的限制,允许持仓组合按照 Alpha 高低灵活调整一篮子股票的风格,在保持足够分散度的基础上追求中长期绝对收益。

量化 Alpha 的优势在于宽基选股。不同于量化指增跟踪于某一指数,量化选股策略基于选股模型进行全市场选股,这样的策略能更有效地把握市场多种风格贝塔,全方位捕捉阿尔法。历史不断证明,市场大小盘风格存在轮换,量化选股策略在一定程度上减少了投资者在大小盘指数上的"选择焦虑"。

在产品设计上,九坤股票优选策略对每笔份额进行 3 年期的最低投资期限限制。对于这样的安排,九坤投资表示,这是从超额积累和长期投资两个出发点进行考量。市场本身的波动在拉长的投资期限中更加温和,更重要的是超额部分通过锁定期复利增长,3 年后可以提供一个很厚实的安全垫,从而不需要过分担心其间的大盘波动。以九坤投资公司所管理股票类产品的申赎统计来看,投资期限越长,投资人的胜率越高。

第三节　智能金融在保险业的实践

一、人工智能在保险业的运用

人工智能技术引入保险行业已经成了趋势,并且在一些领域取得了突破,在售前、售中、售后服务等环节都具有较好的应用潜力。在售前环节,人工智能技术支持通过客户数据源形成画像后,为用户提供保险知识教育普及。在售中环节,通过智能产品需求分析、分阶段的线上销售流程与推进,从而满足客户的保单服务需求,提高效率,给客户带来更好的体验。在售后服务环节,会进行日志数据收集、客户管理、快速理赔。每一份保单完成投保后都会产生用户日志,人工智能科技能够将其收集起来二度分析,从而对前面各个环节进行优化,进而使原有成交客户进行转介绍。

人工智能在保险业中的具体运用有以下几方面。

（一）风险评估方面

保险业的核心是风险,需要对风险进行有效的评估。使用人工智能和机器学习技术,保险公司可以利用数据以更高的准确性评估风险,了解新的相关性和模式,获得更深入的见解,做出更好的预测,并相应地制定计划和调整保费。例如,通过人工智能和机器学习,如果公司发现特定群体的投保人实际面临火灾事故的风险更高,那么公司可以相应调整保费。

（二）核保方面

为了使再保险人和核保人能够有效、无缝地执行其任务,人工智能有效地从不同的内部和外部来源收集数据,并提供深入而智能的见解。通过控制和利用数据洪流,这些保险业高管可以从检测和修复思维转变为预测和预防理念,减少保险业中的猜测,做出准确的、数据驱动的决策,并为组织发展提供竞争优势。

（三）为承保人提供全天候的帮助

对话机器人形式的人工智能能够高效地处理大量的潜在客户的咨询和问题,通过多回合、自然和面向目标的对话向客户提供自动咨询和个性化建议。因此,对话机器人使组织能够在很大程度上自动化查询管理过程。人工客服可以从处理常规查询的烦琐和单调工作中解脱出来,仅在需要时介入提供服务。这种自动化咨询节省了向保险客户提供报价的时间,使他们能够快速做出数据驱动的保险购买决策。

（四）通过将聊天机器人作为实时客服助手,增加人工客服的转换

人工客服不可能每天高效地处理大量数据,并进行转换和追加销售产品。保险公司可以对具有机器学习功能的聊天机器人进行编程和训练,使其充当客服的实时销售助理。聊天机器人收集、整理和分析来自各种来源的大量数据,使客服人员在向潜在客户推销时能够获得关键见解。这些对话机器人能够及时向客服人员提供相关信息和高质量的见解,并根据客户的个人资料推荐合适的产品。这样,客服人员不仅可以转换客户,还可以追加销售和交叉销售正确的产品,并增加客户的终身价值。

（五）入职助理

从准备并向客户提供报价、让他们选择保单、准备保单文件让他们支付费用到自己加入保单,这是一个漫长而烦琐的过程,该流程给客服人员带来的时间成本导致其销售数量较低,无法产生足够的额外收入。借助可以编程和教导充当入职助理的对话机器人,可以自动化流程的重要部分,减少所需的时间和精力,并使销售人员能够专注于转换新客户。这些入职助理可以解决客户的疑问,帮助他们找到医院或医生,为了解计划覆盖范围等服务提供帮助。

（六）索赔管理

申请索赔和获得索赔通常是一项令人筋疲力尽、情绪激动的任务,时间成本很高,因为客户会在重大事件（如事故、自然灾害或家庭成员生病／死亡）后申请索赔。与为承保者提供个性化帮助一样,对话机器人可以自动处理索赔过程中的大量电话,这通常涉及重复性问题。客服人员可以在需要时介入,并使用完整的对话历史来处理更复杂的问题。使用聊天机器人和人工智能,缩短了索赔裁决时间,提高了欺诈检测率。

（七）高质量和一致的客户体验

对话机器人以自然语言进行的动态和有意义的对话,减少和降低了客户的等待时间和沮丧程度,使保险机构能够提供高质量、无缝和一致的客户体验。它们使客户能够进行自助服务,更好地理解保险术语,简化索赔流程。例如,汽车保险客户通过手机应用程序提交索赔,有助于减少客户的时间、金钱和麻烦成本。

如前所述,保险业的数字转型和人工智能应用逐步发展。在某些方面,如使用保险聊天机器人进行登记协助和个性化销售协助,许多公司已经或正在采用人工智能技术,而在其他方面,人工智能尚未完全采用。在未来几年,保险业作为一个整体将受益于人工智能的运营。

二、人工智能在保险业场景的实践

首先,人工智能可以提升客户体验和运营效能。客户体验和运营效能是保险业的两大痛点。在传统保险作业模式中,客户体验是相对单薄的,譬如最典型的业务场景,就是一份纸质合同、一个代理人、一个公司的客服电话,再加上公司的营业大厅。所以,客户的体验感其实

是不够好的。如果通过人工智能,把刚才讲的这个复杂的流程变成一个手机程序,把那种投保人和代理人之间效率低下的交互转变为一种高效的智能交互,就可以提升用户体验和运营能效。

其次,人工智能可以构建智能保险顾问,从家庭资产、家庭负债、家庭责任、收入来源、家庭成员等维度进行数据建模,为用户进行家庭风险诊断。通过梳理保险公司的保险产品,建立产品与责任的保额映射模型,设计保障缺口分析工具,迅速读取用户的已有保障和保额,为用户的各个家庭成员准确测算保险缺口。通过外部的合作,可以积累大量其他途径难以查见的统计信息,包括与生活息息相关的健康习惯、婚丧嫁娶、收入支出、资产负债、养老期望、保险偏好以及家庭风险防御能力等数据。

再次,从运营效能来看,传统保险行业内部的运营体系是非常复杂的,在建立契约、核保、客户服务、续期业务、理赔等环节,有了人工智能的支持,效率会显著上升。

最后,人工智能带来的是对商业模式的优化和补充。例如,过去车险定价模式基本属于从车定价,简单说就是好车多收钱,便宜车少收钱,但是风险事故率和车无关。人工智能的加入可以让车险定价时更多考虑司机的行为模式。人工智能根据司机的行为模式来定义其驾驶习惯,使用大数据来掌握其驾驶行为。司机驾驶得好,保费就可以低一点,司机的驾驶行为不够好,保费就可能高一点,使得车险慢慢由"从车"转向"从人"。

人工智能的应用,可以概括为智能客户服务、智能运营支持、智能保险顾问、智能系统运维、智能模式优化五大领域业务应用。越来越多的公司主体积极探索新技术在保险主业的场景应用,建立产、学、研、用的行业合作机制,使整个行业的科技应用持续上升。

专题 14-5

百度智能云赋能保险科技

百度以人工智能为核心提升保险科技全栈式、全场景服务能力,赋能保险企业业务创新与降本增效。面向营销、运营管理等场景,提供智能营销策划、流程自动化、自动审核等一系列智能化产品,提升业务办理效率、降低管理成本;依托百度大脑以及实践落地所积累的数据中台、人工智能中台和运营中台解决方案,帮助企业客户真正将"中台能力"内化成为自身 IT 系统架构的一部分,以此应对各种业务挑战和未来可能出现的变化。以下是几个应用场景。

场景 1:视频审核

随着视频流媒体的发展,用视频的方式进行审核已经成为保险行业当中最常见的审核方式之一。但与此同时,视频审核方式也为企业增加了大量人力成本。对于客户来说,视频不合格就需要重新进行录制,大大影响了用户体验。

为了应对这种情况,百度利用视觉技术、语音技术以及多年积累的数据支持,开发了视频审核功能,这个功能能够让客户在录制的过程中实时得到录制反馈,比如在录制时人出框了或者某条确认条款没有说到,客户都会收到实时的提示,用最低的代价和最低的影响去纠正问题。

在人脸身份信息核验认证场景下,百度发布了全新的金融级人脸实名认证方案,业内首发领先的炫瞳活体技术(基于屏幕颜色打光的方案,对面部及瞳孔反光进行活体检测,来校验当前用户是否是活体,能够有效拦截屏幕、纸张、照片、面具等的攻击,相较于单纯对面部反光检测的方案更加安全),打造更加安全的身份核验。结合多因子活体、合成图检测、唇语识别等全方位能力,鉴别 AI 换脸技术或黑客工具生成的人脸图像,安全等级更高。

场景 2:医疗票据智能化识别

对于医疗保险来说,同一个类型的单据,在不同省市、不同医院有不同的样式,这为理赔录入及核算增加了大量的人工成本。

百度推出了医疗票据智能化识别功能,提升了单据录入效率,极大减少了人力成本,甚至在一些特定险种和场景下,客户线上提交后,直接自动完成录入及理赔理算,提升了用户体验。

医疗票据智能化识别可实现对票据模糊、倾斜、翻转、内容重叠、信息串行等情况的优化。以褶皱、倾斜文本的矫正为例,OCR(光学字符识别)技术基于字段中心线的 K-V 对抽取和基于表格线检测的文档线抽取,能够准确快捷地完成图片矫正。

目前,百度医疗票据智能化识别实现了门诊发票、住院发票、费用清单、结算单、病案首页、出院小结 6 大类医疗影像的自动识别,已覆盖全国 31 个地区、3 万多家医院,可显著提升理赔作业效率,降低人力成本。

场景 3:车险智能定损功能

在车险理赔过程中,保险公司需要客户对车祸现场以及车辆受损情况等进行照片拍摄,虽然现场会有定损人员对拍摄进行专业的指导,但是并不能保证客户对拍摄要求完全掌握。

基于此,百度推出视频全流程定损,用户只需要拿着手机进行实时的拍摄,在拍摄的过程中,智能定损功能就会提示用户需要如何进行调整才能完成车辆定损照片的拍摄。更关键的是,对于小的磕碰,用户能够利用该功能实时完成损伤识别、修理方案制定以及修理费用估价。如果用户觉得满意的话,可以结合百度地图的定位,提出直接去附近的修理厂按照修理方案进行修理。

随着技术的升级,智能理赔解决方案还将应用于智能控费、智能结算以及自动化结案,实现理赔流程的智能化升级。届时,几个人完成上千万件理赔将成为可能。

人们在医疗、养老、出游等各个方面,都在期待能够享受到更高品质的保险产品,而这种期待就要求保险公司利用科技,利用大数据、人工智能、区块链等技术创新产品,这会成为未来竞争的一个关键。

三、保险企业应对人工智能变革

人工智能、深度学习等的广泛使用和整合将进一步加快保险行业的演变,当下保险企业需要采取积极的措施应对可能出现的变化。

第一,保险企业需要把握人工智能方面的技术与趋势。尽管行业结构方面的变化是由技术驱动的,但应对这些挑战却并不只是 IT 团队的任务。相反,董事会和客户体验团队成员都应投入大量时间和资源,深入了解人工智能方面的技术,包括基于假设情景进行深度分析,弄清哪些领域在什么时候可能出现重大变化,以及这些变化对于特定业务线有何影响。

第二,保险企业需要制定和实施连贯的战略计划。在对如何利用人工智能有一定了解之后,保险企业还必须决定如何利用人工智能技术支持其业务战略。高级领导层制定的长期战略计划应包括持续多年的运营、人才和技术转型方案。有些保险企业已经开始采取创新举措,比如组建自己的风险投资部门,收购有潜力的保险技术企业,以及与业内领先的研究机构建立合作关系等。

第三,除能够认识和应用人工智能技术外,保险企业还要针对宏观层面的变化制定响应机制。随着各个业务线纷纷转向“预测和预防”的模式,保险企业要重新考虑其与客户的沟通方式、品牌策略、产品设计,以及盈利模式。使用自动驾驶汽车可减少交通事故,但是自动驾驶汽车也会发生故障,所以保险利润池会不断变化,新型产品会不断涌现。保险企业需要制定和落实战略规划,确定自身的品牌和产品定位、更新客户互动方式,并充分利用未来新兴的创新技术。

第四,制定并落实全面的数据战略。数据已经成为保险行业最有价值的资产之一:在保单的寿命周期之内,保险公司识别、量化、处置和管控风险的方式完全取决于其所能获得的数据数量和质量。如果能够通过不同来源获取海量数据,那么大多数人工智能技术都会表现得更好。因此,保险企业必须制定结构完善且切实可行的内部和外部数据战略。对内部数据进行整合,促进新的分析结果和分析能力的快速形成,而在利用外部数据时,保险企业必须在注重数据访问权限的前提下获取外部数据,不断丰富和补充内部数据库。

第五,培养能够胜任变化的人才,构建相应的基础设施。未来对新一代一线优秀保险人员的需求会越来越大,他们不能墨守成规,一定要善于利用各种技术,具备创新意识,并且能够利用半自动化和机器辅助技术,在不断变化而非静态的情景中完成工作。保险企业需要制定合理的人才战略,大力吸纳、培养和留住各类重要技能的人才,包括数据工程师、数据科学家、技术人员、云计算专家,以及体验设计师等。

未来随着各种技术的快速发展,保险行业将出现颠覆性变化,那些能够利用新技术不断进行创新的保险企业才能生存发展。企业只有不断利用新的数据来源进行认知学习和深度分析,不断简化流程和降低成本,不断在个性化和动态适应方面满足并超出客户预期,才能最终赢得市场竞争。更为重要的是,保险企业必须转变观念,不再将新技术视为对现有业务的威胁,而是要更加注重利用颠覆性技术来创造机会。唯有如此,企业才能在未来的保险行业中立于不败之地。

本 章 小 结

本章介绍智能金融在银行业、证券业和保险业的具体实践。智能金融在银行业的应用涉及前台、中台、后台等业务部门,前台可用于客户服务,中台可用于支持授信及金融交易分析决策,后台可用于风险防控和监督,此外还特别介绍了在反洗钱、反欺诈等风险管理领域的应用。智能金融在证券行业中的应用,主要集中在运用机器学习和自然语言处理技术等预测资产价格,并且介绍了我国量化投资的发展。智能金融在保险业的具体应用和场景实践,涉及风险评估、核保、智能客服、索赔管理等方面。

关 键 名 词

交互机器人 智能客服 客户画像 OCR 量化交易 风险评估 核保 反洗钱 反欺诈 风险评估 机器学习 车险智能定损

即 测 即 评

请扫码检测本章学习效果。

复习思考题

1. 智能金融在银行业的前台、中台、后台如何应用?
2. 智能金融在银行业的反洗钱、反欺诈领域如何应用?使用的具体技术有哪些?
3. 智能金融在证券业如何运用技术预测资产价格?
4. 智能金融如何促进证券业量化交易的发展?
5. 智能金融在保险业有哪些具体的应用场景?

第十五章
智能投顾

章 前 导 读

　　在大数据技术、人工智能、云计算等新技术的驱动下,资产管理行业的业务模式正在发生巨大的变化。资产管理行业未来的竞争,本质上是对客户的竞争,因此开发新客户、盘活老客户,深入洞察和了解客户,将合适的产品推荐给合适的客户,提高客户服务质量,实现公司与客户的双赢,是利用公司资源实现最大商业价值的基础。建立有效的智能投顾平台,是资产管理行业的重要战略性决策。大数据和人工智能是智能投顾行业的两大基石。而智能投顾可分为五个关键环节:客户画像、资产配置、智能交易、智能再平衡、智能客服。智能投顾在过去几年实现了蓬勃发展,国际智能投顾市场开展得如火如荼,国内智能投顾仍处于发展的初级阶段,但发展潜力巨大。

本 章 学 习 目 标

　　本章介绍智能投顾的基本概念、理论原理和监管政策。通过本章的学习,可以了解智能投顾的基本概念、核心技术、关键环节、比较优势;熟悉智能投顾的金融原理和技术原理;了解智能投顾的监管理论,以及国内外的智能投顾监管现状。

第一节　智能投顾简介

一、智能投顾的基本概念

　　智能投顾又称机器人投顾(Robot Advisor),是指以投资者的风险偏好和财务状况为依据,利用大数据和量化模型(主要是现代投资组合理论),为客户提供基于指数型基金的资产配置方案和财富管理服务,并根据市场情况进行持仓追踪和动态调整,把人为干涉因素降到最低。核心是算法设计,包括证券投资组合理论、组合优化、技术分析等机器学习和人工智能系统的理论或方法。

大数据和人工智能是智能投顾行业的两大基石。智能投顾的核心技术涵盖了云计算这一基础设施以及包括金融交易、用户行为等大数据的支撑,在此之上构建起基于人工智能的资产配置、数据处理、交易优化等一系列算法,并确保面向海量用户同时提供服务的能力,从而打造出高效优质的智能投顾产品。

大数据是智能投顾的基础。智能投顾所涉及的大数据主要包括客户行为大数据与金融交易大数据两大类,二者均是智能投顾得以运转的"血液"。一方面,资产配置决策都是建立在用户行为数据的基础之上,以实现个性化、精准化匹配用户风险偏好的目的;另一方面,投资组合的构建以及再平衡的过程都是对金融交易大数据等市场信息处理和解析的结果,数据质量将直接决定策略的优劣。此外,国内数据开放程度低,自有数据积累非常重要。目前拥有金融交易大数据积累的公司以证券公司、基金公司等传统金融机构为主,拥有客户行为大数据积累的公司以 2C 的互联网公司为主,而部分 2B 及 2C 的金融信息服务商则同时具备两类大数据,如同花顺等,这类公司在开展智能投顾业务时具备明显的数据端优势。

人工智能技术是智能投顾的核心技术。在获取相应的数据和信息后,智能投顾将借助人工智能技术对这些数据进行系统化的筛选、处理与解析,最终得出资产配置和再平衡的决策。就智能投顾领域人工智能技术而言,目前主要分为三大类:① 机器学习,通常是在对财务、交易数据建模后,利用回归分析等传统机器学习算法预测交易策略,代表公司有 Alpaca 和 Aidyia 等;② 智能语义分析,在数理回归模型基础上,引入新闻、公告、社交媒体中的文本信息,并运用自然语义处理技术将其解析为结构化数据,作为建立投资决策的重要参考信息源,代表公司有 Kensho 和 CommEq 等;③ 知识图谱分析,本质上属于语义图谱网络,加入相关专家设计的规则,将投资标的相关因子的逻辑关系以知识图谱的形式表现出来,从而能进行更深入的推演处理,代表公司有文因互联等。

专题 15-1

取代投行分析师的投资机器人——Kensho

Kensho 是一家致力于量化投资大众化的人工智能公司,由两位创始人创立,团队成员人才济济。自 2013 年起,公司累计融资超 1 亿美元,2017 年 4 月获标普国际领投的 B 轮5 000 万美元融资,估值达 5 亿美元,目前已实现盈利。Kensho 的客户主要包括两条业务线:① 利用历史数据帮助大型银行和其他金融机构分析诸如地理、天气等因素带来的风险敞口;② 帮助全球商业媒体承担事件分析业务。

Kensho 旗下的一款产品 Warren(沃伦)被称为金融投资领域的"问答助手 Siri"。Kensho 公司的目标是让此软件的功能取代现有的大量投资分析人员的工作,为客户提供更加优质、快速的数据分析服务。Kensho 结合自然语言搜索、图形化用户界面和云计算,将发生事件关联金融市场,提供研究辅助,智能回答复杂金融投资问题,从而缩短交易时间,减少成本,用动态数据与实时信息,及时反映市场动态。

该产品类似于 Google 搜索引擎的金融分析软件,用户只需以通俗易懂的英文向Warren 询问金融问题,比如"台风对建筑行业股票价格影响是怎样的",Warren 便会将问题转换成机器能够识别的信息,并寻找云数据库与互联网中的各类相关数据与事件,运用大数据技术进行分析,并根据市场走向自动生成研究预测报告,回答投资者的问题。

据媒体介绍,在能够找全数据的假设下,对冲基金分析师团队需要几天时间才能回答的问题,Warren 可以通过扫描超过 9 万个全球事件,如药物审批、经济报告、货币政策变化和政治事件及其对地球上几乎所有金融资产的影响,立即找到超过 6 500 万个问题组合的答案。

Warren 可实现寻找事件和资产之间的相关性及对于其价格的影响、基于事件对资产未来价格走势进行预测。首先,Warren 可以寻找影响资产价格的关联事件。例如输入 Apple,Warren 会显示一张 Apple 的股价走势图,从中可以得到在每一天的时间节点,具体哪些事件影响了 Apple 股价以及影响的百分比,还会展现相关事件对股价波动的 P-Value,即显著性影响指数。其次,Warren 可以寻找某事件对某些资产价格的影响。例如输入"美联储提高利率",并自由选择时间段和投资的种类,如道琼斯指数、油价等,Warren 会以图表方式呈现该事件对资产价格走势的影响。最后,Warren 可以利用机器学习预测资产的价格,通过可能影响价格的相关因素去预测资产未来价格的走势区间。由于 Warren 的数据库已经包含了大量的数据源,包括政治事件、自然事件等,因此可能存在大量显著影响资产价格的变量,Warren 需要判断哪些是可以用来预测价格的相关特征。在特征的选择上,Warren 可以根据用户的建议输入相关的变量,也可以通过特征选择的算法去保留相关的特征。Warren 会以股票价格概率分布区间的图表呈现其预测的结果。

Warren 具有快速的计算能力、良好的人机交互性、强大的深度学习能力。第一,快速的计算能力。Warren 搭建于纳斯达克 OMX FinQloud,这是一个专门为金融服务部门设计的云计算平台,不仅可以加强云计算能力,还能够提供满足金融服务特殊安全和监管要求的技术支持。基于此,Warren 能高效完成分析师难以快速做到的信息收集、挖掘等工作,Warren 获得的信息可能是传统分析师的数倍,分析速度是分析师的百倍。第二,良好的人机交互性。只要输入直白正确的问题,Warren 就会提供精确的答案。比如,当苹果公司发布新款 iPad 时,哪家苹果公司的供应商股价上涨幅度会最大?第三,强大的深度学习能力。即根据各类不同问题积累经验,逐步成长。强大的深度学习能力让 Warren 越用越聪明,对 Warren 提出的问题越多,Warren 学会的东西越多,这也是云计算系统与普通硬件计算系统的差别。

专题 15-2

人工智能对冲基金 Aidyia

Aidyia 公司启动了一个对冲基金,所有的股票交易都经由人工智能交易,不再有人工干预。公司首席科学家和人工智能大师 Goertzel 说:"即便我们都死了,这个系统仍然可以继续进行交易。"

Goertzel 和其他人一起搭建了这个系统,并且会在后期不断跟进修正系统需求。目前这个系统已经能够自己确认并执行交易,这当中借鉴了多个形式的 AI,其中一个的灵感来自遗传进化,而另一个是根据逻辑概率。每一天在计算从市场价格和容量到宏观经济数据和公司财务文件的每个数据之后,这些人工智能引擎将做出它们自己的市场预测并且按照最佳行为来"投票"。

Goertzel 表示,在 Aidyia 运行的第一天,它就在封闭的基金池中创造了 2% 的收益。从统计的角度来看,这个数字确实不是那么令人印象深刻。但它代表着金融世界里一个显著的转变。像 Two Sigma 和 Renaissance Technologies 这样数据核心的对冲基金都表示它们依赖的是人工智能。此外,由华尔街大名鼎鼎的 Ray Dalio 和 Steven A.Cohen 操控的另外两家基金 Bridgewater Associates 和 Point72 Asset Management 也正朝着这一方向前进着。

对冲基金长期以来都依赖计算机来帮助交易。根据市场研究公司 Preqin 的研究,已经有 1 360 家对冲基金依靠计算机的帮助来完成大部分的交易,这些基金大约占所有基金的 9%,管理着 1 970 亿美元。但这通常需要华尔街的数据科学家或者"宽客们"使用机器来建造大型统计模型。这些模型都很复杂,但是有一些也是静态的。当市场变化时,它们也许不能像过去那样起作用。根据 Preqin 的研究,典型的系统性基金不会一直比基金经理操作的基金表现得好。

然而近年来,基金已经开始逐步走向机器学习了,这样人工智能系统可以分析大量的数据并且通过分析提升它们自己。例如,Aidyia 和 Sentient 这样的公司正在使用运行了成百甚至上千个机器的人工智能。这包括一些技术,如深度学习等。

这种人工智能驱动的基金管理方式不能和高频交易混淆起来。这不是寻找前沿交易或者是通过执行速度来获取收益。它在未来很长的一个时间段——小时、天、周甚至是月,来寻找最佳交易。在更多时候,是由机器来决定策略,而不是人。

首席科学官 Babak Hodjat 曾是被苹果收购的数字助理 Siri 的团队一员。他表示这个系统允许公司调整风险设置,但是它可以在没人帮助下运行。"它自动做出决策,然后给我们指令,"Hodjat 说,"它会说,现在就用机器买,使用那个订单类型。它也会告诉我们何时退出,来减少损失。"

此外,Hodjat 还看到了深度学习算法的未来前景。深度学习算法已经在图像识别、文字识别,甚至理解人类说话自然方式等方面得到了广泛应用。他还解释说,正如深度学习可以准确指出猫的图片的特征,它可以识别股票的特殊之处让你获取利益。

负责搭建人工智能开放框架的 Goertzel 并不同意这个说法。部分原因是因为深度学习算法已经成了一种商品。"如果每个人都在使用这种东西,它的预测将会被用于市场定价,"他说,"你必须有一些出奇制胜的招数。"他也指出,虽然深度学习适合在一些特定的模式下分析数据,比如照片和文字,但是这些模式不一定出现在金融市场上。如果它们这么做了,也就没用了。因为没有人可以发现它们。

Goertzel 看到了这个风险。这就是为什么 Aidyia 使用的不只是进化计算而且是范围广泛的技术。如果其他人模仿 Aidyia 的方法,它将采用其他类型的机器学习。整个想法是做一些其他人、其他机器都不会做的事情。"金融是一个你不可能只靠聪明就获得利益的领域,"Goertzel 说,"但可以从和其他人不同的聪明当中获利。"

二、智能投顾的关键环节

智能投顾的最大目标就是在合适的时间把合适的产品匹配给合适的客户。为了实现这一目标,智能投顾首先通过数据统计,获取客户的个人信息,如风险偏好、投资目的等,并根据当前市场情况实时调整资产配置方案,为客户提供个性化服务。具体而言,智能投顾可分为五个关键环节:客户画像、资产配置、智能交易、智能再平衡、智能客服。

第一,客户画像。即利用大数据从多个角度、多个维度认识客户,构建客户画像。通过客户画像,智能投顾能够较好地识别投资限制因素,如投资者的风险偏好、市场投资限制、流动性要求、税收状况等。

第二,资产配置。即利用现代资产组合理论与机器学习算法,可以为客户提供更具个性化的投资组合选择。具体步骤为:① 对大类资产分类研究,获取投资资产的收益率、风险程度等相关数据,对资产分级;② 建立大类资产池,对获得的数据进行整理计算;③ 利用机器学习算法确定投资组合的有效边界,并在既定风险条件下寻找具有最高预期收益的投资组合;④ 根据不同投资者的限制条件及客户画像,计算出具有个性化特征、满足客户特殊预期的最佳资产组合。

第三,智能交易。即由系统自动买卖的投资组合的交易指令。根据客户授权程度不同,系统可以与外部交易系统对接直接交易,也可以在客户确认后再进行一键下单。

第四,智能再平衡。即系统监测投资组合状况,根据市场变化和客户画像自动调整投资组合。由于系统对数据的敏感度较高,能够结合当前市场和经济波动的周期规律,对收益率变化进行预测,做出智能择市决策,从而使投资策略更加合理、实时,实现收益最大化。

第五,智能客服。随着人工智能技术的普及与发展,客户信息收集全面化、自动化已成为可能。综合运用现代信息处理、自然语言理解、知识管理、自动问答系统、数据处理等技术,智能投顾能够为客户提供一站式咨询服务,解决客户信息收集问题,满足客户财富管理方面的咨询需求。

三、智能投顾的优势

智能投顾相较传统投顾有以下优势:

第一,减少服务约束。智能投顾主要依靠投资软件和互联网开展业务,因此受到的限制较少。它具有成本低、门槛低、操作简单等显著优势,符合我国众多个人投资者及部分法人机构的投资需求。在空间和时间上,无论投资者身处何处,只要有互联网,都可以接受智能投顾服务,而且能够提供 24 小时不间断的服务。在投资对象方面,无论投资者是法人机构、高净值人群,还是普通中小散户,智能投顾均无须担心成本约束而不敢开展业务。

第二,提高服务效率。智能投顾能够通过捕捉、挖掘、分析和利用大数据,帮助投资者从海量的复杂信息中提炼有价值的信息。同时运用算法模型进行专业化、批量化和客观化操作,改变传统人工投顾效率低下的现状。另外,智能投顾不像人工投顾那样漫长而艰辛,智能投顾擅长自我深度学习,实现产品与客户需求的精准对接,满足互联网金融时代投资者对顾问服务的个性化、差异化需求。从机构的角度来看,如果利用良好的客户基础和丰富的产品资源,可以更好地发挥其品牌效应,提升智能投顾的效率和规模。从客户的角度来说,他们可以随时通过手机或者计算机查看账户信息,参考机器人顾问的个性化建议,避免频繁交易和盲目交易,未雨绸缪。动动手指,足不出户就能享受到智能投资服务,选择或调整自己的投资方案,然后在未来的时间内获取收益。

第三,降低服务成本。智能投顾兼备顾问与资产管理功能,机构需做好软件设计、更新与维护,再向客户推广,增加智能投顾服务的边际成本几乎为零。比较而言,目前人工投顾服务成本随服务对象的增加而明显增加,同时存在线下开设网点的成本。根据中国证券业协会及中国证券结算公司统计,截至 2019 年年末,我国投资顾问人数达 53 182 人,较上年增加 8 059 人,同比增幅达 17.9%,但投资者数量更是高达 15 975 万户,故投顾数量仅仅占总投资户数的 1/3 000,可谓供不应求,由此导致人工咨询费明显增加。另外,智能投顾能有效地克服人工投顾的非理性因素及经验不足所带来的问题,并能保持投资建议的客观性,加强投资者教育,可以减少证券纠纷处理和诉讼费用。

在美国、英国等金融发达国家,智能投顾在过去几年实现了蓬勃发展。随着国际智能投顾市场开展得如火如荼,智能投顾在我国也开始了初步尝试。目前不仅应用于一批新型的互联网平台,也在财富管理行业端开展了相关探索。总体而言,国内智能投顾仍处于发展的初级阶段,但发展潜力巨大。

第二节　智能投顾原理

投资顾问作为连接客户与市场上各类金融产品的重要纽带,会根据投资组合理论等专业知识,为客户对金融产品的投资方向和资产配置提出建议。这便是智能投顾的核心原理。通过投资组合理论中均值方差模型、资本定价模型等传统金融学理论,智能投顾可以做到比传统投资顾问更准确、更快速的投资组合计算。但是,在智能投顾的资产配置、客户洞察、客户画像等方面,仅靠传统的金融理论是无法完成的。为了解决这一问题,智能投顾将人工智能、大数据等新兴的科技理论应用于数据采集与处理之中。完成数据处理之后,智能投顾将进行交易,即资金向金融产品转化的环节。此时量化交易理论与技术便能够很好地指导投资行为。到目前为止,一个理论上盈利能力较强的投资组合已经购买完成,但智能投顾并不是一项独断的技术,是否买卖组合最终还是由客户本人决定。为了降低客户在投资决策过程中受到的心理因素影响,智能投顾引入了行为金融学理论,以减少客户的不理智决策。

一、智能投顾中的金融原理

智能投顾的核心在于建立最优投资组合,具体来说,是根据投资者的投资目的、投资期限等因素来平衡投资收益和风险,将资金分配至不同的资产,从而达到降低投资风险、提高投资收益的目的。为了实现上述过程,智能投顾运用了马科维茨现代投资组合理论。理论包括均值方差模型、资本资产定价模型、套利定价理论和 Black-Litterman 模型。但是,仅有这些基本模型无法满足智能投顾对客户体验的需求。智能投顾还需要关注在风险偏好、资产分配和投资策略方面的应用,对各种风险、收益不同的证券进行资产配置管理。

（一）投资者的风险偏好及期望收益

投资者的风险偏好及期望收益是指投资者对风险的承受能力和对不同风险程度的期望

收益,风险与收益的对应关系可分为风险厌恶、风险中性和风险偏好三种类型。对于不同的风险等级,客户预期收益也会有所不同。

在投资者风险厌恶的情况下,采用均值－方差方法可以求出最优的投资组合和投资组合的有效边界,并将投资者的预期收益和风险厌恶程度结合。在有效边界内选取最优的投资组合后,再将投资组合选择权交给投资者,由投资者根据该组合策略来决定是否进行投资。该方法是由一系列的公开计算得到的。因为计算机的运算能力要比人类大脑强,因此,基于算法的计算机可以提供收益率更高的、更符合投资者预期的投资组合。

为了准确获取风险偏好以助于掌握投资者预期收益与风险水平,系统可以通过问卷调查、测验题目,对投资者进行量化评估及风险分级,也可以利用大数据技术,对投资者的行为、交易记录、财务状况、个人信息等数据进行建模分析,得出相应风险偏好的更为精确的"客户画像",以应对不同的风险偏好。

（二）基于有效边界的资产分配

有效边界是指利用现代资产组合理论（Modern Portfolio Theory,MPT）模型构建最优投资组合。投资组合中有多种资产,每一种资产在组合中所占的比重都不一样,它们之间的相关性也不同。当资产组合中的资产数量不断增加时,理论上就会出现无数可能的组合,其中必然有一个方差最小的点,称为最小方差组合。由于该理论的前提是,同样的收益率选择方差较小（同样的收益选风险低的）、同样的方差选收益率较高（同样的风险选收益高的）的组合,每个风险点上都有一个最小方差组合,由这些点组成的实线称为有效前沿。结合有效前沿,再根据投资者的风险偏好程度,构建最优投资组合。

（三）组合再平衡的自动化策略

除了基于算法确定投资组合,智能投顾的另外一个原则是自动化投资策略。根据标的不同,投资策略分为主动投资和被动投资两种类型。由于主动投资的绩效很大程度上依赖于投资者所掌握信息的深度和广度,很难进行量化,所以较少成为智能投顾中的策略。而被动投资则以沪深 300 指数和标准普尔 500 指数等专门证券价格指数为投资标的,通过对证券价格指数进行抽样和优化,从而获取基准指数的收益情况。所以,智能投顾往往选择采用资产配置加被动投资策略,通过机器学习建模技术,利用监督与非监督学习的方法,实时、准确地对资产市场产品进行动态、多维的分析,然后运用现代投资组合理论,根据不同资产间的相关性和风险因子,构建最优的投资组合,实现对市场的准确判断,增加收益,构建从数据采集、处理、学习、训练到回测调优、配置与调整的全自动化投资管理流程。

（四）行为金融学原理

现代经济理论大多建立在理性经济人与有效市场假设之上,存在着过分理想化、脱离现实的问题。在现实生活中,投资者往往无法做到完全理性,因此投资者的心理和行为会影响他们的投资行为,从而影响他们的投资决策,行为金融学应运而生。行为金融学是一门与传统金融学相对应的学说,它摒弃了传统金融理论中理性人和有效市场假设,认为投资者心理行为对股票市场价格变动具有重要影响,并着重研究金融市场中投资者非理性行为的规律及影响。由于投资者在现实生活中的决策往往基于经验法则,所以其决策会具有较强的不确定性。且投资者往往是非理性的,不可避免地存在着过度自信、厌恶损失、羊群效应等心理特征,对投资决策产生直接影响。智能投顾运用心理学中的认知方式、认知偏差、认知目标等研究成果来解释相关问题,并根据客户可能出现的行为误区进行有针对性的引导,帮助客户克服实际投资决策中的情感因素,减少非理性行为对投资决策的影响。

二、智能投顾的技术原理

(一) 人工智能

人工智能是计算机科学、控制论、信息论、神经生理学、心理学、语言学等多学科相互渗透的综合学科。其主要目的是利用现代科技手段扩展计算机的智能能力,使计算机具有一定的自主计算能力、自主思考能力和自主学习能力,从而实现复杂任务的高效智能。人工智能技术是智能投顾的核心技术之一,其应用领域包括:应用决策树、支持向量机等分类算法对投资者的行为和风险偏好进行分析;运用深度学习技术对投资组合进行优化,通过动态调整资产组合,更好地参与市场机会,规避市场风险;运用主成分分析法对资产进行多因素分析;运用神经网络对投资策略进行量化优化;预测投资策略的机器学习。目前智能投顾领域中的人工智能的应用还处于起步阶段,随着人工智能技术的不断成熟,其应用深度和广度也会不断扩大。在智能投顾领域中,目前已广泛应用人工智能技术,包括人机交互、自然语言理解、图像识别、问答和情感分析、智能机器人等。

(二) 大数据

人类的活动无时无刻不在产生数据,数据每天都在以指数级的速度增长,人类社会已经从信息技术时代进入了数据技术时代。随着计算能力的不断提高、深度学习理论的不断完善和海量数据的积累,通过对大数据进行机器学习将获得人类难以企及的分析、推断和演绎问题的能力。大数据在智能投顾领域的应用主要包括:智能客服中的自动分词、词性分析、句法分析、语义分析;资产配置中的关联规则、分类、聚类等数据挖掘技术;投资组合和市场预测中的模型预测、机器学习、建模模拟、复杂网络预测等。

(三) 量化交易理论

量化交易理论主要体现在交易执行方面。它可以实现匿名和智能路由,减少市场冲击,降低交易成本,提高执行效率,提高投资组合收益。量化交易的核心思想是在金融序列研究成果的基础上,由数理模型转化为动态数学公式、先验概率判断和统计推理构成的量化模型。量化交易利用计算机来确定最佳的执行路径、执行时间、执行价格和执行数量,以降低市场冲击成本,提高执行效率,并提高订单执行的隐蔽性。国际市场上常见的交易算法有:① 高自由度 α 算法:通过分析市场数据和金融信息,发现市场效率低的地方,从而赚取超额收益。② 动态市场驱动算法:实时监测市场波动并做出反应,例如根据投资者偏好,权衡市场冲击和事件风险,使实际成交价与目标价格降至最低。③ 智能订单路径算法:通过分析不同渠道实时交易数据,在保证交易量的前提下,找出最优价格等。

第三节　智能投顾监管政策

一、智能投顾监管制度背景

智能投顾监管的理论基础是信息不对称。由于智能投顾机构掌握算法,算法所带来的优势使得机构与投资者之间的地位差距扩大,从而机构与投资者之间本就存在的信息不对称程度加剧。信息不对称会带来欺诈与内幕交易等。比如智能投顾机构可能存在道德风险,因为算法黑箱,投资者不知道机构选择基金的逻辑,机构可能在程序设计的时候,将对自己有利的基金的优先级提高,损害投资者利益。加强对于投顾机构算法、信息披露等的监管,可以从一定程度上降低信息不对称程度。因此从投资者保护以及智能投顾行业的可持续发展的角度来看,加强监管是很有必要的。

智能投顾表面上操作简单、方便快捷,投资本身的风险与收益相匹配的原则却被隐藏了起来。以某智能投顾产品为例,投资者仅仅需要完成三道选择题便可以获得投资建议,进行金融投资的难度大大降低,实际上,智能投资顾问自身的缺点和风险都隐藏在投资者看不见的程序内部,造成了风险的暗升。缺乏专业知识、投资经验不足的投资者,以及不了解智能投顾运营机制和投资方法的"小白"投资者可能盲目听从建议,没有充分、全面地识别该行为所带来的风险,非常容易追求高收益,从而收益不及预期或者带来损失,对智能投顾的可持续发展带来影响。

我国的智能投顾行业刚刚起步,配套的监管措施还不够完善,造成了智能投顾行业良莠不齐,影响了行业的口碑。有投顾机构以"智能投顾"的名义销售传统投资顾问服务,实际上依赖科技手段实施证券欺诈以及非法集资等行为欺诈消费者,通过不法行为牟取不正当收益。与此同时,科技手段的外衣阻拦了监管部门准确地识别风险和及时响应风险的发生,对金融稳定带来了负面影响。如果不对整个智能投顾行业进行完善的监管,对不法机构的行为不加以制止,会使得投资者对智能投顾行业丧失信任,劣币驱逐良币,重蹈 P2P 网络借贷的覆辙。

二、智能投顾的监管理论

(一) 信息不对称理论

1. 算法黑箱

算法黑箱是指由于技术本身的复杂性以及媒体机构、技术公司的排他性商业政策,算法犹如一个未知的黑箱——用户并不清楚算法的目标和意图,也无从获悉算法设计者、实际控制者以及机器生成内容的责任归属等信息,更谈不上对其进行评判和监督。

显然,智能投顾就是一个标准的算法黑箱。智能投资顾问的核心技术为用户画像、推荐引擎和大数据挖掘,天然具有技术壁垒,普通投资者不具备专业知识,很难理解算法的内部逻辑。另外,由于现在还没有算法透明的相关规定,从公司的利益与业务需要出发,智能投顾机构将算法公开也没有利益,因此算法黑箱存在,使得机构和投资者之间的信息不对称程度加剧。

2. 用户画像

智能投顾基于互联网,主要是通过调查问卷的形式了解客户。这样获取的信息较少,用户特征收集较少,可能达不到需要的精度,并且问卷的形式、用户画像不会时时更新,没有真正实现智能投顾的"智能"。

（二）投资者保护理论

1. 信息披露

目前我国对于智能投顾平台信息披露的内容、程度等还没有硬性要求，所以智能投顾平台在进行投资建议和算法的信息披露时具有较大的主动权，从而产生道德风险，造成"报喜不报忧"的情况。因此从投资者保护的角度出发，加强对智能投顾信息披露的监管是很有必要的。

2. 投资者身份

由于智能投顾平台的门槛较低，主要关注长尾市场，投资者一般是投资经验不足的中小投资者。一旦智能投顾平台出现问题，波及面会很大，并且中小投资者所遭受的打击会更大。因此从促进智能投顾行业的良性发展以及投资者保护来讲，对行业进行系统的监管是非常必要的。

三、我国智能投顾监管

目前，我国对智能投顾行业的监管政策主要是按照传统投资顾问监管。当前，传统投资顾问属于证券投资顾问的范畴，主要的监管法律是2019年修订的《证券法》，外加2011年实施的《证券投资顾问业务暂行规定》等一系列相关的法律法规。2018年4月，《人民银行　银保监会　证监会　外汇局关于规范金融机构资产管理业务的指导意见》（简称《资管意见》）发布。《资管意见》的出台主要是为了规范金融机构资管业务，对同一类资管产品采用相同监管，防范系统性金融风险，促进资金走向实体经济，支持经济结构转型升级。

在《资管意见》中，首次将智能投顾行业纳入监管框架。第23条规定了智能投顾的一般性规定、运营条件与义务。在《资管意见》中，提出了资管行业的一般性规定，包括投资者适当性、投资范围、信息披露、风险隔离等。金融机构不得使用人工智能夸大宣传产品，要对投资者进行充分的风险提示，交易留痕，还要向监管机构报备模型主要参数和资产配置主要逻辑。由于机构违规或管理不当造成损失，需要承担损失赔偿责任，当人工智能算法或系统出现问题时，需要及时人工干预。

虽然《资管意见》已将智能投顾纳入监管框架，但只是从大方向上指明了监管路径，当前还没有相关具体的配套文件正式出台，对于智能投顾的监管依然沿用证券投资咨询业务的相关法规。《证券法》是我国证券行业的基本法，《证券法》第134条、第161条的规定限制了全权委托和代客理财，因此基金投资顾问并非"全权委托"，仍然是证券投资咨询业务。《证券法》的规定导致了智能投顾的优势没有完全发挥，同时导致行业内出现"以销代顾"的现象，即金融投资平台推荐智能投顾的目的是销售基金，更有甚者将证券基金投资顾问业务作为基金销售辅助。"三分投七分顾"，智能投顾的重点应该是投后管理，但是现在对于顾问业务算法透明无具体要求，投顾平台出于自身利益，会优先购买自己相关的基金，投顾平台与投资者之间存在利益冲突，损害投资者利益。

面对智能投顾这种新业务模式，当务之急是确认智能投顾业务范围，确定业务边界，防止行业非法经营无序增长，损害广大消费者的切身利益。在确定了智能投顾的业务边界后，监管部门应当着重关注投资者保护原则，在该原则下关注这一新兴业务模式下的各种问题，以美国等智能投顾发展迅速的国家的监管经验为借鉴，对比两国投资者差异及业务模式的区别,取其精华、去其糟粕,发展出符合中国特色的智能投顾监管配套法规,规范中国智能投顾行业,使行业健康发展,保护广大消费者权益,促进我国金融科技的可持续发展。

目前,我国智能投顾监管存在以下问题和风险:

第一,现行准入制度引起经营合规风险。现在我国的准入制度主要是发放相关牌照,即准入许可证,是监管机构事前监管的重要组成部分。控制金融牌照的发放在保护投资者利益、防范系统性金融风险等方面具有重要作用。目前世界各国在监管上均有牌照管理的制度。金融牌照对于企业来说是监管部门对企业业务的承认,对于政府来说是对金融机构的背书,对投资者来说是信任该平台的指标。但是目前智能投顾牌照短缺、人工智能资质认定困难等现象,造成了智能投顾平台的合规风险。

第二,全权委托与现行规定矛盾。根据我国《证券法》的规定,不得进行全权委托和代客理财业务,这与智能投顾的初衷相悖。智能投顾的初衷应该是可以自动调仓,但是《证券法》的相关规定阻碍了智能投顾的自动调仓,因此有些平台采用"引流"方法将投资者引向第三方持牌机构。如某智能投顾产品在给予投资建议后会通过链接的形式将投资者引导到某基金网站,投资者按照投资建议在某基金网站购买,本质上存在推荐基金产品的性质,有可能造成非法销售基金的违规行为。

第三,业务边界模糊与分业监管的矛盾。智能投顾集投资建议、投后管理等业务于一身,属于典型的混业经营,其业务边界模糊,清晰界定边界十分困难。但是我国目前对于投资咨询和资产管理的监管属于分业监管。混业经营与分业监管之间的矛盾可能存在监管真空、监管重叠,从而引发监管套利等不利于金融稳定的行为。在我国,智能投顾目前存在从投资建议到资产管理的合规风险。

第四,监管标准不清晰。智能投顾基于算法给出投资建议,但是算法的复杂性和专业性使得监管困难。目前我国对于智能投顾监管没有清晰的标准,无法对智能投顾进行有效的监管。

(1)算法缺陷。智能投顾的核心是算法。在当前条件下,算法、程序可能存在缺陷或故障的可能性,从而导致投资者出现损失。目前监管机构不能识别错误的算法,导致有缺陷的模型进入市场,从而造成市场波动,不利于金融平稳。算法的实际控制人也有可能操纵不同的账户,操纵市场,影响金融秩序。

(2)信息披露不充分。目前对于智能投顾的算法没有明确的要求,对于算法公开、算法透明没有监管制度。算法作为智能投顾平台最重要的资产,很多平台都没有公开算法的核心参数。算法不公开可能导致算法趋同,导致交易趋同。根据美国次贷危机的教训,同质化会导致系统性金融风险扩大。同时,投资者只能看到投资的结果,看不到交易的内容及逻辑,有损消费者的知情权。对于监管层来说,算法黑箱导致监管不能有效进行使得监管难度直线上升,从而造成智能投顾平台逃避监管。《资管意见》的第23条只规定了智能投顾机构要进行信息披露,但是怎么披露、披露什么并没有进行具体的要求。智能投顾的一对多、高频交易很容易引起羊群效应,造成金融不稳定。

(3)投资者保护主体责任难以确认,投资者适当性监管不到位。智能投顾监管的重点是算法,而其算法是通过机器学习形成的,这就造成主体责任难以划分的缺点。交易是由机器完成的,并且算法是由机器学习产生的,而不是人为因素造成算法错误。如果是程序员编写的程序错误造成的损失,程序员理应负有赔偿责任,但是智能投顾的机器学习导致损失,责任认定复杂,如果让程序员承担损失,有违公平性原则。因此,目前对于智能投顾平台主体责任的划分不明确也是现行监管的问题所在。

金融监管的重点是保护中小投资者,中小投资者缺乏经验、认识不足,容易造成平台销售风险较高的产品给投资者,一般所用的原则是投资者适当性原则。投资者适当性原则包括两条:了解你的产品和了解你的客户。但是现有智能投顾平台一般使用问卷调查的方式进行用户画像,容易造成了解客户程度不足,维度单一,没有发挥出智能投顾千人千面的特性,也容易推荐与投资者需求不一致的产品。从投资者的角度,问卷调查的形式可能导致客户回避敏感信息,从而影响画像的真实性。而且问卷调查仅仅在购买的时候进行,投资后用户的特征可能发生变化,问卷调查这种静态的用户画像不能实现动态追踪,形成误差。因此应当加强对投资者适当性的相关监管,使投资产品与风险承受能力相匹配。

四、国外智能投顾监管

从各国监管实践来看,多数监管部门依据技术中立原则,未对人工或是软件提供的投资建议进行区分,而是将智能投顾业务置于已有的投资顾问法律框架内进行管理。

(一)展业主体监管

1. 要求展业机构进行注册

当前各国的监管惯例,是将智能投顾业务划归到投资顾问业务体系下,对智能投顾展业机构(简称展业机构)按照注册制的方式进行监管。

美国在《投资顾问法》第 203 条中明确规定:"非依本条注册,任何投资顾问,以投资顾问身份开展业务时……均为非法。"因此,美国证券交易委员会(SEC)在关于智能投顾的报告中明确,在通常情况下,注册投资顾问机构是开展智能投顾业务的主体。欧盟也将智能投顾划归为投资顾问业务,受到 MiFID 的规制,MiFID 第 5 条要求,投资顾问开展业务须"事先获得核准"。德国、澳大利亚的金融监管部门,也在对智能投顾业务的监管方面采取了类似的做法。另外,加拿大在沿用注册制的同时,还要求展业机构对原有注册信息进行变更,并对其商业计划及活动有关信息、问卷设计、投资者分类、组合模型以及业务开展细节等情况向监管机构进行说明。

2. 对从业人员的资质提出要求

智能投顾,因其具有自动化、几乎没有人工介入等特点,在对执业人员的资质要求方面,与传统的投顾业务有所不同。

目前,人机混合投顾模式,即智能投顾工具与人工服务相结合的方式在国外更为常见,投资者在获得智能投顾服务的同时,也可以选择寻求人工介入提供一定帮助,包括专业的投资顾问人员及不提供投资建议的辅助工作人员。对于前者,各国仍沿用传统规则,要求其具备投顾人员从业资格;对于后者,英国等部分国家则不做顾问人员资格要求。此外,无论人员在业务中的角色定位如何,各国均规定人员资质的取得,须以机构注册并取得相关资质为先决条件。

考虑到智能投顾业务的特殊性,部分国家对从业人员制定了较为具体的规则。如澳大利亚证券和投资委员会(ASIC)规定,展业机构应指定一名具有充分专业能力的从业人员,该人员能够充分理解投顾工具的算法理论、风险和规则;应至少配备一名从业人员,能够有效地复核算法所生成的投资建议;满足前述两类要求的员工是否为同一人,ASIC 则不做要求。

3. 对外包服务机构提出要求

外包服务机构可为展业机构提供相应的技术支持,包括但不限于提供 IT 系统、人员培训、金融产品研发、呼叫中心运营、合规审查及单位定价等一系列服务。目前,各国对该类主体的监管要求较少,但有些监管机构,如欧洲监管当局(ESAs)和 ASIC 等,已经注意到由于外包权责划分不清晰,可能给展业机构、外包服务机构和投资者带来合规和诉讼等方面的风险。

其中,ASIC 提出,获得金融服务牌照的机构在将智能投顾业务外包时,应具备利用有效方法审慎选择合格外包服务机构的能力,并且能够满足对外包服务进行持续监督的要求。外包机构只有在获得持牌机构的授权,或者本身就是持牌机构的情况下,才能直接为投资者提供投顾服务,且需要履行相应的投顾义务。ASIC 还明确,即使将业务外包,展业机构也始终对其提供的投顾服务承担责任。

(二)业务合规监管

目前,各国对智能投顾监管方面的公开探讨并不多见。2017 年,SEC 发布一份针对智能投顾业务的指引,鉴于智能投顾依托算法程序、人工介入较少等特点,SEC 对展业机构在信义义务的履行方面应着重注意的合规工作提出了具体要求,主要包括以下三个方面。

1. 做好信息披露工作

根据信义义务,投资顾问应向投资者进行全面且公平的实质性信息披露,还要履行合理的注意义务,以避免误导投资者。信息的提供必须是翔实且符合投资者具体情况的,便于投资者准确理解智能投顾的业务模式及可能存在的利益冲突。

智能投顾业务具有人工介入较少的特点,投资者更加倚重对信息的解读来做出投资决策,因此信息披露的全面程度和准确性尤为重要。此外,信息披露的语言应当简明、可读,便于理解。具体而言,SEC 要求展业机构在进行信息披露时明确如下内容:

(1)披露智能投顾业务的商业模式。展业机构需要向投资者披露智能投顾业务特点及相关风险,以帮助其了解智能投顾业务的运作模式。应披露的主要信息包括:采用算法管理账户;算法的主要功能、假设条件、局限性及风险;算法可能发生调整的情况;第三方机构的参与情况;投资者所要支付的费用及其他投资成本;智能投顾业务的人工介入程度;智能投顾工具的运作原理,包括如何根据投资者信息生成投资建议等;投资者更新个人资料的方式及频率等。

(2)披露所提供投顾服务的范围。展业机构需向投资者明确披露智能投顾所提供服务的范围,并履行合理的注意义务,以避免投资者产生重大误解。

(3)采取有效的信息披露方式。由于缺少人工介入,展业机构应审慎评估其信息披露方式的有效性,确保能够切实引起投资者的注意。基本要求包括:通过重点强调的方式披露所有重要信息;保证投资者在投资决策前知晓全部重要信息;披露信息的方式和格式能够被移动互联网平台广泛兼容。

2. 投顾建议须符合适当性要求

根据信义义务,展业机构应基于客户最佳利益要求,为其提供适当的投资建议,即投顾建议必须满足适当性要求,与投资者的资产情况和投资目标等个人情况相匹配。值得注意的是,国际证券委员会(IOSCO)报告显示,多数监管机构均对一般信息、一般性建议和个人建议之间的差别进行了澄清,以便判断何种情形下应触发展业机构的适当性义务。

(1) 增强调查问卷收集客户信息的全面性。SEC 要求,展业机构设计调查问卷时,需充分考虑所收集投资者信息的全面性,以确保其生成的投顾建议符合投资者实际情况。主要包括以下要求:调查问卷信息类型覆盖全面,能够满足适当性要求,为投资者提供符合其自身情况的、持续性的投资建议;问卷涉及问题清晰明确、没有歧义,并提供相应的解释说明;对投资者前后矛盾的信息,制定解决机制,如提示投资者重新填写相应选项,或对相互矛盾的内容进行标记以便后续核查跟进。

(2) 以客户为导向的投资策略变更。基于适当性及客户最佳利益的要求,SEC 要求展业机构在投顾工具中设置解释模块或人工投顾介入功能,以解答投资策略及背后逻辑,确保投资者对投资策略有根本性的了解,并明确问卷信息在修改后将对投资策略产生何种影响。

3. 制定有效的合规机制

SEC 要求,展业机构须制定(书面方式)并执行合规机制,每年对该机制的内容与程序进行审核,以确保能够有效预防、发现和纠正智能投顾业务中的违规情况。此外,应委任合规官对上述合规机制的总体情况负责。

合规机制的具体内容,应根据智能投顾业务的模式特点有针对性地制定。一般包括以下内容:算法的完善、测试和回测,以及算法实际表现的回顾;确保问卷信息能够满足适当性要求,提供与投资者财务状况、投资目标等相匹配的投资建议;披露可能对投资组合产生重大影响的算法变更;可以对第三方机构进行有效的监督;可以有效防止、发现及应对互联网攻击;保证互联网技术手段的有效性;保护投资者账户安全和重要系统安全等。

专题 15-3

美国智能投顾监管

美国证券交易委员会(SEC)的投资管理部与合规审查部根据 1940 年颁布的《投资顾问法》中的条款,对智能投顾进行了长期的审查与监督。他们认为,相比于传统投顾,智能投顾的特殊性主要体现在运用智能算法推荐最优投资组合、通过互联网实现服务、较少的人工干预等特点。因此,智能投顾公司应该结合其新兴技术及投资理念,制定特定的审查条规来规范其商业运营模式,以履行投资法案中的义务。

为了顺应智能投顾浪潮的兴起,以及更好地保护投资者的利益,SEC 于 2017 年发布了《智能投顾监管指南》。该指南的出台对智能投顾的商业模式、算法、投资组合、信息披露等均起到了约束作用。SEC 的监管思路主要包括下述三点:① 在向客户介绍关于主营业务及其他咨询服务时,应该披露的内容与注意事项;② 客户信息的收集渠道,以及投资建议的合理性;③ 是否针对机器生成的投资策略采取有效的审核程序,以符合监管、合规的需求。

　　智能投顾公司向客户提供的信息十分关键,客户的投资决策、干预程度、与顾问建立的关系等均与获取的信息有关。作为服务类公司,智能投顾有义务向其用户充分披露所有重要信息,披露的内容应全方位展现公司的经营方式及涉及的利益冲突等,并以尽可能充分、清晰、易懂的方式呈现给客户。值得注意的是,智能投顾与客户的协议主要是通过互联网签订,不像传统投顾中有足够的人力投资理财师进行引导。因此,智能投顾公司应设计独特的方案以确保客户能够充分阅读并理解其披露条款,避免不必要的信息忽略及误导。

　　在商业模式上,为了让客户充分理解智能投顾与传统投顾操作的差别,在披露基础信息之外,SEC认为智能投顾公司应该尽可能地向客户阐述其运营模式及潜在的风险,包括但不限于以下四点:一是告知客户其账户将通过算法自动管理,并介绍算法的原理、逻辑、功能、限制及改写条件,披露算法风险、信息收集与分析决策过程,展示算法的研发、运行与管理机构及其之间的利益关系;二是向客户详细指出收取的所有费用(管理费、咨询费、托管费、交易相关的费用及潜在费用等);三是披露人力投资理财师参与的程度(向客户说明投资理财师会适当监督账户和算法,但不会监督单一账户等);四是说明客户需要提供附加信息的步骤、时间点及渠道。

　　在咨询服务范围上,SEC认为,智能投顾和传统投顾一样,应该对自身提供的投资咨询服务有清晰的定义。SEC在《智能投顾监管指南》中指出,智能投顾在向客户阐述所涉及的投顾业务时,应避免对其业务有模棱两可的描述,从而导致不必要的误导性信息,包括但不限于以下三种情况:一是当算法只是以短期投资目的为目标时,或者并未将客户的税收、债务情况考虑进去时,以吸引客户为目的误导性地称其在为客户制定全方位的投资计划;二是智能投顾在提供税收损失收割服务时,将其误导性地描述为能够提供税务方面的专业建议;三是当智能投顾只根据客户完成的问卷调查进行分析并生成投资决策时,误导性地称其会考虑除了问卷外的其他因素(称其会将与客户账号有关的关联账号及第三方账号的信息进行分析并列入投资组合生成的考虑因素等)。

　　在披露方式上,并不是所有智能投顾公司都有资源向客户提供7×24小时人工服务,因此,在没有投资理财师向客户提供进一步解释说明的情况下,公司披露的信息应尽量清晰易懂。SEC的审查人员在浏览一些智能投顾网站时,观察到不同网站的呈现与披露方式大相径庭。大部分情况下,又长又密的披露文件可读性很低,客户如果因此忽略了重要信息,那么可能对后续的合作造成误会和麻烦。因此,披露重要信息应采取便捷高效、清晰易读、突出重点的方式,并且不得故意隐藏信息或者呈现不完整的信息。SEC建议披露的形式包括但不限于以下四点:一是披露文件的重点信息应放在签字栏上面,以确保客户是在完全知情的情况下决定购买服务的;二是重点内容需通过加深、放大字体、下划线或弹窗等形式重点标明;三是避免模棱两可的信息,如果注意事项中有容易产生分歧的概念,应进一步解释说明,或者在"常见问题"中能提供附加信息;四是确保不同客户端(网页版、手机版等)的披露格式和内容一致。

本 章 小 结

在大数据技术、人工智能、云计算等新技术的驱动下,资产管理行业的业务模式正在发生巨大的变化,智能投顾蓬勃发展。智能投顾是指以投资者的风险偏好和财务状况为依据,利用大数据和量化模型(主要是现代投资组合理论),为客户提供基于指数型基金的资产配置方案和财富管理服务,并根据市场情况进行持仓追踪和动态调整。

大数据和人工智能是智能投顾行业的两大基石,可分为五个关键环节:客户画像、资产配置、智能交易、智能再平衡、智能客服。相较传统投顾,智能投顾减少服务约束,提高服务效率,降低服务成本。智能投顾不仅应用投资组合理论、行为金融学等金融学理论,而且将人工智能、大数据等新兴的科技理论应用于数据采集与处理之中,并且结合量化交易理论与技术便能够很好地指导投资行为。

智能投顾监管理论基础是信息不对称,因为算法黑箱,会带来欺诈与内幕交易等,因此从投资者保护以及智能投顾行业的可持续发展的角度来看,加强监管是很有必要的。目前,我国对智能投顾行业的监管政策主要是按照传统投资顾问监管。2018 年 4 月,《人民银行　银保监会　证监会　外汇局关于规范金融机构资产管理业务的指导意见》发布,首次将智能投顾行业纳入监管框架。从各国监管实践来看,多数国际监管部门主要将智能投顾业务置于已有的投资顾问法律框架内,进行展业主体和业务合规等方面的监管。

关 键 名 词

智能投顾　大数据　人工智能　投资组合理论　智能投顾监管

即 测 即 评

请扫码检测本章学习效果。

复习思考题

1. 智能投顾的核心技术有哪些?
2. 智能投顾的关键环节有哪些?
3. 智能投顾相对于传统投顾的优势有哪些?
4. 智能投顾的金融原理和技术原理有哪些?
5. 智能投顾的监管理论是什么?
6. 请简要描述我国智能投顾的监管现状。
7. 智能投顾的国际监管经验有哪些?

参考文献

［1］James, Witten, Hastie, et al. An Introduction to Statistical Learning［M］. Springer, 2013.

［2］Suzana Herculano-Houzel. The Human Advantage-A New Understanding of How Our Brain Became Remarkable［M］. The MIT Press, 2016.

［3］Ivakhnenko A G. Polynomial Theory of Complex Systems. IEEE Transactions on Systems, Man and Cybernetics［J］. 1971, smc-1(4).

［4］Rumelhart D E, Hinton G E, Williams R J. Learning Representations by Back-propagating Errors［J］. Nature, 1986, 323.

［5］Hinton G E, Osindero S, Teh Y W. A Fast Learning Algorithm for Deep Belief Nets［J］. Neural Computation, 2006, 18.

［6］Hinton G E, Salakhutdinov R R. Reducing the Dimensionality of Data with Neural Networks［J］. Science, 2006, 313.

［7］Hubel D H, Wiesel T N. Brain Mechanisms of Vision［J］. Scientific American, 1979, 241.

［8］Haykin S. Neural Networks and Learning Machines［M］. 3rd ed. Upper Saddle River: Pearson, 2009.

［9］Siegelmann H T, Sontag E D. Turing Computability with Neural Nets［J］. Applied Mathematics Letters, 1991, 4(6): 77-80.

［10］Bahdanau D, Cho K, Bengio Y. Neural Machine Translation by Jointly Learning to Align and Translate［C］. arXiv: 1409.0473.

［11］Vaswani A, Shazeer N, Parmar N, et al. Attention is All You Need［C］. NIPS 2017, 5998-6008.

［12］Sutton R, Barto A. Reinforcement Learning: An Introduction［M］. Cambrige: MIT Press, 2017.

［13］Silver D, Lever G, Heess N, et al. Deterministic Policy Gradient Algorithms［C］. In:

Proceedings of the 30st International Conference on Machine Learning,2014.

［14］张宁,陈辉,赵亮.中国金融科技创新发展指数报告 2018［M］.北京:经济科学出版社,2018.

［15］张宁,赵亮.金融科技人工智能实战:以 Python 为工具［M］.北京:电子工业出版社,2020.

［16］赵亮,张宁.人工智能［M］.北京:北京师范大学出版社,2019.

［17］张宁.金融保险:深度学习［M］.北京:经济科学出版社,2018.

［18］上海外国自然科学哲学著作编译组.摘译:外国自然科学哲学［M］.上海:上海人民出版社,1976.

［19］隐私计算联盟,中国信息通信研究院云计算与大数据研究所.隐私计算白皮书(2021 年)［R］.

［20］中国信息通信研究院安全研究所,阿里巴巴集团安全部,北京数牍科技有限公司.隐私保护计算技术研究报告(2020 年)［R］.

［21］开启新纪元:隐私计算在金融领域应用发展报告 2021［R/OL］.零壹财经.

［22］隐私计算技术解析:多方安全计算(MPC)发展脉络及应用实践［EB/OL］.洞见科技.

［23］数据流通关键技术白皮书［R］.中国信通院,2018.

［24］宁振宇,张锋巍,施巍松.基于边缘计算的可信执行环境研究［J］.计算机研究与发展,2019,56(7):1441−1453.

［25］闫树,吕艾临.隐私计算发展综述［J］.信息通信技术与政策,2021,47(6):1−11.

［26］周志华.机器学习［M］.北京:清华大学出版社,2016.

［27］张宁.保险科技中的大数据与人工智能［M］.北京:经济科学出版社,2022.

郑重声明

高等教育出版社依法对本书享有专有出版权。任何未经许可的复制、销售行为均违反《中华人民共和国著作权法》，其行为人将承担相应的民事责任和行政责任；构成犯罪的，将被依法追究刑事责任。为了维护市场秩序，保护读者的合法权益，避免读者误用盗版书造成不良后果，我社将配合行政执法部门和司法机关对违法犯罪的单位和个人进行严厉打击。社会各界人士如发现上述侵权行为，希望及时举报，我社将奖励举报有功人员。

反盗版举报电话 （010）58581999 58582371
反盗版举报邮箱 dd@hep.com.cn
通信地址 北京市西城区德外大街 4 号
 高等教育出版社知识产权与法律事务部
邮政编码 100120

读者意见反馈

为收集对教材的意见建议，进一步完善教材编写并做好服务工作，读者可将对本教材的意见建议通过如下渠道反馈至我社。

咨询电话 400-810-0598
反馈邮箱 gjdzfwb@pub.hep.cn
通信地址 北京市朝阳区惠新东街 4 号富盛大厦 1 座
 高等教育出版社总编辑办公室
邮政编码 100029